广州铁路职业技术学院资助出版

校企合作双元开发活页式新形态一体化教材

高等职业教育“十四五”技能型人才培养实用教材

国际货运代理实务

（活页式）

主　编 ◎ 陈　慧

副主编 ◎ 周世平

西南交通大学出版社

·成　都·

图书在版编目（CIP）数据

国际货运代理实务：活页式 / 陈慧主编. —成都：西南交通大学出版社，2022.8

校企合作双元开发活页式新形态一体化教材　高等职业教育“十四五”技能型人才培养实用教材

ISBN 978-7-5643-8808-9

Ⅰ. ①国… Ⅱ. ①陈… Ⅲ. ①国际货运 – 货运代理 – 高等职业教育 – 教材 Ⅳ. ①F511.41

中国版本图书馆 CIP 数据核字（2022）第 136704 号

校企合作双元开发活页式新形态一体化教材
高等职业教育“十四五”技能型人才培养实用教材

Guoji Huoyun Daili Shiwu (Huoyeshi)

国际货运代理实务（活页式）

主　编 / 陈　慧

责任编辑 / 罗爱林
封面设计 / 何东琳设计工作室

西南交通大学出版社出版发行
（四川省成都市金牛区二环路北一段 111 号西南交通大学创新大厦 21 楼　610031）
发行部电话：028-87600564　028-87600533
网址：http://www.xnjdcbs.com
印刷：四川玖艺呈现印刷有限公司

成品尺寸　185 mm × 260 mm
印张　19　　字数　468 千
版次　2022 年 8 月第 1 版　　印次　2022 年 8 月第 1 次

书号　ISBN 978-7-5643-8808-9
定价　56.00 元

课件咨询电话：028-81435775
图书如有印装质量问题　本社负责退换

前 言

2021年我国货物贸易进出口总值39.1万亿元，比2020年增长21.4%。其中，出口21.73万亿元，增长21.2%；进口17.37万亿元，增长21.5%。这些货物进出口的背后往往有着“国际货运代理人”的身影。国际货物运输代理行业是国际货物运输中不可或缺的一环，在国际经济与贸易活动中扮演着重要角色，其服务涵盖海运、空运、陆运、多式联运及综合物流等业务。随着中国对外经济与贸易的发展、“一带一路”倡议的提出与实施、跨境电商的迅猛发展、最新版本Incoterms 2020的公布、国际货物运输与通关模式的变化，我国海关不断促进通关便利化、无纸化口岸建设，所有这些变化使国际货运代理业务的实际操作也在发生改变，对国际货物运输代理行业从业人员提出了新的要求。

本教材以货运代理实务操作为基础，结合最新法律法规和行业动态，系统阐述了国际货运代理的实际业务操作、业务技能及相关专业基础知识。

市场上货运代理企业所从事的货运代理业务主要集中于海运和空运，这两种运输方式占据了整个国际贸易货物运输量的90%以上。全书内容分三大板块：国际货运代理企业认知、国际海上货运代理实务、国际航空货运代理实务，涵盖了货运代理企业所有的业务流程。空运货运代理业务在代理人的法律身份、主管机构、业务操作、单证、责任范围等方面都有其自身的特点，本书的空运部分内容与海运部分持平。

结合世界技能大赛货运代理赛项的比赛内容，书中强化了海运地理、船期、航班时刻表、报价、单证（提单、空运单）的识读与使用等部分实操内容，实用性较强。教材配套网络课程（智慧职教MOOC）及资源，学生可扫描书后二维码进行学习。

本教材适用于高职院校集装箱运输管理、物流管理、报关与国际货运、航运管理、交通运输等相关专业的教学，也可作为货运代理、物流、外贸等行业从业人员的职业培训教材及业务参考用书。

在编写的过程中，本书参阅和引用了同行专家的著作及数据，得到浩通国际货运代理有限公司、明捷国际供应链管理有限公司、江门中外运仓码有限公司、中集智能科技有限公司、广州南沙联合集装箱码头有限公司的支持，在此一并致谢！

由于编写时间紧迫，书中难免存在疏漏、错误之处，敬请各界人士批评指正。

编 者

2022 年 4 月

目 录

第 3 单元 国际航空货运代理实务

第1单元

国际货运代理企业认知

第1章 初识货运代理企业

学习目标

【知识目标】

1. 掌握国际货运代理人的定义；
2. 了解国际货运代理人的作用；
3. 了解国际货运代理行业的发展与现状；
4. 了解国际货运代理行业组织。

【技能目标】

具有利用国际货运代理协会联合会、中国国际货运代理协会、各知名货代公司的官网，浏览各类信息，了解货代市场行情的能力。

1.1 货运代理概述

1.1.1 国际货运代理的概念

国际货物运输代理企业是指作为进出口货物收货人、发货人的代理人，或作为独立经营人从事国际货运代理业务的国际物流企业。

进出口货物收货人、发货人通常是国际贸易中的买方、卖方。由于国际货物运输中间环节多、所耗时间长、处理过程复杂，因此国际贸易中的买方或卖方通常会将货物运输的过程委托给国际货物运输代理企业来处理。

《中华人民共和国国际货物运输代理业管理规定》第二条规定："国际货物运输代理业，是指接受进出口货物收货人、发货人的委托，以委托人的名义或者以自己的名义为委托人办理国际货物运输及相关业务并收取报酬的行业。"国际货物运输代理企业是依照相关法律的规定设立并获得从事国际货物运输代理经营资格的企业。

国际货运代理协会联合会（FIATA）对国际货运代理（International Freight Forwarder）及物流服务的定义是：所谓国际货运代理及物流服务，指的是所有和货物的运输相关的服务，及货物的拼箱、储存、处理、包装或配送等相关的服务和与上述服务相关的辅助性及咨询服务，其中包括但不局限于海关和财政事务、货物的官方申报、安排货物的保险、代收或支付货物相关的款项及单证等服务。国际货运代理服务还包括物流服务，即将现代信息和通信技术应用于货物的运输、处理和储存及实质上的整体供应链管理之中。所有这些服务，都可以根据客户的要求及具体的服务内容量身定做，灵活运用。

国际货物运输代理业的从业者需要通晓国际贸易环节，精通各种运输业务，熟悉有关法律法规，业务关系广泛；与各种运输方式的承运人、仓储经营人、保险人、港口、机场、车站、集装箱堆场、银行等相关企业，以及海关、检疫、进出口管制等有关政府部门都存在密切的业务联系。在进出口货物的收发货人和承运人、港口、机场、车站之间发挥着重要的桥梁和纽带作用，对于促进国际贸易和国际货物运输事业的发展有重要的推动作用。

1.1.2 国际货运代理企业的作用

1.1.2.1 组织协调作用

国际货运代理企业，经常被称为“运输的设计师”，是“门到门”运输的组织者和协调者。他们凭借自身拥有的运输知识及其他相关知识，为国际贸易中的货主（收发货人）组织运输活动、设计运输路线、选择运输方式和承运人，协调与国际货运服务相关的个人、企业、单位以及政府部门关系。货主可以省却亲自办理这些事情的时间，减少许多麻烦。

1.1.2.2 专业服务作用

国际货运代理企业的本职工作是利用自身的专业知识和经验，提供国际货物运输中的货物承揽、交运、拼装、集运、接卸、交付等服务；还可接受委托人的委托，代办货物的保险、报关、报检、进出口等手续；甚至可以为委托人提供垫付运费、税金、政府规费的服务。国际货运代理企业通过向委托人提供各种专业服务，可以使委托人不必在自己不熟悉的业务领域花费更多的心思和精力，使不便或者难以依靠自己力量办理的事宜得到恰当、有效的处理，有助于提高委托人的工作效率。

1.1.2.3 沟通控制作用

国际货运代理企业拥有广泛的业务关系、发达的服务网络、先进的信息技术手段，可以随时保持货物运输过程中涉及的承运人、港口码头、机场、物流公司、仓储企业、银行、保险公司及海关、进出口管制部门等相关企业和机构之间的有效沟通，对货物运输的全过程进行准确跟踪和控制，保证货物安全、及时地运抵目的地，顺利办理相关手续，准确送达收货人，并应委托人的要求提供全过程的信息服务和其他相关服务。

1.1.2.4 咨询顾问作用

国际货运代理企业通晓国际贸易环节，精通各种运输业务，熟悉有关法律法规，了解世界各地有关情况，信息来源准确、及时，可以根据货物具体情况和进出口国家有关当局的要求，就货物的包装、储存、装卸和照管、货物的运输方式、运输线路、运输费用、货物的保险、进出口单证和价款的结算、海关、检验检疫、进出口管制等事项向货主提出明确、具体的咨询意见，协助货主设计、选择适当的处理方案，使货主避免或减少各种风险、周折和不必要的支出。

1.1.2.5 降低成本作用

国际货运代理企业掌握货物的运输、仓储、装卸等市场行情信息，与货物运输中相关的涉及承运人、港口码头、机场、物流公司、仓储企业、堆场经营人等有着长期、密切的友好合作关系，拥有丰富的专业知识和业务经验、有利的谈判地位和娴熟的谈判技巧，通过国际货运代理企业的努力，可以选择货物的最佳运输路线、运输方式、最佳仓储保管人、装卸作业人等，争取公平合理的费率，甚至可以通过集运效应降低货物运输过程中相关企业的业务成本，提高经营效益。

1.1.2.6 资金融通作用

国际货运代理企业与货物运输过程中涉及的承运人、仓储保管人、装卸作业人及银行、海关等当局相互了解，关系密切，长期合作，彼此信任。货运代理企业可以替收发货人垫付有关费用、税金，提前与承运人、仓储保管人、装卸作业人结算有关费用，凭借自身的实力和信誉向承运人、仓储保管人、装卸作业人及银行、海关等当局提供费用、税金担保或风险担保，帮助委托人融通资金，减少资金占压，提高资金利用效率。

1.2 国际货运代理行业的产生与发展

1.2.1 国际货运代理产生阶段

国际货运代理服务业是社会经济发展和社会分工发展的产物，是国际贸易和国际货物运输发展的直接结果。随着人类社会经济贸易往来的频繁，涉及地域的扩大，贸易环节的增加，社会经济关系日趋复杂，社会分工细化，公元 10 世纪的欧洲出现了以报关名义从事运输代理服务的国际货运代理人。随着公共仓库的建立，海上贸易的扩大，欧洲交易会的发展，国际货运代理行业进一步发展。13 世纪，欧洲的一些咖啡馆里开始出现根据货主需要探听运输信息，选择承运人，组织、安排货物运输，代为办理相关业务手续的人。起初的货运代理只是接受货主的委托，替货主办理货物的仓储、交运、装卸、运输、接收、通关等货运服务，并收取一定的佣金。

1.2.2 国际货运代理行业的专业化发展阶段

16 世纪，为了稳定客户，增加收入，很多货运代理开始向客户签发自己的提单、运单及仓储收据。18 世纪，已经开始出现将数个托运人发往同一目的地的货物集中向承运人托运，并为客户办理货物投保手续的公司。19 世纪，海洋运输和铁路运输迅速发展，国际货运代理行业也日益繁荣，并开始向专业化方向发展。随着国际货运代理行业的繁荣和专业化发展，国际货运代理之间逐渐产生联合、合作和加强行业自律的愿望，欧美等国纷纷成立国际货运代理行业组织，并于 1880 年 1 月 19 日在德国莱比锡成功举办了第一次全球性的国际货运代理代表大会。

1.2.3 国际货运代理组织的成立与国际货运代理行业高速发展时期

进入 20 世纪以后，随着国际货运代理企业经营制度和运作方式的改革，国际货运代理企业的振兴，国际货运代理企业之间的国际合作获得较大发展。1926 年 5 月 31 日，16 个国家的国家级国际货运代理协会在奥地利的维也纳成立了 FIATA 这一非营利性的民间国际货运代理行业组织，以保障和提高国际货运代理企业经营者在全球的利益。1965 年 FIATA 在瑞士的苏黎世设立总秘书处，以协调全球货运代理行业的活动，加强与其他国际组织的联系与合作。1977 年又在印度孟买设立亚洲秘书处，关注亚洲地区国际货运代理行业，与该地区的国际货运代理企业经营者和国家行业组织建立直接的长期联系。

20 世纪 30 年代以后，汽车运输、航空运输、管道运输相继崛起，迅速发展。随着航空运输的发展，各国开始出现专门从事航空运输业务的国际货运代理企业，向货主提供办理托运或提取货物的服务，向航空公司提供揽货、制单服务，并且从事集中托运服务。为了保证安全、定期、经济的航空运输，促进直接或间接从事航空运输业务的企业之间的合作，统一国际航空运输制度，更好地开展代理业务，1945 年 4 月 16 日，国际上从事定期航班业务的航空公司和国际航空货运代理企业经营者，成立了国际航空运输协会（IATA）这一非政府组织。该协会的主要活动之一就是召开航空货运及国际货运代理行业会议，讨论航空货运及国际航空货运代理业务，就航空公司和国际航空货运代理企业经营者之间的关系采取行动。

这些国际货运代理行业组织的诞生，加强了不同国家国际货运代理企业之间的交流，规范了国际货运代理企业的行为，维护了国际货运代理企业的利益，促进了世界国际货运代理行业的发展。20 世纪 50 年代以后，国际货运代理行业进入了高速发展时期。

1.3 知名国际货运代理企业

1）德迅（Kuehne+Nagel）：https://cn.kuehne-nagel.com/

德迅集团是一家总部位于瑞士辛德尔雷基的运输和物流公司，是全球最大的海运货运代理公司、无船公共承运人。

1890 年，奥古斯特·库恩（August Kuehne）和弗利德里希·纳格尔（Friedrich Nagel）在德国不来梅开始经营货运代理和调配业务，主要经营羊毛和联合运输。由于其业务在德国发展迅速，很快便扩展到整个欧洲、美洲并朝着亚洲和非洲发展。

如今，德迅已从一家传统的海运货运代理，演化成为全球主要行业提供专业定制化解决方案的全球物流合作伙伴。目前，德迅集团在全世界的 100 多个国家拥有 1 000 多个分支机构，员工人数接近 78 000 人，进入中国市场也已有 20 多年的历史。

2）德铁信可（DB SCHENKER）：https://www.dbschenker.com

1872 年，戈特弗里德·信可（Gottfried Schenker）在奥地利首都维也纳创立了全球货运公司（Schenker&Co.）。

德铁信可是世界知名的国际货代企业和第三方物流公司，提供陆运、全球空运和海运、合约物流和供应链管理服务，支持全球货物交易中的行业和贸易，更因其多次承接奥运物流而扬名国际物流界。

目前，德铁信可在全世界约有 2 100 多个服务网点，员工人数超过 76 900 人。德铁信可自 1966 年在我国香港地区成立分公司，70 年代末进军内地市场，成为首批在中国开设办事处的主要国际货运代理供应商，并于 1981 年在广州成立了办事处。德铁信可现已在中国超过 60 个主要城市设立了办事处及仓储物流设施，员工逾 5 000 人，建立起了一个跨越全中国的综合物流服务网络。

3）日本通运（日本通運 Nippon Express）：https://www.nittsu.co.jp/

日本通运株式会社成立于 1937 年 10 月 1 日，是根据《日本通运公司法》，在国际通运株式会社的基础上，由政府和其他私人投资创立的半官半民性质的“国策公司”。随着 1950 年《通运事业法》的实施，日本通运公司实现了从国策公司向民营企业的转型。

日本通运公司是日本典型的、最具代表性的一家物流公司，其物资运送范围之广，可以用“无所不运”来形容，在医药品供应链、汽车供应链、文化遗产展品运输等各种不同领域提供专业的物流解决方案。

目前，日本通运在全世界近 50 个国家 320 多个城市约有 740 多个服务网点，员工人数超过 73 000 人。1994 年，日本通运在上海和深圳成立代表处。

4）康捷（Expeditors）：https://www.expeditors.com/

1979 年，Expeditors International of Washington，Inc.在西雅图注册为单一办事处的海运代理。经过最初几年的发展，该公司专注于门到门运输和报关代理的一站式服务，在旧金山、芝加哥、香港、台北和新加坡等城市设立了办事处。Expeditors 迅速成为美国最大的远东空运货运代理之一，并通过收购主要的无船海运公共承运人 Pac Bridge 来扩展海运业务。1993 年，公司扩展到中国内地。

2019 年，Expeditors 在全球拥有超过 250 个工作地点，18 000 名员工。Expeditors 的服务内容包括空运、海运（拼货服务）及货运代理业务、报关服务、配送管理、货物保险、订单管理以及以客户为中心的物流信息服务。

5）海尔曼全球物流（Hellmann）：https://www.hellmann.com/en/peoples-republic-china

自 1871 年卡尔·海因里希·赫尔曼（Carl Heinrich Hellmann）创立了海尔曼物流以来，截至 2021 年，Hellmann 在全球 134 个国家拥有 341 个办公地点，员工超 10 000 人。海尔曼物流的服务包括空运、海运、公路和铁路以及合同物流，为复杂物流需求提供解决方案，并依靠数字服务实现最大透明度和更高效的供应链。

1982 年，在我国香港地区成立分支机构，紧接着几年在内地、台湾成立分支机构。海尔曼物流目前在中国有 23 个分支机构。2013 年，海尔曼国际铁路货物联运的解决方案，开通了欧洲和中国之间的每周班列，开启了“钢铁丝绸之路”。

6）德思威（DSV）：https://www.dsv.com/en-cn

DSV A/S（De Sammenslutted Vognmaend af 13-7 1976 A/S）成立于 1976 年 7 月 3 日，是一家在丹麦上市的国际化货运及物流集团公司。公司成立以来，经历了一系列合并与收购，以保持在全球运输行业的关键地位。2019 年 8 月 19 日收购 Panalpina Welttransport AG（泛亚班拿）后，集团名称更改为 DSV Panalpina A/S，成为全球第四大运输物流公司。DSV 在全球拥有超过 10 000 名员工，并在全球设有 250 多个营业场所，集团年营业额约 25 亿美元。

DSV 定位为国际运输和物流行业的主要参与者，其业务活动分为独立的几个部门：公路、空运和海运以及解决方案。在各自的业务领域，专注于不同的服务和客户群，开发、解释和定制服务，以满足客户在产品解决方案、价格和运输时间方面日益增长的需求。

7）KWE：https://www.kwe.com/

KWE 是日本近铁集团旗下经营国际空运、海运和物流业务的子公司，源自 1948 年 5 月成立的近畿日本铁路株式会社（近铁）的旅行服务部，目前是日本东京证券交易所的上市企业，在全球 192 个城市拥有 297 个分支机构，年营业收入超过 30 亿美元，是 IATA 国际航空运输协会排名第 6 大国际航空货运代理企业。1980 年代以来，KWE 一直在发展中国业务，1985 年 12 月在北京设立联络处，随后在上海、深圳、珠海、大连、厦门设立代表处，并于 1995 年 1 月设立海外子公司近铁物流（深圳）有限公司。1996 年 11 月成立的北京近铁世界快递有限公司成为 KWE 在中国的核心企业，从 20 位员工起步，逐步成为一家拥有 3 000 多名员工，年营业收入超过 30 亿元的综合性物流企业。

8）嘉里物流（Kerry Logistics）：https://www.kerrylogistics.com/sc/

嘉里物流是嘉里物流联网有限公司（嘉里物流联网或公司）的主要品牌，是于中国香港联合交易所上市的最大型国际物流公司。

嘉里物流联网及其子公司（集团）是以亚洲为基地，拥有高度多元化业务及强大亚洲网络覆盖的国际第三方物流服务供应商，业务涵盖一系列供应链解决方案，包括综合物流、国际货运代理（海陆空、铁路及多式联运）、工业项目物流、跨境电子商贸，以及最后一公里派送和基建投资等。

嘉里物流联网的办事处遍布全球 58 个国家及地区，于全球一半新兴市场设立据点，多元基建设施、广泛国际枢纽覆盖和本地专业知识遍及中国、印度、东南亚、独联体、中东、拉美及其他地区。

1.4 我国的国际货运代理行业

1950 年 9 月，天津国外运输公司成立，直接受中央贸易部领导，统一组织国营对外贸易货物运输和租赁外国船舶业务，成为专业性国际货运服务公司。

1951 年年初，交通部所属中国人民轮船公司与贸易部所属天津国外运输公司合并组成，中国海外运输公司统一掌握海上货物运输办理对外租船手续。

1953 年 1 月 1 日，对外贸易部成立中国陆运公司，整合原有港口和口岸货物运输机构，并入中国进出口公司各口岸办事处和中国进出口公司各港口分公司，统一办理进出口货物在港口和陆运、空运口岸的报关、报检、交接、仓储、调拨工作，按照货物合理流向进行分运。为了协调海、陆运输工作，中国陆运公司港口分公司内设海运科，对外使用“中国海外运输公司××办事处”的名义。

1953 年 1 月 1 日，交通部成立中国外轮代理公司，统一办理航行国际航线和港、澳、台地区的船舶在港口、水域及有关地方的船务代理和国际货运服务业务。

1955 年 4 月，中国陆运公司改组成立中国对外贸易运输公司，中国海外运输公司的海上运输业务移交中国对外贸易运输公司办理，由该公司负责进出口货物的订舱、配载、仓储、代运、报关、报检等国际货运服务业务。同时，中国海外运输公司更名为中国租船公司，专门负责对外租船运输和租船管理工作。

1956—1984 年，中国对外贸易运输总公司一直作为专业进出口贸易公司的国际货运代理人，根据各专业进出口公司的委托，办理其经营的进出口货物的订舱、配载、交接、报关、报检、仓储、国内运输和过境运输业务，我国的国际货运代理业务基本上处于中国对外贸易运输总公司独家经营状态。但是，其经营活动的范围却在不断向深度和广度发展，从最初的铁路货物运输代理，发展到海上货物运输代理、汽车货物运输代理、航空货物运输代理，乃至多式联运；从最初的站到站、港到港服务，延伸到门到门服务；从最初的订舱、配载、交接、报关、报检、仓储、国内运输服务，扩展到包装、刷唛、制单、分拨等服务。

1984 年 11 月 2 日，国务院发布《关于改革我国国际海洋运输管理工作的通知》，明确规定：中国远洋运输总公司（简称中远）与中国对外贸易运输总公司（简称外运）都要办成独立经营的经济实体，不兼行政职能。交通部对中远（包括外轮代理总公司）、经贸部对外运（包括租船公司）只实行行政领导和管理，不干预企业经营。各公司的主要分工是：中远公司经营船队，其所属外代公司经营船舶代理业务，外运公司经营货运代理业务和租船。为了搞活经营，允许一定程度的交叉，中远、外代可以承揽部分货物和少量租船，与货主建立直接的承托运关系；外运可以经营部分船队和少量船舶代理业务。这一规定打破了近 30 年由中国对外贸易运输总公司独家经营国际货运代理业务的局面。

《关于改革我国国际海洋运输管理工作的通知》还规定：从事国际海洋运输的各企业之间以及与各外贸企业之间可签订业务合同，相互承担经济责任。并可在自愿互利的基础上，开展各种经济合作，实行合营、联营，开展竞争。

1992 年 11 月 10 日，国务院发布《关于进一步改革我国国际海洋运输管理工作的补充通知》进一步明确：放开货代、船代，允许多家经营，鼓励竞争，以提高服务质量。凡符合开业条件、合法经营的企业（包括取得企业营业执照的分支机构），经批准都可以从事货代、船代业务，货主和船公司有权自主选择货代、船代，承运人与货主可以建立直接的承托运关系，任何部门都不得进行行政干预。据此，对外经济贸易部加快了开放国际货运代理市场的步伐。到 1992 年年底，我国从事国际货运代理的企业已经发展到了 455 家，其中中外合资经营企业 97 家，中远、外运系统以外的内资企业 177 家。国际货运代理行业已经成为我国一个具有影响力的独立行业。

2004 年 7 月 1 日起，我国国际货运代理企业的设立由原来的须经商务部（2003 年前为“对外经济贸易部”）审批的“审批制”改为只需到工商机构进行登记的“登记制”。我国的国际货运代理行业的开放程度达到了较高水平，行业由此进入高速发展时期。截至 2016 年，国际货运代理企业在商务主管部门企业备案的母公司达 42 981 家，子公司达 13 097 家。

根据商务部中国国际货物运输代理企业备案情况来看，每年由中国国际货运代理协会根据中国货运代理物流行业数据整理公示的中国货运代理物流百强企业在行业中占据重要位置，在很大程度上代表了行业发展方向。以下是中国国际货运代理协会公示的 2020 年度中国货运代理物流行业数据榜单（见表 1.1）。

表 1.1　2020 年度中国货运代理物流百强企业

排名	企业	综合数据/万元	排名	企业	综合数据/万元
1	中国外运股份有限公司	8 520 472.98	14	唯凯国际物流股份有限公司	591 636.85
2	中远海运国际货运有限公司	5 244 059.00	15	深圳市华运国际物流有限公司	590 538.00
3	中国物资储运集团有限公司	4 954 199.00	16	海程邦达供应链管理股份有限公司	542 792.93
4	厦门象屿速传供应链发展股份有限公司	4 522 497.97	17	宁波雅戈尔国际贸易运输有限公司	527 867.00
5	中铁国际多式联运有限公司	2 687 099.00	18	中创物流股份有限公司	515 389.42
6	敦豪全球货运（中国）有限公司	2 029 081.00	19	振华物流集团有限公司	505 386.57
7	爱派克斯国际物流（中国）有限公司	1 709 037.90	20	近铁国际物流（中国）有限公司	455 731.08
8	港中旅华贸国际物流股份有限公司	1 409 454.00	21	宁波港东南物流集团有限公司	454 737.51
9	嘉里物流（中国）投资有限公司	1 342 137.00	22	日邮物流（中国）有限公司	433 213.00
10	中集现代物流发展有限公司	1 059 365.00	23	嘉宏国际运输代理有限公司	422 601.01
11	深圳九立供应链股份有限公司	859 623.12	24	深圳市递四方速递有限公司	415 113.60
12	全球捷运物流有限公司	693 221.00	25	上海亚东国际货运有限公司	395 419.14
13	日通国际物流（中国）有限公司	682 145.00	26	广州欧华国际货运代理有限公司	382 979.41

续表

排名	企业	综合数据/万元	排名	企业	综合数据/万元
27	东方国际物流（集团）有限公司	381 121.91	60	北京盛伦国际物流有限公司	143 000.00
28	硕达（上海）国际货运有限公司	372 993.00	61	连云港东大国际货运有限公司	137 660.60
29	江苏飞力达国际物流股份有限公司	370 850.96	62	江苏远洋新世纪货运代理有限公司	136 612.60
30	上海环世物流（集团）有限公司	360 838.00	63	中艺储运江苏有限责任公司	136 551.00
31	美设国际物流集团股份有限公司	357 947.00	64	中菲行国际货运代理（上海）有限公司	134 719.00
32	密尔克卫化工供应链服务股份有限公司	342 695.00	65	天津丰田物流有限公司	134 647.00
33	江苏众城国际物流有限公司	331 017.00	66	环发讯通（天津）国际货运代理有限公司	132 874.00
34	天津大田集团有限公司	329 283.00	67	民航快递有限责任公司	129 701.00
35	嘉友国际物流股份有限公司	328 111.26	68	浙江简达物流股份有限公司	124 750.00
36	深圳市柏威国际科技物流有限公司	321 541.00	69	新疆天业（集团）有限公司	122 380.00
37	新时代国际运输服务有限公司	288 306.00	70	深圳市海光国际物流有限公司	120 060.00
38	中远海运航空货运代理有限公司	264 379.00	71	大连中铁外服国际货运代理有限公司	118 298.00
39	民生国际货物运输代理有限公司	262 586.00	72	深圳市外代国际货运有限公司	110 474.00
40	深圳市安达顺国际物流有限公司	250 388.44	73	中成国际运输有限公司	109 674.60
41	深圳市长帆国际物流股份有限公司	240 615.20	74	海盟控股集团有限公司	104 319.00
42	锦海捷亚国际货运有限公司	239 394.00	75	日立物流（中国）有限公司	102 690.00
43	北京泽坤国际货运代理有限公司	223 553.89	76	中经得美国际快运代理有限公司	100 005.00
44	广东高捷航运物流有限公司	202 015.61	77	山东朗越国际运输服务有限公司	93 850.00
45	深圳市世纪通供应链股份有限公司	200 122.93	78	北京百福东方国际物流有限责任公司	90 255.00
46	深圳市华展国际物流有限公司	192 113.00	79	青岛经汉物流服务有限公司	87 798.00
47	深圳市涵文国际货运代理有限公司	181 939.22	80	广州佳联讯物流有限公司	86 146.56
48	鸿霖国际货运代理（上海）有限公司	171 383.00	81	航都（厦门）国际货运代理有限公司	80 924.00
49	上海青旅国际货运有限公司	165 522.00	82	北京跨欧亚国际货运代理有限公司	77 533.00
50	深圳天翼通国际货运代理有限公司	163 700.00	83	北方万邦物流有限公司	75 176.44
51	青岛远洋大亚物流有限公司	157 054.00	84	深圳市鹏城海物流有限公司	73 402.00
52	江苏恒隆物流有限公司	156 193.00	85	上海大微物流科技有限公司	68 962.00
53	杭州泛远国际物流股份有限公司	155 098.00	86	江苏海航供应链管理服务有限公司	68 040.00
54	宁波泛洋国际货运代理有限公司	154 193.74	87	深圳市世倡货运有限公司	67 500.00
55	天津克运集运集团股份有限公司	151 183.00	88	辽宁富德国际货运有限公司	65 140.00
56	江苏佳利达国际物流股份有限公司	150 072.00	89	重庆太平洋国际物流有限公司	62 375.26
57	大连忠进国际货运有限公司	149 825.00	90	辽宁港捷国际物流有限公司	61 796.00
58	达升物流股份有限公司	148 385.00	91	环集供应链管理股份有限公司	59 792.92
59	深圳市鸿安货运代理有限公司	143 640.10	92	青岛启德物流有限公司	58 228.00

续表

排名	企业	综合数据/万元	排名	企业	综合数据/万元
93	宁波港玲与物流有限公司	56 211.75	97	上海迅辉国际货运有限公司	47 451.51
94	中设国际商务运输代理有限责任公司	54 829.00	98	浙江胜马国际货运代理有限公司	47 432.00
95	中外运-日新国际货运有限公司	52 828.30	99	上海华加国际货运代理有限公司	44 904.00
96	锐昂（上海）国际物流有限公司	51 743.00	100	上海格林福德国际货物运输代理有限公司	44 768.00

1.5 国际货运代理行业组织

1.5.1 国际货运代理协会联合会（FIATA）

国际货运代理协会联合会于 1926 年在奥地利维也纳成立，总部位于瑞士日内瓦，被称为“全球货运物流代言人”（the Global Voice of Freight Logistics）。FIATA 是其法语缩写（Fédération Internationale des Associations de Transitaires et Assimilés），英文名称为 International Federation of Freight Forwarders Associations。国际货运代理协会联合会是一个非政府、非营利的国际货运代理组织，代表大约 150 个国家/地区的货运代理，其会员由 109 个协会会员和 5 500 多个个人会员组成，总体上代表了全球 40 000 家货运代理和物流公司，具有广泛的国际影响。FIATA 在联合国经济与社会理事会、联合国贸易与发展大会、联合国欧洲经济委员会及亚太经济社会委员会中均扮演了顾问咨询的角色。同时也被许多政府组织、国际铁路联合会、国际公路运输联合会、世界海关组织等一致确认为国际货运代理业的代表。

FIATA 的目标有 5 个：团结全球货运代理行业；代表、促进和保护行业利益，以顾问或专家身份参加与运输有关的国际机构的会议；通过传播资讯、派发刊物等方式，让业界及广大市民熟悉货运代理所提供的服务；通过制定和推广统一的货运单据、标准的贸易条件等，规范和提高货运代理的服务质量；协助货运代理的职业培训、责任保险问题、电子商务工具，包括电子数据交换（EDI）和条形码。

1）FIATA 的组织及研究机构

FIATA 有自己的章程，根据章程设立各级组织并开展活动。FIATA 每年举行一次世界性的代表大会，这一国际性的活动将运输界和货运代理紧密联合在一起，适时地引导了货物运输整体经济的发展，是一项社会性的活动，同时也是 FIATA 的最高权力机构，所有会员都可以参加。大会除主要处理 FIATA 内部事务外，还为国际货运代理界人士提供一个社交的场合及业务交流的机会。

FIATA 从 20 世纪 60 年代起先后成立了若干咨询机构及研究所，包括国际贸易和法律部门、海关事务研究所、空运研究所、多式联运研究所和法律事务咨询机构等，在每个机构和团体的范围内，FIATA 为其成员开发重要的工具和资源，并在国际层面代表行业。

2）FIATA 的会员情况

FIATA 是世界运输领域最大的非政府和非营利性组织，具有广泛的国际影响。其成员主要是来自世界各国的国际货运代理协会，包括 40 000 个国际货运代理公司、800 至 1 000 万雇员的代表。现有来自 86 个国家和地区 96 个国家级会员，2 700 多家个体会员，遍布 150 个国家和地区。其中，亚洲地区有 30 个国家和地区货运代理协会是 FIATA 的国家级会员，165 家个体会员。

我国对外贸易运输总公司以国家级会员的身份，于 1985 年加入该组织。2000 年 9 月中国国际货运代理协会成立，次年作为国家级会员加入 FIATA。我国台湾地区和香港地区各有一个区域性会员，台湾以中国台北名称在 FIATA 登记注册。目前我国内地有 20 多个个体会员，香港有 105 个，台湾有 48 个。

3）FIATA 标准交易条件及 FIATA 单证

FIATA 1996 年 10 月所推出的 FIATA 标准条件，为国际货运代理人的定义及责任风险做了法律界定，并为货运代理人及托运人之间的委托关系制定了合约文本，对全球货运代理的业务规范化和风险防范起了巨大的推动作用。

FIATA 所制定的包括联运提单在内的标准格式单证，为各国货运代理广泛使用，并在国际上享有良好信誉。对国际货运代理业的健康发展，起了良好的促进作用。这些单证有：

FIATA 货运代理收货证书（FCR）；

FIATA 货运代理运输证书（FCT）；

FIATA 仓库收据（FWR）；

可转让的 FIATA 多式联运提单（FBL）；

不可转让的 FIATA 多式联运运单（FWB）；

FIATA 危险货物运输托运人声明（SDT）；

FIATA 托运人联运重量证书（SIC）；

FIATA 转运说明（FFI）。

4）FIATA 货运代理资格证书在中国的培训及考试

在 FIATA，培训和教育活动在 FIATA 物流学院（FLI）的保护下进行。FLI 通过 FIATA 证书、ICAO-FIATA 危险品航空培训计划和年度青年国际货运代理奖等举措，为行业劳动力提供必要的技能和能力。FIATA 证书是国际货运代理协会联合会（FIATA）于 1995 年向全球货运代理人推出的一项兼具行业标准、有较高含金量的国际货运代理行业培训和考试项目，目的是整体提高全球货运代理从业人员的素质水平，并规范全球货运代理证书的培训和考试。FIATA 货运代理培训证书是目前全球货运代理行业中权威性最高的从业人员培训证书，具有全球通用，终身有效的特点。该证书由 FIATA 主席和经授权的学员所在国家的协会级协会会长联名签署。除此之外，当年参加培训考试且成绩优良并符合年龄条件（32 岁以下）的企业学员可被优先推荐参加每年一次由 FIATA 和 TT CLUB 联合组织主办的“青年国际货代人大奖赛各大洲际区域优胜者和全球总冠军评选活动”，获得各大洲区域的优胜者将由 TT CLUB 赞助，全程免费参加当年的 FIATA 全球年会。获得全球冠军的选手更将享受到免费到英美等地实习考察两周的殊荣。

1.5.2 中国国际货运代理协会（CIFA）

中国国际货运代理协会（China International Freight Forwarders Association，简称中货协，英文缩写 CIFA）是我国国际货运代理行业的全国性社会组织，2000 年 9 月 6 日在北京成立，会员涵盖各省市国际货运代理行业组织、国际货运代理物流企业以及与货运代理物流相关的企事业单位，亦吸纳在中国货运代理、运输、物流行业有较高威望和影响的个人会员。目前，中货协拥有会员近 600 家，其中理事及以上单位 95 家，各省市货运代理行业组织 21 家。全国国际货运代理企业在会数量达到 6 000 多家。

中货协的业务指导部门是商务部。作为联系政府与会员之间的纽带和桥梁，协会本着“反映诉求、提供服务、规范行为”的主旨，立志“依法办会、专业立会、务实兴会、创新强会”，积极开展各项工作：协助政府部门加强对我国国际货代物流行业的管理；维护国际货代物流业的经营秩序；推动会员企业的交流合作；依法维护本行业利益；保护会员企业的合法权益；促进对外贸易和国际货代物流业健康发展；为行业培训现代货代物流人才，提升行业人员素质，增强行业企业的国际竞争力；以民间形式代表中国货代物流业参与国际经贸运输事务并开展国际商务往来，参加相关国际行业重要会议。

1.5.3 世界货运代理联盟（WCA）

世界货运代理联盟（World Cargo Alliance），是全球最大、最有影响力的独立货运代理人网络。WCA 在全球 193 个国家拥有超过 10 263 个成员办事处。

国际货运代理公司加入 WCA，成为入盟成员，可以参加 WCA 每年组织的两次全球行业会议，全部采用一对一会谈的形式，单次会议有 3 000 余位来自世界各地的货运代理精英代表参加。货运代理企业在会议上互通有无，建立相互合作关系，扩大自身的业务范围，提高货运代理服务的质量。WCA 成员可以免费使用电子支付平台——Partner Pay，通过 Partner Pay 收付款项，降低银行手续费用，提升每票货物的利润。

每家新成员在加入联盟之前都必须经过严格的背景和财务资信审查，WCA 还为所有成员提供财务保障，一旦索赔事件发生，如索赔申请符合相关财务保障规定，WCA 会及时足额进行赔付。这样，每个 WCA 成员可以安全地、无后顾之忧地与其他成员开展业务合作。

WCA 专门为广大的货运代理公司创建了出版物——Voice of the Independent。该刊物拥有 70 000 多家业内读者，主要为货运代理、发货人、物流供应商。另外，WCA 还设立了 WCAworld 学院，向成员提供线上和线下各种培训课程，包括一般运输培训和问题解决，还有医药和易腐货物的合规操作培训等。

第2章 货运代理企业岗位设置与业务流程

学习目标

【知识目标】

1. 掌握货运代理企业内部部门、岗位设置与职能；
2. 了解货运代理企业业务范围；
3. 掌握货运代理企业典型业务流程；
4. 掌握与货运代理业务相关的外部企业、机构及其业务。

【技能目标】

具有指出货代企业中某一岗位的具体工作内容，以及在什么情况下需与企业内部其他部门及外部企业对接的能力。

2.1 货运代理企业具体岗位设置与业务流程

2.1.1 货运代理企业的设立与备案

2004年5月19日，国务院根据《中华人民共和国行政许可法》和行政审批改革计划，作出《关于第三批取消和调整行政审批项目的决定》，明确取消国际货运代理企业经营资格审批和外国货运代理商在华常驻机构的核准。2005年2月1日，商务部与国家工商行政管理总局联合发出《关于国际货物运输代理企业登记和管理有关问题的通知》。通知规定企业申请从事国际货运代理业务，可以直接向所在地工商行政管理部门办理企业登记注册，同时要求工商行政管理部门在登记从事国际货运代理业务的企业时，严格执行《中华人民共和国国际货物运输代理业管理规定》（经国务院批准，原外经贸部1995年第5号部令发布）第八条关于经营海上、航空、陆路国际货运代理业务最低注册资本限额的规定。以从事国际货运代理为主要业务的，企业名称中应当体现“国际货运代理”类似字样；企业的经营范围原则上按“××国际货运代理业务”核定。

《中华人民共和国国际货物运输代理业管理规定》第八条规定：“国际货物运输代理企业的注册资本最低限额应当符合下列要求：

（一）经营海上国际货物运输代理业务的，注册资本最低限额为500万元人民币；

（二）经营航空国际货物运输代理业务的，注册资本最低限额为300万元人民币；

（三）经营陆路国际货物运输代理业务或者国际快递业务的，注册资本最低限额为200万元人民币。

经营前款两项以上业务的，注册资本最低限额为其中最高一项的限额。

国际货物运输代理企业每设立一个从事国际货物运输代理业务的分支机构，应当增加注册资本 50 万元。”

2005 年 12 月 11 日施行的《外商投资国际货物运输代理企业管理办法》第三条规定：“外商投资设立经营国际快递业务的国际货运代理企业由商务部负责审批和管理；外商投资设立经营其他业务的国际货运代理企业由各省、自治区、直辖市、计划单列市及新疆生产建设兵团商务主管部门负责审批和管理。”

2005 年 3 月 2 日，商务部以 2005 年第九号部长令发布《国际货运代理企业备案（暂行）办法》，明确了国际货运代理企业备案主管部门、管理体制、备案机关的条件、备案程序、备案材料、备案时限等问题。商务部委托的国际货运代理企业备案机关为各地的商务部门、对外经济贸易机构及交通部门，如各省的商务厅、外经贸厅等。

由于具体情况有所不同，各个国际货运代理企业的业务经营范围也有所不同。我国在国际货运代理行业以及其他与国际货运代理行业相关的行业实行的管理体制并不完全相同。因此，国际货运代理企业实际从事某些业务，可能还需到相关主管部门办理审批、登记、注册手续。

2.1.2 对无船承运业务经营者的监管

无船承运业务，是指无船承运业务经营者以承运人身份接受托运人的货载，签发自己的提单或者其他运输单证，向托运人收取运费，通过国际船舶运输经营者完成国际海上货物运输，承担承运人责任的国际海上运输经营活动。

国际货运代理企业经营无船承运业务时，须接受国务院交通主管部门的监管。《中华人民共和国国际海运条例》第七条规定：“经营无船承运业务，应当向国务院交通主管部门办理提单登记，并交纳保证金。”《交通运输部关于无船承运业务经营者保证金责任保险制度操作办法的通知》规定：“无船承运业务经营者保证金责任保险方式与无船承运业务保证金方式、保证金保函方式，均为无船承运业务经营资格申请人（以下简称申请人）可采纳的财务责任证明形式，三者并行存在，供申请人自行选择。”无船承运业务经营者前款保证金金额为 80 万元人民币；每设立一个分支机构，增加保证金 20 万元人民币。保证金应当向中国境内的银行开立专门账户交存。2010 年 11 月 1 日以后申请无船承运业务经营资格的申请人，如选择投保无船承运业务保证金责任保险的，应依照《中华人民共和国国际海运条例》和《中华人民共和国国际海运条例实施细则》规定的程序，提交保险机构的从业证明文件、保险产品备案证明文件、签发的保险单、保险费缴费发票等规定的材料。2013 年 10 月 1 日以后申请无船承运业务经营资格的申请人，如选择提供无船承运业务经营者保证金保函的，应依照《中华人民共和国国际海运条例》和《中华人民共和国国际海运条例实施细则》规定的程序，提交担保机构的从业证明文件、担保机构签发的保函等规定材料。无船承运业务经营者保证金及保证金责任保险用于无船承运人清偿因其不履行承运人义务或履行义务不当所产生的债务。

另外，无船承运业务经营者的运价，应当按照规定格式向国务院交通主管部门备案。国务院交通主管部门应当指定专门机构受理运价备案。上海航运交易所为交通运输部指定的全国唯一运价备案受理机构，承担了全国无船承运业务经营者的运价备案受理工作。

2.1.3　货运代理企业业务部门设置与职能

尽管每家货运代理（简称“货代”）企业各自的业务活动情况及侧重点会有所不同，但大多数的货代企业会以业务流程为中心来设置职能部门及岗位。典型货代企业的组织架构如图2.1所示。

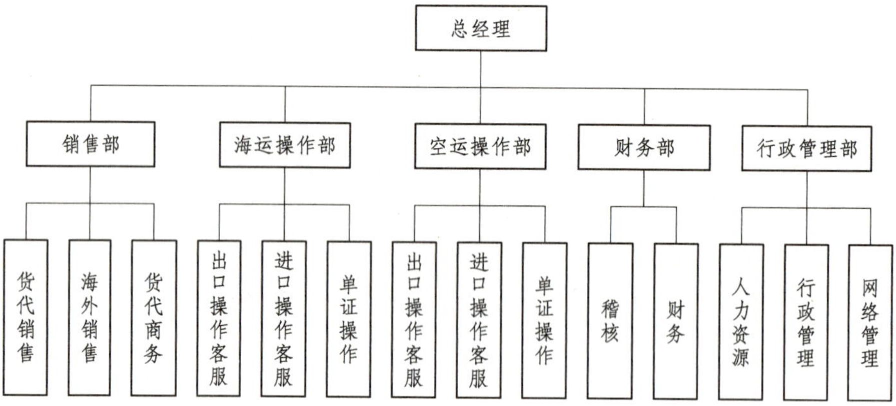

图 2.1　典型货代企业的组织架构图

2.1.3.1　销售部与市场部

严格来说市场部和销售部的职能是不同的。在货代企业里，市场部的主要工作是与船公司或货代同行保持联系，把握市场的行情，通过各种渠道拿到比较好的价格，通常是与船公司或货代同行签订协议运价（Service Contract）。这种协议运价比公开渠道公布的运价要便宜。不同的货代企业能够拿到的价格也不同，这个价格构成了货代企业提供货代服务时进行报价的一个基础。市场部的主要职位是货代商务，负责跟船公司与同行的沟通和价格申请，整理形成企业内部使用的报价表，为货代销售提供有竞争力的运价。

货代企业销售部主要的工作是开发客户，也叫揽货，就是在客户那里拿到其国际货物运输代理的授权。销售部的主要职位是货代销售，主要职责有：了解客户需求及相关市场讯息，制订销售计划并及时跟进实施；依托公司的货代服务和资源（航线、价格等），寻找目标客户，了解其需求，进行直客及同行市场揽货，实现销售目标；维护好客户，定期拜访客户，与客户保持良好沟通，控制风险；对客户资料信息进行归纳和整理。

货代销售根据所面对的客户的不同可以分为直客销售和同行销售：

直客销售面对的客户是生产出口产品或有进口原材料需求的工厂、有进出口产品业务的中间商、外贸公司等，包括国内的客户和国外的客户。

同行销售，通常是某些货代企业能够从船公司那里拿到比较好的价格，在一些航线上有优势，甚至是订舱平台，那么这些货代就可以向那些没有这些资源的货代公司进行销售。同行销售面对的客户主要是一些小的货代公司。

同行销售中还有一种是海外销售，面对的客户是国外的货代企业。有些货代企业会专门设立海外部来负责该项工作。整个国际货物运输所包含的环节主要有3个部分，即出口国国内运输部分、跨国运输部分（通常为海运、空运）和进口国国内运输部分。很少有单独一家货代企业能够完成从货物出运开始一直到目的地的整个物流过程，通常是负责所在国国内运输部分加跨国运输部分，或者仅负责所在国国内运输部分。这往往取决于所运输的货物的贸易术语：如在 CIF 贸易术语下，出口商的货代通常会负责出口国国内运输部分加跨国运输部分；而在 FOB 贸易术语下，出口商的货代通常仅负责出口国国内运输部分。在 FOB 贸易术语下，货物的主运费（跨国运输部分）由进口商承担，但却由出口商实际操作发货。这种情况的国际物流解决方案通常是：由进口商的货代在出口国寻找一家货代企业作为其代理，处理货物在装运港订舱、出运等事务，这家货代同时也是出口商的代理，负责出口国国内运输部分。对于出口商这边的货代企业来说，这票业务来自国外的同行，这种货物也被称作“指定货”。对于国际货代企业来说，建立起良好稳定的国外代理网络，借助于与同行的合作来完成整个国际物流过程，能够在激烈的市场竞争中取得比较优势，赢得与更多客户的合作。

对于货代销售来说，客户重复购买的意向强，开发一个稳定的客户，第二次一般都会继续找合作过的货代出货，要出货的企业会一直出货。但是销售前期开发客户难度较大，行业竞争激烈，首先要取得客户的信任，一旦取得客户的信任，就会保持长期合作关系。

2.1.3.2 操作部

销售部在与客户签订好相关货代协议或货代委托书后，便把相关的委托资料及业务联系单（或称为流程单）转到操作部。操作部是履行货代合同各项业务的实体部门，一方面，根据销售部门与客户达成的委托要求安排一系列操作，如货物装箱、内陆运输安排、报关报检安排等；另一方面，向承运人（船公司、航空公司）安排订舱、提单核对、运费收支和文件操作。操作部是整个公司中负责执行货代业务合同的部门，在整个操作过程中需要负责联系、协调本公司与承运人、同行、拖车公司、堆场、报关行等外协单位的关系，合理、及时安排所涉及的每一个操作环节，确保操作顺畅无误。

操作部的主要职位有：货代操作客服、单证操作、操作外勤。

货代操作客服的工作在很多货代企业里的要求是一单到底，这样客户在整个业务处理过程中接触的工作人员保持稳定，能够使整个货代服务保持连贯性，防止因不同的人接手而产生口径不一致的问题。货代操作客服的工作内容主要有：与客户洽谈，接受订单以及安排订舱、运输、货物跟踪、报关、结算等货物运输一单到底工作；与海外代理及客户的日常沟通和协调业务；负责做好客户的服务工作，解答客户有关问题。从客户角度出发，快速有效地为客户解决实际问题；跟踪装运发货动态，维持与船公司、仓库、车队等相关部门良好的关系；进出口货物的信息确认，货物报关和清关事务及相关后续工作；处理、汇报操作中的异常情况等。总的来说，货代操作客服的工作内容比较烦琐，接触的外部人员比较多，因此一定要细心、仔细，货物运输相关的要求经常要来回确认，一定要以书面形式（如电子邮件）沟通，避免后续纠纷。货代操作在工作时需要跟国外代理联系，尤其是指定货，因此需要有一定的专业英语沟通能力。

单证人员负责联系、协调与本公司发生业务关系的客户，准确、及时地处理与客户往来的单证；快速反馈必要的信息给客户，做好全程跟踪；协助操作处理具体业务操作，合理安排外勤签发提单及交接其他单据；与操作分工协作，为客户提供优质服务。

外勤人员的责任是按照操作和单证人员的要求，安排货物排载、进场、申报等工作，合理安排线路，确保各种单据文件的交接安全、顺利、及时。有的货代企业还设置“跑单”这一职位，其工作内容主要是将给客户的提单、发票、核销单等单证送给在本地区的货代或者外贸的客户，收取支票或者现金等，或者到船公司去领提单、付款等。

2.1.4 国际货运代理的业务活动

我国的国际货代企业可以从事下列全部或部分经营活动：

（1）揽货、订舱（含租船、包机、包舱）、托运、仓储、包装；

（2）货物的监装、监卸、集装箱装拆箱、分拨、中转及相关的短途运输服务；

（3）报关、报检、报验、保险；

（4）缮制签发有关单证、交付运费、结算及交付杂费；

（5）国际展品、私人物品及过境货物运输代理；

（6）国际多式联运、集运（含集装箱拼箱）；

（7）国际快递（不含私人信函）；

（8）咨询及其他国际货运代理业务。

除以上各项业务外，国际货代企业还可以从事第三方物流服务、无船承运等业务。

但是，这里所介绍的业务并不是每个国际货代企业都可以具有的经营活动范围。各个国际货代企业的具体情况有所不同，所以，国际货代企业的业务经营范围也有所不同。国际货代企业实际从事上述范围内的某些业务，可能还需到相关主管部门办理审批、登记、注册手续。如：无船承运人须向交通部门办理提单、运价备案；从事航空货代业务须接受中国民用航空总局或地区管理局的监督、管理；从事代理报关（报检）业务应向海关办理注册登记并经审核获得报关资格等。国际货代企业实际经营的国际货运服务业务范围，应当以在工商行政管理机关登记的经营范围为准。

国际货代业务是基于国际贸易合同的履行而产生的，国际经济、贸易的发展对国际运输和货代发展影响重大。互联网的出现给全球经济发展带来了巨变，随着我国经济的发展进入新常态时代，跨境电商作为国民经济增长的新亮点，引起了国家和企业界的高度重视。近年来，跨境电商在我国进出口贸易中所占的比重也在逐年增加。线上商品交易与线下货物配送是整个产业链中的重要环节，两者的发展相辅相成。跨境物流的发展水平直接影响跨境电商的发展。过去服务于传统进出口贸易企业的物流货代企业现在也纷纷涉足跨境电商行业。

跨境电商通过在主要销售市场国建立物流仓储基地（海外仓）方便消费者进行换货，提高企业的售后服务水平，降低消费者等待时间。海外买家在互联网上下单后，海外买家所在国的仓库可以完成对清单的整理并完成组货，通过海外物流进行配送。例如亚马逊、菜鸟等第三方物流企业在不同国家建立物流配送中心，为电商平台入驻的卖家提供这种海外仓服务。但跨境电商通常需要自选物流（货代）企业将货物运送到海外仓，这种头程运输业务是目前很多货代企业涉足跨境电商行业的切入点，如 FBA 头程运输业务。这里的 FBA 就是 Fulfillment by Amazon，也就是亚马的逊海外仓。

图 2.2 和图 2.3 为货代企业典型业务海运集装箱货物出口、进口货代业务的流程图。

2.2 货运代理业务相关企业及其业务

在国际货物运输代理业务中，货代企业通常会跟众多相关企业和机构打交道，涉及托运人和收货人、承运人（船公司、航空公司）、船舶代理、码头运营企业、机场、货运站、仓储企业、拖车公司、报关行等有关货物运输的当事人和关系人。

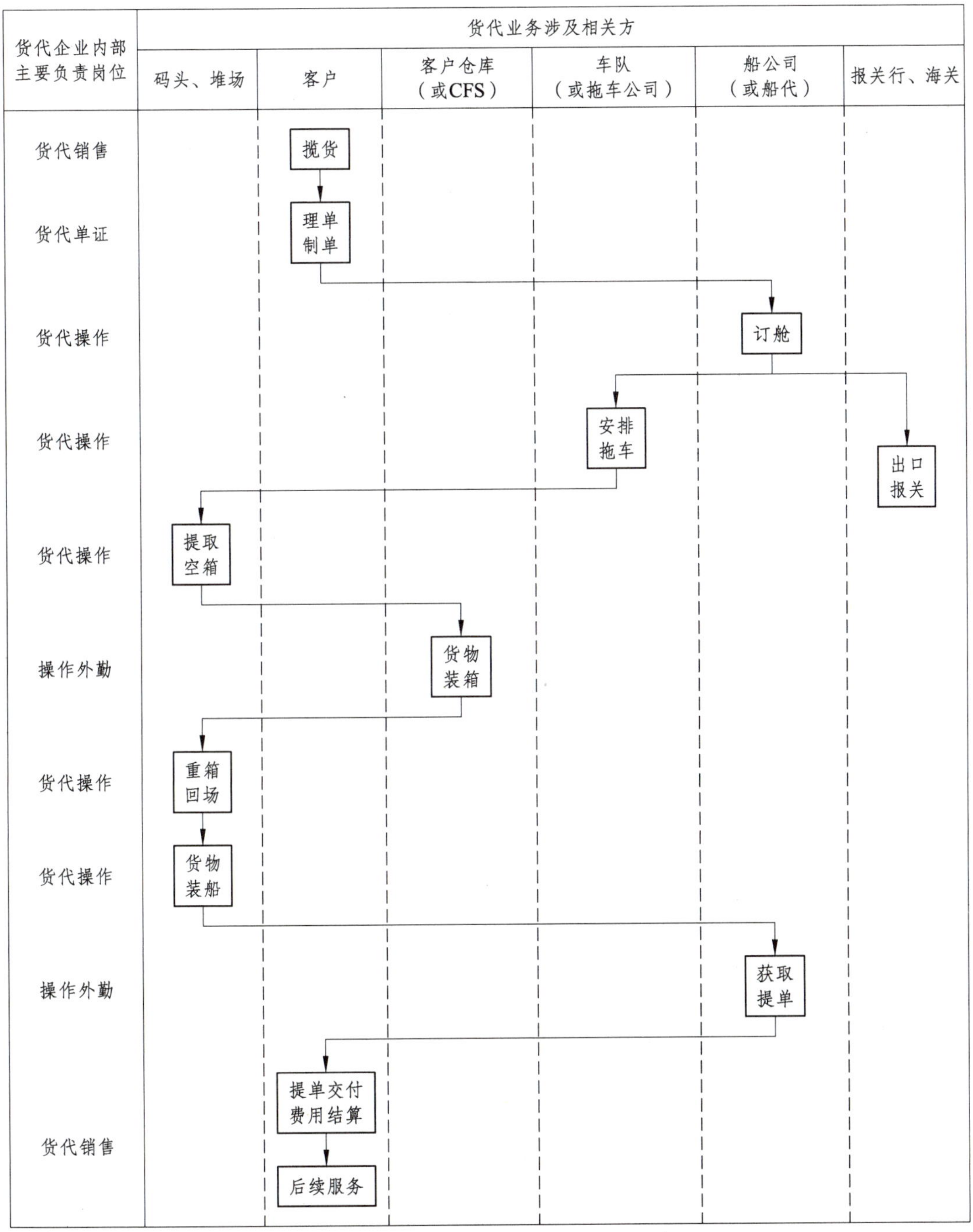

图 2.2 海运集装箱货物出口货代业务流程图

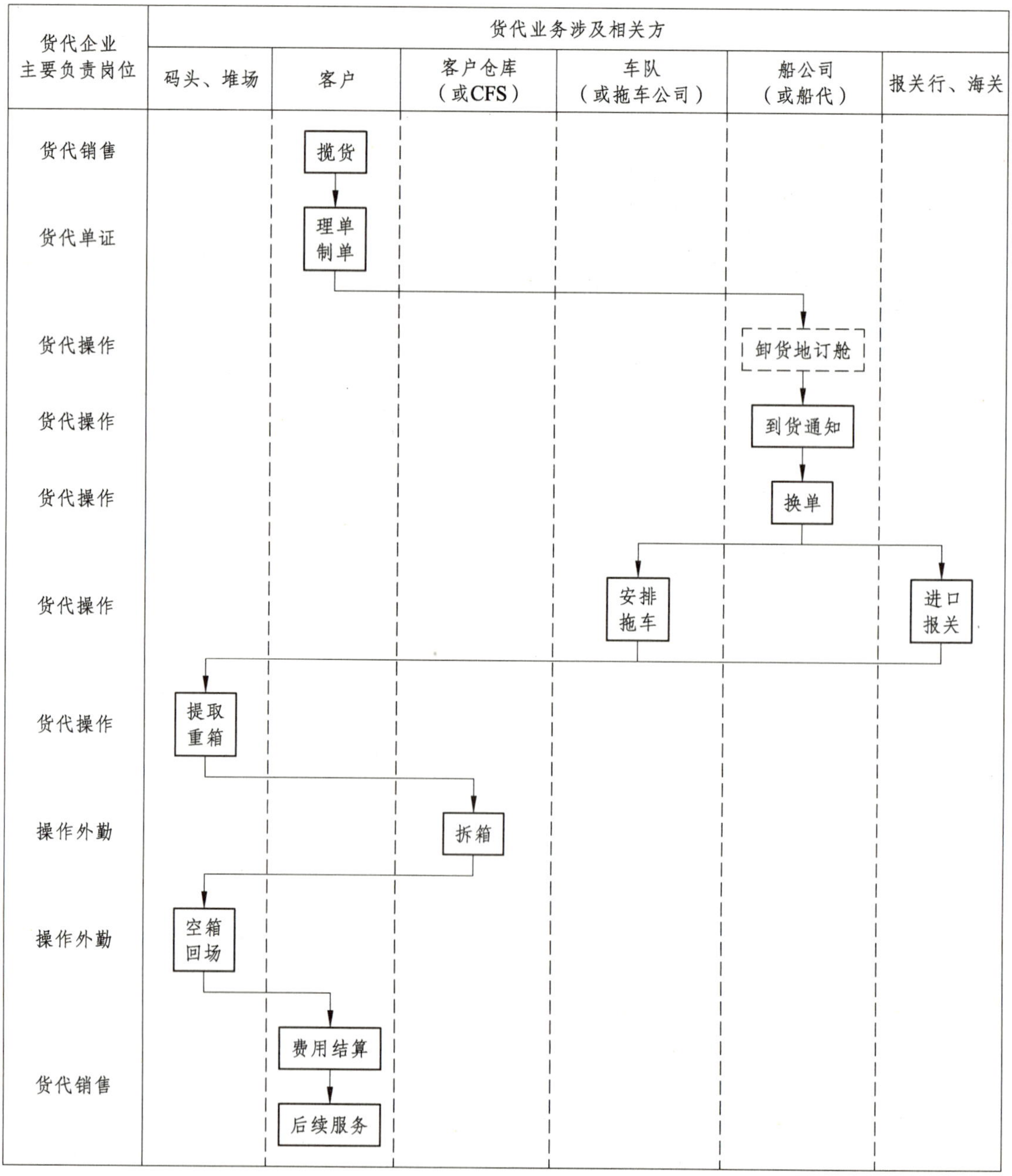

图 2.3　海运集装箱货物进口货代业务流程图

2.2.1 托运人和收货人

托运人（Shipper），是指本人或者委托他人以本人名义或者委托他人为本人与承运人订立海上货物运输合同的人，通常为国际货物贸易中的卖方，即出口商。收货人（Consignee）是在货物运输目的地接受货物的人，通常为国际货物贸易中的买方，即进口商。国际货物运输中的托运人和收货人是货代企业的客户（直客），是货代企业揽货的对象。

当货代企业作为无船公共承运人（Non-vessel Operating Common Carrier，NVOCC）时，以承运人身份接受托运人的货载，签发自己的提单（货代提单）或者其他运输单证。货代提单上记载的托运人是实际托运人。但无船承运人本身并不运营船舶，因此无船承运人会在接受实际托运人的货物后，再以托运人的身份向船公司订舱，通过船公司完成国际海上货物运输。对于船公司而言，托运人为该无船承运人，因此在船公司签发船东提单上记载的托运人是该无船承运人。这种情况在拼箱货的处理中比较常见。

2.2.2 承运人

在国际海上货物运输中，货物的实际承运人是船公司。船公司是指运用自己拥有或者自己经营的船舶，提供国际港口之间船舶运输服务，并依据法律规定设立的船舶运输企业。船公司应拥有自己的船期表、运价本、提单或其他运输单据。根据各国的管理规定，船公司通常应有船舶直接挂靠该国的港口。船公司有时也被称为远洋公共承运人（Ocean Common Carrier）。船公司通常与托运人订立运输合同，是运输合同中的实际承运人。在从事国际货代业务的实践中，国际海上货运代理人应了解有关船公司的情况，以便在必要时从中选择适当的船公司作为货物运输的实际承运人。世界上集装箱班轮公司有很多，并且大的班轮公司都已进入了中国海运市场，如马士基、地中海、达飞、赫伯罗特等。

在国际航空货物运输中，货物的实际承运人是航空公司，如中国国航、南方航空、东方航空、顺丰航空、圆通航空等。

2.2.3 船舶代理人

船舶代理人是指接受船舶所有人、船舶经营人或者船舶承租人的委托，为船舶所有人、船舶经营人或者船舶承租人的船舶及其所载货物或集装箱提供办理船舶进出港口手续、安排港口作业、接受订舱、代签提单、代收运费等服务，并依据法律规定设立的船舶运输辅助性企业。由于国际船舶代理行业具有一定独特的性质，所以各国在国际船舶代理行业大多制定了比较特别的规定。

中国最大的国际船舶代理公司是成立于 1953 年的中国外轮代理公司。20 世纪 80 年代末中外运船务代理公司成立，成为第二家从事国际船舶代理业务的国际船舶代理公司。现在，在我国对外开放的港口都有多家国际船舶代理公司。实践中，国际货运代理人与船舶代理人经常会有业务联系。

2.2.4 码头运营企业、机场、集装箱货运站

在国际海上货物运输中，港口和码头是国际货物运输网络中的枢纽，是货运物流网络中的关键节点之一。码头运营企业是拥有泊位、专业的设备和机械，从事货物的船舶装卸、集

散、临时的堆存和保管等业务的企业。码头为船公司提供货物的船舶装卸服务和集装箱箱务管理服务，并与船公司或其代理签订相应的商务合同。

国际货运代理人在处理国际货物运输的过程中经常会与码头运营企业往来，如在出口业务中，货代企业需要从码头堆场提空箱，装完箱后再将重箱交回码头堆场，由码头运营企业将其装上船舶；在进口业务中则是提重还空。

集装箱货运站（Container Freight Station，CFS）是指把货物装进集装箱内或从集装箱内取出，并对这些货物进行储存、防护和收发交接的作业场所。在一些传统集装箱码头或中小型集装箱码头，码头内集装箱货运站业务是码头陆侧操作功能区很重要的一部分。随着现代集装箱码头大型化和专业化的发展，其码头内（On Dock）的货运站业务正在逐步由港内向港外专业化的场站（Depot）或物流公司（Logistics Company）转移。货代企业在进行拼箱业务操作时，需要在集装箱货运站完成拼箱和拆箱。

在国际航空货物运输中，机场则是国际货物运输网络中的枢纽，是货运物流网络中的关键节点。机场提供的货运服务有：货物邮件行李的仓储、机场内地面运输、装卸。

2.2.5 拖车公司

根据国家的有关规定，凡是在我国境内从事营业性道路运输的单位和个人，都必须取得交通部门颁发的《道路运输经营许可证》和每车一份的《道路运输证》。

在国际货代业务处理过程中，货物的内陆集港运输还涉及海关监管运输。从事海关监管货物运输的企业、车辆、驾驶员，需向企业所在关区的直属海关申请办理注册登记手续。海关对车辆监管条件及相关文件进行审核，合格的，颁发《中华人民共和国境内汽车载运海关监管货物车辆准载证》(《准载证》)、《中华人民共和国海关境内汽车载运海关监管货物载货登记簿》(《汽车载货登记簿》)。经海关审核合格的驾驶员，参加注册地海关组织的业务培训，培训合格后颁发《中华人民共和国境内汽车司机载运海关监管货物资格证》。车辆进入港口、机场的堆场、货运站装卸集装箱货物，往往需要进入海关监管区域，港口、机场对于车辆的管理较为严格，不同于其他内陆货运站，因此从事此类货物运输的企业专业性较强。有些货代企业本身拥有自己的车队，从事相关业务也一样要办理相关手续。

货代企业在安排货物集港运输的时候大多会选择具备相应资质的专业拖车公司来完成。

2.2.6 报关行（Customs Broker）

报关行是指经海关准予注册登记，接受进出口货物收发货人的委托，以进出口货物收发货人名义或者以自己的名义，向海关办理代理报关业务，从事报关服务的企业。货代企业从事进出口货物的运输代理业务，会涉及货物的报关，一般货代会找专业的报关行申报，大型的货代公司则有自己的报关部门。

由于海关申报过程中要素较多、专业性要求高，同时还要熟悉相关法律法规以及报关具体操作细节，否则可能会出现商品多次退单的情况，影响通关效率。因此，绝大部分商品的进出口报关操作都是由专业的报关行处理的。

第3章 货运代理的法律地位

学习目标

【知识目标】

1. 掌握货运代理企业的法律地位；
2. 了解多式联运的定义和基本特征。

【技能目标】

具有分析不同情况下国际货运代理企业法律地位的能力。

3.1 国际货运代理人充当传统意义上的代理人和无船承运人（独立经营人/承运人）

1995年6月6日国务院批准的《中华人民共和国国际货物运输代理业管理规定》规定，国际货物运输代理业，是指接受进出口货物收货人、发货人的委托，以委托人的名义或者以自己的名义，为委托人办理国际货物运输及相关业务并收取服务报酬的行业。商务部于1998年1月26日公布了《中华人民共和国国际货物运输代理业管理规定实施细则（试行）》，并于2004年1月1日颁布了《国际货物运输代理业管理规定实施细则》。实施细则对该定义进行具体化，规定："国际货物运输代理企业可以作为进出口货物收货人、发货人的代理人，也可以作为独立经营人，从事国际货运代理业务。国际货运代理企业作为代理人从事国际货运代理业务，是指国际货运代理企业接受进出口货物收货人、发货人或其代理人的委托，以委托人名义或者以自己的名义办理有关业务，收取代理费或佣金的行为。国际货运代理企业作为独立经营人从事国际货运代理业务，是指国际货运代理企业接受进出口货物收货人、发货人或其代理人的委托，签发运输单证、履行运输合同并收取运费以及服务费的行为。"

据此，国际货运代理的法律地位有两种：

一是作为代理人。作为代理人的国际货运代理企业既可以委托人的名义，即国际货运服务经营者作为进出口货物收货人、发货人的代理人，以收货人或发货人的名义从事代理活动；也可以自己的名义办理有关业务。

（1）以被代理人的名义从事代理活动。

如图3.1所示，货主A公司委托货代B公司代办货物出口手续，双方建立委托代理关系，A公司为被代理人，B公司为代理人。B公司以A公司的名义向船公司或其代理人C公司办理订舱托运手续。货物装船后，C 公司签发提单（Bill of Lading，B/L）作为运输凭证。作为运输合同的证明，提单所证明的海上货物运输合同的当事人为托运人 A 公司和承运人 C 公司。

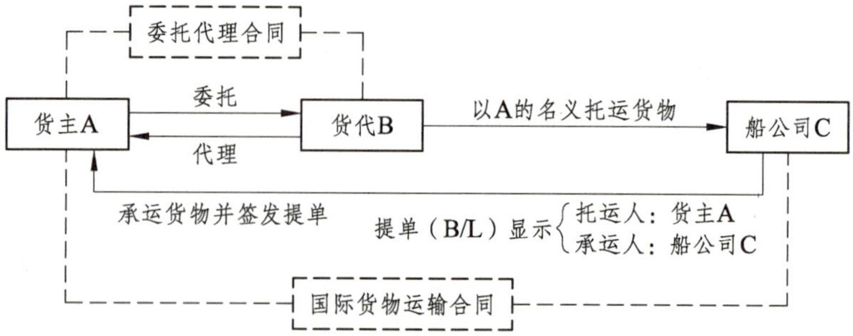

图 3.1　以代理人的名义从事代理活动

《中华人民共和国民法典》第一百六十二条规定："代理人在代理权限内，以被代理人名义实施的民事法律行为，对被代理人发生效力。"货代 B 公司仅作为代理人的身份，只收取了代理费或者佣金，在委托代理合同授权范围内的法律行为的后果由被代理人货主 A 公司承担，B 公司仅须对自己代理行为本身的过错负责。例如，如因船公司的原因造成货物受损，货主 A 公司索赔对象应为船公司 C，B 公司在代理行为中本身无过错，A 公司不能向 B 公司索赔。

（2）以自己的名义从事代理活动。

如图 3.2 所示，货主 A 公司委托货代 B 公司代办货物出口手续，双方建立委托代理关系，A 公司为被代理人，B 公司为代理人。然而，出于商业上的某些目的和需要，B 公司以自己的名义向船公司或其代理人 C 公司办理订舱托运手续。货物装船后，C 公司签发提单作为运输凭证。

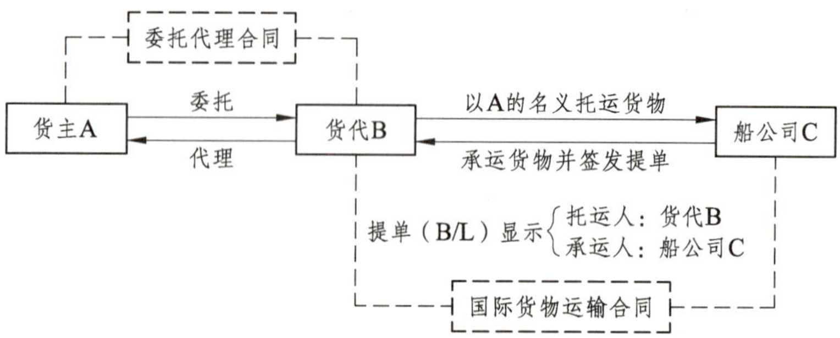

图 3.2　以自己的名义从事代理活动

提单表面所显示的是托运人 B 公司和承运人 C 公司之间的运输合同关系，但是，货代 B 公司仍然仅作为代理人的身份，只收取了代理费或者佣金，在委托代理合同授权范围内的法律行为的后果由货主 A 公司承担，B 公司仅须对自己代理行为本身的过错负责。

二是作为独立经营人。作为独立经营人主要是作为承运人从事活动，国际货运代理企业签发运输单证，享有承运人的权利，承担承运人的义务和责任。

《中华人民共和国国际海运条例》及《中华人民共和国国际海运条例实施细则》将国际货运代理企业在国际海上货物运输时以承运人身份从事业务的规定为无船承运人。无船承运业务，是指无船承运业务经营者以承运人身份接受托运人的货载，签发自己的提单或者其他运输单证，向托运人收取运费，通过国际船舶运输经营者完成国际海上货物运输，承担承运人责任的国际海上运输经营活动。

如图 3.3 所示，货代 B 公司接受了 A 公司的订舱托运，收取了全程运费，承诺完成货物运输，然后又以自己的名义向船公司或其代理人 C 公司办理订舱托运手续，并支付运费。货物装船后，B 公司得到 C 公司签发的船东提单（Master Bill of Lading，M-B/L）作为运输凭证，同时签发自己抬头的货代提单（House Bill of Lading，H-B/L）。

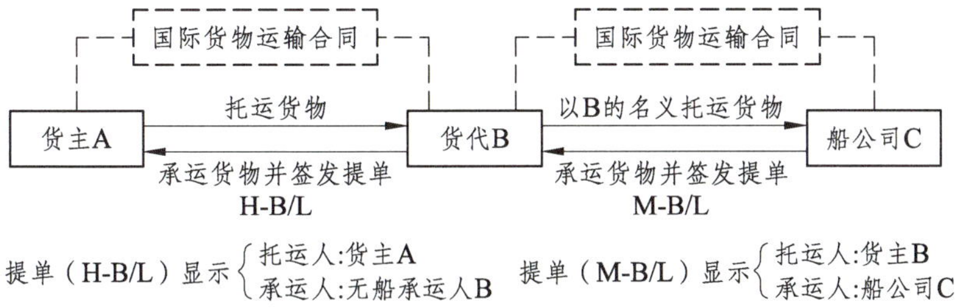

图 3.3 作为独立经营人/无船承运人从事活动

A 公司与 B 公司之间不再是委托代理关系，而是运输合同托运人与承运人的关系。同时，B 公司和 C 公司之间是另一份运输合同关系。货代 B 公司赚取了两份运输合同下运费的差价，以承运人、托运人的身份分别对两份运输合同承担相应的责任。

作为传统意义上的代理人和无船承运人从事活动时，受不同的法律规范约束，承担不同的义务和责任。当然，一个企业可以同时从事这两种业务。但在具体业务上，要么是作为发货人、收货人的代理人，要么是无船承运人，不能既是代理人又是无船承运人。

3.2 国际货运代理人充当多式联运经营人

3.2.1 多式联运的定义

《1980 年联合国国际货物多式联运公约》关于国际货物多式联运的定义：按照多式联运合同，以至少两种不同的运输方式，由多式联运经营人将货物从一国境内接管货物的地点运至另一国境内指定交付货物的地点。为履行单一方式运输合同而进行的该合同所规定的货物接送业务，不应视为国际多式联运。但到目前为止，仅有 10 多个国家加入了《1980 年联合国国际货物多式联运公约》，因此该公约一直未能生效。

为了确保《1980 年联合国国际货物多式联运公约》生效前国际货物多式联运能有效地进行，有关国际组织决定制定一个临时性的规则，这就是联合国贸发会会同国际商会在《1975 年国际商会关于联合运输单证（Combined Transport Document-Combidoc）的统一规则》（简称《1975 年国际商会统一规则》）的基础上，参考《1980 年联合国国际货物多式联运公约》制定的《1991 年国际商会多式联运单证规则》。

《1991 年国际商会规则》对多式联运并没有给出定义。但是根据其定义的“多式联运合同”和“多式联运经营人”来看，该规则所指的多式联运与《1980 年联合国国际货物多式联运公约》的定义唯一的区别在于：《1991 年国际商会规则》对多式联运的国际性没有规定。在内容上，它只规定至少使用两种不同的运输方式即可；在名称上，它使用的是“多式联运”而非

"国际货物多式联运"。因此，该规则既可应用于国际货物的多式联运，也可应用于国内货物的多式联运。除此之外，多式联运的内涵在这两个国际性的法律文件中并没有其他不同。

国际多式联运是一种较高级的运输组织方式，它集中了各种运输方式的特点，扬长避短，融合一体，组成连贯运输，达到简化货运环节，加速周转，减少货损货差，降低运输成本，实现合理运输的目的。它相对于单一运输方式具有较大的优越性，主要表现在以下方面：

（1）提高运输组织水平。国际多式联运开展以前，各种运输方式都自成体系，因此其经营的范围是有限的，承运的数量也是有限的。多式联运的开展，实现了运输的合理化，改善了不同运输的衔接协作，从而提高了运输的组织和管理水平。

（2）综合利用各种运输的优势。多式联运通过各种运输方式的合理搭配，充分发挥各类运输工具的效能，提高了运输效率，减少了货物的库存时间和费用，降低了运输成本。

（3）实现"门到门"运输的有效途径。国际多式联运综合了各种运输的特点，组成了直达连贯运输，可以把货物从发货人的内地工厂或仓库，直接运到收货人的内地工厂或仓库，还可以运到收货人指定的任何适宜的地点。

（4）手续简便，提早结汇。在多式联运方式下，货主只需办理一次托运手续，指定目的地，货物在启运地装上第一程运输工具后，货主即可取得多式联运单证，并可凭此向银行办理收汇手续。这较之过去从内地发货，需要在到达港口装船后才可取得装船提单收汇要早，因而，也有利于加速资金周转，节省利息支出。

（5）安全迅速。整个多式联运过程各个环节配合密切，衔接紧凑，中转迅速而及时，中途停留时间短。此外，多式联运以集装箱为主体，将货物封闭在集装箱内，这样既可以减少货损货差，又可以防止污染和被盗，能够较好地保证货物安全、迅速、准确、及时地运到目的地。

（6）降低运输成本，节约运杂费用。多式联运可以从多方面节约费用，降低成本，对货主而言是优惠运价，对承运人而言是高利润。

3.2.2 多式联运的基本特征

从国际货物多式联运的概念分析可以得出国际货物多式联运的基本特征。

（1）国际货物多式联运首先是一种跨越国境的运输，其运输的起始地和目的地一定位于不同的国家境内，以此区别于一国境内的多式联运。

（2）此种运输一定是通过两种以上不同的运输方式得以完成的，不同运输方式的区分还要结合不同运输区段适用法律的不同加以界定。

（3）虽然参与此项运输的当事方不止一个，但是必须有一个多式联运经营人作为多式联运合同的一方主体组织完成全部的运输并承担相应的合同责任。

（4）全部多式联运过程必须涵盖在一个单独的货物运输合同之下，多式联运经营人有可能接受不同合同的约束，如受多式联运经营人与其雇佣人之间雇佣合同的约束，同时在各个运输区段间不可避免地会有各种辅助性的工作不能全部包括在各个分运输合同中。因此，一个覆盖全程运输的单独的运输合同就成为多式联合运输得以完成的必要条件，多式联运也由此成为一种独立的运输模式而不再是各种单一运输方式的简单叠加。

3.2.3 货运代理企业充当国际多式联运经营人的法律地位

国际货运代理人可从海运、铁路等基本业务出发，拓展业务内涵，作为多式联运经营人为客户提供国际货物多式联运服务。

如果国际货运服务经营者从事多式联运业务，作为多式联运经营人，可适用《国际商会联运单证规则》。该规则是最早的关于联运单证的国际民间协议，由国际商会于 1973 年制定，1975 年进行了修改。作为民间规则，其执行不具有强制性，但被国际货物多式联运合同双方当事人经常协议采用。根据该规则，多式联运经营人承担网状责任制。对于发生在多式联运经营人责任期间内的货物灭失或损坏，如果知道这种灭失或损坏发生的运输区段，多式联运经营人的赔偿责任依据适用于该区段的国际公约或国内法予以确定；在不能确定货物发生灭失或损坏的区段时，即对于隐藏的货物损失，其赔偿责任按过错责任原则予以确定。另外对赔偿责任限额、责任期间、延迟责任、诉讼时效等进行了规定。

《1980 年联合国国际货物多式联运公约》规定的国际货物多式联运经营人是指其本人或者通过其代表订立国际货物多式联运合同的任何人。他是本人，而不是发货人的代理人或代表或者参加多式联运的承运人的代理人或代表，并且负有履行合同的责任。因此，多式联运经营人是一个独立的法律主体，他的身份是基于多式联运合同而向托运人承担履行运输义务的本人，不管他是作为多式联运的实际提供人还是作为运输的承办人，只要他事实上与发货人签订了国际货物多式联运合同，作为本人他就应该负责对多式联运做出妥善安排，同时对整个多式联运合同履行过程中发生的货物的灭失、损害以及货物的迟延交付承担责任。

随着贸易运输实践的发展以及社会分工的不断细化，多式联运经营人不可能也没有必要去亲自完成多式联运的所有环节，更多的情况是多式联运经营人自己将其中的一部分或者全部业务委托给各区段实际承运人或货运代理人、雇佣人等去完成。这样，多式联运经营人一方面作为本人与托运人签订了多式联运合同承担所有合同义务，为货物利益方提供一次托运、一次收费、一单到底、统一理赔、全程负责的一体化运输服务，另一方面又与各区段承运人、货运代理人、雇佣人等发生契约关系，通过这种契约关系利用他们的服务以完成自己在多式联运合同中的义务。因此，多式联运经营人的这种区别于任何单一运输方式下承运人的独特法律地位在多层次的合同关系中得以集中体现，同时也决定了多式联运经营人的法律性质及多式联运经营人在多式联运中的法律地位和作用。

国际货物多式联运是由众多运输方式有机结合完成的，所以它的法律关系也较为复杂，其中既有多式联运经营人与货物利益方之间的运输合同关系，又有多式联运经营人与其代理人、受雇人及其他相关方之间的代理关系、承揽运送关系、侵权关系等。为此，国际货物多式联运合同应首先正确确定多式联运经营人的法律地位和适当调整上述关系人之间的法律关系，从而明晰相互之间的权利与义务。

（1）无论是其本人还是通过其代理人，多式联运经营人必须是与托运人签订国际多式联运合同的合同主体，他本人是合同的一方当事人。多式联运的实质在于它是一个单一的运输过程，即通过不同的运输方式，把货物自接管地点运往交货地点。因此，多式联运经营人为完成运输而与其他分订约人订立的合同关系只是为履行由多式联运规则所调整的多式联运经营人与托运人订立的多式联运合同而必须采取的具体手段而已，两者属于不同的合同关系层面。

（2）多式联运经营人从接管货物时起到交付货物时止，对无论是否实际处于其掌管支配下的货物的灭失、损害以及迟延交付承担赔偿责任。虽然这并不影响多式联运经营人向实际造成货物灭失、损害以及迟延交付的责任人进行追偿，但是只要货物利益方选择向其主张权利，其便负有第一位的赔偿责任。尽管大多数情况下合同项下的货物并不是由联运经营人亲自支配，但是只要在责任期间内，货物即视为在其掌管之下，这是多式联运经营人与托运人订立多式联运合同的必然要求。

（3）多式联运经营人还必须承担多式联运合同中所规定的与运输和其他服务有关的相关责任，并保证将货物最终妥善交付给多式联运单证持有人或者是单证中指定的收货人。这方面的责任有：① 合理谨慎地选择、监督实际承运和处理货物的分缔约人责任；② 照管运输期间货物的责任，这体现在履行特定义务、要求指示义务以及依指示履行合同义务 3 个方面。

第2单元

国际海上货运代理实务

第4章 国际海上货运代理概述

学习目标

【知识目标】

1. 了解国际海上货物运输的基本特点；
2. 熟悉世界主要船公司；
3. 熟悉集装箱班轮运输主要航线、基本港。

【技能目标】

1. 具有根据货物的具体情况选择合适的装货港、卸货港及航线的能力；
2. 具有利用各大船公司网站查询班轮航线的能力。

4.1 海上货物运输概述

海上货物运输主要是利用船舶进行货物运输的一种运输方式，又可以分为国内沿海货物运输和国际海上货物运输。国际海上货物运输，除了具有与陆路运输和航空运输相区别的特点外，还具有与国内沿海货物运输不同的独特之处。

4.1.1 海上货物运输的特点

现代国际海上货物运输发展的主要特征表现在船舶的专业化、大型化和高速化。20 世纪 50 年代以后，海上货物运输船舶迅速向专业化发展。专业化运输船舶有油船、液化气船、化学品船、滚装船以及集装箱船等类型。同时海上货运船舶也向大型化发展，如集装箱船从 20 世纪 70 年代的第一代单船装载 700 ~ 1 000 TEU[Twenty-feet Equicalent Unit，标准箱（20 英尺长的标准集装箱）]，发展到现在，最大的集装箱船可装载 23 000 TEU 以上，船公司从事国际海运集装箱船舶的主力船型也在 10 000 TEU 以上。

从技术性能来看，海上货物运输的运输能力最大，货物运输能力几乎不受限制，如邮轮最多一次可载运几十万吨的货物。海船货仓容积大，可载运体积庞大的货物。

从主要经济指标来看，由于海上货物运输的航道主要利用的是天然水域，除了建设港口和购置船舶外，水域航道几乎不需要投资。因此相对于其他运输方式而言，运输成本最低。同时，与铁路货物运输相比，海上货物运输劳动生产率较高。

海上货物运输受自然条件的影响很大，如一些港口河流航道受季节影响较大：冬季结冰，枯水期水位变低，难以保证全年通航。另外，水路运输的速度通常比较慢，且由于运输的距离长，因此运输时间也长，特别是远洋国际海上货物运输的时间都在一个月左右，甚至更长。海上货物运输遭遇海上危险的可能性大，出险后所造成的损失巨大。受运输条件的限制，海上货物运输的安全性和准确性相对较差。因此，海上货物运输适于承担运量大、运距长、对运输时间要求不高、货物的运费负担能力相对较低的货运任务。

为适应海上危险，在国际海上货物运输领域中逐步形成、发展并建立了沿袭至今的，被普遍接受的一些比较特殊的制度，包括共同海损制度、海上保险制度、海上救助制度、承运人责任限制制度和船舶所有人责任限制制度等。

国际海上货物运输是伴随着国际贸易而进行的国际货物运输，具有很强的国际性，主要表现在以下方面：

（1）受国际航运市场影响比较大。

在国际航运市场上，对运力的供给与需求的平衡关系左右着运价和租金的变动，任何船舶经营人都要适应国际海运市场的变化，这是一个高度国际化的市场。因此，参与国际海上货物运输的企业，如船公司、港口码头企业、货运代理等，很多都是跨国公司，在全球建了经营网络。一国的货主或货运代理通常会选择本国的船公司作为海上货物运输的承运人。但是，当其他国家的船公司能够提供更为合适的运输服务时，货主或货运代理就会选择非本国的船公司作为海上货物运输的承运人。

（2）货运单证的国际通用性。

因为国际海上货运船舶航行于不同国家的港口之间，作为划分各方责任和业务联系主要依据的货运单证，应能满足不同国家和港口各有关方面的要求。在单证的内容和编制方法上，不但要符合本国法令和业务需要，而且也必须适应国际公约和有关国家和港口的法令或习惯要求，使之能为各关系方所承认和接受。所以，就一些主要的货运单证而言，在名称、作用和记载内容上大多大同小异，可以在国际上通用。

（3）适用法律的国际统一性。

国际海上货物运输是在不同国家的港口之间进行的运输，在运输中经常会发生各种事故和争议。这些问题的发生不一定是在本国的水域范围内，纠纷或争议的各方也可能分属不同的国家。因此，在处理这些问题时，就有适用哪一个国家的法律问题。同一个案件按不同国家的法律处理就可能得出完全不同的结果，为此，海运界一直都在谋求制定一系列能为各国所接受，并能共同遵守的国际公约，各个国家在加入这些国际公约后，再相应地进行国内立法，以求得国际上的统一。例如关于统一国际海上货物运输合同某些法律规则的国际海运公约，从最早的“海牙规则”，到“维斯比规则”“汉堡规则”，以及最新的“鹿特丹规则”，是国际社会为了在海运法律制度领域内推进国际统一化所做出的一次又一次努力。我国的“海商法”也借鉴参照了“海牙—维斯比规则”“汉堡规则”“国际救助公约”“约克-安特卫普规则”等国际公约。

4.1.2 海上货物运输船舶的经营方式

4.1.2.1 班轮运输

班轮运输，是指班轮公司将船舶按事先制定的船期表，在特定航线的各挂靠港之间，经常地为非特定的众多货主提供规则的、反复的货物运输服务，并按运价本（Tariff）或协议（Service Contract）运价的规定计收运费的一种运营方式。

1）杂货班轮运输

最早的班轮运输是杂货班轮运输。杂货班轮运输的货物以件杂货为主，还可以运输一些散货、重大件等特殊货物，如袋装化肥、袋装粮食、钢材、建材、机械设备等。

杂货班轮适应货主小批量零星件杂货对海上运输的需求，通常班轮公司可安排转运工作，从而满足货物运输的特殊需要。

2）集装箱班轮运输

20 世纪 60 年代后期，随着集装箱运输的发展，班轮运输中出现了以集装箱为运输单元的集装箱班轮运输方式。由于集装箱运输具有作业机械化程度高、装卸效率高、运送速度快、便于开展多种运输方式联运等优点，到 20 世纪 90 年代后期，集装箱班轮运输已逐渐取代了传统的杂货班轮运输。目前，集装箱班轮运输已成为班轮运输的主要方式。

集装箱班轮运输在运输速度、货运质量等方面更具优势。但是大多数船公司不接收小批量的拼箱货，而只接收整箱货。因此，对于货主而言，当货量较少，不够装满一个集装箱时，需要寻求货代企业（集拼经营人）进行拼箱操作来运输货物。

3）班轮运输的特点

承运人和托运人之间在货物装船之前通常不书面签订具有详细条款的运输合同。在杂货班轮运输中，通常是在货物装船后，由承运人或其代理签发提单。在集装箱班轮运输中，除通常由承运人或其代理签发提单外，还可以根据需要签发海运单。这些单证上记有详细的有关承运人、托运人或收货人的责任、权利和义务的条款。

在杂货班轮运输中，除非订有协议允许托运人在船边交货和收货人在船边提货外，通常承运人是在装货港指定的码头仓库接收货物，并在卸货港的码头仓库向收货人交付货物。在集装箱班轮运输中，通常承运人是在装货港的集装箱堆场接收整箱货物，在卸货港集装箱堆场交付货物。拼箱货则由集拼经营人在装货港集装箱货运站接收货物，并在卸货港集装箱货运站交付货物。

班轮公司一般负责包括装货、卸货、理舱在内的作业和费用。在杂货班轮运输中，班轮公司通常不负担货物装船时仓库至船边和卸船时船边至仓库搬运作业的费用。在集装箱班轮运输中，班轮公司负担集装箱装船时堆场至船边及卸船时船边至堆场搬运作业的费用，但是会通过运费转嫁给货主。

承运人和托运人之间不规定装卸时间，也不计算滞期费和速遣费。

4.1.2.2 租船运输

租船运输，又称不定期船运输，这是相对于班轮运输而言的另一种船舶运营方式。这种船舶运营方式由船舶经营人与需要船舶运力的租船人通过洽谈运输条件、签订租船合同（Charter Party）来安排运输。因此，这种运营方式没有固定的航线和挂靠港口，也没有预先制定的船期表和费率本。租船运输主要是根据租船人的要求来安排营运的，通常由租船人租用整船进行运输。根据租船人的不同要求，又分为不同的租船方式，主要有定期租船和航次租船。

租船运输的特点如下：

（1）租船运输主要适用于大宗货物的运输，如矿石、煤炭、粮食、石油等。

（2）租船运输是根据租船合同组织运输的。租船合同订明船舶出租人与承租人双方的责任、义务和权利，租船合同条款是解决争议的依据。

（3）国际租船市场行情影响租金、运费水平的高低。世界经济状况、船舶运力供求关系、季节性气候条件及国际政治形势等都是其影响因素。

（4）船舶营运中有关费用的分担取决于不同的租船方式，并在租船合同中订明。如航次租船合同通常会订立装卸货的时间条款和滞期速遣条款，以及装卸费用在承租人和出租人间如何分担的条款等。

4.2 海上货物运输的承运人——船公司

船公司是以船舶运输为经营项目的企业，是海上货物运输的实际承运人。其中，班轮运输是垄断性比较强的行业，如全球排名前 10 位的集装箱班轮运输企业所拥有的运力超过全球集装箱班轮总运力的 80%。

4.2.1 世界主要集装箱班轮公司

2021 年 12 月，全球排名前五的集装箱班轮公司为马士基航运（Maersk）、地中海航运（Mediterranean Shg Co.）、达飞轮船（CMA CGM Group）、中远海运集团（COSCO Group）和赫伯罗特（Hapag-Lloyd），他们的运力加起来占到全球总运力的 65.2%。这些排名头部的班轮公司长期以来的位次变化不大，比较稳定。排名前 10 位的集装箱班轮公司的运力占到了全球总运力的 84.7%。（见表 4.1）

表 4.1 世界排名靠前的集装箱班轮公司

公司标志	公司名称	英文缩写	注册地
	马士基海陆 A.P.Moller-Maersk A/S	MSK	丹麦
	地中海航运 Mediterranean Shg Co.	MSC	瑞士
	法国达飞海运集团 CMA CGM S.A.	CMA CGM	法国
	中国远洋海运集团 COSCO Group	COSCO	中国 上海
	赫伯罗特 Hapag-Lloyd AG	HPL	德国
	ONE Ocean Network Express	ONE	日本
	长荣海运 Evergreen Marine Crop.	EMC	中国 台湾

续表

公司标志	公司名称	英文缩写	注册地
	现代商船 HMM Co. Ltd.	HMM	韩国
	阳明海运 Yang Ming Marine Traspot Corp	YML	中国 台湾
	万海航运 Wan Hai Lines	WHL	中国 台湾

1）马士基海陆（https://www.maersk.com.cn/）

1904 年，穆勒（A.P.Moller）（1876—1965）与他的船长父亲在斯文堡共同创办了斯文堡蒸汽船公司，1912 年穆勒成立另一家轮船公司（Dampskibsselskabet af 1912）。凭借第一次世界大战期间航运业的有利环境，新成立的 1912 轮船公司迅速扩张。两家公司一直并行管理，直至 2003 年合并为一家公司：马士基（A. P. Moller - Maersk A/S）。马士基目前是世界上最大的集装箱班轮公司。马士基集团发展到现在已经是一家综合性经营的大型跨国集团，除集装箱班轮运输外，还经营物流与供应链、码头运营、石油天然气的勘探开发、航空运输等多种业务。

2）地中海航运（https://www.msc.com/hkg）

地中海航运公司成立于 1970 年，由来自意大利的阿庞特（Aponte）在布鲁塞尔创立，1978 年将总部设在瑞士日内瓦，是一家从事航运和物流业务的全球化企业，发展至今已在 155 个国家和地区开展其业务，拥有 500 多艘船，员工超过 10 万人。

3）法国达飞海运集团（http://www.cma-cgm.com/）

法国达飞海运集团总部在法国马赛，1978 年创始人雅克·萨德（Jacques Saadé）建立了 Compagnie Maritime d'Affrètement（CMA），初期只有 4 名工作人员，一艘船，一条往返于贝鲁特、拉塔基亚、利沃诺和马赛的航线。由这条最初的地中海航线开始，公司的航线逐渐发展到北美大陆。1986—1996 年的 10 年中，达飞实施它的亚洲战略，在亚洲开设办事处：首先在中国香港地区和马尼拉，然后从上海扩散到中国各地。将北欧—红海航线延伸至亚洲。在亚洲扩张的战略，使达飞集团在短短几年内成为亚洲与地中海之间的第一大航运公司和亚洲与北欧之间的第二大航运公司。1996 年 6 月，集团收购 Compagnie Générale Maritime（CGM）。1999 年，CGM 与 CMA 合并，共同组建了当时世界第 12 大航运集团，正式更名为“CMA CGM”。在接下来的几年里，达飞继续采取非常积极的收购政策，先后收购了英国的 Mac Andrews、西非的 Delmas、我国台湾地区的 CNC、摩洛哥的 Comanay 和美国的 US Lines，以及北欧、加那利群岛、伊比利亚半岛和摩洛哥的门到门物流和短距离运输专家 OPDR。2016 年，还收购了新加坡证券交易所上市的最大航运公司 NOL。通过一系列的收购，达飞轮船已成为法国第一、世界排名第三的集装箱全球承运人。

4）中国远洋海运集团（http://www.coscoshipping.com/）

中国远洋海运集团有限公司由中国远洋运输（集团）总公司与中国海运（集团）总公司重组而成，总部设在上海，是中央直接管理的特大型国有企业。

1961 年 4 月 27 日，新中国第一家国际海运企业——中国远洋运输公司宣告成立。同时，也诞生了中远公司广州远洋运输分公司（以下简称广州分公司）。1993 年 2 月 16 日，以中远总公司为核心企业与中国外轮代理总公司、中国汽车运输总公司、中国船舶燃料供应总公司组建了中国远洋运输（集团）总公司（以下简称中远集团），初步形成了以航运为主业，业务范围涉及远洋运输、船舶和货运代理、海上燃物料供应、船舶修理、劳务输出、房地产、进出口贸易、旅游、金融等 10 多个行业的多元化发展企业。

2005 年之后，中远集团进入全球化发展新阶段。这一时期，中远集团船队规模大幅增长。截至 2021 年 8 月 31 日，中国远洋海运集团经营船队综合运力 11 370 万载重吨/1 371 艘，排名世界第一。其中，集装箱船队规模 308 万 TEU/516 艘，居世界前列；干散货船队运力 4 460 万载重吨/442 艘，油、气船队运力 2 936 万载重吨/224 艘，杂货特种船队 475 万载重吨/152 艘，均居世界第一。

5）赫伯罗特（https://www.hapag-lloyd.cn/zh/home.html）

赫伯罗特的历史可以追溯到 1847 年在汉堡成立的 Hamburg-Amerikanische Packetfahrt-Actien-Gesellschanft（缩写为 Hapag）和 1857 年在不来梅成立的 Norddeutscher Lloyd（北德劳埃德-NDL）。1970 年，这两家历史悠久、互相竞争的船公司合并，标志着 Hapag-Lloyd AG 历史的开始，总部设在汉堡和不来梅。在国际上，新的赫伯罗特公司属于班轮运输的顶级梯队。10 000 多名员工，112 艘远洋船舶，营业额超过 10 亿德国马克。在 20 世纪 90 年代，公司进入中国市场，成立赫伯罗特中国有限公司，在香港和内地设有 9 个办事处。进入 2000 年后，赫伯罗特经历了一系列的收购，包括加拿大太平洋航运（CPShips）、南美轮船（CSAV）阿拉伯轮船（UASC）尼罗河航运（NileDutch），成为世界排名前五的集装箱航运企业之一。业务主要分布区域有：北欧、南欧、北美、拉丁美洲、中东和亚洲。

6）ONE（Ocean Network Express）（https://ch.one-line.com/zh-hans）

Ocean Network Express 于 2017 年 7 月 7 日由 K Line（川崎汽船）、MOL（商船三井）和 NYK（日本邮船）整合而成。控股公司于 2017 年 7 月 7 日在日本成立，同时在新加坡成立企业管理公司。设立的地区总部分布在我国香港地区及新加坡、英国、美国和巴西等国家，并于 2018 年 4 月开始服务，服务网络覆盖全球 106 个国家，运营 140 条航线，挂靠 220 个港口。

7）长荣海运（https://www.evergreen-marine.com/）

长荣集团始于长荣海运公司，由长荣集团总裁张荣发博士创立于 1968 年 9 月 1 日。成立之初，仅一艘十五年船龄的杂货船；发展迄今，服务网络已遍及全球。2007 年起，长荣海运公司整合长荣集团旗下的意大利海运公司、长荣海运英国公司、长荣香港公司、长荣海运新加坡公司（2009 年加入）及长荣海运（亚洲）公司（2021 年加入）共同组成 Evergreen Line。长荣集团拥有 240 多个服务网点，其运输网络覆盖 80 多个国家/地区。主要航线有：亚洲—北美航线，亚洲—欧洲和地中海航线，亚洲—南非、南美洲航线，亚洲—澳大利亚航线，亚洲内部印度、中东和红海航线，欧洲—美东航线，美东—南美航线以及巴拿马与南美西海岸航线。除了主要航线外，还提供加勒比和印度次大陆的定期支线服务。

8）现代商船（http://www.hmm21.com/cms/company/engn/index.jsp）

现代商船始于 1976 年 3 月 25 日成立的亚世亚商船株式会社，1983 年 8 月 9 日，公司更名为现代商船株式会社。目前，现代商船在全球 110 个国家拥有 7 个海外总部、24 个子公司、60 个分支机构、5 个海外办事处和 3 个集装箱码头的广泛全球网络。现代商船已发展成为美洲航线五大海运公司之一。同时，拥有不同运力船舶的现代商船凭借其覆盖美洲、欧洲、亚洲以及大西洋航线的海运服务，已跻身全球十大海运公司的行列。

9）阳明海运（https://www.yangming.com/）

阳明海运股份有限公司成立于 1972 年 12 月 28 日。其经营的国际集装箱班轮运输，涵盖亚洲至北美东西岸、亚洲至地中海及欧洲、亚洲至澳洲、欧洲至北美等东西向主航线、南北美洲航线、亚洲区间航线及欧洲区间航线等。截至 2021 年 10 月，阳明海运拥有 89 艘营运船舶，承运能量高达 722.7 万载重吨/64.3 万 TEUS，船队以货柜船为主。

10）万海航运（https://www.wanhai.com/views/Main.xhtml）

1965 年 2 月 24 日，万海轮船股份有限公司成立。同年 8 月，购买了一艘名为“FOSMAR”的“LIBERTY”型散货船，部署在日本和美国之间，用于运输钢材。1976 年 7 月，第一艘全集装箱船 M.V. MING CHUN 被安排在我国台湾—日本航线上运营，万海由此迈入了全集装箱班轮服务的时代。2000 年之前万海的航线主要集中在亚洲，尤其是东南亚区域。先后开辟了中国香港、中国台湾—日本，中国台湾—韩国、新加坡、马来西亚、菲律宾、越南等航线；还通过与阳明海运、现代商船、东方海外等船公司合作的方式经营我国台湾—印度尼西亚、我国台湾—南亚、中东航线等。进入 2000 年后，万海航运的航线范围不断扩大，通过与 CMA CGM & NORASIA、EMC 以及 Hapag—Lloyd 等船公司合作先后开辟了远东—美西、远东—美西南、远东—欧洲、日本—马来西亚、远东—红海、远东—黑海等航线。

4.2.2 航运联盟

航运联盟是指班轮公司之间在运输服务领域航线和挂靠港口互补、船期协调、舱位互租，以及在运输辅助服务领域信息互享、共建共用码头和堆场、共用内陆物流体系而结成的各种联盟。

航运联盟的前身是班轮公会。班轮公会是指在同一航线上或相关航线上经营班轮运输的两家以上的运输企业，为了避免相互之间的激烈竞争，通过制定统一的费率或最低费率以及在经营活动方面签订协议，而组成的联合经营组织。世界上第一个班轮公会于 1875 年诞生在英国至加尔各答航线上，然后发展遍及全世界（见表 4.2）。进入 20 世纪中叶后，以班轮公会为主要组织形式的旧体制已越来越难以适应市场发展需要，一些航运企业开始组织或加入联营行列，出现了工会内部成员公司组成的非独立法人的联营体。

表 4.2 海运企业间组织形式

国际海运企业间组织形式	产生年代	主要合作方式
班轮公会	1875 年	制定统一的费率或最低费率； 在经营活动方面签订协议
航运联盟	20 世纪 90 年代	不统一运价； 通过舱位互租、共同派船、码头经营、内陆运输、集装箱互换、船舶共有、信息系统共同开发、设备共享等各种方式，致力于集装箱运输合理运作的技术、经营或商业性协定

20 世纪 90 年代以来，班轮航运业供需矛盾日益突出，航运市场进入前所未有的困难时期，尽管各船公司努力在航线配置、运价政策、服务水平等方面增加投入和合作，但实践表明，一家船公司已孤掌难鸣，无法在“低运输成本、高服务质量”轨道上运行。因此，世界主要

班轮公司走上了大规模联营道路。船公司为了增加挂靠港、拓展物流服务范围，往往通过舱（箱）位互相协议、码头共享等形式进行联合经营。由此，航运联营体进入一个新的阶段，即战略联盟。班轮公司实现全球性联营，不仅提高了服务质量，而且取得了巨大的经济效益，1995 年以来，航运联盟成为航运市场的主旋律。

目前，全球航运市场呈现三大航运联盟三足鼎立格局，即 2M 联盟（2M Alliance，核心成员为马士基航运和地中海航运）、海洋联盟（Ocean Aliance，核心成员为达飞轮船、中远海运、长荣海运）和 THE 联盟（THE Alliance，核心成员为 ONE、赫伯罗特、阳明海运）。国际三大海运联盟相继成立，是国际海运历史上不可忽略的一个里程碑，这些联盟占据了全球海运超80%的运力。

4.3　国际海运航线

4.3.1　国际海运航线类别

港口是位于江河湖海沿岸，具有一定设施和条件，供船舶进行靠泊、货物装卸作业、旅客上下、物料供应等的地方。基本港是指班轮公司的船一般定期挂靠的港口，大多为较大口岸，港口设备条件比较好，货载多而稳定，一般可直达运输。非基本港是基本港口外的港口，一般需转船，加收转船附加费，达到一定货量直航时则加收直航附加费。

船舶在两个或多个港口之间从事货物运输的线路称为航线。海上运输的路线相对于其他各种运输路线具有投资少、自然形成的特点，更多地受到自然条件的影响和制约。依据不同的标准可以将海上运输路线分为不同的类型。

1）根据行经水域范围分类

远洋航线，指航程距离较远，船舶航行跨越大洋的运输航线。

近洋航线，指本国各港口至邻近国家港口间的海上运输航线。我国习惯上把航线在亚丁港以东地区的亚洲和大洋洲的航线称为近洋航线。

沿海航线，又称国内航线，指本国沿海港口之间的海上运输航线，如大连至青岛、天津至广州等。

2）根据运力运程和运量特点分类

主干航线，又称干线，是连接枢纽港口或中心港口的海上航线。通常所说的干线主要指世界上主要的集装箱班轮航线。全球集装箱运输的 3 大主干航线为：泛太平洋航线、泛大西洋航线和亚欧航线。世界主要集装箱枢纽港大多坐落在这 3 条航线上。

分支航线，又称支线，是连接分流港口或支流港口的海上航线。在支线上航行的船舶，连接的港口多为基本枢纽港或分流港口。

3）根据船舶运营方式分类

定期航线，指在水域范围内使用指定船舶，按固定的班期和挂靠港，并以相对固定的运价经营客货运输业务的航线。这类航线通常被称为班轮航线，现在多用于集装箱班轮运输。

不定期航线，指临时根据货物的需要而选择的航线。不定期船舶运输没有预定的船期表，但有些不定期航线也有固定的航线和挂靠港口，如煤炭运输线、矿石运输线和石油运输线等航线。

4.3.2 我国集装箱运输主要航线及挂靠港口

4.3.2.1 远洋航线

1）远东—北美西航线

该航线包括从中国、韩国、日本、俄罗斯远东海港到加拿大、美国、墨西哥等北美西海岸各港的贸易运输线。从我国沿海各港出发，偏南的经大隅海峡出东海；偏北的经对马海峡穿日本海后，或经清津海峡进入太平洋，或经宗谷海峡，穿过鄂霍次克海进入北太平洋。该航线随季节也有波动，一般夏季偏北、冬季南移，以避开北太平洋的海雾和风暴。本航线是第二次世界大战后货运量增长最快、货运量最大的航线之一。

该航线主要挂靠港口：

中国——大连、新港、青岛、上海、宁波、厦门、盐田、蛇口、南沙、香港、高雄；

韩国——釜山；

日本——横滨；

加拿大——鲁伯特王子港、温哥华；

美国——西雅图、塔科马、奥克兰、旧金山、洛杉矶、长滩。

2）远东—北美东航线

该航线从远东各港口出发，进夏威夷，过巴拿马运河，到加勒比海沿岸各港口及美国、加拿大的大西洋沿岸的各港口。该航线常经夏威夷群岛南北至巴拿马运河后到达。从我国北方沿海港口出发的船只多半经大隅海峡或经琉球庵美大岛出东海。该航线不仅要横渡北太平洋，还越过巴拿马运河，因此一般偏南，横渡大洋的距离也较长。本航线也是太平洋货运量最大的航线之一。

该航线北美主要挂靠港口：

加拿大——蒙特利尔、多伦多；

美国——波士顿、纽约、费城、巴尔的摩、诺福克、查尔斯顿、萨瓦纳、杰克逊维尔。

3）北美大陆桥

所谓大陆桥（Land Bridge），是指将横贯大陆的铁路、公路运输系统作为中间桥梁，将大陆两端的海洋连接起来。

北美的加拿大和美国都有横贯东西的铁路大陆桥，将北美西海岸的港口和东岸港口连接起来。其中美国大陆桥的作用更为突出。因此，远东至北美东部大西洋港口或美国南部墨西哥湾港口的货运，可以由全程海运，改为由远东装船运至北美西部太平洋沿岸港口，转铁路运输运至美东或美湾的港口，而无需绕道巴拿马运河及加勒比地区。

4）远东—南美洲航线

该航线从远东各港口出发，向东经过琉球群岛等，到南美洲西岸的瓦尔帕莱索等港。从我国北方沿海港口出发的船舶多经琉球庵美大岛、琉球列岛、威克岛、夏威夷群岛之南的莱恩群岛穿越赤道进入南太平洋，至南美西海岸各港。或者从远东各港口出发，经东南亚马六甲海峡，进入印度洋，过非洲好望角，进入南大西洋，到达南美洲大西洋沿岸诸港。

该航线南美主要挂靠港口：

南美西——曼萨尼约、布伊纳文图拉、瓜亚基尔、卡亚俄、瓦尔帕莱索、阿里卡、伊基克、圣安东尼奥；

南美东——里约热内卢、桑托斯、布宜诺斯艾利斯、里奥格兰德、南圣弗朗西斯科、蒙得维的亚。

5）远东—西北欧航线

该航线从远东各港口出发，经马六甲海峡，进入印度洋，过亚丁湾，进入红海，经由苏伊士运河进入地中海，经直布罗陀海峡北上，到达欧洲西部沿海港口。

该航线主要挂靠港口：

马六甲海峡、印度洋——新加坡、丹戎帕拉帕斯、科伦坡、哈瓦舍瓦（孟买）；

西北欧——费里克斯托、南安普敦、勒阿弗尔、安特卫普、泽布吕赫、鹿特丹、汉堡、不来梅、不来梅哈芬。

6）远东—地中海航线

该航线从远东各港口出发，经马六甲海峡，进入印度洋，过亚丁湾，进入红海，经由苏伊士运河进入地中海，到达地中海沿岸港口（或经过地中海，进入爱琴海，通过博斯普鲁斯海峡进入黑海，到达黑海沿岸港口）。

该航线主要挂靠港口：

东地中海——比雷埃夫斯、贝鲁特、阿什杜德、塞得港、亚历山大、梅尔辛、伊兹密尔、伊斯坦布尔、康斯坦察、敖德萨；

西地中海——马耳他、拉斯佩齐亚、威尼斯、焦亚陶罗、热那亚、福斯、巴塞罗那、卡斯特利翁、巴伦西亚、阿尔赫西拉斯、丹吉尔。

7）远东—非洲航线

该航线从远东各港口出发，经马六甲海峡，进入印度洋，过非洲南部的好望角，进入大西洋北上，到达几内亚湾沿岸港口。

该航线主要挂靠港口：

东非——蒙巴萨、达累斯萨拉姆；

南非——德班、开普敦、鲸湾港（纳米比亚）；

西非——拉各斯、奥纳、达喀尔、特马、洛美、科托努、阿比让、黑角、罗安达。

4.3.2.2　近洋航线（亚太区域航线）

1）远东—中东航线

该航线从远东各港口出发，经马六甲海峡，进入印度洋，通过阿拉伯海，进入波斯湾，到达波斯湾沿岸港口。

该航线中东主要挂靠港口：

杰贝阿里、阿布扎比、（阿布扎比）哈利法港、沙迦、豪尔费坎、乌姆盖斯尔、（麦纳麦）巴林、达曼、朱拜勒、哈马德港、苏哈尔。

2）东亚—东南亚航线

该航线是中国、韩国、日本去东南亚各港以及马六甲海峡去印度洋、大西洋沿岸各港口的主要航线。东海、台湾海峡、巴士海峡、南海是该航线船舶的必经之地，航线业务繁忙。

该航线东南亚主要挂靠港口：

曼谷、林查班、巴生港、槟城、帕西古当、丹戎帕拉帕斯、新加坡、勿拉湾/巴拉旺、三宝垄、雅加达、泗水、马尼拉、宿务、八打雁、达沃、胡志明、海防、岘港、仰光、西哈努克。

3）东北亚航线

该航线主要涉及我国沿海港口到日本和韩国的港口。

韩国——釜山、仁川、光洋、瑞山；

日本——横滨、东京、名古屋、神户、大阪、门司、土佐清水、四日市。

4）远东—澳新航线

该航线从中国北方沿海港口出发经琉球群岛、加罗林群岛朝，到澳大利亚东海岸和新西兰的港口。中澳之间的集装箱船一般需在我国香港加载或转船。去澳大利亚西岸的佛里曼特尔港，需经望加锡海峡，进入印度洋。

该航线主要挂靠港口：

澳大利亚——布里斯班、悉尼、墨尔本、阿德莱德、弗里曼特尔；

新西兰——奥克兰、塔朗哥、惠灵顿。

4.3.2.3 沿海航线

中国沿海海上运输习惯上以温州为界，划分为北方沿海和南方沿海两个航区。北方沿海航区指温州以北至丹东的海域，以上海、大连为中心。南方沿海航区指温州至北部湾的海域，以广州为中心，包括广州—汕头、广州—海口、广州—北海等航线。

4.4 班轮公司的优势航线

每家船公司经营的海运航线不尽相同，每家船公司都有其优势的航线。评价航线的优劣通常包括 5 个维度：速度（天数）、中转（挂靠）、舱位（TEU）、目的港服务及调度能力。表 4.3 列出了一些班轮公司的优势航线。

表 4.3 部分班轮公司的优势航线

班轮公司	优势航线
EMC	中南美、南美东、中国台湾、北美、欧洲
COSCO	日本、澳新、北美、欧地、西北欧
MSK	北美、非洲
OOCL	日本、东南亚、澳新、北美、中东
WHL	中国台湾、日本、北美西、东南亚、中东
MSC	欧洲、地中海、红海、美国、中东印巴
HMM	西北欧、东南亚、中东印巴、澳大利亚
YML	西北欧、地中海、中东、印巴
CMA	欧洲、地中海、非洲、美国
ZIM	加勒比、中东

一般来说，货代公司总是会争取某条或某些航线和船东的优势价格与服务，作为公司经营的基础，也作为与其他公司竞争的优势。这是销售人员争取货主，创造企业利润来源的重要筹码。国际货代企业一般都有比较固定的船东资源，并与其签有长期的合作协议。相应地，一些大的船公司也拥有比较固定的货代合作企业。在货代企业内部，开发及维护船公司的工

作往往由公司的部门主管，尤其是市场部或商务部经理来承担。

4.5 班轮公司航线查询

班轮公司会在官网上公布所运营的航线，可以登录其网站进行查询。

例如，我们可以在长荣海运的官网上查询到"亚洲至欧洲—地中海航线"从高雄出发，依次经青岛、上海、宁波、台北、盐田，然后经南海入马六甲海峡在马来西亚的丹戎帕拉帕斯挂靠，接着进入印度洋，往红海，过苏伊士运河，入地中海，出直布罗陀海峡往西北欧，在荷兰鹿特丹、英国费里克斯托、德国汉堡挂靠之后，返回鹿特丹，经地中海、苏伊士运河、红海、科伦坡、丹戎帕拉帕斯，回到高雄。这样一个来回，预计整个航程用时 75 天（见表 4.4）。

表 4.4 亚洲至欧洲—地中海航线所经港口列表

EM	KAOHSIUNG	QINGDAO	SHANGHAI	NINGBO	TAIPEI	YANTIAN	TANJUNG PELEPAS	SUEZ CANAL	ROTTERDAM	FELIXSTOWE
ETA	SUN	THU	SUN	TUE	THU	SUN	THU	MON	WED	SAT
ETD	TUE	FRI	MON	WED	FRI	MON	FRI	TUE	FRI	MON
T/S TIME	0	2	5	7	9	12	16	27	36	39

CEM	HAMBURG	ROTTERDAM	SUE CANAL	COLOMBO	TANJUNG PELEPAS	KAOHSIUNG
ETA	WED	SUN	TUE	THU	WED	SUN
ETD	FRI	TUE	WED	FRI	THU	TUE
T/S TIME	43	47	56	65	71	75

注：ETA：Estimated Time of Arrival 的缩写，. 即（船舶）预计到港时间。
ETD：Estimated Time of Departure 的缩写，即（船舶）预计离港时间。
T/S TIME：Transport Time，航行时间。

集装箱班轮通常为一周一班。根据表 4.4，在该航线上运营的船舶预计到达始发港高雄港（KAOHSIUNG）的时间是每周日（SUN），在高雄港装卸货后，周二（TUE）离港开往下一挂靠港青岛港（QINGDAO），2 天之后的周四（TUE）抵达青岛港，装卸货后，于周五（FRI）离港开往下一挂靠港上海港（SHANGHAI）……

船舶到达荷兰鹿特丹港（ROTTERDAM）是在航行 36 天后，离开鹿特丹港，继续航行 3 天，抵达英国的费里克斯托港（FELIXSTOWE），船舶到达该航线的终到港德国汉堡港是在航行 43 天后，在汉堡港（HAMBURG）装卸货完成后返航，最终经 75 天的时间回到始发港高雄港。

第5章 班轮船期

学习目标

【知识目标】

1. 掌握船期表的内容与形式；

2. 掌握船期表中常见英文缩写、术语的含义。

【技能目标】

1. 具有利用各大船公司网站查询集装箱班轮船期表的能力；

2. 具有根据货物的具体情况及船公司的船期表选择合适的航线及船期的能力；

3. 具有在订舱后根据船期确定货代后续操作的时间节点的能力。

5.1 船期表的概念

5.1.1 班轮公司船期表

班轮船期表是对船公司经营的班轮航线的具体安排。制定并公布班轮船期表（Liner Schedule）是船公司进行班轮运输营运工作中的一项重要内容。集装箱船运输速度快、装卸效率高、码头作业基本不受天气影响，所以集装箱班轮航线可以编制较为精确的船期表。

表 5.1 是某班轮公司从深圳盐田至欧洲、地中海航线 CEM 2022 年 1 月的船期安排。表中显示了这条航线上的 5 个航次，航次号分别是 1172-013W、1173-017W、1174-016W、1175-003W 和 1176-011W。执行这 5 个航次的船舶分别是长准轮、长富轮、长资轮、长范轮和长宇轮。其中，长准轮预计到达深圳盐田港的时间是 1 月 10 日，装卸作业完成后，1 月 12 日离港。在船舶靠港之前的 1 月 5 日的 17:00 为 VGM 截止时间，即在此之前货主应完成 VGM 申报；1 月 6 日的 9:00 为结关时间，即在此之前货主应完成出口货物报关并拿到海关放行条。长准轮离开盐田后，预计 2 月 6 日到达荷兰鹿特丹港，2 月 11 日到达英国费里克斯托港，2 月 15 日到达德国汉堡港。

对于船公司来说，班轮船期表的作用体现在：招揽航线途径港口货载，满足货主需要，体现海运服务的质量；有利于船舶、港口和货物及时衔接，提高船舶在挂靠港口时的装卸等作业效率；提高船公司航线经营的计划质量。

表 5.1　某班轮公司中国地区船期表盐田—欧洲航线（CEM 直航）

船名	航次	盐田			鹿特丹	费里克斯托	汉堡
		VGM 截止时间 纸本传送 EDI/网络/手机	结关	预计到港 预计离港			
EVER GRADE 长准轮	1172-013W （CEM）	01/05 17:00	01/06 09:00	01/10 01/12	02/06	02/11	02/15
EVER GOLDEN 长富轮	1173-017W （CEM）	01/11 12:00	01/11 12:00	01/13 01/14	02/09	02/18	02/22
EVER GOODS 长资轮	1174-016W （CEM）	01/15 10:00	01/15 12:00	01/21 01/22	02/16	02/21	02/25
EVER ACE 长范轮	1175-003W （CEM）	01/22 10:00	01/22 12:00	01/23 01/24	02/19	02/26	03/03
EVER GLOBE 长宇轮	1176-011W （CEM）	01/31 10:00	01/31 12:00	02/03 02/05	02/23	03/05	03/09

港口名称对照：鹿特丹（ROTTERDAM），费里克斯托（FELIXSTOWE，SUFFOLK），汉堡（HAMBURG）。

5.1.2　无船承运人船期表

无船承运人船期表基于船公司的船期表产生，是对船公司船期表的选择。对于货代企业来说，货代企业在接受货主货运委托后，要根据货物的出运时间、条件等，结合船公司的船期表、运价等，选择合适的承运人、航线及船期。在货物出运前订舱，订舱后按船期表的时间节点做好货物装箱、报关、集港等工作，以便货物能够顺利出运。一般来说，货代公司多为数家船公司的订舱代理，为查询方便，经常将几家船公司的船期表合并，制成自己的船期表。某货代公司（无船承运人）船期信息（节选）如表 5.2 所示。

5.2　船期表的内容与形式

班轮船期表的主要内容包括：航线、运营的船舶船名、航次编号、始发港、中途港、终点港的港名、到达和驶离各港的具体时间、挂靠的码头、其他有关的注意事项（如截关、截港、截单的时间等）。

5.2.1　年度（半年）船期（LTS，Long Term Schedule）

Long Term Schedule 是某条航线或者某条船在整个年度中的班期计划。图 5.1 是中远的一张船期表，对应的航线是中东快线 MEX，表中列出了从 8 月底到第二年的 2 月底这段时间内该航线的船舶航次安排、挂靠港口情况等。这是一条从青岛出发，经中国沿海若干港口到波斯湾的航线。依次经过的港口有：青岛、上海、宁波、南沙、新加坡、杰贝阿里、阿布扎比、达曼，回程经阿布扎比、巴生港，回到航线的始发港青岛。

表 5.2　某货代公司船期信息

美加航线

船名	航次	船公司	截单时间	装期	开航时间	码头	箱位	神户 JPKOB	釜山 KRBUS	横滨 JPYOK	洛杉矶 USLSA	长滩 USLGB
VESSEL	VOY	OPERATOR	CLD	LDD	SLD	STVD	TEU	ETA	ETA	ETA	ETA	ETA
洛巴河 LUOBAHELUOBAHE	V048E	中远集运	1202	1203	1204	外二	3 400			1207		1219
海陆保卫 SEALAND DEFNDER	V0218	马士基海陆	1128	1204	1204	外二	1 000		1207			1219
中海神户 CSCL KOBE	V0031E	中海集运	1129	1205	1205	外二	2 000		1211		1220	
易泽 TRADE ZALE	V0005E	中外运箱运	1125	1203	1205	外二	2 526		1207			1217
以星香港 ZIM HONGKONG	V039E	以星轮船	1125	1205	1205	外二	3 351		1207			
地中海蔚山 MSC ULSAN	V1A	地中海航运	1129	1205	1205	外二	600		1213	1215	1228	
达飞美摩莎 VILLE DE MIMOSA	V458W	法国达飞	1201	1207	1207	外二	600				1222	
凌云河 LING YUN HE	V042E	中远集运	1206	1208	1208	外二	3 400			1216		
纽波特桥 NEWPORT BRIDGE	V80E	川崎汽船	1207	1208	1209	宝山	3 456	1210				1221
意宇 LT GLOBE	V103E	意邮	1208	1209	1209	外二	1 600				1226	
商船三井坚强 MOL STRENGTH	V018E	商船三井	1203	1209	1209	外一	1 000	1211			1220	
圣巴巴拉 SANTA BARBARA	V29E50	日本邮船	1203	1209	1209	外一	900	1212				
中海热那亚 CSCL GENOA	V0034E	中海集运	1207	1208	1211	外二	2 000				1224	
聪河 RIVER WISDOM	V117E	中远集运	1209	1210	1211	外二	3 400			1214		1226
韩进大阪 HANJIN OSAKA	V0080E	韩进海运	1201	1209	1211	外二	2 692		1213			1224
海陆创新 SEALAND INNOVATOR	V0302	马士基海陆	1205	1211	1211	外二	1 000		1214			1226
易虹 TRADE RAINBOW	V0005E	中外运箱运	1202	1210	1211	外二	2 570		1214			1224
地中海马里兰 MSC MARYLAND	V2A	地中海航运	1206	1212	1212	外二	600		1220	1222	0104	
以星日本 ZIM JAPAN	V039E	以星轮船	1202	1212	1212	外二	3 351		1214			

cycle	WEEK		OPR	VESSEL NAME	IRIS-2 VESSEL CODE	VOYAGE								青岛(W) TAO06(W) QINGDAO		上海 SHA08 SHANGHAI		宁波 NGB05 NINGBO		南沙 NSH04 NANSHA		新加坡 SIN02 SINGAPORE		杰布阿里(E) JEA01 (E) JEBEL ALI		阿布扎比 KHL02 Abu Dhabi		达曼 DMN02 (E) DAMMAN		阿布扎比 KHL02 Abu Dhabi		巴生 PKG03 PORT KELANG		青岛(W) TAO06(W) QINGDAO			
						IRIS2				COMMON				ETB	ETD	ETB	ETD	ETB	ETD	ETB	ETD	ETB	ETD	ETB	ETD	ETB	ETD	ETB	ETD	ETB	ETD	ETB	ETD	ETB	ETD		
														TUE	WED	THU	SAT	SAT	SUN	WED	THU	SUN	THU	WED	FRI	FRI	SUN	MON	WED	THU	FRI	SUN	MON	TUE	WED		
														3:00	14:00	17:00	4:00	16:00	22:00	8:00	8:00	22:00	4:00	19:00	15:00	23:00	15:00	12:00	14:00	12:00	20:00	20:00	20:00	3:00	14:00		
	34	34	COS	CSCL ARCTIC OCEAN	R9E	030	W	030	E	030	W	030	E	08-20	08-21	08-22	08-24	08-24	08-25	08-28	08-29	09-01	09-03	09-11	09-13	09-13	09-15	09-16	09-18	09-19	09-20	09-29	09-30	10-08	10-09	CSCL ARCTIC OCEAN	
	35	35	OOCL	CSCL GLOBE	Q8W	034	W	034	E	034	W	034	E	08-27	08-28	08-29	08-31	08-31	09-01	09-04	09-05	09-08	09-10	09-18	09-20	09-20	09-22	09-23	09-25	09-26	09-27	10-06	10-07	10-15	10-16	CSCL GLOBE	
	36	36	COS	COSCO SHIPPING PISCES	CND	005	W	005	E	005	W	005	E	09-03	09-04	09-05	09-07	09-07	09-08	09-11	09-12	09-15	09-17	09-25	09-27	09-27	09-29	09-30	10-02	10-03	10-04	10-13	10-14	10-22	10-23	COSCO SHIPPING PISCES	PHASE OUT
4	37	37	COS	COSCO SHIPPING PLANET	CSK	001	W	001	E	001	W	001	E	09-10	09-11	09-12	09-14	09-14	09-15	09-18	09-19	09-22	09-24	10-02	10-04	10-04	10-06	10-07	10-09	10-10	10-11	10-20	10-21	10-29	10-30	COSCO SHIPPING PLANET	
	38	38	OOCL	CSCL ATLANTIC OCEAN	QIP	031	W	031	E	031	W	031	E	09-17	09-18	09-19	09-21	09-21	09-22	09-25	09-26	09-29	10-01	10-09	10-11	10-11	10-13	10-14	10-16	10-17	10-18	10-27	10-28	11-05	11-06	CSCL ATLANTIC OCEAN	
	39	39	COS	COSCO SHIPPING SOLAR	CSI	004	W	004	E	004	W	004	E	09-24	09-25	09-26	09-28	09-28	09-29	10-02	10-03	10-06	10-08	10-16	10-18	10-18	10-20	10-21	10-23	10-24	10-25	11-03	11-04	11-12	11-13	COSCO SHIPPING SOLAR	
	40	40	COS	CSCL INDIAN OCEAN	Q7U	033	W	033	E	033	W	033	E	10-01	10-02	10-03	10-05	10-05	10-06	10-09	10-10	10-13	10-15	10-23	10-25	10-25	10-27	10-28	10-30	10-31	11-01	11-10	11-11	11-19	11-20	CSCL INDIAN OCEAN	
	41	41	COS	CSCL ARCTIC OCEAN	R9E	031	W	031	E	031	W	031	E	10-08	10-09	10-10	10-12	10-12	10-13	10-16	10-17	10-20	10-22	10-30	11-01	11-01	11-03	11-04	11-06	11-07	11-08	11-17	11-18	NGB	11-23	CSCL ARCTIC OCEAN	PHASE OUT
	42	42	OOCL	CSCL GLOBE	Q8W	035	W	035	E	035	W	035	E	10-15	10-16	10-17	10-19	10-19	10-20	10-23	10-24	10-27	10-29	11-06	11-08	11-08	11-10	11-11	11-13	11-14	11-15	11-24	11-25	12-03	12-04	CSCL GLOBE	
	43	43	COS	CSCL NEPTUNE	QR5	053	W	053	E	053	W	053	E	10-22	10-23	10-24	10-26	10-26	10-27	10-30	10-31	11-03	11-05	11-13	11-15	11-15	11-17	11-18	11-20	11-21	11-22	12-01	12-02	12-10	12-11	CSCL NEPTUNE	
5	44	44	COS	COSCO SHIPPING PLANET	CSK	002	W	002	E	002	W	002	E	10-29	10-30	10-31	11-02	11-02	11-03	11-06	11-07	11-10	11-12	11-20	11-22	11-22	11-24	11-25	11-27	11-28	11-29	12-08	12-09	12-17	12-18	COSCO SHIPPING PLANET	
	45	45	OOCL	CSCL ATLANTIC OCEAN	QIP	032	W	032	E	032	W	032	E	11-05	11-06	11-07	11-09	11-09	11-10	11-13	11-14	11-17	11-19	11-27	11-29	11-29	12-01	12-02	12-04	12-05	12-06	12-15	12-16	12-24	12-25	CSCL ATLANTIC OCEAN	
	46	46	COS	COSCO SHIPPING SOLAR	CSI	005	W	005	E	005	W	005	E	11-12	11-13	11-14	11-16	11-16	11-17	11-20	11-21	11-24	11-26	12-04	12-06	12-06	12-08	12-09	12-11	12-12	12-13	12-22	12-23	12-31	01-01	COSCO SHIPPING SOLAR	
	47	47	COS	CSCL INDIAN OCEAN	Q7U	034	W	034	E	034	W	034	E	11-19	11-20	11-21	11-23	11-23	11-24	11-27	11-28	12-01	12-03	12-11	12-13	12-13	12-15	12-16	12-18	12-19	12-20	12-29	12-30	01-07	01-08	CSCL INDIAN OCEAN	PHASE OUT
	48	48	COS	**CSCL MERCURY**	**SVF**	065	W	065	E	065	W	065	E	11-26	11-27	11-28	11-30	11-30	12-01	12-04	12-05	12-08	12-10	12-18	12-20	12-20	12-22	12-23	12-25	12-26	12-27	01-05	01-06	01-14	01-15	**CSCL MERCURY**	
	49	49	OOCL	CSCL GLOBE	Q8W	036	W	036	E	036	W	036	E	12-03	12-04	12-05	12-07	12-07	12-08	12-11	12-12	12-15	12-17	12-25	12-27	12-27	12-29	12-30	01-01	01-02	01-03	01-12	01-13	01-21	01-22	CSCL GLOBE	
	50	50	COS	CSCL NEPTUNE	QR5	054	W	054	E	054	W	054	E	12-10	12-11	12-12	12-14	12-14	12-15	12-18	12-19	12-22	12-24	01-01	01-03	01-03	01-05	01-06	01-08	01-09	01-10	01-19	01-20	01-28	01-29	CSCL NEPTUNE	
6	51	51	COS	COSCO SHIPPING PLANET	CSK	003	W	003	E	003	W	003	E	12-17	12-18	12-19	12-21	12-21	12-22	12-25	12-26	12-29	12-31	01-08	01-10	01-10	01-12	01-13	01-15	01-16	01-17	01-26	01-27	02-04	02-05	COSCO SHIPPING PLANET	
	52	52	OOCL	CSCL ATLANTIC OCEAN	QIP	033	W	033	E	033	W	033	E	12-24	12-25	12-26	12-28	12-28	12-29	01-01	01-02	01-05	01-07	01-15	01-17	01-17	01-19	01-20	01-22	01-23	01-24	02-02	02-03	02-11	02-12	CSCL ATLANTIC OCEAN	
	1	1	COS	COSCO SHIPPING SOLAR	CSI	006	W	006	E	006	W	006	E	12-31	01-01	01-02	01-04	01-04	01-05	01-08	01-09	01-12	01-14	01-22	01-24	01-24	01-26	01-27	01-29	01-30	01-31	02-09	02-10	02-18	02-19	COSCO SHIPPING SOLAR	
	2	2	COS	**CSCL PACIFIC OCEAN**	Q9L	035	W	035	E	035	W	035	E	01-07	01-08	01-09	01-11	01-11	01-12	01-15	01-16	01-19	01-21	01-29	01-31	01-31	02-02	02-03	02-05	02-06	02-07	02-16	02-17	02-25	02-26	**CSCL PACIFIC OCEAN**	
	3	3	COS	**CSCL MERCURY**	**SVF**	065	W	066	E	066	W	066	E	01-14	01-15	01-16	01-18	01-18	01-19	01-22	01-23	01-26	01-28	02-05	02-07	02-07	02-09	02-10	02-12	02-13	02-14	02-23	02-24	03-03	03-04	**CSCL MERCURY**	
	4	4	OOCL	CSCL GLOBE	Q8W	037	W	037	E	037	W	037	E	01-21	01-22	01-23	01-25	01-25	01-26	01-29	01-30	02-02	02-04	02-12	02-14	02-14	02-16	02-17	02-19	02-20	02-21	03-01	03-02	03-10	03-11	CSCL GLOBE	
	5	5	COS	CSCL NEPTUNE	QR5	054	W	055	E	055	W	055	E	01-28	01-29	01-30	02-01	02-01	02-02	02-05	02-06	02-09	02-11	02-19	02-21	02-21	02-23	02-24	02-26	02-27	02-28	03-08	03-09	03-17	03-18	CSCL NEPTUNE	
7	6	6	COS	COSCO SHIPPING PLANET	CSK	004	W	004	E	004	W	004	E	02-04	02-05	02-06	02-08	02-08	02-09	02-12	02-13	02-16	02-18	02-26	02-28	02-28	03-01	03-02	03-04	03-05	03-06	03-15	03-16	03-24	03-25	COSCO SHIPPING PLANET	
	7	7	OOCL	CSCL ATLANTIC OCEAN	QIP	034	W	034	E	034	W	034	E	02-11	02-12	02-13	02-15	02-15	02-16	02-19	02-20	02-23	02-25	03-04	03-06	03-06	03-08	03-09	03-11	03-12	03-13	03-22	03-23	03-31	04-01	CSCL ATLANTIC OCEAN	
	8	8	COS	COSCO SHIPPING SOLAR	CSI	007	W	007	E	007	W	007	E	02-18	02-19	02-20	02-22	02-22	02-23	02-26	02-27	03-01	03-03	03-11	03-13	03-13	03-15	03-16	03-18	03-19	03-20	03-29	03-30	04-07	04-08	COSCO SHIPPING SOLAR	
	9	9	COS	**CSCL PACIFIC OCEAN**	**Q9L**	036	W	036	E	036	W	036	E	02-25	02-26	02-27	02-29	02-29	03-01	03-04	03-05	03-08	03-10	03-18	03-20	03-20	03-22	03-23	03-25	03-26	03-27	04-05	04-06	04-14	04-15	**CSCL PACIFIC OCEAN**	

图 5.1　中远 MEX 航线的船期表

这条航线上投放的船舶的船名列在船期表船名（VESSEL NAME）栏，例如：第三十四周安排的船舶的船名是 CSCL ARCTIC OCEAN，第三十五周安排的是 CSCL GLOBE，第三十六周安排的是 COSCO SHIPPING PISCES，依次往下。

栏目 VSL CODE 中显示的是这些船舶的船舶代码。

VSL OPERATOR 栏记载的是这些船舶的运营人，例如：CSCL ARCTIC OCEAN 号轮的运营人是 COS，即中远集运；CSCL GLOBE 号轮的运营人是 OOCL，即东方海外。

VOYAGE 栏列出的是航次号。

这张船期表的右边列出了每一条船航行时依次经过的港口，以及在这些港口停靠的具体时间。例如 CSCL ARCTIC OCEAN 号轮，预计到达青岛港靠泊的时间（ETB，ESTIMATED TIME OF BERTHING）是 8 月 20 日星期二的凌晨 3 点，装卸货完成后预计离开青岛港的时间（ETD）是 8 月 21 日星期三下午 2 点钟。CSCL ARCTIC OCEAN 号轮离开青岛后，下一个靠泊的港口是上海，预计 8 月 22 日 17:00 靠泊，8 月 24 日 4:00 离港，接下来是宁波、南沙、新加坡、杰贝阿里、阿布扎比、达曼等港口。

在实际执行船期时，会有一些不确定因素（如码头的严重拥堵问题）导致脱班或者晚班，这时船公司可能会采取跳港（班轮公司改变之前计划好的航程，对于某些途中计划要挂靠的港口，直接跳过不挂靠）加速来保证船舶赶上 LTS，或者推迟开航等。船公司最终实际的船期可能会与一开始制定的这种较长时间的船期不一致。集装箱班轮的准班率是评价集装箱运输行业可靠性的重要指标。船公司跳港、船期延误对于托运人来说，意味着会产生额外的运输成本，货代企业应密切关注船公司的船期变化，积极应对。

5.2.2 查询船期

货代企业查询船期，可以直接通过电话或传真向船运公司查询。随着网络的普及，目前船期查询也实现了互联网化，在网页上就可以直接查到相关的船期，可以在船公司的网站或专业的海运行业网站查询。

查看船期表的方式一般有 3 种：按起止港查询船期（点到点船期）、按船名查询船期（船舶船期）、按停靠港查询船期。

1）点到点船期

以下为中远集装箱运输有限公司和马士基的船期查询界面，第一种查询方式即是以起运/目的地查询，得到的结果即为点到点船期（见图 5.2 和图 5.3）。

在起运地输入 SHANGHAI（中国上海）目的地输入 HAMBURG（德国汉堡），点击搜索后的结果分别如图 5.4 和图 5.5 所示。

现在分别选取一个船期来看，都有什么内容，这些信息对于货代意味着什么。

图 5.6 显示的是中远集运在航线 AEU2 上运营的一条船名为 CMA CGM LOUVRE 的船，预计 2022 年 1 月 10 日离开上海港，到达德国汉堡的时间是 2022 年 2 月 4 日，在途时间是 25 天，航次号为 0FLB7W1MA。在上海港截重的时间为 1 月 1 日 00:00 之前，收货人在汉堡港可提货的时间为 2 月 7 日 11:00 之后。

图 5.2　中远集装箱运输有限公司船期查询界面

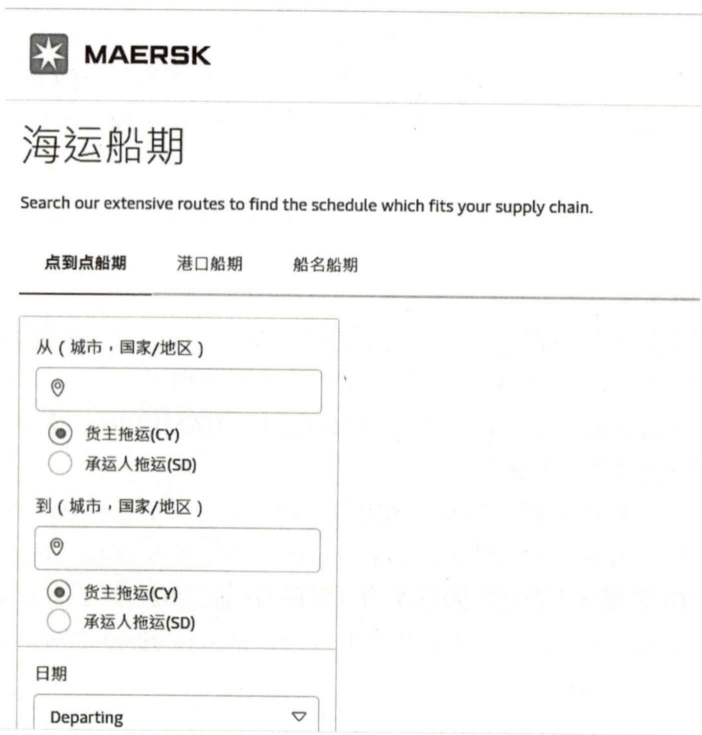

图 5.3　马士基船期查询界面

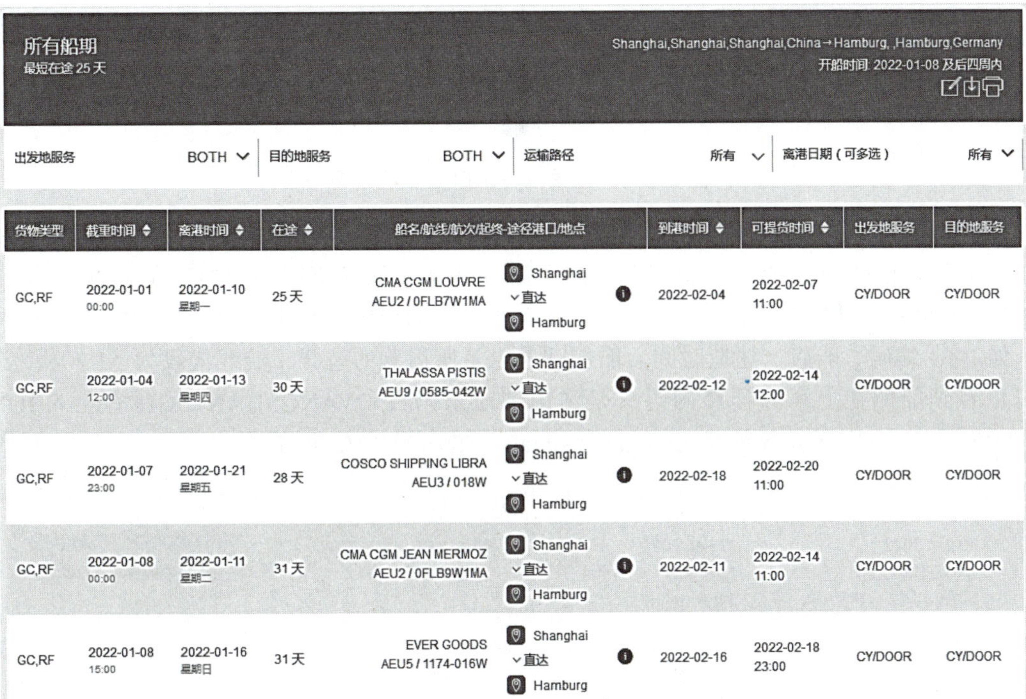

图 5.4 中远集装箱运输有限公司船期查询结果

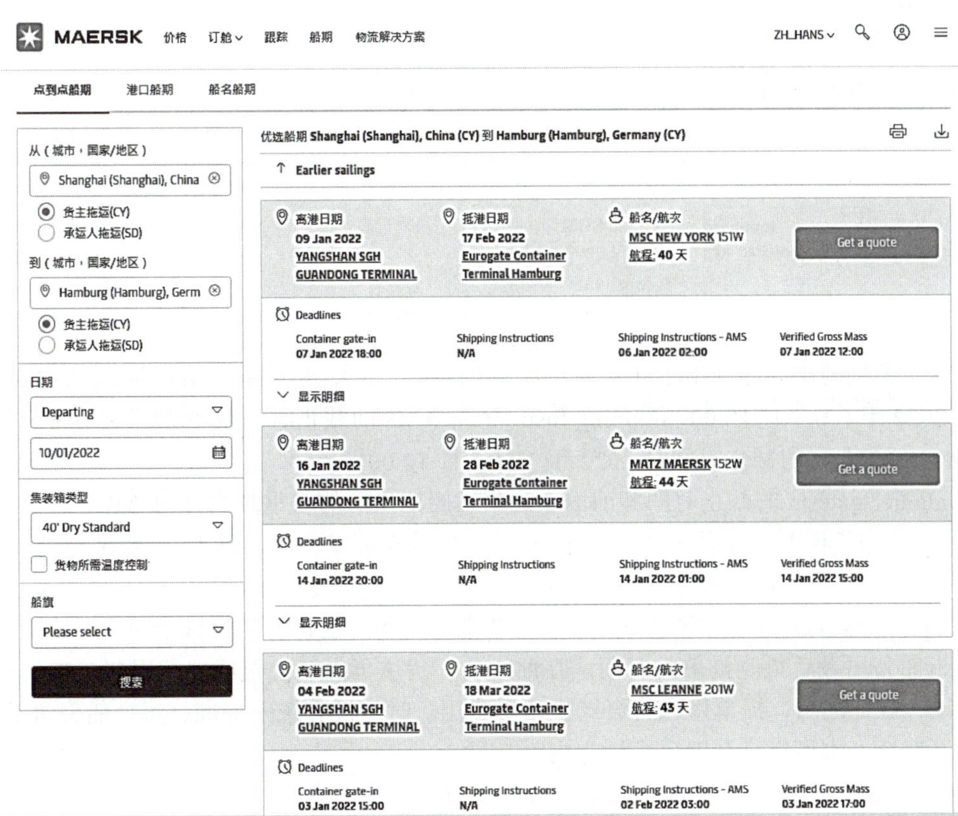

图 5.5 马士基船期查询结果

货物类型	截重时间	离港时间	在途	船名/航线/航次/起终-途径港口/地点	到港时间	可提货时间	出发地服务	目的地服务
GC,RF	2022-01-01 00:00	2022-01-10 星期一	25 天	CMA CGM LOUVRE AEU2 / 0FLB7W1MA Shanghai 直达 Hamburg	2022-02-04	2022-02-07 11:00	CY/DOOR	CY/DOOR

图 5.6 中远集运在 AEU2 上的信息

接下来看马士基的点到点船期，如图 5.7 所示。这个船期显示的是一条名为 MSC NEW YORK 的船，预计 2022 年 1 月 9 日 08:28 离开上海港，到达德国汉堡的时间是 2022 年的 2 月 17 日 23:00，航程 40 天，航次号为 151W。在下方的详细信息里，可以看到船舶的具体信息，如 IMO 编码、船旗、建造时间、船舶呼号以及所运营的航线（航线代码为 AE7）。另外，还可以看到船舶在上海港挂靠的码头是洋山港冠东码头（YANGSHAN SGH GUANDONG TERMINAL），在汉堡挂靠的是 Eurogate Container Terminal Hambury。

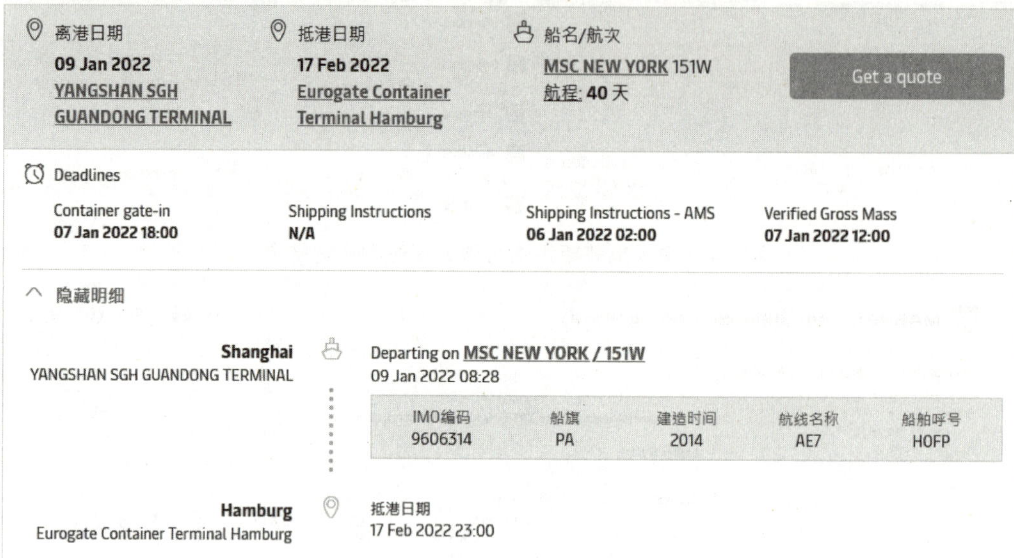

图 5.7 马士基船期信息

在这个船期的中间还列出了几个截止日期（Deadlines），分别是：Container gate-in 的截止时间是 2022 年 1 月 7 日 18:00，Shipping Instruction-AMS 的截止时间是 2022 年 1 月 6 日 02:00，Verified Gross Mass 的截止时间是 2022 年 1 月 7 日 12:00。

Container gate-in 的截止时间和前面中远集运船期里面的截重是同样的意思，即在该时间之前，装好货的货柜可以入码头或入仓库，过了之后就不可以再进入码头，一般是开船日前 1～2 天。

Shipping Instruction，通常缩写为 SI，意为船运指示，也称补料。这个截止时间又称截单日，是指船公司最后更改提单的时间。在此之前，货主可向船公司或船代对提单格式和资料提出修改，在此之后，提单修改将会产生改单费用。时间没有统一标准，每个船公司不一样，可以是开船日，也可以是开船后一周之内。

AMS，全称为 Automated Manifest System（自动舱单系统）。美国海关要求所有途径或到达美国港口的集装箱货物，其承运人（也就是船公司）必须在国外港口装货前至少 24 小时以电子方式通过“自动舱单系统”，向美国海关提交准确完整的货物申报单，由其在货物装船前预先评价用海运集装箱走私武器的风险。舱单是船舶在装货港装船完成后列出的整个船上的货物清单，它是船舶在卸货港进行船舶报关、海关放行的凭据，也是卸货港安排卸货作业计划的重要单证。舱单的制作是在装货港装货完成之后，但是美国海关规定 AMS 必须在装货前 24 小时发送。因此，这种提前进行的舱单申报被称为“提前舱单申报”。一般船公司会再提前 1 ~ 2 天，就要求货主把美国海关要求申报的货物相关信息传递给自己，以便有充足的时间向美国海关申报。

美国是 2003 年最早实施提前舱单申报的国家，缘起于 2001 年的“9 · 11”恐怖袭击事件，因此也被称为反恐舱单申报。2004 年，加拿大也开始实行提前舱单申报制度，所有至加拿大货物或经加拿大至第三国货物，承运人必须在装船前 24 小时通过 ACI（Advance Commercial Information）系统向加拿大海关申报。ENS（Entry Summary Declaration，入境摘要报关单）则是自 2011 年起欧盟海关实施的提前舱单规则，适用于欧盟所有成员国。AFR（Advance Filing Rules）为日本的提前舱单申报规则，2014 年开始实施。日本海关要求船公司（Carrier）无船承运人（NVOCC）需在启运港离港前 24 小时，以 EDI 方式向日本海关预先申报舱单资料。

回到马士基的这个船期上，MSC NEW YORK 号船从上海港出发去往的是欧洲港口，所以这里的 AMS 并不是指美国的提前舱单申报，而是欧盟的 ENS。这里的 AMS 只是泛指提前舱单申报制度。

Verified Gross Mass，通常缩写为 VGM，意思是经验证的集装箱总重。VGM 的截止时间是指托运人（货主）向海运承运人且/或码头代表提供集装箱重量的最迟时间。2014 年 5 月，国际海事组织（IMO）海上安全委员会批准修改海上生命安全公约（SOLAS）中对托运人强制验证集装箱重量的要求。规定要求自 2016 年 7 月 1 日起，除非提单上的托运人向海运承运人且/或码头代表提供集装箱重量，否则集装箱不再允许装载。因集装箱超过最大营运总质量或者验证重量与实际重量误差较大，会给船舶、码头设施及相关人员安全带来威胁。VGM 申报的截止时间一般由船公司来控制，一般是开船前 24 小时。

2）船舶船期

图 5.8 为中远集装箱运输有限公司电子商务网站上以船名进行船期查询的界面。

图 5.8　中远以船名查询船期界面

输入所要查询的船舶的船名，即可得到该船的船期，图 5.9 显示的是航线 AEU2 上运营的 CMA CGM LOUVRE 号轮在航次 0FLB7W1MA/0FLB8E1MA 上依次挂靠港口的情况。

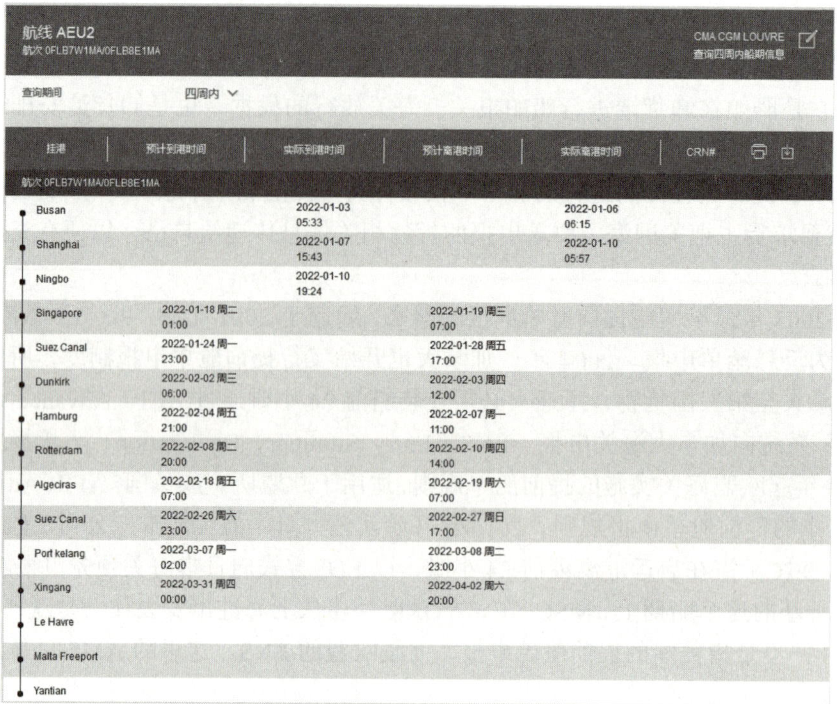

图 5.9　以船名查询船期的信息

3）停靠港船期

图 5.10 为马士基官网上按港口进行船期查询的界面，输入所要查询的港口 Shanghai，搜索后就能看到在上海港一段时间内将靠泊的船舶/航次，如船舶 MAERSK SIRAC、SPIRIT OF AUCKLAND、HANSA HARBURG 等。

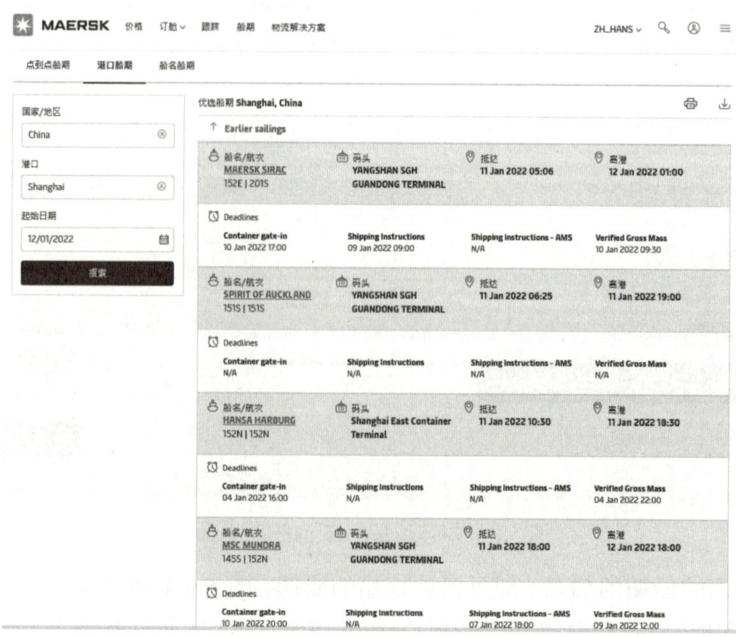

图 5.10　马士基按港口查询船期界面

5.3 船期表中常见术语

ETA：Estimated Time of Arrival，（船舶）预计到港时间。

ETD：Estimated Time of Departure，（船舶）预计离港时间。

ETB：Estimated Time Of Berthing，（船舶）预计靠泊时间。

CY：Container Yard，（港口的）集装箱堆场。

截港（FCL，Container Delivery Cut-off/Closing Time/Deadline）：也叫截重，该时间之前，装好货的货柜可以入码头或入仓库，过了之后就不可以再进入码头，一般是开船日前 1 ~ 2 天。

截关（Customs Release Voucher Submission Cut-off/Closing Time/Deadline）：也叫截放行条时间，是指截止报关放行的时间，货物必须要在此时间之前做好报关放行的工作，递交海关放行条给船公司。一般是在截港时间后半个工作日。

截单（Shipping Instruction Cut-off/Closing Time/Deadline）：截单日是指船公司最后更改提单的时间。在此之前，提单格式和资料可以多次修改，在此之后，提单修改将会产生改单费用，时间没有标准，每个船公司不一样，可以是开船日，也可以是开船后一周之内。SI 的信息一般包括：提单涉及的相关当事人，如托运人（Shipper）、收货人（Consignee）、通知人（Notify Party）的名称、地址、联系方式；海运信息，如装货港 POL（Port of Loading）、卸货港 POD（Port of Delivery）、船名/航次（Vessel/Voyage）等；货物描述，如货物的名称、包装、数量、唛头等的描述；装货的集装箱箱号（Container Number）和铅封号（Seal Number）等。

AMS：Automated Manifest System“自动舱单系统”，是美国海关提前舱单申报系统。详见前文。

ACI：Advance Commercial Information“商品进口预申报信息”。加拿大边境服务局（Canada Border Services Agency，CBSA）2004 年开始实施提前舱单规则，要求承运人、货运代理和仓库运营商对于所有进口或过境的货物要申报 ACI。自 2021 年 1 月 4 日起，除过境货（Freight Remain on Board，FROB）和在途中（In-transit）类型的货物仍接受原 ACI 申报以外，所有进口或过境加拿大的货物都必须在装船前 24 小时进行电子舱单（eManifest）申报。加拿大边境服务局根据从 ACI 和电子舱单收集的信息，在货物到达边境和/或被释放到加拿大之前检测风险并做出决定是否放行。

ENS：Entry Summary Declaration“入境摘要报关单”，是欧盟海关提前舱单规则。2011 年 1 月 1 日起，欧盟法规要求所有进口到欧盟的货物，在装货前 24 小时应传输舱单（Entry Summary Declaration，ENS）到欧盟第一个入境口岸的海关当局。与美国/加拿大海关的要求不同，货代提单（House B/L）不是必需的，承运人提交船东提单（Master B/L）就足够了，即使托运人（Shipper）和收货人（Cnee）是货代企业（Freight Forwarder）。

AFR：Advance Filing Rules。2012 年 3 月，日本国会通过了一项“关税法”修正案，明确了出港前预申报制度。从 2014 年 3 月开始，对于计划进入日本港口或者中转日本的船舶，船公司或无船承运人原则上必须在船舶离开境外装船港 24 小时前，以电子数据形式向日本海关预先申报集装箱货物的舱单资料。海运集装箱货物舱单资料的预申报，须通过日本进出口港湾关联情报处理中心株式会社管理和运营的电子数据处理系统（简称为“NACCS”）进行。

如果日本海关认定货物具有高度风险，将通知船运相关方建议放弃装船。如果该舱单资料不正确，将要求船运相关方进一步传输资料或更正资料。

VGM：Verified Gross Mass，经验证的集装箱总重，详见前文。

第6章 海运货物

学习目标

【知识目标】

1. 了解海运货物的分类、货物的基本性质对运输的影响；
2. 熟悉货物的计量方法的积载因数；
3. 掌握海运危险品分类、危险品标签及危险品包装基本要求。

【技能目标】

1. 具有使用正确的计量方法丈量及衡重货物体积和重量的能力；
2. 具有识别常见海运危险品的类别及其危险性的能力。

货物是指物流运输、仓储部门承运、保管的各种原料、材料、工农业产品、商品，以及其他产品或物品的总称。海运货物则是特指经由海上运输部门承运的货物。了解不同种类货物的分类、成分、结构及其物理、机械、化学和生物性质，货物的包装、标志、丈量与衡重以及货物的积载因数，是货代等物流企业从业人员对运输过程中的货物科学地进行配积载、装卸和保管，保证货运质量所需的基础性知识。

6.1 海运货物的分类

6.1.1 按货物的装运形态分类

按装运形态，海运货物可分为件杂货和散装货。

件杂货通常是一种按计件形式装运和交接的货物。件杂货包括包装货物（Packed Cargo）、裸装货物（Unpacked Cargo）和成组化货物（Unitized Cargo）。其中包装货物又可按包装形式加以分类。成组运输是采用一定的办法，把分散的单件货物组合在一起，成为一个规格化、标准化的大的运输单位进行运输。通常说的成组运输包括捆扎件运输、托盘运输、集装箱运输。随着件杂货的集装箱化，成组化货物中的集装箱货物已经与件杂货并列成为单独的一类货物。

散装货通常是一种按计量形式装运和交接的货物。散装货包括干质散装货（Solid Bulk Cargo）和液体散装货（Liquid Bulk Cargo）。在海运货物中最常见的干散货有矿石、煤炭和粮食，液体散装货有石油、成品油、液体化学品等。

6.1.2 按货物的性质分类

按货物的性质不同，一般将货物分为普通货物（General Cargo）和特殊货物（Special Cargo）两大类。

1）普通货物

（1）清洁货物（Clean Cargo）：清洁、干燥的货物，也称精细货物（Fine Cargo）。如运输保管中不能混入杂质或被玷污的棉纺织品，供人们食用的食品（如糖、粮食、茶叶），不能受压、易于损坏的易碎品（如陶瓷器具、玻璃制品），还有各种日用工业品等。

（2）液体货物（Liquid Cargo）：盛装于桶、瓶、罐等容器内的流质或半流质货物。液体货物在运输过程中，包装容器易破损而使液体滴漏，如油类、酒类、普通饮料等。

（3）粗劣货物（Rough Cargo）：具有油污、水湿、扬尘和散发异味等特性的货物。如能散发气味的气味货物（Smelly Cargo）中的生皮、骨粉、鱼粉、烟叶、大蒜等；易扬尘并使其他货物受到污染的扬尘污染性货物（Dusty and Dirty Cargo）中的水泥、炭黑、颜料等。

2）特殊货物

（1）危险货物（Dangerous Cargo）：具有易燃、易爆、毒害、腐蚀、放射射线和污染等性质，在运输过程中可能引起人身伤亡和财产毁损，必须按有关危险货物运输规则进行运输的货物。危险货物还可以进一步分成若干种类和不同等级。

（2）冷藏货物（Reefer Cargo）：在常温条件下易腐烂变质和其他需按指定的某种低温条件运输的货物。如易腐性货物（Perishable Cargo）中需处于冷冻状态运输的肉、鱼、鸡等，处于低温状态运输的水果、蔬菜等，需处于低温状态下运输的药品、疫苗等。

（3）贵重货物（Valuable Cargo）：价值昂贵的货物。如金、银等贵金属及其制品、高价商品、精密仪器等。

（4）活的动植物（Livestock and Plants）：具有正常生命活动，在运输中需要特别照顾的动物和植物。如牛、马、猪、养等家畜以及其他兽类、鸟类、鱼类等活的动物；树木、花苗等植物。

（5）长大笨重货物（Bulky and Lengthy Cargo，Heavy Cargo）：单件货物体积过大或过长，重量超过一定界限的货物。按照港口收费规定和运价本规定，通常将单件重量为 5 t 以上的货物称为超重货物，将长度超过 9 m 的货物视为长大件货物。

6.1.3 按货物在船上的装载场所分类

按货物装载的场所不同，一般将货物分为以下 5 类：

（1）甲板货（On Deck Cargo）：亦称舱面货物。运输时可以或只能装载在船舶露天甲板上的货物。它包括过长、过宽、过高，不能装载在舱内的货物，或本身具有不怕湿、不怕晒、不怕冻等特性而装载在船舶露天甲板上的货物。某些有毒货物和危险物品不宜装于舱内，只能装在船舶甲板上。货物积载于甲板承运，遭受灭失或损坏的可能性很大，除商业习惯允许装于舱面的货物如木材，法律或有关法规规定必须装于舱面的货物，承运人和托运人之间协商同意装于舱面的货物外，承运人或船长不得随意将其他任何货物积载于舱面承运。如果承运人擅自将货物装于舱面，一旦灭失或损坏，承运人不但要承担赔偿责任，而且还将失去享受的赔偿责任限制的权利。但是，如果签发的是表明承运人、托运人双方协商同意的，注有“装于舱面”字样的舱面提单，而且实际上也是将货物积载于舱面，那么，只要货物的灭失或损坏不是承运人的故意行为造成的，承运人仍可免责。

（2）舱内货（Hold Cargo）：运输时装载在船舱内的货物，货物受损风险较小，如茶叶、棉布等。

（3）舱底货（Bottom Cargo）：由于其相对密度高，装在别处可能会对其他货物造成损害而将其放在货舱底部的货物，如钢材等。

（4）衬垫货（Dunnage Cargo）：装载于舱内可用作衬垫的货物，如旧轮胎等。

（5）填空货（Short Stowage Cargo 或 Filler Cargo）：用作填补舱内空位的小件货物，如耐火砖等。

6.1.4 按货物载运状况分类

按货物载运状况不同，将货物分为以下 9 类：

（1）大宗货物（Lot Cargo）和零星货物（Parcel Cargo）；

（2）满载货物（Full and Complete Cargo）和部分满载货物（Part Cargo）；

（3）直达货物（Direct Cargo）；

（4）过境货物（Through Cargo）；

（5）挂港货物（Local Cargo）；

（6）转船货物（Transhipment Cargo）；

（7）联运货物（Transit Cargo 或 Combined Transport Cargo）；

（8）选港货物（Optional Cargo）；

（9）变更卸货港的货物（Cargo Changed Destination）。

6.2 货物的计量和积载因数

6.2.1 货物的计量

货物的体积和重量不仅直接影响船舶的载重量、载货容积的利用程度，还关系到有关库场堆放货物时如何充分利用场地面积和仓库空间等问题，而且还可能是确定运价和计算运费的基础，同时，与货物的装卸、交接也有直接关系。

货物的计量包括货物丈量和衡重。

货物的丈量又称量尺，是指测量货物的外形尺寸和计算体积。货物丈量的原则：按货件的最大方形进行丈量和计算，在特殊情况下可酌情予以适当的扣除，某些奇形货件可按实际体积酌情考虑其计费体积。因此，货物的量尺体积是指货物外形最大处的长、宽、高的乘积。即：

$$V=L\times W\times H$$

式中 V——货物的量尺体积（m^3）；

L——货物的最大长度（m）；

W——货物的最大宽度（m）；

H——货物的最大高度（m）。

货物的衡重是指衡定货物的重量。货物的重量可分为净重、皮重和毛重。货物衡重应以毛重计算。海上货物运输中，货物衡重使用的衡制，即货物重量的计重单位为公吨（Metic Ton，T）。美洲国家有时使用短吨（Short Ton），欧洲国家则有时使用长吨（Long Ton）。货物的重量原则上应逐件衡重，但因条件或时间限制，不具备逐件衡量条件时，可采用整批或分批衡重，抽检衡重并求平均值等方法测得重量。货物衡重可使用轨道衡、汽车衡（一种地秤）、吊钩秤、皮带秤、定量秤，对于散装运输的大宗货物还可以采用水尺计重（或称水尺检量，Draft Survey 或 Draught Survey）。

6.2.2 货物的积载因数

货物积载因数（Stowage Factor，SF）是指每一吨货物在正常堆装时实际所占的容积（包括货件之间正常空隙及必要的衬隔和铺垫所占的空间），单位为 m^3/t（英制为 ft^3/t）。货物积载因数的大小说明货物的轻重程度，反映一定重量的货物占据船舶的舱容，或占集装箱的箱容，甚至仓储时占的库容。件杂货物积载因数的实测方法为：将 1 t 货物堆积成近似正方形的形状，丈量该货堆最大外形尺寸，由此求得体积（其中包含货件之间的空隙及必要的衬垫）。如货件较重，仅几件成堆，无法反映出件与件之间的装载空隙，则应采用 9 个货件打底，堆高 3 层（共 27 件）的方法成堆，丈量货堆最大外形尺度及 27 个货件的总重量，通过计算可得到 1 t 货物正常堆装的实际体积数值。散装货物的积载因数可用测量单位容量的方法求得。

某一货种的积载因数不是一个绝对的恒定值。货物包装规格不同或品质等级不同，它的积载因数数值也不同。货物在装载时，由于不论目前堆装货物的技术如何，货舱或者集装箱的某些部位在堆装货物时还是不便于使用，因而难免会产生无法利用的空间，损失部分舱容或者箱容，这个空间就叫作亏舱（亏箱）或空位（Broken Space）。亏舱（亏箱）损失是按积载因数核算的占用舱容的百分数来表示的，该百分数称为亏舱（亏箱）系数，又称亏舱（亏箱）率，即亏舱舱容（亏箱箱容）与货物所占舱容（箱容）的百分比。亏舱（亏箱）系数的大小取决于货物的种类、包装形式、堆装方法和质量，以及堆装货物的舱位（集装箱种类）等诸多因素。

货物积载因数，有不包括亏舱和包括亏舱两种数据，其计算公式如下：

（1）不包括亏舱（亏箱）损失时：

$$\text{货物积载因数（SF）}=\frac{\text{货物体积}}{\text{货物重量}}(m^3/t)$$

式中，货物体积包括货件间隙及正当衬垫所占容积（下同）。

（2）包括亏舱（亏箱）损失时：

$$\text{货物积载因数（SF）}=\frac{\text{装载所用区域包装舱容}}{\text{所装载（货）重量}}$$
$$=\frac{\text{货堆体积装载无法利用的空间}}{\text{货堆重量}}(m^3/t)$$

6.3 货物的性质

6.3.1 货物的化学性质

货物的化学性质，是指货物的组成成分在一定条件下发生化学变化的性质。钢铁生锈、肥料失效、水泥结块等都属于化学变化，都是由其组成成分决定的。

6.3.2 货物的物理性质

货物的物理性质是指货物受外界温度和湿度的影响而发生物理变化的性质。物理变化虽不改变货物原来的组成成分，但它能造成货物减量或品质下降，为生物化学变化创造条件，甚至造成作业困难或危险事故的发生。固体的软化、熔化或溶解，液体的气化、凝固或冻结，气体的压力变化与爆破，固体物质吸收或散发水分等都是货物在水路运输中经常发生的物理变化。如橡胶或松香等货物的装载部位受热，会使货物软化变形。

货物吸湿对于货运质量有较大影响，而货物吸湿能力主要取决于以下因素：① 货物的表面积，多孔性物体和粉粒状物体，因其具有很大的表面积，所以具有较强的吸湿性；② 货物的化学成分，如果货物的化学成分中含有亲水性原子团，则易吸收水分；③ 物质的易溶性，物质易溶于水就容易吸湿；④ 货物蒸发水分的气压，货物所散发的水分具有较低气压者，则吸湿性强；⑤ 货物的纯度，物质组成成分中含有杂质，会降低蒸发所需要的气压，从而增强吸湿性。货物吸湿的程度还与环境温度及湿度有关。当环境空气温度较高，相对湿度较低时，货物易散发水分；气温较低，且相对湿度较高时，货物易吸收水分。货物的吸湿并不是无限的，在一定的温度和湿度条件下，货物吸收与散发水分存在一个平衡状态（此时的水分含量称为平衡水分）。如小麦在 20 °C，空气相对湿度为 60%时的平衡水分为 13.1%。

6.3.3 货物的生物性质

货物的生物性质，是指有机体具有生命活动，能分解营养成分的性质。它包括货物本身的生命活动（呼吸过程消耗营养物质）和微生物在有机营养体内活动两个方面。

粮食、豆类、油籽、果菜和禽蛋等都存在维持生命活动，它们通过缓慢氧化（呼吸作用）维持生命。鲜果和肉类等主要由微生物的生命活动而使营养质分解。其中，呼吸强度、微生物活动的程度与货物温度和水分含量有关。在温度较高且水分含量较多的情况下，生命活动较为旺盛；在低温且干燥的条件下，生命活动在一定程度上被抑制。因此，大多数的鲜活易腐物在运输和储存中需冷冻或冷藏。

6.3.4 货物的机械性质

货物的机械性质，是指货物在受到外力作用时，具有抵抗变形或破坏的能力的性质。货物采用不同包装，可具有不同的抵抗变形和破坏的能力。所以，货物的机械性能既与货物本身性质有关，又与其包装质量、材料及形式有关。

货物抵抗压力的能力，是指抗压强度（耐压强度），是经常使用的机械性质指标，表示货物单位面积上所能承受的极限压力，它决定了货物的堆码高度或耐压的强度。货物抵抗冲击力的能力称为韧性。货物所受冲击力的大小与货物质量和加速度有关。缺乏韧性时，货物会显示出脆性，一般可通过包件跌落实验得到反映。

6.4 海运危险货物

6.4.1 危险货物运输相关规则

由于海上运输是国际贸易运输的主要方式，对于危险货物的危险性、包装、运输、保管等都需要有一个国际上的统一认识，才能使危险货物在各国间顺利流通，因此，根据联合国《关于危险货物运输的建议书》（因其封面为橙色，又被称为“橙皮书”）和国际海事组织《国际海上人命安全公约》第七章危险货物装运的有关规定，国际海事组织制定了《国际海运危险货物规则》（*International Maritime Dangerous Goods*），简称《国际危规》（*IMDG Code*）。我国政府于 1982 年宣布承认并开始在国际海运中实施《国际危规》。

《国际危规》适用于国际海运中包装危险货物和散装固体危险货物，但不适用于液体散货和船用物料及其设备。

我国交通主管部门以《国际危规》为蓝本，制定并颁布了《水路包装危险货物运输规则》，简称《水路危规》。《水路危规》于 1996 年 12 月 1 日起在我国境内的危险货物水路运输中实施。

《水路危规》适用于在中华人民共和国境内从事各类包装危险货物的船舶运输、港口装卸、储存等业务，但不适用于国际航线运输（包括港口装卸）、军运、散装危险货物。

6.4.2 海运危险货物的分类、特性

危险货物品种繁多、性质各异，危险程度大小不一，很多危险货物具有多重危险性，新的危险货物还在不断出现，为了方便安全运输和管理，有必要对危险货物进行科学分类。《国际危规》根据危险货物的理化性质及对人身的伤害情况，将危险货物分为 9 个大类。因为这种分类并不相互排斥，所以对于具有多重危险性质的货物，只能以其占主导的危险性来确定其归类，但运输中必须兼顾这类货物的其他危险性质。

第 1 类：爆炸品（Explosives）。

第 1 类爆炸品划分为 6 个小类：

第 1.1 类：具有整体爆炸危险的物质或物品，如起爆药、爆破雷管、黑火药、导弹等。

第 1.2 类：具有抛射危险，但无整体爆炸危险的物质或物品，如无引信炮弹、照明弹、枪弹、火箭发动机等。

第 1.3 类：具有燃烧危险和较小爆炸或较小抛射危险两者之一，或者两者兼有但无同时爆炸危险的物质或物品，如导火索、燃烧弹药、烟幕弹药、C 型烟火等。

第 1.4 类：无重大危险的物质或物品，如演习手榴弹、安全导火索、礼花弹、烟火、爆竹、手操信号装置等。

第 1.5 类：具有整体爆炸危险但极不敏感的物质或物品，如 E 型或 B 型引爆器、铵油、铵沥蜡炸药等。

第 1.6 类：不具有整体爆炸危险的极不敏感的物质或物品。

爆炸品主要具有爆炸性、燃烧性和不稳定性等特性。

爆炸品发生爆炸的原因主要有两个：一个是通过自身快速化学反应产生气体和热量，形成很高的能量密度，引起爆炸现象；另一个是接触火焰、受热、受震动、摩擦、撞击等外力作用或受其他物质激发时引起爆炸。

《水路危规》中第 1 类爆炸品中无第 1.6 类。

第 2 类：气体（Gas：Compressed，liquefied and dissolved under pressure）。

第 2 类货物根据气体在运输中的主要危险性划分为 3 个小类：

第 2.1 类：易燃气体。

易燃气体是指在 20 °C 和 101.3 kPa 标准压力下，在与空气的混合物中按体积占 13%或更

少时可点燃的气体；或与空气混合，不论燃烧下限值如何，可燃范围至少为 12 百分点的气体。

此类气体泄漏时，遇明火、高温或光照，会发生燃烧或爆炸，如氢气、甲烷、乙炔、含易燃气体的打火机等。

第 2.2 类：非易燃、无毒气体。

非易燃、无毒气体是指在 20 °C 时压力低于 280 kPa 的条件下运输，或以冷冻液体状态运输的气体，并且是窒息气体（会稀释或取代通常空气中氧气的气体），或氧化性气体（一般通过提供氧气比空气更能引起或促进其他材料燃烧的气体），或不属于其他小类的气体。

此类气体泄漏时，遇明火不会燃烧，没有腐蚀性，吸入人体内也无毒、无刺激作用。但大多会在高浓度时具有窒息作用。此类还包括比固态和液态氧化剂具有更强氧化作用的助燃气体，如氧气、氮气、二氧化碳等。

第 2.3 类：有毒气体。

有毒气体是指已知对人类具有毒性或腐蚀性强到对健康造成危害的气体，或 LC50 值（半数致死浓度）等于或小于 5 000 mL/m^3（百万分率），因而推定对人类具有毒性或腐蚀性的气体。

此类气体泄漏时，对人畜有强烈的毒害、窒息、灼伤和刺激作用，其中有些还有易燃和助燃性质，如氯气、氨、硫化氢等。

气体的运输状态依照其物理状态可描述为：

压缩气体：在 20 °C 下加压包装供运输时完全是气态的气体（在溶液中者除外）。

液化气体：在 20 °C 下加压包装供运输时部分是气态的气体。

冷冻液化气体：包装供运输时由于其温度低而部分呈液态的气体。

溶解气体：包装供运输时溶解于溶剂中的压缩气体。

第 2 类气体的主要危险有：当容器受热、撞击，耐压容器自身遭受腐蚀或材料疲劳使容器耐压强度下降而使容器发生破裂或爆炸；容器的阀门因受猛烈撞击等原因而受损时，发生气体泄漏，若泄漏的气体轻于空气，则会积留于封闭船舱内的顶部；若泄漏的气体重于空气，则会积聚于船舱的底部，从而可能引起燃烧、爆炸、中毒、窒息等现象的发生。

第 3 类：易燃液体（Inflammable liquids）。

易燃液体是指闭杯试验闪点等于或低于 60.5 °C（或开杯实验闪点不高于 65.6 °C）时放出易燃蒸气的液体、混合液体、含有溶解固体或悬浮物的液体（如油漆、清漆等）；还包括在液态时需加温运输，且在温度等于或低于最高运输温度时会放出易燃蒸气的物质，但不包括不能维持燃烧、闪点在 35 °C 以上的液体，也不包括由于其危险性已列入其他类的液体。

闪点（Flash point）是指在给定试验条件下，易燃液体的蒸气与空气的混合气体遇明火发生不连续闪火现象的最低温度。液体的闪点越低，其易燃性越大，危险性也越大。当易燃液体温度高于闪点时，易燃液体的蒸气与空气的混合气体接触明火时就有燃烧、爆炸的危险。根据测试闪点的仪器是密闭式还是敞开式的不同，可将闪点分为闭杯实验闪点和开杯实验闪点。同一物质的闭杯实验闪点比开杯实验闪点低 5 °C 左右。

《水路危规》中将第 3 类易燃液体分成以下 3 个小类：

第 3.1 类：低闪点类液体（闭杯闪点<-18 °C），如汽油、乙醚、丙酮、二硫化碳、稀释剂等。

第 3.2 类：中闪点类液体（-18 °C≤闭杯闪点<23 °C），如石脑油、工业酒精、苯等。

第 3.3 类：高闪点类液体（23 °C≤闭杯闪点≤61 °C），如松香水、印刷油墨、丁醇、松香油、酒精饮料（24%<酒精含量超过≤70%，且容器≥250l 容积）等。

易燃液体具有易燃性，其蒸气与空气的混合气体达到一定的浓度范围时，具有易爆性。大多数易燃液体有不同程度的毒性，长时间吸入其蒸气会引起中毒，严重者可能死亡。

第 4 类：易燃固体、易自燃物质、遇水放出易燃气体的物质（Inflammable solids，Spontaneously combustible substance，Substances emitting inflammable gases when wet）。

除上述第 1 类、第 2.1 类和第 3 类外，其余多数易燃物质都归入这一类。这类物品可细分为 3 个小类：

第 4.1 类：易燃固体。

本类物质是指燃点低，对热、撞击、摩擦较为敏感，易被外部火源点燃，燃烧迅速，并可能散发有毒烟雾或有毒气体的固体，如赤磷、硫磺、萘、赛璐璐、浸湿的爆炸品等，但不包括已列入爆炸品的物质。

本类物质包括自反应物质及相关物质，是指由于超过运输温度或被污染，在常温或高温下，易引起强烈热分解的物质。此类中有些物质有控制温度（能安全运输的最高温度）和危急温度（必须采取如抛弃等应急措施的温度）的要求。运输时必须确保这类货物在其控制温度以下。

本类物质还包括如不充分稀释，可能引起爆炸的退敏爆炸品。

第 4.2 类：易自燃物质。

此类物质是指自燃点低，在运输时的正常条件下，易自行发热或与空气接触升温而易起火燃烧的液体或固体。其主要危险是：能自行发热，若积热不散，则当热量积聚到其自燃点时不需外界引火即能自行燃烧，有些物质甚至在无氧条件下也能自燃，如黄磷、鱼粉（未经抗氧剂处理）、铁屑、油浸棉/麻/纸制品等。

第 4.3 类：遇水放出易燃气体的物质。

此类物质是指通过与水反应，易自行燃烧或放出大量易燃气体的液体或固体物质，如碳化钙（电石）、磷化氢、钠、钾等。

第 4 类危险物质除分别具有易燃、易自燃、遇湿易燃的特性外，还具有腐蚀性、毒害性（如硫磺、黄磷等）和爆炸性（如处于干燥状态的苦味酸）等危险特性。

第 5 类：氧化剂和有机过氧化物（Oxidizing substances，Organic peroxide）。

本类物质分成 2 个小类：

第 5.1 类：氧化剂。

氧化剂指虽然其本身未必可燃，但如果遇到酸或受潮湿、强热，或与其他还原性物质、易燃物质接触，即能进行氧化分解反应，放出热量和氧气，引起可燃物质的燃烧，有时还能形成爆炸性混合物的物质，如硝酸钠、高锰酸钾、过氧化氢、次氯酸钙（漂白粉）等。

第 5.2 类：有机过氧化物。

有机过氧化物指其分子组成中含有过氧基的有机物。有机过氧化物很不稳定，容易分解，并可发生放热的自行加速分解。此外，这类物质还可能具有下列性质中的一种或数种：爆炸性分解、迅速燃烧、对碰撞或摩擦敏感、与其他物质起危险反应、损害眼睛。

有机过氧化物比氧化剂具有更大的危险性，其中许多物质有控制温度和危急温度的要求，如过氧化二丙酰基（控制温度 15 °C，危急温度 20 °C）等。除氧化性和爆炸性外，本类物质多数还具有不同程度的毒性和腐蚀性，如硝酸盐类、氯酸盐类都有一定的毒性，三氧化酪、过氧化钠具有腐蚀性。

第 6 类：有毒物质和感染性物质（Toxic substances，Infectious substances）。

本类物质分为 2 个小类：

第 6.1 类：有毒物质。

列入本类的是那些误被吞咽、吸入或接触皮肤易于中毒，从而损害人体健康或引起死亡的物质，它们在常温、常压下呈液态或固态，如氰化物、硫化氢、砷、汞、有机磷农药、苯胺等。

毒性大小主要以半数致死剂量 LD50（口服和皮试）和半数致死浓度 LC50 来度量。LD50 是指能使一群试验动物口服毒物后 14 天（或以裸露的皮肤接触毒物 24 小时）死亡一半时，平均每千克动物体重所用的毒物剂量（mg/kg）。LC50 是指使一群试验动物连续吸入毒性尘雾 1 小时后，在 14 天内死亡一半时毒物尘雾在空气中的浓度（mg/L）。显然，毒物的 LD50 和 LC50 越小，其毒性越大。

《国际危规》中列入本类物质的标准：口服固体 LD50≤200（mg/kg），液体 LD50≤500（mg/kg）；皮试固体或液体 LD50≤100（mg/kg）；吸入 LC50≤10（mg/L）。

《水路危规》的标准：口服固体 LD50≤500（mg/kg），液体 LD50≤2000（mg/kg）；皮试和吸入同国际危规。

不同的有毒物质的毒性大小与其可溶性、挥发性、颗粒度等物质性质有关，可溶性越大，挥发度越高，粒度越小，则毒性越大。

除毒性外，某些本类物质与其他物质易发生分解反应而产生剧毒、易燃或腐蚀性气体，引发中毒、燃烧及腐蚀等事故。

第 6.2 类：感染性物质。

感染性物质指含有引起动物或人类疾病的微生物的物质，包括细菌、病毒、立克次氏体微生物、寄生虫、真菌或重组体、杂交种或突变体，但不包括以基因改变的微生物和生物体（《国际危规》将其归入第 9 类）。该类物质主要包括含有感染性物质的生物制剂，医学标本，如排泄物、分泌物、血液、细胞组织和体液等，但《水路危规》中不包括疫苗。

第 7 类：放射性物质（Radioactive substances）。

本类物质是指能自原子核内部自发放射出人的感觉器官不能察觉的大量射线的物质。列入《国际危规》的本类物质其放射性比度大于 70 kBq/kg。

放射性物质的放射性强弱由以下物理量来度量：放射性活度和放射性比度，剂量当量和辐射水平，运输指数。

放射性活度（Radioactive Strength）是指每秒钟内某放射性物质发生的核衰变数或放射出的相应粒子数，又称放射性强度，单位为 Bq（贝可）。

放射性比度（Special Activity）指单位质量的放射性物质所具有的放射性活度，又称放射性比活度，单位为 Bq/g（贝可/克）。

剂量当量（Dose Equivalent）表示生物体受射线照射，每千克体重所吸收的相当能量，单位为 Sv（希），用以衡量生物体受射线危害的程度。由于生物体受射线危害的程度除与吸收的能量有关外，还与辐射类型、条件等有关，因而引入了剂量当量这一概念。

辐射水平（Radioactive Level）是单位时间内所受的剂量当量，单位为 Sv/h（希/小时）。

运输指数（Transport Index，TI）是指距放射性货物包件和组合包装外表面，或表面放射性污染物和无包装的低比度放射性货物表面 1 m 处测得的辐射水平最大值；大尺度货物罐柜、集装箱等货件表面 1 m 处的辐射水平与相应因数的乘积。所乘因数与货物横剖面积有关。

《国际危规》规定，对各类普通海船在常规运输条件下，全船所载放射性货物的运输指数总和不得超过 200，单个包装件，其他运输单元或一个货舱内的运输指数总和不得超过 50。

第 8 类：腐蚀品（Corrosive substances）。

腐蚀品是指化学性质活泼，与人、畜机体或其他物品接触，在短时间内造成明显破坏现象的固体或液体物质，如硝酸、硫酸、氢氧化钾、氧化钠等。

腐蚀性物质对无机物、有机物或人体都能产生不同程度的腐蚀作用，对人体的伤害称化学灼伤。造成腐蚀的原因是腐蚀性物质的酸性、碱性、氧化性和吸水性，主要是强酸、强碱或与水作用后能形成强酸、强碱的物质。

除腐蚀性外，本类多数物质都有不同程度的毒性，有些液体物质闪点较低，具有易燃性。《水路危规》中将第 8 类分成以下 3 个小类：

8.1 类：酸性腐蚀品；

8.2 类：碱性腐蚀品；

8.3 类：其他腐蚀品。

第 9 类：杂类危险货物（Miscellaneous dangerous substances）。

本类包括具有危险性质，但不能恰当地归入上述 8 类中的任何一类中的物质和物品，如石棉、蓖麻子、硝酸铵肥料、干冰、经抗氧化处理的鱼粉等。

《水路危规》中将第 9 类又分为：

9.1 类：杂类；

9.2 类：另行规定的物质。

6.4.3 海运危险货物的包装和标志

6.4.3.1 危险货物的包装

危险货物包装的要求分为一般要求（通用包装）和特殊要求（专用包装）。一般要求的包装适用于第 3 类、第 4 类、第 5.1 类、第 6.1 类、第 8 类和第 9 类货物。特殊要求的包装适用于第 1 类、第 2 类、第 5.2 类、第 6.2 类和第 7 类货物。

一般要求的包装应符合的条件包括：

（1）包装材质、容器与所装危险货物直接接触时不应发生化学反应或其他作用。

（2）包装应具有一定强度。包装试验项目包括跌落试验、渗漏试验、液压试验、堆码试验等。包装分为 3 类：一类包装（能盛装高度危险性的货物），二类包装（能盛装中度危险性的货物），三类包装（能盛装低度危险性的货物）。

（3）包装及容器封口应适合货物的性质。封口的严密程度可分为 3 种：气密封口（不透气的封口），液密封口（不透液体的封口），牢固封口（在关闭状态下不会使内装固体物质在正常运输条件下发生洒漏的封口）。以下 5 种物质的包件应使用气密封口：产生易燃气体或蒸汽的物质，如任其变干即可具有爆炸性的物质，产生毒性气体或蒸气的物质，产生腐蚀性气体或蒸气的物质和与空气发生危险反应的物质。

（4）包装应有适当的衬垫材料。衬垫材料应是惰性的，与容器中的物质不起化学和其他反应。能确保内容器保持围衬状态，不至移动，固定在外容器中。具有足够的吸湿材料以吸收一定量液体，从而不损害其他货物或外容器的保护性。

（5）包装应能经受一定范围内温度、湿度、压力的变化。为避免温度升高而产生体积膨胀的影响，盛装液体的容器应留有适当的膨胀余位。

（6）包装的重量、体积、外形应便于运输、装卸和堆码。对各种单一包装最大重量的规定：木桶、琵琶桶最大净重为 400 kg，容量不超过 450 L；木板箱、胶合板箱最大净重为 400 kg；钢罐、塑料罐最大净重为 100 kg；再生木板箱最大净重为 100 kg；多孔塑料箱最大净重为 60 kg；纤维板箱最大净重为 50 kg；纺织品袋、塑料纤维袋、塑料薄膜袋、纸袋最大净重为 50 kg。

特殊要求的包装应符合的条件更为严格，需要时请查规则。

经过试验合格的包装，都应在包装的明显处标注清晰持久的包装试验合格标记。联合国统一规定了包装实验合格标记。

6.4.3.2　危险货物的标志

危险货物的标志由危险货物的标记、图案标志（标签）和标牌组成。

危险货物的标记是指标注在包装危险货物外表的简短文字或符号（见图 6.1），包括危险货物的完整学名，联合国编号，海洋污染物标记，可免除危险货物图案标志的 1.4 类、配装类 S 货物的“1.4”标记，明细表中确定为低度危险品而只需标注其他类别的标记如“Class4.1”等。

危险货物的完整学名及联合国编号标记示例：

例如：适用通用条目的正确运输名称的标记方法（中英文对照）。

腐蚀性液体：CORROSIVE LIQUID；

酸性的：ACIDIC；

有机的：ORGANIC；

未另列明的（辛酰氯）：N.O.S（CAPRYLYL CHLORIDE）；

UN3265：UN3265。

例如：适用单一条目的正确运输名称的标记方法（中英文对照）

乙醇：ETHYL ALCOHOL；

UN1170：UN1170。

海洋污染物标记

限量内运输危险货物标记

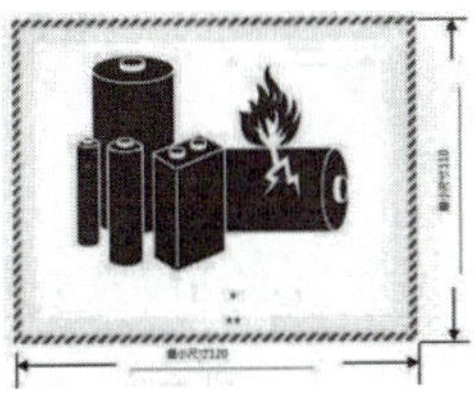
锂电池或锂电池组标记

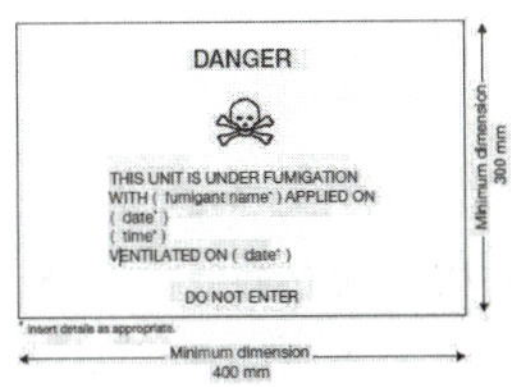

熏蒸警告标记

指示箭头标记

加温符号标记

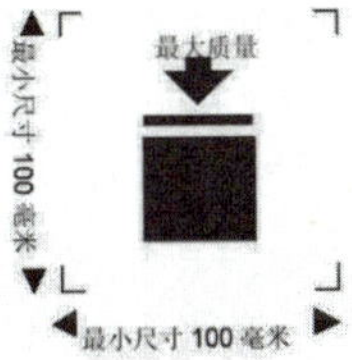

可堆码的大宗包装标记

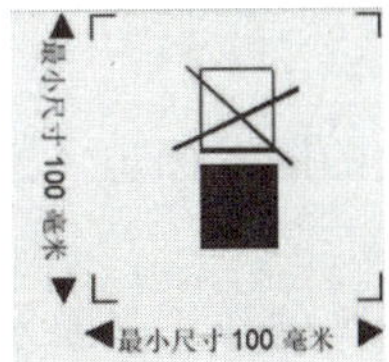

不可堆码的大宗包装标记

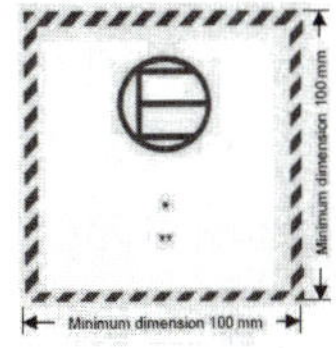

可免除量标记

图 6.1　危险货物的标记

危险货物图案标志（标签）是指以危险货物运输规则中规定的色彩、图案和符号绘制成的菱形标志（见图 6.2），可以醒目地标示包装危险货物的性质。标志须是与水平线呈 45°角（菱形）放置的正方形。最小尺寸须是 100 mm×100 mm。

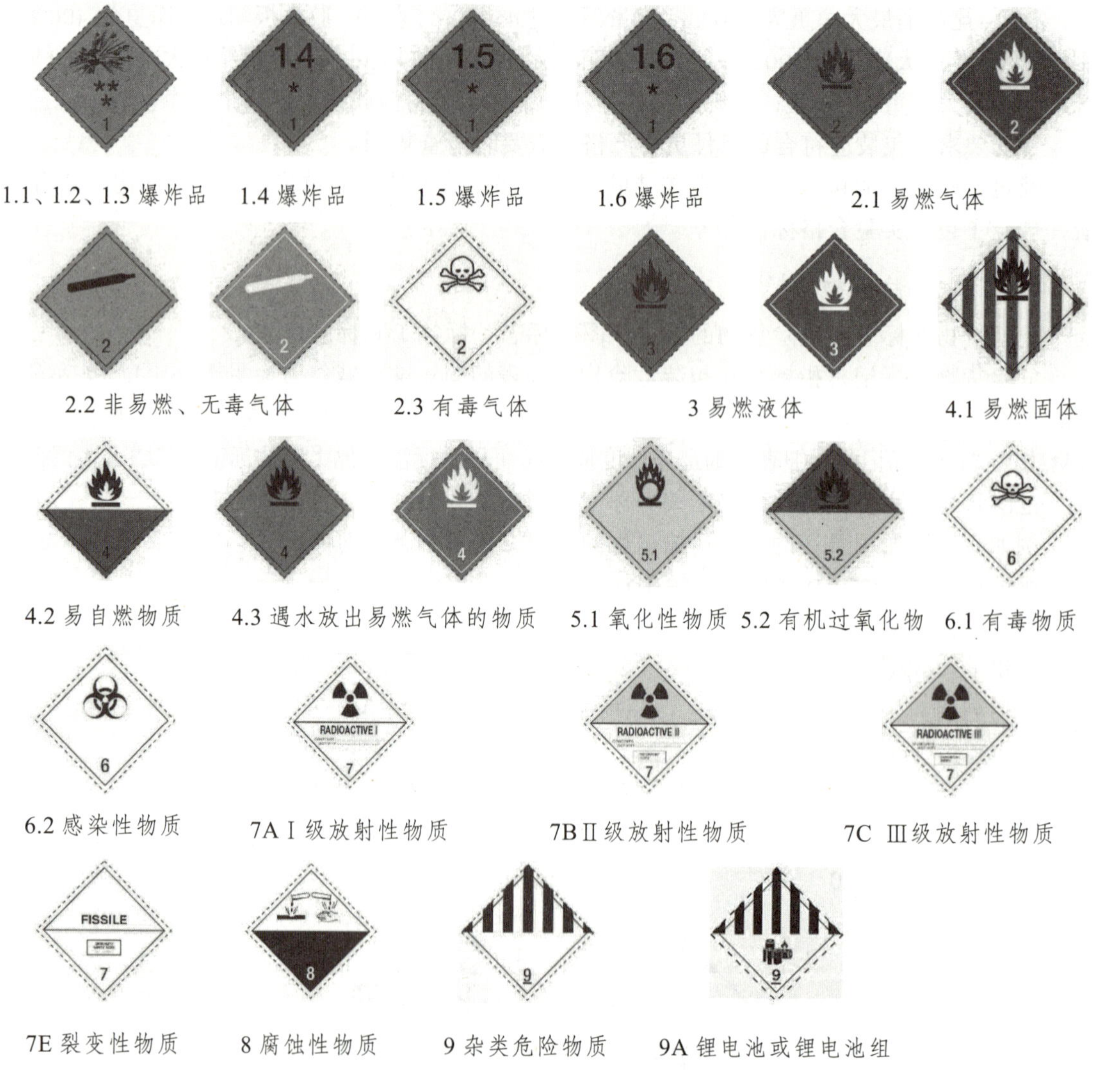

1.1、1.2、1.3 爆炸品　1.4 爆炸品　1.5 爆炸品　1.6 爆炸品　2.1 易燃气体

2.2 非易燃、无毒气体　2.3 有毒气体　3 易燃液体　4.1 易燃固体

4.2 易自燃物质　4.3 遇水放出易燃气体的物质　5.1 氧化性物质　5.2 有机过氧化物　6.1 有毒物质

6.2 感染性物质　7A Ⅰ级放射性物质　7B Ⅱ级放射性物质　7C Ⅲ级放射性物质

7E 裂变性物质　8 腐蚀性物质　9 杂类危险物质　9A 锂电池或锂电池组

图 6.2　危险货物图案标志

凡具有次要危险性的货物，除要有主要危险性的图案标志外，还要有次要危险性的图案标志（见图 6.3）。

标牌是指放大的图案标志（250 mm×250 mm），适用于如集装箱、可移动罐、柜等较大的运输单元。

运输组件上标牌的作用是警示，如果标牌张贴在不显眼的位置，则标牌的作用就得不到体现，因此标牌应尽量张贴在运输组件（如集装箱）的两个侧面和两个端面尽量中间的位置（见图 6.4）。

单一危险性货物标签（有毒物质）　　多重危险性货物标签（腐蚀性物质、易燃液体）

图 6.3　次要危险性图案标志

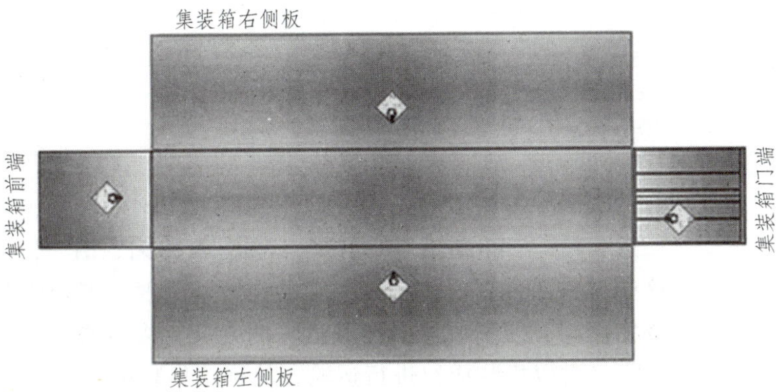

图 6.4　集装箱危险品标牌张贴示意图

《国际危规》规定，危险货物的所有标志必须满足经至少 3 个月的海水浸泡后，既不脱落又清晰可辨。《水路危规》规定，危险货物标志应粘贴、印刷牢固，在运输中清晰、不脱离。

国内运输属于危险货物，国际运输不属于危险货物的，《水路危规》规定：外贸出口时，在国内运输区段包装件上可不标贴危险货物标志，只需在水路货物运单和作业委托单特约事项栏内注明“外贸出口，免贴标志”；外贸进口时，在国内运输区段按危险货物对待。

《国际危规》中属于危险货物，但《水路危规》中不属于危险货物的，在外贸出口时，国内运输区段，应按外贸要求标贴危险货物标志，并在相关单证上注明“外贸出口属于危险货物”；外贸进口时，在国内运输区段，应按进口原包装办理国内运输，并在相关单证上注明“外贸进口属于危险货物”。

若《水路危规》和《国际危规》对货物的分类不一致，外贸出口时，在国内运输区段，其包装件按《国际危规》粘贴危险货物标志；外贸进口时，国内运输区段按《水路危规》的规定粘贴相应的危险货物标志。

第7章 海运集装箱

学习目标

【知识目标】

1. 熟悉海运集装箱的类型、规格、标志；
2. 熟悉集装箱装箱操作的注意事项；
3. 掌握集装箱装箱量的计算方法；
4. 熟悉集装箱货物交接条款。

【技能目标】

1. 具有根据货物性质选择集装箱的能力；
2. 具有根据集装箱标志识别集装箱箱号、装载信息等的能力；
3. 具有根据不同的货物及不同的货物装载方式进行集装箱装箱量计算的能力。

7.1 集装箱基础知识

7.1.1 集装箱的定义

集装箱（Container）原意是“容器”，用铝、钢、胶合板、玻璃钢或这些材料混合制成，具有一定的强度和刚度，密封性能好，专供装载货物使用并便于机械操作和运输的大型货物容器。因其外形像一个箱子，又可以集装成组进行运输，故称“集装箱”。

根据国际标准化组织104技术委员会（简称ISO-104）的规定，集装箱应具有如下条件：

（1）具有耐久性，其坚固强度足以反复使用；

（2）便于商品运送而专门设计，在一种或多种运输方式中运输而无须中途换装；

（3）设有便于装卸和搬运，特别是从一种运输方式转移到另一种运输方式的装置；

（4）设计时应注意到便于货物的装满和卸空；

（5）具有1 m^3（35.32 ft^3）或1 m^3以上的内容积。

目前使用的国际集装箱规格尺寸主要是第一系列的4种箱型，即A型、B型、C型和D型。他们的外尺寸和最大总重如表7.1所示。

在国际海上集装箱运输中使用最多的是1AA箱（即40 ft集装箱）和1CC箱（即20 ft集装箱）。为了便于计算集装箱数量，可以20 ft（1 ft=0.304 8 m）集装箱作为换算标准箱（Twenty-foot Equivalent Unit，TEU），并以此作为集装箱船载箱量、港口集装箱吞吐量、集装箱保有量等的计量单位。20 ft 集装箱=1TEU，40 ft 集装箱=2TEU。实践中，人们有时将 40 英尺集装箱称为 FEU（Forty-foot Equivalent Unit）。

表 7.1　第一系列集装箱的规格尺寸和总重量

规格（英尺）	箱型	长		宽		高		最大总重量	
		公制（mm）	英制（Ft in）	公制（mm）	英制（Ft in）	公制（mm）	英制（Ft in）	kg	LB
40	1AAA	12 192	40′	2 438	8′	2 896	9′6″	30 480	67 200
	1AA					2 591	8′6″		
	1A					2 438	8′		
	1AX					<2 438	<8′		
30	1BBB	9 125	29′11.25″	2 438	8′	2 896	9′6″	25 400	56 000
	1BB					2 591	8′6″		
	1B					2 438	8′		
	1BX					<2 438	<8′		
20	1CC	6 058	19′10.5″	2 438	8′	2 591	8′6″	24 000	52 900
	1C					2 438	8′		
	1CX					<2 438	<8′		
10	1D	2 991	9′9.75″	2 438	8′	2 438	8′	10 160	22 400
	1DX					<2 438	<8′		

7.1.2　集装箱的类型

（1）集装箱按所装货物种类有以下划分，具体参见图 7.1。

干货集装箱（Dry Cargo Container）：即通用箱/普通箱（Gengral Purpose，GP），又称杂货集装箱。这是最具代表性而且数量最多的箱型。无须控制温度，通常为封闭式，在一端或侧面设有箱门。

冷藏集装箱（Reefer Container，RF）：专为运输要求保持一定温度的冷冻货或低温货而设计的集装箱，适用装载肉类、水果等货物。冷藏集装箱造价较高，营运费用较高，使用中应注意冷冻装置的技术状态及箱内货物所需的温度。

敞顶集装箱（Open-top Container，OT）：没有刚性箱顶，但有可折式顶梁支撑的帆布、塑料布或涂塑布制成的顶棚，装运时用防水布覆盖顶部，其水密要求和干货箱一样，可用起重机从箱顶上面装卸货物。适合于装载体积高大的大型物和需吊装的重物，如玻璃板、钢制品、机械等重货。

框架集装箱（Flat Rack Container，FR）：没有箱顶和两侧，其特点是从集装箱侧面进行装卸。以超重货物为主要运载对象，还便于装载牲畜，以及诸如钢材之类可以免除外包装的裸装货。便于大型超宽，超高货物的吊装。

平台集装箱（Platform Container，PF）：形状类似铁路平板车，是具有高承载能力的底板而无上部结构的一种集装箱。适用于装载超高货、超重货、清洁货、长件货、易腐货和污货等。

罐式集装箱（Tank Container，TK）：用于装运酒类、油类、液体食品、化学品等液体货物的集装箱，主要由液罐和框架构成。罐式集装箱的搬运操作、装货、卸货、贮藏均需一定专门场所，并配备专门的消防安全设备。

散货箱（Bulk Container）：顶部设有装货口，底部设有出货口，主要用于装运无包装的固体颗粒状和粉状货物的“集装箱”。常用于装载粮食，也可装载各种饲料、树脂、硼砂、水泥、砂石等货物。装载粮食时，由于检疫的需要，有的散装集装箱的顶上还设有进行熏蒸用的附属装置。

通用箱

敞顶箱

冷藏箱

框架箱

平台箱

罐式箱

散货箱

汽车箱

图 7.1　集装箱的类型

牲畜集装箱（Pen Container）：装运家禽和牲畜的集装箱。箱顶和侧壁采用玻璃钢制成，能遮蔽阳光照射，便于清扫和保持卫生；侧壁安装有上折页的窗口，窗下备有饲养槽，可以定时给家禽或牲畜喂养食物。

汽车集装箱（Car Container）：专门供运输汽车而制造的集装箱，其结构简单，通常只设有框架与箱底，根据汽车的高度，可装载一层或两层。

（2）一个货运集装箱可能属于承运商（如 MSK、MSC、COSCO 等）、集装箱租赁公司（如 Tiphook、Cronos、Triton 等）、无船承运人或者托运人。因此集装箱按其所有权不同分为以下类型：

COC（Carrier Own Container，承运人拥有集装箱）：当集装箱由承运人拥有、经营或租赁（来自集装箱租赁公司）时，它被称为承运人拥有集装箱（COC）。承运人可以是 VOCC（船舶操作承运人，也就是船公司）或 NVOCC（无船承运人）。

SOC（Shipper Own Container，托运人拥有集装箱）：当集装箱由发货人（托运人）拥有或租赁时，它被称为托运人拥有集装箱（SOC）。无船承运人所拥有、经营或租赁的集装箱，就实际承运人而言，它仍然算作托运人拥有集装箱。

LOC（Lender Own Container，出租箱）：当集装箱由集装箱租赁公司拥有时，它被称为出租箱（LOC）。

在国际海上集装箱运输中使用最多的是承运人拥有集装箱，即 COC。

7.1.3 集装箱的标志

为了方便集装箱的运输管理，国际标准化组织（ISO）拟定了集装箱标志方案。集装箱应在规定的位置上标出以下内容（见图 7.2）：

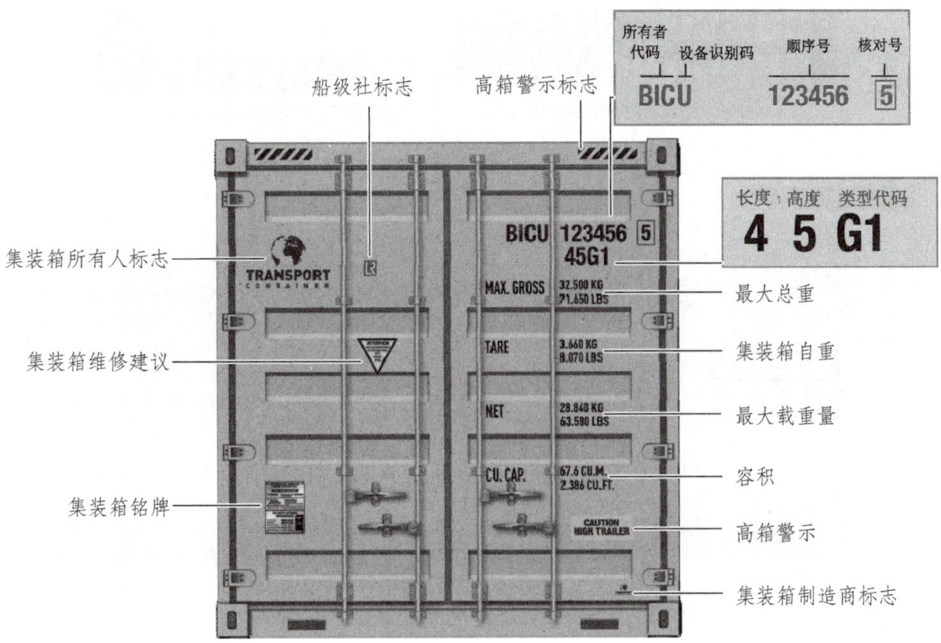

图 7.2 集装箱的标志

1）第一组标记

第一组标记分为 3 个部分：箱主代码、顺序号和核对号，这 3 部分共同构成 11 位编码的标准集装箱箱号（见图 7.3）。每一个集装箱对应唯一一个集装箱号。集装箱号码是码头、堆场、海关等企业、机构管理集装箱的最基本依据。在集装箱运输过程中可以通过箱号在船公司网站查询集装箱当前的物流情况（见图 7.4）。在船公司签发的提单上记载有所运集装箱的箱号（见图 7.5）。

图 7.3　第一组标记

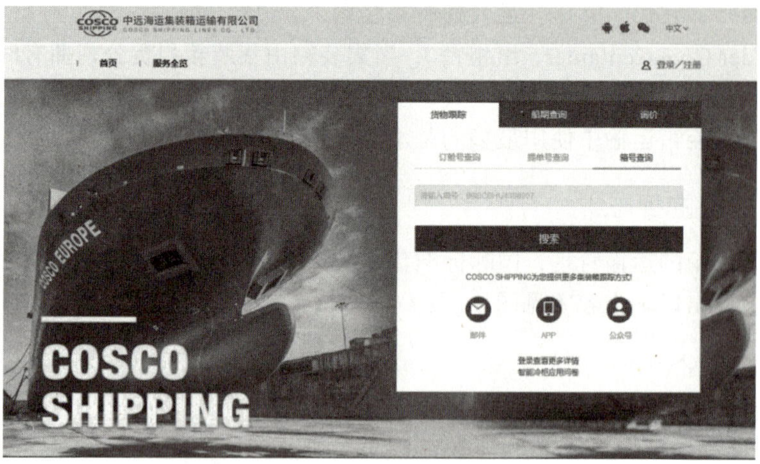

图 7.4　中远集装箱有限公司网站集装箱货物状态查询页面

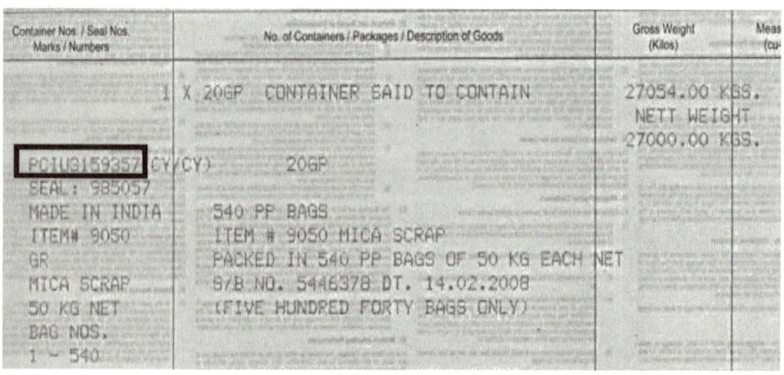

Container Nos. / Seal Nos. Marks / Numbers	No. of Containers / Packages / Description of Goods	Gross Weight (Kilos)	Meas (cu-
	1 X 20GP CONTAINER SAID TO CONTAIN	27054.00 KGS. NETT WEIGHT 27000.00 KGS.	
PCIU3159357 (CY/CY) SEAL: 985057 MADE IN INDIA ITEM# 9050 GR MICA SCRAP 50 KG NET BAG NOS. 1 - 540	20GP 540 PP BAGS ITEM # 9050 MICA SCRAP PACKED IN 540 PP BAGS OF 50 KG EACH NET S/B NO. 5446378 DT. 14.02.2008 (FIVE HUNDRED FORTY BAGS ONLY)		

图 7.5　提单货物描述栏中记载的集装箱号

（1）箱主代码：集装箱所有者的代码，用 4 位拉丁文字母表示；前 3 位由箱主自己规定，并向国际集装箱局登记；第 4 位字母为设备识别码 U。

（2）顺序号：集装箱编号，用 6 位阿拉伯数字表示，不足 6 位，则以 0 补之。

（3）核对号：用于计算机核对箱主号与顺序号记录的正确性。核对号一般位于顺序号之后，用一位阿拉伯数字表示，并加方框以示醒目。

2）第二组标记

（1）尺寸代号：由 2 位阿拉伯数字（字母）组成。此代码中包含了箱子的长度、高度及是否有鹅颈槽 3 个信息。

尺寸代号中的第一位数为“2”，代表该集装箱的长度为 20 ft；“4”代表该集装箱的长度为 40 ft；“L”代表该集装箱的长度为 45 ft。

尺寸代号中的第二位数字为 0 或 1，代表该集装箱高度为 8 ft；2 或 3，代表该集装箱高度为 8.6 ft；4 或 5，代表该集装箱高度为 9.6 ft。尺寸代号第二位数字为奇数，代表该集装箱有鹅颈槽（Goose-Neck tunnel）；为偶数，则代表该集装箱无鹅颈槽。鹅颈槽，是指设在集装箱箱底前部，用以配合鹅颈式底盘车上的凹槽（见图 7.6）。带有鹅颈槽的集装箱主要与鹅颈式底盘车配合使用，其目的是降低集装箱卡车整车的高度，适合在通行高度受限的道路和隧道、桥梁等使用。

高度为 9.6 ft 的集装箱称为高箱（High Cube，HQ），有时也用 HC（High Container）来表示高箱。高箱多见于 40 ft 集装箱，另外，45 ft 集装箱也多为高箱。

图 7.6　鹅颈槽

（2）类型代号：由一个英文字母加一个阿拉伯数字组成，说明集装箱的类型（见图 7.7）。

图 7.7　第二组标记

G0—G9：General Purpose Cntr 通用柜（干货柜）；

V0—V9：Ventilated 通风柜；

B0—B9：Bulk 散装柜；

S0—S9：Sample（样品），以货名命名之柜（S0：牲畜；S1：小汽车；S2：活鱼）（S3—S9 备用号）；

R0—R9：Reefer 冷柜，冻柜；

H0—H9：Heated 保温隔热柜；

U0—U9：Up 敞顶柜，开顶柜；

P0—P9：Platform Based Cntr 分平台式（Plat Form，PF）与台架式（Flat Rack，FR）；

T0—T9：Tank 罐装柜；

A0：Air 空/水/陆/联运柜。

3）第三组标记

最大总重（MAX GROSS）：又称额定重量，是集装箱的自重和最大允许载货量之和。最大总重量单位用公斤（KG）和磅（LBS）同时标出。

自重（TARE）：集装箱的空箱重量。重量单位用公斤（KG）和磅（LBS）同时标出。

最大载重量（NET）：集装箱的最大允许载货量重量单位用公斤（KG）和磅（LBS）同时标出。

以上三者之间的关系为：MAX GROSS= TARE + NET。

容积（CU. CAP.）：集装箱箱内容积，容积单位用立方米（CU. M.）和立方英尺（CU. FT.）同时标出。

7.2 集装箱货物装箱

7.2.1 集装箱的选择与检查

在进行集装箱货物装箱前，应根据所运输的货物种类、包装、性质和运输要求，选择合适的集装箱。为了使货物在运输过程中不受损，集装箱应符合以下基本条件：① 符合 ISO 标准；② 四柱、六面、八角完好无损；③ 箱子各焊接部位牢固；④ 箱子内部清洁、干燥、无味、无尘；⑤ 不漏水、漏光；⑥ 具有合格检验证书。

在国际海上集装箱运输中，集装箱的种类、尺寸规格等各异。选择何种集装箱要根据货物的情况以及航线上所经港口的条件和运输路线的环境来决定。

首先，考虑集装箱的类别，是使用通用箱，还是冷藏箱、开顶箱等。这取决于货物的种类、性质、形状、包装、体积、重量等。

其次，考虑集装箱的规格，是使用 20 ft 的标箱，还是 40 ft 集装箱或者高箱，甚至是 45 ft 的集装箱。这取决于货物的积载因数，以及集装箱中的装载方式等（具体见后文“集装箱装箱量计算”）。

选择合适的集装箱，符合货物所要求的运输条件，而且还能使货主较好地控制运输成本。

集装箱在装载货物之前，都必须经过严格检查。一只集装箱有缺陷，轻则导致货损，重则在运输、装卸过程中造成箱毁人亡的事故。所以，对集装箱的检查是货物安全运输的基本条件之一。发货人、承运人、收货人以及其他经手集装箱的关系人在相互交接时，除对集装箱本身进行检查外，还应以设备交接单等书面形式确认集装箱交接时的状态。通常，对集装箱的检查应做到：

外部检查：对箱子进行六面察看，确认外部是否有损伤、变形、破口等异样情况。如有，即做出修理部位标志。

内部检查：对箱子的内侧进行六面察看，检查是否漏水、漏光，有无污点、水迹等。

箱门检查：检查箱门是否完好，门的四周是否水密，门锁是否完整，箱门能否重复开启，能否 270°开启。

清洁检查：箱子内有无残留物、污染物、锈蚀异味、水湿。如不符合要求，应予以清扫，甚至更换。

附属件的检查：对货物的加固环节，如板架式集装箱的支柱、平板集装箱和敞棚集装箱上部延伸结构的检查。

7.2.2 集装箱的装箱操作

1）一般货物装箱操作指南

计划装载的重量应不超过集装箱的允许净载重量。装货后集装箱总重应不大于集装箱安全认可铭牌所标明的总重，并满足航线集装箱总重限制要求。铭牌标在集装箱箱门上，无箱门的特种箱标在后角柱或下底梁上。

装载时要使箱底的负荷均衡，不要使负荷偏在一端或一侧，特别是要严格禁止货物重心偏在一端的情况。要避免造成集中负荷，如装载机械设备、石材、卷钢等重货时，货物底部应加木头或底座、卷钢衬垫专用草垫或其他类似的废轮胎、橡胶垫等符合收、发货地法规要求的衬垫材料，尽量使负荷分散。60%的货重不得装于半个箱长范围内。采用普通干货箱装运单重超过 3 t 的卷钢等类重货必须采用能保证运输安全的托盘方式装箱或木架衬垫方式装箱，并妥善绑扎固定。

用人力或叉车装货时避免拖拽，正确使用装货工具。装卸卷钢类重货的叉车必须匹配，悬空叉进叉出，严禁拖拽。比如 10 t 的卷钢必须配备至少承重 10 t 的叉车，避免拖拽对货物及地板造成损坏。

用叉式装卸车装卸将受到叉式装卸车的自由提升高度、门架高度等条件的限制。在条件许可的情况下，可一次装两层，但上面应留有 20 mm 左右间隙、下面应留有 100 mm 左右间隙。如条件不允许一次装两层，则在箱内装载第二层时，要考虑到叉式装卸车的自由提升高度和装卸车门架的可能提升高度，避免损伤箱顶。另外还要注意，货物下面如没有托架或叉槽，一定要另加垫木，以便货叉能顺利抽出，避免损伤货物及地板。在箱内操作的叉车，提升重量限定为 2.5 t。

不同种类货物在混装时要注意下列事项：应做到重货装于轻货下面，固体货物不应装于液体货物下面。包装强度较弱的货物要置于较强的货物之上。不同形状、不同包装的货物尽可能不放在一起。会从包装中渗漏出灰尘、液体、潮气、异味等货物尽量不要与其他货物装在一起，如不得不混装时，就要用帆布、塑料薄膜或其他衬垫材料完全隔开，也要用衬垫材料铺好地板，避免对地板造成无法清洗的损坏。带有尖角或其他突出物的货物，要把尖角或突出物保护起来，防止其损坏其他货物和箱体。

装载完毕需对货物进行合理的绑扎和系固，防止货物移动，以免因运输中的摇晃对货物及箱体造成损坏。同时，货物系固方法本身也不应导致货物或集装箱的损坏或变坏。

冷藏货和危险货物的装箱，要严格按照有关货物的装载要求进行。

无论空箱和重箱都禁止用叉车在叉槽以外的地方装卸，所有的装卸操作都必须严格按 ISO 集装箱装卸操作要求进行。

推荐聘请第三方检验机构如 CCS（中国船级社）等对装箱进行专业指导。

2）冷藏货物装箱操作指南

严格讲冷藏箱是保温箱，因此请将冷冻货速冻至要求温度后装箱。冷藏货物亦应适当预冷，以免装箱后因货物呼吸发热、结霜等原因影响冷藏效果。

装箱时应停止冷冻机运转，以免凝水过多，影响蒸发器工作。

装货前冷冻箱内的垫木和其他衬垫材料也要适当预冷。

要选用清洁卫生的衬垫物，以免其污染货物。不应使用纸、板等衬垫材料作衬垫物，以免堵塞通风管和通风口。

要根据货物的性质与包装形状来选择正确的装载方法。装货时必须注意货物不能堵住通风口，箱顶部分一定要留出空隙，使空气能有效流通，不能超过警戒线。

必须注意冷藏货比普通杂货更容易滑动，也容易损坏，因此要对货物进行固定。固定货物时最好使用网具等衬垫材料，这样不会影响冷气的循环和流通。

严格禁止已降低鲜度或已变质发臭的货物装进箱内，否则会很快损坏其他货物。

拖箱集卡必须备有 380/440 V 发电机，提箱时注意箱体状况，并进行送电操作，确保符合要求的好箱出场。

货物装箱后必须保证冷箱持续通电工作正常，以保证箱温符合设定温度。如箱体或制冷机组出现问题应及时与原提箱堆场或当地箱管代理联系。

3）危险货物装箱操作指南

海运危险货物的装箱操作和运输应符合 IMO《国际海运危险货物规则》和《海运危险货物集装箱装箱安全技术要求》等相关规定。

海运危险货物的包装应经国家认可的专业检测、检验机构检验合格，持有相应的合格证明，并按规定显示检验合格的包装标记代号。

国内海运危险货物包装标志应符合 GB 190 的有关规定。国际海运危险货物包装标志应符合 IMO《国际海运危险货物运输规则》的有关规定。

装箱前，应了解危险货物的特性，处理方法，应急措施等情况。

应选择无阳光直射，无热源和火源，通风良好的地点进行装箱作业，作业地点应有足够的场地和必要的设备。

装货前应仔细检查集装箱的强度、结构，不符合装载危险货物要求的集装箱不能使用。装箱操作人员在作业时应按有关规定穿好工作衣，戴防护面具或橡皮手套等防护用品。作业完毕，要及时清洗，作业中不得饮食。

装箱时集装箱内应进行仔细清扫，要注意有些爆炸品和氧化剂与箱内残存的垃圾等杂物相遇时，有起火和爆炸等危险。

要详细检查所装货物的容器、包装、标志是否完整，与运输单证上所载明的内容是否一致，严禁将那些包装有损伤，容器有泄漏现象的危险货物装进箱内。

危险货物的装载和固定方法，根据其包装的形态，可按普通货的装载方法处理，但在选择固定货物的用具和材料时，应具有更大的安全系数和强度。

压缩、液化或加压溶解的气体类危险货物，根据其容器的形状可以纵向装载，也可以横向装载。横向装载时，货物之间要充分插入衬垫，使容器的金属部分不能直接接触。管状的高压瓶原则上采用纵向装载方法，并用衬垫材料围成栅栏状进行保护，再用钢丝绳把货物拉紧，予以固定。

有些用纸袋、纤维板箱和纤维板桶包装的危险货物遇水后会引起化学反应，有的会发热、自燃或产生有毒气体，故应严格进行防水检查。特别应重视的是，由于在运输途中无法对集装箱内装载的货物进行检查，故无法及时发现箱内装载不良或容器损坏情况，而且万一发生事故，由于不能移动而容易扩大事故范围，这些特殊条件与普通货船运输危险货物完全不同。

原则上没有规定危险货物不能与普通货物混装在同一集装箱内。装货前先制订装载计划，应考虑各种货物的相容性及其性质，即任何包件或涉及的包装类型或强度，还应考虑到货物气味和粉尘交叉污染的可能性、物理或化学的相容性。危险性质不相容的货物不得同箱装运。货物具有单一副危险性质时，如副危险要求严于主危险性，则选择适合副危险性的隔离。货物在箱内拼箱时，相互隔离经按设计危险货物中的严格要求进行隔离，拼箱审核查阅危险货物运输规则中各类隔离表，并重点查阅危险货物一览表中的隔离要求。

危险货物与普通货物拼箱时，危险货物应坚持后装先卸，并装于箱门口易卸处。

严禁危险货物与食品混合装载。

装载过程中应轻拿轻放，禁止肩扛、背负、冲撞、摔碰、翻滚，以防包装破损。若在装载过程中危险货物包装发生损坏、渗漏，应在装箱检验人员的监督下，立即按货物特性进行有效处置。渗漏的危险货物会造成爆炸、自燃、毒害或类似重大危险的，应立即将人员撤离到安全地带，并通知有关应急部门。

从事海运危险货物装箱作业的单位应将每次危险货物装箱作业情况按要求如实记录。记录内容应包括：积载计划、装箱时间、装箱货况、集装箱箱体状况、货物包装状况、装箱衬垫、加固情况等事项。装箱作业情况应由负责装箱的现场检查员记录，应将危险货物装箱情况拍摄存档。

使用集装箱装运危险货物的，应提交装箱检查人员检查后签发的《集装箱装箱证明书》。

7.2.3 集装箱装箱量计算

计算集装箱装箱量，是一门较复杂的技术工作。科学的装箱方法可以降低运输成本。目前在计算集装箱装箱量方面，有专门的集装箱装箱计算软件，对不同规格的货物进行最科学的计算，以达到降低运输成本的目的。

在货物装箱前，首先根据货物的种类、性质、形状、包装、体积、重量等确定使用通用箱，还是冷藏箱、开顶箱等。接下来就要考虑集装箱的规格，是使用 20 ft 的标箱，还是 40 ft 集装箱或者高箱，甚至是 45 ft 的集装箱。这取决于货物的积载因数，以及在集装箱中的装载方式等。

7.2.3.1 货物的积载因数对集装箱装箱量的影响

每一个集装箱都有额定的最大装载重量和最大容积，装入集装箱内的货物不可超过这一额定值。对于重货（积载因数小于 1）来说，主要考虑的是最大装载重量，而对于轻货（积载因数大于 1）来说，主要考虑的则是集装箱的容积。以最常使用的 20 ft 标箱和 40 ft 集装箱来说，两者的宽度和高度相同，40 ft 集装箱的长度是 20 ft 标箱的两倍，其内容积亦是 20 ft 标箱的两倍，但两者的最大装载重量却相差不多。对比看下面两个集装箱上的标记（见图 7.8）:

以上为一个 20 ft 普通箱

最大装载重量（NET）为：28 290 kg

内容积为：33.2 m^3

以上为一个 40 ft 普通箱

最大装载重量（NET）为：267 800 kg

内容积为：67.7 m^3

图 7.8　20 ft 和 40 ft 集装箱对比

【例 7.1】某货主托运一票货，该货的积载因数是 0.8 m^3/t。如将该票货装于图 7.7 中的 20 ft 普通箱中，已知该集装箱计算亏箱后最大总容积为 29 m^3。问：这个集装箱中最多可装多少吨该票货物？

该集装箱最大装载重量为：28 290 kg=28.29 t

28.29 t 该货物的体积为：28.29 t×0.8 m^3/t=22.623 m^3

22.623 m^3 大于该集装箱的计算亏箱后最大总容积 29 m^3，

因此，这个集装箱中最多可装该票货物 28.29 t。

【例 7.2】某货主托运一票货，该货的积载因数是 1.6 m^3/t。如将该票货装于图 7.7 中 20 ft 普通箱中，已知该集装箱计算亏箱后最大总容积为 29 m^3。问：这个集装箱中最多可装多少吨该票货物？

该集装箱最大装载重量为：28 290 kg=28.29 t

28.29 t 的该货物体积为：28.29 t×1.6 m^3/t=45.264 m^3

45.264 m^3 大于该集装箱的计算亏箱后最大总容积 29 m^3，

因此，这个集装箱中最多可装该票货物：29 m^3÷1.6 m^3/t=18.125 t

例 7.1 中的货物为重货（积载因数 0.8<1），最终可装货物的数量为该集装箱的最大装载重量，从体积上来说只有 22.623 m^3，并未达到其最大容积。例 7.2 中的货物为轻货（积载因数 1.6>1），最终可装货物的数量为该集装箱计算亏箱后最大总容积，重量只有 18.125 t，并未达到该集装箱的最大装载重量。

在海运集装箱实践中，集装箱货物的运费是按箱型计收的。图 7.9 为欧洲航线上海至德国汉堡的运价。

起运港/目的港	船司↑	截关/开船↑	航程↑	大船起运港	中转↑	20GP↑	40GP↑
YANGSHAN,SHANGHAI(洋山，上海，上海)→HAMBURG(汉堡)	OOCL	5/7 LL4	34	YANGSHAN,SHANGHAI	DIR	7450	14000
YANGSHAN,SHANGHAI(洋山，上海，上海)→HAMBURG(汉堡)	CMA	5/7 FAL1	34	YANGSHAN,SHANGHAI	DIR	10400	14300

图 7.9　欧洲航线上海至德国汉堡的运价

从以上运价可以看出 40 ft 集装箱的运价小于两倍的 20 ft 的运价，这也是海运市场的常态。因此，从经济角度来看，对于轻货而言，在货量大于 1 个 20 ft 集装箱可装载量的情况下应尽量选择 40 ft 集装箱。例 7.2 中的货物，若现有该货物 25 t，则其体积应为 25 t×1.6 m^3/t=40 m^3，选用 20 ft 箱需 2 个，而选用 40 ft 箱只需 1 个，从运费上来说低于 20 ft 箱。而对于重货而言，则应选 20 ft 集装箱。例 7.1 中的货物，若现有该货物 50 t，则其体积应为 50×0.8 m^3/t=40 m^3，选用 20 ft 箱需 2 个，若选用 40 ft 箱也需 2 个（因为 50 t 已经超出 1 个 40 ft 箱的最大装载重量），因此，从运费上来看选 20 ft 箱更经济。

7.2.3.2　集装箱货物装箱量的计算示例

集装箱货物装箱量的计算是货代必须掌握的技能。对一票货物的海运费用的计算，首先要确认的是所需集装箱的规格及数量。如果货主只给了货物的数量和尺寸，货代就要进行集装箱数量的计算。

除了一些特殊货物（如钢卷、大型机械设备等），包装货物的装箱主要有两种方式：一是直接以货物包装装入集装箱；二是先将货物组托盘再装入集装箱（见图 7.10）。

直接以货物包装装入集装箱

货物组托盘装入集装箱

图 7.10　包装货物的装箱方式

【例 7.3】货物名称：女鞋；货物数量：16 800 双；货物包装：1 双鞋装入 1 个鞋盒，鞋盒尺寸为 29 cm×19 cm×9 cm；24 个鞋盒装入一个外纸板箱，外纸板箱尺寸为：60 cm×58 cm×38 cm；

货物重量：1 双鞋（与鞋盒一起）重 0.5 kg，一个外纸板箱重量为 2 kg。

可供选用集装箱箱体规格如表 7.2 所示。

表 7.2　可选用集装箱箱体规格

规格	20 ft 标准箱			40 ft 标准箱		
内部尺寸	长/mm	宽/mm	高/mm	长/mm	宽/mm	高/mm
	5 898	2 352	2 392	12 031	2 352	2 392
容积与载重	容积/m^3	载重/kg		容积/m^3	载重/kg	
	33.2	21 740		67.7	26 630	
箱门尺寸	宽/mm	高/mm		宽/mm	高/mm	
	2 340	2 280		2 340	2 280	

问：整批货需要多少个集装箱（货物可倒置）？

一个外纸板箱装好鞋子后的毛重为：24×0.5+2=14（kg）

16 800 双鞋总共需外纸板箱数量为：16 800÷24=700（箱）

整批货的毛重为：700×14=9 800（kg）

整批货的体积为：60×58×38×700=92 568 000（cm^3）=92.568（m^3）

该货物为轻泡货物，且货量大于一个 20 ft 箱可装载量，应尽量选择 40 ft 集装箱。

为使亏舱尽量少，应将纸板箱的高对应集装箱的高，纸板箱的长对应集装箱的长，纸板箱的宽对应集装箱的宽放置，则 1 个 40 ft 集装箱每层可装货物的层数、列数和排数分别为：2 392÷380=6（层），12 031÷600=20（列），2 352÷580=4（排）。

1 个 40 ft 集装箱可装载纸板箱数量为：20×4×6=480（箱），还剩 700−480=220（箱）。

将纸板箱的高对应集装箱的高，纸板箱的长对应集装箱的长，纸板箱的宽对应集装箱的宽放置，则 1 个 20 ft 集装箱可装货物的层数、排数和列数分别为：2 392÷380=6（层），2 352÷580=4（排），5 898÷600=9（列），装载纸板箱数量为：9×4×6=216（箱）。

因 600×9=5 400（mm），按上述方式装 216 箱货物入 20 ft 集装箱后，货物距离箱门还有 5 898−5 400=498（mm），在此空间内可将纸板箱的长对应集装箱的高，纸板箱的高对应集装箱的长，纸板箱的宽对应集装箱的宽放置，则还可放置 2 392÷600=3（层），2 352÷580=4（排），498÷380=1（列），3×4×1=12（箱）纸板箱。

由上述计算结果可知，整批货需要 1 个 40 ft 标准箱和 1 个 20 ft 标准箱。

【例 7.4】现有 20 ft 标准集装箱（内部尺寸为：长 5 898 mm，宽 2 352 mm，高 2 392 mm）2 个，分别装载 1 200 mm×800 mm 和 1 200 mm×1 000 mm 2 种规格的托盘所组装的货物，高度均为 800 mm，应如何装箱使箱内空间利用率最高？

（1）放置 1 200 mm×800 mm 托盘。

放置方法一如表 7.3 所示。

表 7.3　放置方法一

方式	尺寸		
集装箱	长 5 898	宽 2 352	高 2 392
托盘	长 1 200	宽 800	高 800
排、列、层数	4	2	2
可装托盘数：4×2×2=16（个）			

放置方法二如表 7.4 所示。

表 7.4　放置方法二

方式	尺寸		
集装箱	长 5 898	宽 2 352	高 2 392
托盘	长 800	宽 1 200	高 800
排、列、层数	7	1	2
可装托盘数：7×1×2=14（个）			

放置方法三的装载俯视图如图 7.11 所示。

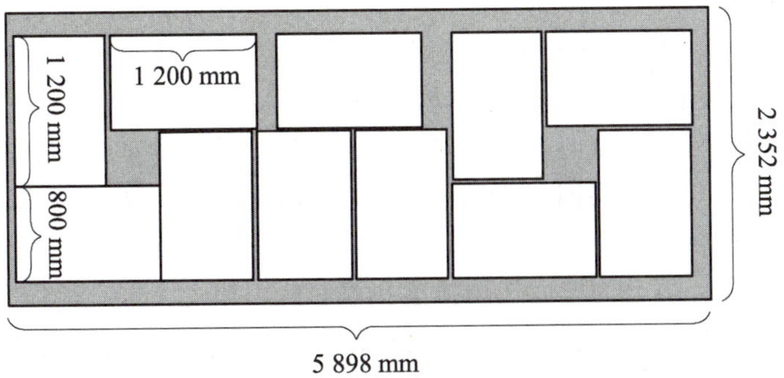

图 7.11 放置方法三

可堆码层数：2 392÷800=2（层），每层可装托盘数为 11 个，可装托盘数：11×2=22（个）。

由上述计算结果可知，20 ft 标准集装箱装载 1 200 mm×800 mm 规格的托盘所组装的高度为 800mm 的货物，按方法三进行装箱，最多可装 22 个托盘，箱内空间利用率最高。

（2）放置 1 200 mm×1 000 mm 托盘。

箱内空间利用率最高的装箱方式同上述方法三，装载俯视图如图 7.12 所示。

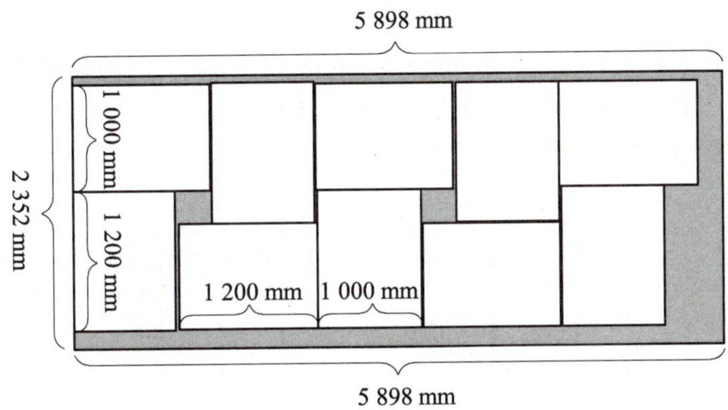

图 7.12 装载俯视图

可堆码层数：2392÷800=2（层），每层可装托盘数为 10 个，可装托盘数：10×2=20（个）。

20 ft 标准集装箱装载 1 200 mm×1 000 mm 规格的托盘所组装的高度为 800 mm 货物，按此方法进行装箱，最多可装该托盘 20 个，箱内空间利用率最高。

7.2.3.3 托盘在集装箱装箱中的使用

托盘（Pallet）是指“用于集装、堆放、搬运和运输的放置作为单元负荷的货物和制品的水平平台装置”（《物流术语》）。托盘（Pallet）通常和叉车（Forklift）或手推平板车或液压车（俗称地牛）配合使用，可以极大地提高物流效率，并且减少货损货差。托盘被认为是 20 世纪物流业中的两大关键性创新之一（另一个关键性创新是集装箱，尤其是海运集装箱）。托盘主要有两大作用：首先用托盘实现货物包装的规范化、标准化和单元化，有利于保护货物，大大减少货损货差；其次方便搬运，方便装卸，减少货物的搬动次数，极大地提高搬运和装卸效率。

1）托盘的分类

（1）按材质：分为木质类（原木托盘、熏蒸木托盘、胶合板托盘等）；金属类（不锈钢托盘、钢铁托盘等）；塑料类（质地较轻，使用方便）；塑木类（使用塑木复合材料制成，使用广泛，节能环保）；纸板 Pallet、竹 Pallet、模压 Pallet 等。

（2）按入叉方式：可分为双向进叉型和四向进叉型。托盘的 4 个方向有 2 个方向可以进叉的是双向进叉型；4 个方向都能进叉的是四向进叉型。其中，双向进叉的叫做 2-Way Pallet；四向进叉的叫做 4-Way Pallet。

（3）按单双面用途：可分为单面使用托盘和双面使用托盘。

（4）按 Pallet 的结构：可分为平托盘、箱式托盘、柱式托盘、滑板托盘等。其中，平托盘几乎是 Pallet 的代名词，只要一提到 Pallet，一般都是指平托盘。因为平托盘使用范围最广，利用数量最大，通用性最好。

2）托盘的规格和尺寸

国际标准化组织（ISO）规定的托盘规格有如下 4 种：

1 200 mm×1 000 mm，长方形，欧洲最普遍使用；

1 200 mm×800 mm，长方形，欧洲最普遍使用；

1 140 mm×1 140 mm，正方形，澳洲最普遍使用；

40 ft（1 016 mm）×48 ft（1 219 mm），长方形，美国最普遍使用。

其中，全球应用最广泛的是 1 200 mm×1 000 mm 的托盘。我国最常见的 Pallet 规格也是这种。亚洲（日本、韩国）比较常见的托盘规格为 1 100 mm×1 100 mm，正方形。

3）货物在托盘上的码放方式（见图 7.13）

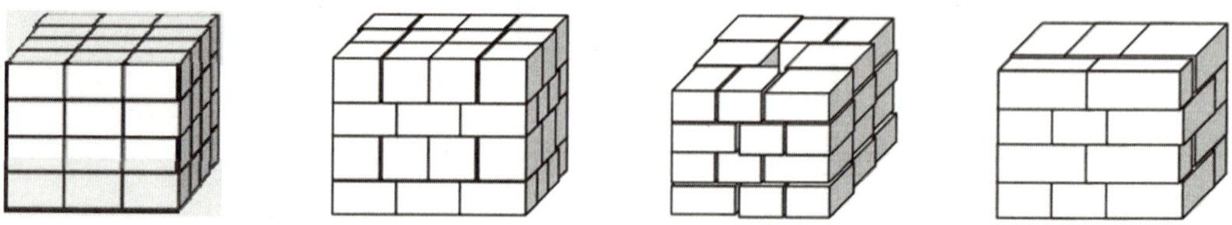

重叠式堆码　　纵横交错式堆码　　旋转交错式堆码　　正反交错式堆码

图 7.13　码放方式

（1）重叠式堆码：各层码放方式相同，上下对应，层与层之间不交错堆码。优点：操作简单，工人操作速度快，包装物 4 个角和边重叠垂直，承压能力大。缺点：层与层之间缺少咬合，稳定性差，容易发生塌垛。适用范围：货品底面积较大情况下，比较适合自动装盘操作。

（2）纵横交错式堆码：相邻两层货品的摆放旋转 90°，一层为横向放置，另一层为纵向放置，层次之间交错堆码。优点：操作相对简单，层次之间有一定的咬合效果，稳定性比重叠式好。缺点：咬合强度不够，稳定性不够好。适用范围：比较适合自动装盘堆码操作。

（3）旋转交错式堆码：第一层相邻的两个包装体都互为 90°，两层之间的堆码相差 180°。优点：相邻两层之间咬合交叉，托盘货品稳定性较高，不容易塌垛。缺点：堆码难度大，中间形成空穴，易降低托盘的承载能力。

（4）正反交错式堆码：同一层中，不同列货品以 90°垂直码放，相邻两层货物码放形式旋转 180°。优点：该堆码方式不同层间咬合强度较高，相邻层次之间不重逢，稳定性较高。缺点：操作较麻烦，人工操作速度慢。

7.3　海运集装箱货物的交接

7.3.1　整箱货与拼箱货

集装箱运输是将散件货物（Break Bulk Cargo）汇成一个运输单元（集装箱），使用船舶等运输工具进行运输的方式。由于集装箱可以很方便地在各种运输方式间转换，因此集装箱运输不仅与传统杂货运输一样以港口作为货物交接、换装的地点，还可以在港口以外的地点设立货物交接、换装的站点。集装箱运输改变了传统的货物流通途径，在集装箱货物的流转过程中，其流转形态分为两种：一种为整箱货，另一种为拼箱货。

整箱货[Full Container（Cargo）Load，FCL]，是指由货方负责装箱和计数，填写装箱单，并加封志的集装箱货物，通常只有一个发货人和一个收货人。

国际公约或各国海商法没有整箱货交接的特别规定，而承运人（船公司）通常会根据提单正面和背面的印刷条款以及提单正面的附加条款（如："Said to Contain"；"Shipper's Load、Count、Stow and seal" 等 "不知条款"），承担在集装箱箱体完好、封志完整的状况下接收并在相同情况下交付整箱货的责任。在目前的海上货运实践中，班轮公司主要从事整箱货的货运服务。

拼箱货[Less Container（Cargo）Load，LCL]，是指由承运人（集拼经营人、无船承运人）的集装箱货运站（Container Freight Station，CFS）负责装箱和计数，填写装箱单，并加封志的集装箱货物。通常，每一票货物的数量较少，因此装载拼箱货的集装箱内的货物会涉及多个发货人和多个收货人。货主托运零散或小数量的货物，承运人（集拼经营人、无船承运人）接到这种货物后，按性质和目的地进行分类，把同一目的地、性质相同的不同货主的货物拼装进同一个集装箱，然后以整箱货向船公司或其代理人订舱，进行运输。货运代理企业从事拼箱货的货运业务，其身份也会发生变化，成为无船承运人，解决了小批量货物运输的问题。集拼经营人（无船承运人）负责在拼箱货每件货物外表状况良好的情况下接受并在相同的状况下交付拼箱货。

拼箱货业务流程如图 7.14 所示。

（1）A、B、C 等不同发货人将不足一个集装箱的拼箱货（LCL）交给货代（集拼经营人、无船承运人）；

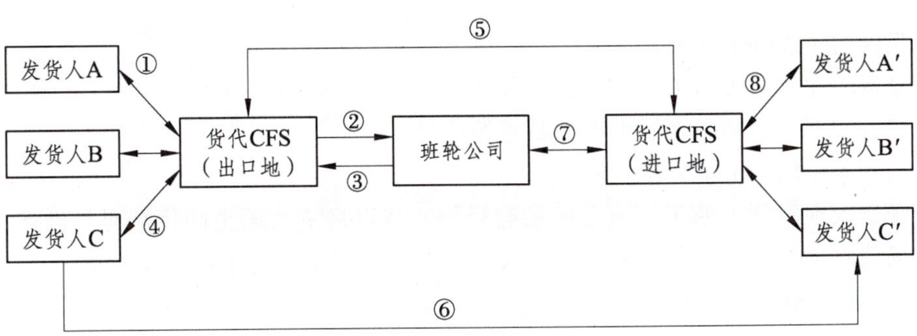

图 7.14　拼箱货业务流程

（2）集拼经营人将拼箱货拼成整箱货（FCL）后，向班轮公司办理整箱货物运输；

（3）班轮公司接受无船承运人的托运，整箱货物装船后，班轮公司签发船东提单（Master B/L）或其他单据（如海运单）给集拼经营人，船东提单上的发货人为该集拼经营人；

（4）集拼经营人在货物装船后也签发自己的货代提单（House B/L）给每一个货主（发货人），货代提单上的发货人为实际的货主（发货人）；

（5）集拼经营人将货物装船及船舶预计抵达卸货港等信息告知其卸货地代理人，同时，将船东提单（MB/L）及货代提单（HB/L）复印件等单据交卸货港代理人，以便其凭以向班轮公司提货和向收货人交付货物；

（6）货主（发货人与收货人）之间办理包括货代提单（HB/L）在内的有关单证的交接、货款的支付；

（7）集拼经营人在卸货港的代理人凭班轮公司的船东提单（MB/L）提取整箱货入货运站 CFS 后拆箱；

（8）A′、B′、C′等不同收货人凭各自的货代提单（HB/L）在 CFS 提取拼箱货。

7.3.2 集装箱货物交接地点与方式

货物运输中的交接地点是指根据运输合同，承运人与货方交接货物、划分责任、风险和费用的地点。由于国际公约或各国法律通常制定了强制的法律规范，因此承运人不能通过合同的方式减轻自己的责任，而有关费用问题，则可由双方当事人另行约定。在集装箱运输中，根据实际需要，货物的交接地点并不固定。

目前，集装箱运输中货物的交接地点有船边或吊钩（Ship′s Rail or Hook/Tackle）、集装箱堆场、集装箱货运站和其他双方约定的地点（门，Door）。

集装箱堆场（Container Yard，CY），是交接和保管空箱（Empty Container）及重箱（Loaded Container）的场所，也是集装箱换装运输工具的场所。

集装箱货运站（Container Freight Station，CFS），是拼箱货交接和保管的场所，也是拼箱货装箱和拆箱的场所。

门（Door），双方约定的某个地点，通常为货方仓库所在地。

根据集装箱货物在装货港和卸货港的交接地点不同，理论上可以通过排列组合的方法得到集装箱货物的 16 种交接方式。在不同的交接方式中，集装箱运输经营人和货方承担的责任、义务不同，集装箱运输经营人运输组织的内容、范围也不同。由于海上集装箱运输中货物的交接地点在船边或吊钩的情况比较少，所以一般只列出 9 种交接方式。

（1）门到门（Door to Door）。

运输经营人在发货人的工厂或仓库接收货物，负责将货物运至收货人的工厂或仓库交付。在这种交付方式下，货物的交接形态都是整箱货。

（2）门到场（Door to CY）。

运输经营人在发货人的工厂或仓库接收货物，负责将货物运至卸货港码头堆场或内陆堆场，在堆场向收货人交付。在这种交付方式下，货物的交接形态也都是整箱货。

（3）门到站（Door to CFS）。

运输经营人在发货人的工厂或仓库接收货物，负责将货物运至卸货港集装箱货运站或其在内陆地区的集装箱货运站，经拆箱后向收货人交付。在这种交付方式下，运输经营人一般以整箱形态接收货物，以拼箱形态交付货物。

（4）场到门（CY to Door）。

运输经营人在装货港码头堆场或内陆堆场接收发货人的货物（整箱货），负责将货物运至收货人的工厂或仓库交付（整箱货）。

（5）场到场（CY to CY）。

运输经营人在装货港码头堆场或内陆堆场接收发货人的货物（整箱货），负责将货物运至卸货港码头堆场或内陆堆场，在堆场向收货人交付（整箱货）。

（6）场到站（CY to CFS）。

运输经营人在装货港码头堆场或内陆堆场接收发货人的货物（整箱货），负责将货物运至卸货港集装箱货运站或其在内陆地区的集装箱货运站，经拆箱后向收货人交付（拼箱货）。

（7）站到门（CFS to Door）。

运输经营人在装货港集装箱货运站或其在内陆地区的集装箱货运站接收发货人的货物（拼箱货），经拼箱后，负责将货物运至收货人的工厂或仓库交付（整箱货）。

（8）站到场（CFS to CY）。

运输经营人在装货港集装箱货运站或其在内陆地区的集装箱货运站接收发货人的货物（拼箱货），经拼箱后，负责将货物运至卸货港码头堆场或内陆堆场，在堆场向收货人交付（整箱货）。

（9）站到站（CFS to CFS）。

运输经营人在装货港集装箱货运站或其在内陆地区的集装箱货运站接收发货人的货物（拼箱货），经拼箱后，负责将货物运至卸货港集装箱货运站或其在内陆地区的集装箱货运站，经拆箱后向收货人交付（拼箱货）。

在海上货运实践中，班轮公司通常承运整箱货，而拼箱货则经常由集拼经营人（Consolidator，通常是无船承运人）承办。因此，相应地，CY to CY 就成为班轮公司通常采用的交接方式，而 CFS to CFS 则是集拼经营人通常采用的交接方式。在不同的交接方式下，承运人与货方承担的责任、义务有很大不同。

【案例分析】

某国际货运代理企业经营国际集装箱拼箱业务，此时他是 Consolidator。由于他签发自己的提单，所以他是无船承运人（以下称为无船承运人）。2004 年 9 月 15 日，该无船承运人在 KOBE 港自己的 CFS 将分别属于 6 个不同发货人的拼箱货装入一个 20 ft 的集装箱，然后向某班轮公司托运。该集装箱于 2004 年 9 月 18 日装船，班轮公司签发给无船承运人 CY/CY 交接的 FCL 条款下的 Master B/L 一套；无船承运人向不同的发货人分别签发了 CFS/CFS 交接的 LCL 条款下的 House B/L 共 6 套，所有的提单都是清洁提单。2004 年 9 月 23 日载货船舶抵达提单上记载的卸货港。第二天，无船承运人从班轮公司的 CY 提取了外表状况良好和铅封完整的集装箱（货物），并在卸货港自己的 CFS 拆箱，拆箱时发现两件货物损坏。2004 年 9 月 25 日收货人凭无船承运人签发的提单前来提货，发现货物损坏。

思考：

（1）收货人向无船承运人提出货物损坏赔偿的请求时，无船承运人是否要承担责任？为什么？

（2）如果无船承运人向班轮公司提出集装箱货物损坏的赔偿请求时，班轮公司是否要承担责任？为什么？

（3）无船承运人如何防范这种风险？

提示：

在整箱货交接情况下，承运人承担在箱体完好和封志完整的状况下接受并在相同的状况下交付整箱货的责任。即承运人对整箱货，以箱为交接单位。交货时，只要集装箱外表与收箱时相似和铅封完整，承运人就完成了承运责任。承运人不负责箱内的货损、货差。除非货方举证确属承运人责任事故的损害，承运人才负责赔偿。

在拼箱货交接情况下，承运人（无船承运人）负责在箱内每件货物外表状况明显良好的情况下接受并在相同状况下交付拼箱货物。

7.3.3 不知条款

"不知条款"是指承运人（船公司）对所接收的集装箱内货物数量、重量等情况无法核对，或对货物内容无法知悉，为避免将来对收货人或者提单持有人承担责任而在提单中写上的"数量不知"（Quantity Unknown），"重量不知"（Weight Unknown），"据称重"（Said to Weight）或者"据说装有"（Said to Contain）等类似的免责文句。

常见的有以下两种（见图 7.15）：

S.T. C（Said to Contain）；

S.L.&C&S（Shipper's Load and Count and Seal）。

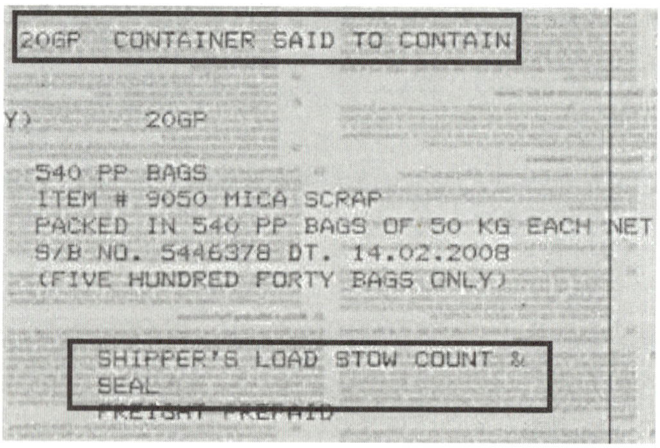

图 7.15 提单上的不知条款

第8章 海运班轮运费计算

学习目标

【知识目标】

1. 了解海运班轮运价与运费、运价本的基本概念；
2. 掌握集装箱班轮运费的构成；
3. 了解各类海运附加费的基本概念；
4. 掌握班轮运费的计费标准和计算方法；
5. 掌握货代向客户报价前的核算过程。

【技能目标】

具有正确计算海运班轮运费的能力。

8.1 运价与运费的概念

运价（Freight Rate）是承运单位货物而付出的运输劳动的价格。运价是运输产品的货币表现，表现为运输单位货物的价格。海上货物运输价格即海运运价。运输产品表现为货物的空间位移，所以，运价又是运距的增函数。

运费（Freight）是承运人根据运输合同完成货物运输后从托运人处收取的报酬。

运费等于运价与运量之积，即：

$$F=R\times Q$$

式中，F 为运费；R 为运价；Q 为运量。

运价本（Tariff），也称费率本或运价表，是承运人承运货物向托运人据以收取运费的费率表的汇总。运价本主要由条款和规定、商品分类以及费率 3 部分组成。

承运人有时会在提单中列入有关运价本的条款，用以说明承运人的运价本的作用。提单的正面和背面条款虽已有很多，却是固定格式，不可能经常改变。而运输合同下各项费用的收取、结算的依据会与具体港口的特殊要求相对应，并随市场的变化而变化。因此，承运人会用运价本的形式对此做出规定。这种运价本上载明的运价又被称为公布运价。还有一种运价是国际船舶运输经营者（船公司）与货主、无船承运业务经营者约定的运价，叫作协议运价。租船运输的运价通常为协议运价。班轮运输中，船公司与无船承运人之间也订有协议运价，这种协议运价通常是船公司的公布运价一定程度的折扣。

无船承运人运价本是无船承运业务经营者与货主订立运输合同确定运价的依据，不同的无船承运人有不同的运价本。无船承运人运价本中的运价水平主要受两个方面因素的影响：一是与船公司或其他无船承运人订立的协议运价的价格水平；二是无船承运人自身的经营成本。无船承运人运价本的内容与国际船舶运输经营者（船公司）的运价本类似，并不存在本质的区别。

《中华人民共和国国际海运条例》第十七条规定："经营国际班轮运输业务的国际船舶运输经营者的运价和无船承运业务经营者的运价，应当按照规定格式向国务院交通主管部门备案。国务院交通主管部门应当指定专门机构受理运价备案。备案的运价包括公布运价和协议运价。国际船舶运输经营者和无船承运业务经营者应当执行生效的备案运价。"

上海航运交易所为交通运输部指定的全国唯一运价备案受理机构，承担了全国各口岸国际集装箱班轮企业、无船承运业务经营者、台湾海峡两岸间集装箱班轮运输企业和国内水路班轮运输企业的运价备案受理工作。相关企业备案的运价可在其网站上进行查询，如图 8.1 ~ 8.3 所示。

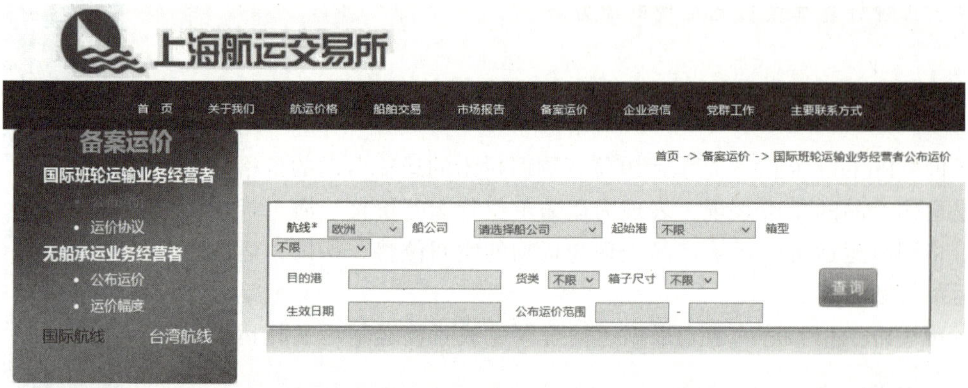

国际班轮运输业务经营者-公布运价

公司简称	航线	周班	起始港	目的港	箱型	货类	尺寸	运价	佣金	箱扣	BAF	CAF	O.THC	D.THC	生效日期	其他
汉堡南美	欧洲		中山	哥德堡	干货箱	危险品	40	12670			1600		1900	215	2022-01-15	查看
汉堡南美	欧洲		中山	哥德堡	开顶箱	一般货	40	13470			1600		1900	2130	2022-01-15	查看
汉堡南美	欧洲		中山	哥德堡	框架箱	一般货	40	13470			1600		1900	2130	2022-01-15	查看
汉堡南美	欧洲		中山	哥德堡	干货箱	一般货	40	12670			1600		1706	215	2022-01-15	查看
汉堡南美	欧洲		中山	哥德堡	干货箱	危险品	20	11620			800		1160	215	2022-01-15	查看
汉堡南美	欧洲		中山	哥德堡	开顶箱	一般货	20	12020			800		1160	2130	2022-01-15	查看
汉堡南美	欧洲		中山	哥德堡	框架箱	一般货	20	12020			800		1160	2130	2022-01-15	查看
汉堡南美	欧洲		中山	哥德堡	干货箱	一般货	20	11620			800		1040	215	2022-01-15	查看

图 8.1 "国际班轮运输业务经营者–公布运价"查询页面

无船承运业务经营者-公 布 运 价

公司简称	航 线	周 班	起始港	目的港	箱 型	货 类	尺寸	运价	佣金	箱扣	BAF	CAF	其他附加费	OTHC	DTHC	生效日期	其他
天港货代	欧洲		上海	安特卫普	高箱	一般货	45	17000						2000		2022-01-19	查看
天港货代	欧洲		上海	汉堡	高箱	一般货	45	17000						2000		2022-01-19	查看
天港货代	欧洲		上海	勒哈弗尔	高箱	一般货	45	17000						2000		2022-01-19	查看
天港货代	欧洲		上海	费利克斯托	高箱	一般货	45	17000						2000		2022-01-19	查看
天港货代	欧洲		上海	鹿特丹	高箱	一般货	45	17000						2000		2022-01-19	查看
天港货代	欧洲		上海	格但斯克	高箱	一般货	45	17000						2000		2022-01-19	查看

图 8.2 "无船承运业务经营者–公布运价"查询结果

无船承运业务经营者-运　价　幅　度

公司简称	航　线	周　班	起始港	目的港	箱　型	货　类	尺寸	运价下限	运价上限	生效日期	其他
天港货代	欧洲		上海	安特卫普	高箱	一般货	45呎	5000	24000	2022-01-19	查看
天港货代	欧洲		上海	汉堡	高箱	一般货	45呎	5000	24000	2022-01-19	查看
天港货代	欧洲		上海	勒哈弗尔	高箱	一般货	45呎	5000	24000	2022-01-19	查看
天港货代	欧洲		上海	费利克斯托	高箱	一般货	45呎	5000	24000	2022-01-19	查看
天港货代	欧洲		上海	鹿特丹	高箱	一般货	45呎	5000	24000	2022-01-19	查看
天港货代	欧洲		上海	格但斯克	高箱	一般货	45呎	5000	24000	2022-01-19	查看
天港货代	欧洲		上海	圣彼德堡	高箱	一般货	45呎	5000	24000	2022-01-19	查看

图 8.3　“无船承运业务经营者–运价幅度”查询结果

根据集装箱货物流转形式不同，可以将集装箱班轮运价分为整箱货运价与拼箱货运价。在海上集装箱班轮运输实践中，通常由集拼经营人承运拼箱货，向托运人报出拼箱货运价格。

8.2　海运班轮运费的构成

班轮运费包括基本运费和附加运费两部分。

8.2.1　基本运费

基本运费，是指承运人对运输每批货物向托运人收取的最基本的运费，是整个运费的主要构成部分。它根据基本运价和所运输的货物数量计算得出。基本运价按航线上基本港之间的运价给出，是计算班轮运费的基础。

基本运价有多种形式，如普通货物运价、个别商品运价、等级运价、协议运价、集装箱运价等。而根据货物特性等所确定的运价有：军工物资运价、贵重货物运价、冷藏货物运价、危险品运价、甲板货运价、小包裹运价等。

8.2.2　附加运费

基本运费是构成全程运费中应收运费的主要部分，是根据航线上各基本港之间进行运输的平均费用水平向普通货物收取的费用。而实际上，经常有一些需要特殊处理的货物、需要加靠非基本港或转船接运的货物（Transit Cargo）需要运输，即使是基本港之间的运输，也因为基本港的自然条件、管理规定、经营方式等情况的不同而导致货物运输成本的差异。这些都会使班轮公司在运营中支付相应的费用。为了使这些增加开支得到一定的补偿，需要在基本运费的基础上，在计算全程运费时计收一定的追加额。这一追加额就是构成班轮运费的另一组成部分“附加运费”。

同时，航运市场的兴衰会受到世界经济形势和国际贸易情况的影响，航运市场的竞争会影响承运人的经营状况。为了在特定情况下保持一定水平的收益，应对各种不稳定因素引起的额外成本支出，承运人就需要通过附加费的形式，按照合理分担有关费用的定价原理确定附加运费。附加运费的种类主要如下：

1）燃油附加费（Bunker Adjustment Factor，BAF；Bunker Surcharge，BS）

这是由于燃油价格上涨，船舶的燃油费用支出超过原核定的运输成本中的燃油费用，承运人在不调整原定运价的前提下，为补偿燃油费用的增加而增收的附加费。实践中，还用英文 Fuel Adjustment Factor 表示，即 FAF。

当燃油价格回落后，该项附加费亦会调整直至取消。燃料油费用在船公司的经营成本中占有较大比重，燃油价格上涨直接增加了承运人的经营成本。燃油价格的长期上涨所带来的运输成本增加会在一定时期内的基本运价调整中得到反映。所以，燃油附加费一般是用来应对短期的燃油价格变动的。

实践中，有的承运人在燃油附加费以外还可能增收应急燃油附加费（Emergency Bunker Surcharge，EBS）。这是在已经增收燃油附加费时，燃油价格又突然上涨，承运人不调整原燃油附加费而增收的附加费。

2）货币贬值附加费（Currency Adjustment Factor，CAF）

这是由于国际金融市场汇率发生变动，计收运费的货币贬值，承运人的实际收入减少，为了弥补货币兑换过程中的汇兑损失而加收的附加费。由于国际运输往往涉及多个国家和多种货币，而货币之间的兑换会带来一定时间上的、手续上的损失，所以，承运人会通过增收货币贬值附加费来弥补这一收入损失。具体如“日元贬值附加费”（Yen Adjustment Factor，YAF）。

3）港口附加费（Port Additional）

港口装卸效率低，或港口使费过高，或存在特殊的使费（如进出港要通过闸门等）都会增加承运人的运输经营成本，承运人为了弥补这方面的损失而加收的附加费称为港口附加费。

4）港口拥挤附加费（Port Congestion Surcharge，PCS）

由于港口拥挤，船舶抵港后需要长时间等泊而产生额外的费用，为补偿船期延误损失而增收的附加费称为港口拥挤附加费。港口拥挤附加费是一种临时性的附加费，其变动性较大，一旦港口拥挤情况得到改善，该项附加费即进行调整或取消。

5）转船附加费（Transshipment Additional）

运输过程中货物需要在某个港口换装另一船舶运输时，承运人增收的附加费称为转船附加费。运往一些偏僻或较小的非基本港的货物，必须通过转船才能运达，而有时由于转运干线船，也需要换装船舶。转运一次就会产生相应的费用，如换装费、仓储费以及二程船（接运船舶）的运费等。一般这些费用均由负责第一程船运输的承运人承担，并包括在所增收的转船附加费内。不过，转船附加费不一定能全部抵偿上述各项费用的支出，其盈亏由收取转船附加费的第一程船运输的承运人自理。如今的运输服务范围已从海洋跨上陆地，由此产生的额外转运费用有时也称转船附加费。

6）超长附加费（Long Length Additional Charge，LLC）

由于单件货物的外部尺寸超过规定的标准，运输时需要特别操作，从而产生额外费用，承运人为补偿这一费用所计收的附加费称为超长附加费。货物的长度超过规定后，会增加装卸和运输的难度，如需特别捆绑、铺垫、增加亏舱等，影响船期，增加支出。货主需支付超长附加费。在运价本中，一般长度超过 9 m 的件杂货可能就要收取这一附加费。

超长附加费是按长度计收的，而且长度越长其附加费率越高。如果超长货物需要转船时，则每转船一次，加收一次。

7）超重附加费（Heavy Lift Additional or Heavy Cargo Surcharge，HCS）

超重附加费是指每件商品的毛重超过规定重量时所增收的附加运费。这种商品称为超重货。由于单件货物的重量超过规定标准时，在运输中同样需要特别的捆绑、铺垫以及影响装卸工作等，所以承运人对单件货物重量超过一定标准的货物要加收该附加费。通常承运人规定货物重量超过 5 t 时就要增收超重附加费。

超重附加费是按重量计收的，而且超重重量越大其附加费率越高。如果超重商品需要转船时，则每转船一次，加收一次。如果单件货物既超长又超重，两者应分别计算附加费，然后按其中收费高的一项收取附加费。

8）变更卸货港附加费（Alteration of Discharging Port Additional）

由于收货人变更、交货地变更或清关问题等需要，有些货物在装船后需变更卸货港，而货物不在提单上原定的卸货港卸货而增收的附加费称为变更卸货港附加费。

变更卸货港的运费超过原卸货港的运费时，提出变更要求方应补交运费差额，反之，不予退还。同时由于因需要翻舱所引起的额外费用和损失，亦由提出变更要求的一方负担。

9）绕航附加费（Deviation Surcharge）

绕航附加费是指因某一段正常航线受战争影响、运河关闭或航道阻塞等意外情况的发生迫使船舶绕道航行，延长运输距离而增收的附加运费。

绕航附加费是一种临时性的附加费，一旦意外情况消除，船舶恢复正常航线航行，该项附加费即行取消。

10）旺季附加费（Peak Season Surcharge，PSS）

旺季附加费又称高峰附加费，这是目前在集装箱班轮运输中出现的一种附加费，在每年运输旺季时，承运人根据运输供求关系状况而加收的附加费。

11）超额责任附加费（Additional for Excess of Libility）

这是托运人要求承运人承担超过提单上规定的赔偿责任限额时承运人增收的附加费。超额责任附加费按商品 FOB 价格的一定百分比计收，因此托运人托运时应同时提供货物的 FOB 价格。

12）低硫附加费（Low Sulphur Surcharge，LSS）

国际海事组织船舶排放低硫规则于 2020 年 1 月 1 日起实施。规则要求所有航运企业将船舶燃油硫排放量减少 85%，以改善空气质量和减少海洋污染。在排放控制区域以外的船舶燃油中的硫含量降至 0.5‰。为了收回采用低硫燃油的相关额外运营成本，承运人收取低硫燃油附加费。

其他还有很多名称不同的附加费，如在需要船舶投保战争险的情况下，加收战争险附加费（War Risk Surcharge，WRS）；在集装箱超重的情况下，加收集装箱超重附加费（Container Overweight Surcharge，COS），另外还有冰冻附加费、苏伊士运河附加费［SCF（C）：Suez Canal Transit Fee（Charge）］、熏蒸费等。

在集装箱班轮运输中，还有一些关于运输费用的概念，如：“整体费率上调”（General Rate Increase，GRI），是指通常在每年的五月开始，承运人将所有的费率上调一定幅度；“目的地交货费”（Destination Delivery Charge，DDC），这是在北美地区的港口对到港的货物收取的费用；“空箱调运费”（Equipment Reposition Charge，ERC），也称设备调运费，是收货人没有按约定还空箱时，承运人为调运空箱而收取的费用。还有一些不尽合理的费用，如码头作业（操作）费（Terminal Handling Charge，THC）、原产地接货费（Original Receving Charge，ORC）等。

8.3 海运班轮运费计费标准

在班轮运费的计收中，涉及的基本概念有运费吨、起码运费等。

运费吨，是计算运费的一种特定的计费单位。通常，取重量和体积中相对值较大的为计费标准，以便对船舶载重量和舱容的利用给予合理的费用支付。如 100 个纸箱包装的纸制品，重 1.2 t，体积为 15 m^3，它的运费吨则按 15 t 计算。而 100 箱的铁钉，重 9 t，体积 2.6 m^3，它的运费吨则计为 9 t。其运费则要按各自的运费吨计收。在运价表中，运费吨一般用 FT（Freight Ton）或 W/M（Weight/Measurement）表示。

起码运费（Minimum Rate/Minimum Freight），也称起码提单，指以一份提单为单位最少收取的运费。承运人为维护自身的最基本收益，对小批量货物收取起码运费，用以补偿其最基本的装卸、整理、运输等操作过程中的成本支出。不同的承运人使用不同的起码运费标准，件杂货和拼箱货一般以 1 运费吨为起码运费标准，最高不超过 5 运费吨；有的以提单为单位收取起码运费，按提单为标准收取起码运费后不再加收其他附加费。

8.3.1 杂货班轮、集装箱运输中拼箱货运费计费标准

杂货班轮运输中，主要使用的计费标准是按容积和重量计算运费；但对于贵重商品，则按货物价格的某一百分比计算运费；而对于某些特定的商品，也可能按其某种包装状态的件数计算运费。某些商品则按实体个数或件数计算运费，如活牲畜按“每头”（Per Head）计收，车辆按“每辆”（Per Unit）计收，以及按承运人与托运人双方临时议定的费率（Open Rate）计收运费等。按临时议定的费率计收运费多用于低价商品的运输。承运人制定的价表中都具体规定了各种不同商品的计算运费标准。航运界通用的符号如下：

（1）“W”（Weight）表示该种货物应按其毛重计算运费。

（2）“M”（Measurement）表示该种货物应按其尺码或体积计算运费。某些国家对运输木材按“板尺”（Board Foot）和“霍普斯尺”（Hoppus Foot）计算运费（12 板尺＝0.785 霍普斯尺＝1 立方英尺）。

（3）“W/M”表示该货物应分别按其毛重和体积计算运费，并选择其中运费较高者。

（4）“Ad. Val.”（Ad Valorem）表示该种货物应按其 FOB 价格的某一百分比计算运费。由于运价是根据货物的价格确定的，所以又称从价运费。

（5）“Ad. Val. or W/M”表示该种货物应分别按其 FOB 价格的某一百分比和毛重、体积计算运费，并选择其中运费较高者。

（6）“W/M Plus Ad. Val”表示这种货物除应分别按其毛重和体积计算运费，并选择其中运费较高者外，还要加收按货物 FOB 价格的某一百分比计算的运费。

在运价表中，计算单位为运费吨，既有重量吨也有尺码吨。不同国家或地区采用不同的单位制。但目前各国都趋向采用国际单位制，以 T（公吨，简称吨）和 m^3（立方米）为计费单位。但英国和某些欧洲国家的航运界仍用长吨（英吨）和立方英尺为计费单位。

1 长吨=2 240.15 磅=1 016.6 千克=1.016 6 吨

1 公吨=2 204.62 磅=1 000 千克=0.984 2 长吨

1 立方米=35.714 7 立方英尺（物理上）

1 容积吨=40 立方英尺

根据我国的基本计量制度规定，我国的法定计量单位采用“米制”（公制）。在运费计算中，重量单位用“吨”（Metric Ton），体积单位用“立方米”（Cubic Meter）。以 1 吨或 1 立方米为 1 计费吨。

因此，在计算运费时，如果有关商品的体积或重量所使用的计量单位不符时，首先还要对计量单位进行换算。

拼箱货的海运运费计费标准与普通杂货班轮运输货物的运费计费标准相似（见图 8.4）。

7.美西航线　(美西另加DDC&BAF USD30/RT.)

目的港	体积	重量	备注	船期
LAX / LGB	15	25		三/四/五/六/日
CHICAGO	40	80		三/日
OAKLAND	20	30		三/日
SAN FRANCISCO	20	30		三/日
SEATTLE	39	54		一/三/六
PORTLAND	54	94		日

8.美东航线　(美东另加DDC&BAF USD31/RT.)

目的港	体积	重量	备注	船期
NEWYORK(AW)	25	35		一/四/6/日
MIAMI	31	71		周一直拼
ATLANTA	33	68		一/三/6
BALTIMORE(AW)	30	40		一/四/6/日
PHILADELPHIA(AW)	30	40		一/四/6/日

11.中东线 ,TON:CBM >=0.75,另加$20/TON.

目的港	体积	重量	备注	船期
DUBAI/JEBEL ALI	0	6		三/四/日
AQABA	50	55		四
ADEN*	93	98		三/四/日
ABU DHABI	56	61		三/四/日
BAHRAIN	56	61		三/四/日
DOHA	66	71		三/四/日
DAMMAM	31	36		三/四/日
KUWAIT	38	43		三/四/日
MUSCAT	56	61		三/四/日
PORT SUDAN*	96	101		三/四/日
JEDDAH	55	60		四
SHARJAH	53	58		三/四/日
HODEIDAH*	88	93		三/四/日
MOMBASA*	101	106		三/四/日

图 8.4　某无船承运人的拼箱货运价表（部分）

8.3.2　集装箱运输中整箱货运费计费标准

在集装箱运输中有按每一个集装箱计算收取运费的规定。此时，根据集装箱的箱型、尺寸规定不同的费率（Box Rate）。对具体航线按货物等级及箱型、尺寸的包箱费率（Box Rate），或仅按箱型、尺寸的包箱费率而不考虑货物种类和级别计算基本运费。包箱费率又称“均一费率”（Freight All Kinds，FAK）。采用包箱费率计算集装箱基本运费时，只需要根据具体航线、货物等级以及箱型、尺寸所规定的费率乘以箱数即可。

集装箱班轮运输中的附加费也与杂货班轮运输中的情况相似。但是，实践中有时会将基本运费和附加费合并在一起，以包干费（All in Freight）的形式计收运费。此时的运价称为包干费率，又称“全包价”（All in Rate，A.I.R）。（见图 8.5）

国家	目的港（Port Of Destination）		运价（Ocean Freight）			周班船期	航程	中转港	20GP限重
	英文	中文	20GP	40GP	40HQ				
欧基航线 COSCO									
荷兰	Rotterdam	鹿特丹	$925	$1,750	$1,850	周五/六	28/27	Direct	18-20吨+$50；20-23吨+$100；23吨以上+$200
德国	Hamburg	汉堡				周五/六	30/33	Direct	
英国	Felixstowe	费力克斯托				周六	30	Direct	
比利时	Antwerp	安特卫普				周五/六	33/36	Direct	
法国	Le Havre	勒哈弗				周六	32	Direct	
地西航线 COSCO									
意大利	Naples	那布勒斯	$1,025	$1,950	$2,000	周六	28	via Ningbo	PSS：$150/3001 8-20吨+$50；20-23吨+$100；
	Livorno	里窝那				周六	32	via Ningbo	
	Genoa	热那亚				周六	31	via Ningbo	
	GioiaTauro	焦亚陶罗				周六	33	via Ningbo	
	Venice	威尼斯	$1,050	$2,000	$2,050	周六	30	via Ningbo	
	Ancona	安科纳				周六	34	via Ningbo	
西班牙	Valencia	瓦伦西亚				周六	34	via Ningbo	
	Barcelona	巴塞罗那				周六	33	via Ningbo	

图 8.5　某无船承运人的整箱货运价表（部分）

在集装箱货物运输中，货主未在规定的免费堆存时间内前往指定的集装箱堆场或集装箱货运站提取货物及交还集装箱，承运人会向货主收取滞箱费。滞箱费按天计算。

在集装箱货物运输中，涉及的附加费用还有装箱费、封志费、订舱费、文件费、设备交接单费（EIR）、VGM 申报费、码头操作费、舱单费（提前舱单申报费）等（见图 8.6）。

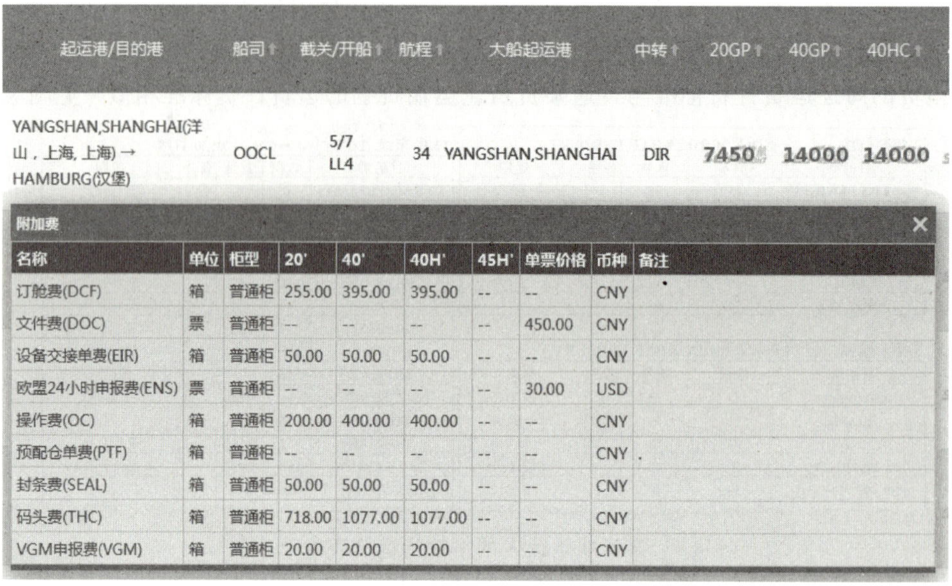

起运港/目的港	船司	截关/开船	航程	大船起运港	中转	20GP	40GP	40HC
YANGSHAN,SHANGHAI(洋山，上海，上海)→HAMBURG(汉堡)	OOCL	5/7 LL4	34	YANGSHAN,SHANGHAI	DIR	7450	14000	14000

附加费

名称	单位	柜型	20'	40'	40H'	45H'	单票价格	币种	备注
订舱费(DCF)	箱	普通柜	255.00	395.00	395.00	--	--	CNY	
文件费(DOC)	票	普通柜	--	--	--	--	450.00	CNY	
设备交接单费(EIR)	箱	普通柜	50.00	50.00	50.00	--	--	CNY	
欧盟24小时申报费(ENS)	票	普通柜	--	--	--	--	30.00	USD	
操作费(OC)	箱	普通柜	200.00	400.00	400.00	--	--	CNY	
预配仓单费(PTF)	箱	普通柜	--	--	--	--	--	CNY	
封条费(SEAL)	箱	普通柜	50.00	50.00	50.00	--	--	CNY	
码头费(THC)	箱	普通柜	718.00	1077.00	1077.00	--	--	CNY	
VGM申报费(VGM)	箱	普通柜	20.00	20.00	20.00	--	--	CNY	

图 8.6　某无船承运人的整箱货运价表及附加费用

1）装箱费

集装箱在出口时，一般会在仓库或者货运站安排货物装箱，负责装箱的单位会按照货物装箱要求及技术要求对集装箱进行收费。

2）封志费（SEAL）

集装箱在装箱完毕之后，不仅要关闭集装箱箱门，并且要对集装箱加封条，也叫封志。集装箱封条就是集装箱的一个锁，是一次性的，上面有独一无二的封号。如果客户拿到的集装箱封条上的号码与提单上的号码一致，就代表集装箱没有打开过，货物完好无损。集装箱在运输过程中，每一个箱子都需要加封条，所以就会产生封志费。封志费按照集装箱数量收取，20 GP 箱与 40 GP 箱的收费标准一样。

3）订舱费（DCF）

订舱所产生的费用就是订舱费，船公司一般会收订舱费。订舱费按照集装箱数量收取，20 GP 箱与 40 GP 箱收费标准一样。近几年船公司陆续取消了订舱费这项费目。但是货运代理公司接受客户委托代为订舱，货运代理公司原则上可以收取订舱费作为其服务费。

4）文件费（DOC）

文件费是船东的行为，用以提高承运人与订舱者的效率，以及弥补单证中心的运营成本。文件费按照业务收取，一个委托就会收一个文件费。

5）设备交接单费（EIR）

设备交接单（Equipment Interchange Receipt，EIR）即集装箱设备交接单，是在出口集港和进口提箱时必备的单据，有对集装箱状态的描述和记录，如集装箱所在船舶和集装箱有无破损等说明。集装箱设备交接单费俗称打单费。

6）VGM 申报费

VGM 是“Verified Gross Mass”的缩写，俗称集装箱称重（是货物总重以及集装箱皮重的总和，包括包装以及垫料）新规，目的是增加海上运输安全，提升海上安全运输的系数，减少因为不实的集装箱重量造成不合理配载，而引起的岸上、海上人员伤亡、货物灭失的风险。由托运人或授权第三方以托运人的名义提交 VGM 数据。

VGM 数据提交的渠道有以下几种：

渠道 1：EDI（Electronic Data Interchange），即电子数据交换。

渠道 2：第三方电子申报平台，如 Inttra、Cargosmart 或 Gtnexus。

渠道 3：各大船公司的官网。

渠道 4：通过传统的邮件或传真。

7）码头操作费（THC）

码头操作费（Terminal Handling Charge，THC）是指把集装箱拉到码头后，在装船过程中产生的操作，如需要船公司用吊车装船，中间产生的费用。THC 按起运港和目的港不同，可划分为 OTHC（Origin Terminal Handling Charge，起运港码头操作费）和 DTHC（Destination Terminal Handling Charge，目的港码头操作费）两种。一般来说，贸易术语不同，进出口双方在该费用的承担上也会有差异。

8）舱单费（提前舱单申报费）

常用的舱单费有以下 4 个：

AMS（Automated Manifest System）：美国自动舱单系统。

ACI（Advance Commercial Information）：加拿大预申报信息。

AFR（Advance Filing Rules）：日本预申报信息。

ENS（Entry Summary Declaration）：“入境摘要报关单”的英文缩写，适用于欧盟国家。

8.4 班轮运费计算

8.4.1 杂货班轮运费的计算

杂货班轮运费是由基本运费和各项附加运费组成的，其计算公式为：

$$F=F_b+\Sigma S_i$$

式中，F 指运费总额；F_b 指基本运费；S_i 指某一项附加费。

基本运费是所运商品的计费吨（重量吨或容积吨）与基本运价（费率）的乘积，即：

$$F_b=f\cdot Q$$

式中，F_b 指基本运费；f 指基本运价；Q 指计费吨。

附加运费是各项附加费的总和。各项附加费均按基本运费的一定百分比计算时，附加费的总额应为：

$$\Sigma S_i=(s_1+s_2+\cdots+s_n)\cdot F_b=(s_1+s_2+\cdots+s_n)\cdot f\cdot Q$$

式中，s_1，s_2，…，s_n 分别为某一项附加费率。

应当注意的是，虽然在实践中通常是按以上计算公式进行计算的，但在货币贬值附加费以百分比的计算形式出现时，理论上其他附加费中还应包括货币贬值的因素，即货币贬值附加费的计算不但要按基本运费的一定百分比，还要按其他附加费的一定百分比计收。如果燃油附加费增收 10%，货币贬值附加费增收 10%，由于存在货币贬值附加费，所以两项附加费合起来并不是增收 20%，而是增收 21%。实践中，有时为了计算方便，人们会将两项附加费相加计算。

当附加费率均按每计费吨加收若干形式规定时，则附加费的总额应为：

$$\Sigma S_i=(s_1+s_2+\cdots+s_n)\cdot Q$$

从价运费是按货物的 FOB 价格的某一百分比计算的。但是，某些贸易合同可能是以 CIF 或 CFR 价格成交的，所以，要将 CIF 或 CFR 价格换算为 FOB 价格之后，再算出从价运费。

【例 8.1】某出口商以 CFR 成交一批出口货物，货物成交价为 USD 350 000。该出口商委托甲货运代理人查问这批货物从装货港到卸货港的海运运费。甲货运代理人从乙船公司那里得知运输这批货物按从价运费的方式计收运费，并且“Ad. Val.”是 0.6%。假如你是货运代理人，请告诉该出口商，运输这批货物所需要支付的海运运费。

$$P_{\mathrm{CFR}}=P_{\mathrm{FOB}}+\text{海运运费}=P_{\mathrm{FOB}}+P_{\mathrm{FOB}}\times 0.6\%$$

$$P_{\mathrm{FOB}}\times(1+0.6\%)=P_{\mathrm{CFR}}$$

$$P_{\mathrm{FOB}}=P_{\mathrm{CFR}}\div(1+0.6\%)=350\ 000\div(1+0.6\%)$$

$$\text{海运运费}=P_{\mathrm{FOB}}\times 0.6\%=350\ 000\div(1+0.6\%)\times 0.6\%=\mathrm{USD}\ 2\ 087.48$$

由上述计算可知：运输这批货物所需要支付的海运运费是 USD 2 087.48。

【例 8.2】某托运人有一批杂货（人造纤维），体积为 20 m^3，毛重为 17.8 T，要从广州港运往欧洲某港口。托运人要求选择卸货港 Rotterdam 或 Hanburg。Rotterdam 和 Hanburg 都是基本港，订舱的船公司的基本运费率是 USD80.0/FT，3 个以内选卸港的附加费率是每运费吨 USD3.0，运费计收标准为 W/M。该托运人运输该票货物应支付多少运费？

由于 20>17.8，因此该票货物的计费重量为 20 FT。

基本运费=20 FT×USD 80.0/FT=USD 1 600

附加运费=20 FT×USD 3.0/FT=USD 60

运费总额=基本运费+附加运费=USD 1 600+USD 60=USD 1 660

由上述计算可知：该托运人运输该票货物应支付运费 USD 1 660。

8.4.2 集装箱班轮整箱货运费的计算

集装箱班轮整箱货物的运费计算，需要确认的是集装箱的数量。在货主明确集装箱数量的前提下，费用的计算较为简单，只要梳理清楚各项费用的收费标准，按费目逐一进行计算即可。如果货主只给出货物的数量和尺寸，则要先进行集装箱数量计算（具体计算方法见第 7 章“集装箱装箱量的计算示例”）。

【例 8.3】我国某出口商委托国际货运代理人出运一票货物，共装 5 个 20 英尺集装箱（TEU）。假设从国内某出发港口到国外某目的港的基本费率是 USD 2 000/TEU，附加费 BAF 是 USD 200/TEU，PSS 是 USD 300/TEU。请计算托运人应支付的运费。

基本运费=USD 2 000/TEU×5TEU=USD 10 000

附加运费=USD 200/TEU×5TEU+USD 300/TEU×5TEU=USD 1 000+USD 1 500=USD 2 500

运费总额=基本运费+附加运费=USD 10 000+USD 2 500=USD 12 500

由上述计算可知：该托运人应支付运费 USD 12 500。

8.5 货代销售报价实操

广州某货代企业的客户有一批法兰绒毯（Flannel Blanket）要出口到马来西亚，请为客户选择运输方案及最便宜的选项并计算运费，向客户提交报价。

货物名称：法兰绒毯（Flannel Blanket）

货物数量：4 800 张。

货物包装：1 张毯子装入 1 个无纺布袋，尺寸为 250 mm×180 mm×150 mm；12 张经包装的毯子装入一个纸板箱，纸板箱尺寸为：580 mm×380 mm×480 mm，纸箱装入 1 200 mm×1 000 mm 规格的托盘（托盘高度为 150 mm），每个托盘装 2 层、10 个纸箱。托盘装载货物形式如图 8.7 所示。

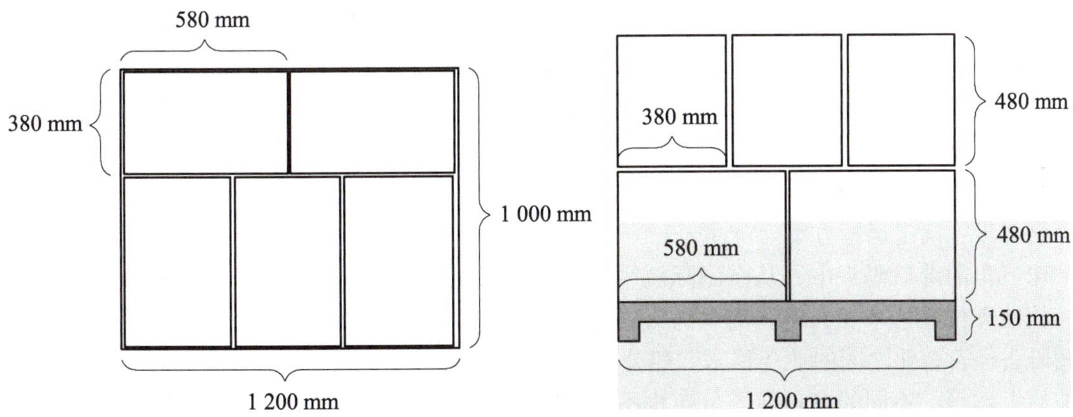

图 8.7 托盘装载货物的形式

货物重量：一个纸板箱的毯子毛重 15 kg，一个托盘重量为 10 kg；

出口商仓库所在地：佛山市南海区；

进口商所在地：吉隆坡；

贸易术语：CFR。

第一步：算箱。

该票货物是先组托盘再装入集装箱。托盘规格为 1 200 mm×1 000 mm。

可供选用集装箱箱体规格如表 8.1 所示。

表 8.1　集装箱箱体规格

<table>
<tr><th>规格</th><th colspan="6">20 ft 标准箱</th><th colspan="6">40 ft 标准箱</th></tr>
<tr><td rowspan="2">内部尺寸</td><td colspan="2">长/mm</td><td colspan="2">宽/mm</td><td colspan="2">高/mm</td><td colspan="2">长/mm</td><td colspan="2">宽/mm</td><td colspan="2">高/mm</td></tr>
<tr><td colspan="2">5 898</td><td colspan="2">2 352</td><td colspan="2">2 392</td><td colspan="2">12 031</td><td colspan="2">2 352</td><td colspan="2">2 392</td></tr>
<tr><td rowspan="2">容积与载重</td><td colspan="3">容积/m^3</td><td colspan="3">载重/kg</td><td colspan="3">容积/m^3</td><td colspan="3">载重/kg</td></tr>
<tr><td colspan="3">33.2</td><td colspan="3">21 740</td><td colspan="3">67.7</td><td colspan="3">26 630</td></tr>
<tr><td rowspan="2">箱门尺寸</td><td colspan="3">宽/mm</td><td colspan="3">高/mm</td><td colspan="3">宽/mm</td><td colspan="3">高/mm</td></tr>
<tr><td colspan="3">2 340</td><td colspan="3">2 280</td><td colspan="3">2 340</td><td colspan="3">2 280</td></tr>
</table>

该票货物总共所需的纸板箱数量为：4 800÷12=400（箱）；

该票货物总共所需托盘数量为：400÷10=40（托）；

一个托盘货物的高度为：480+480+150=1 110（mm）；

选择一个 40′箱每层可装托盘数：20 托（见图 8.8）。

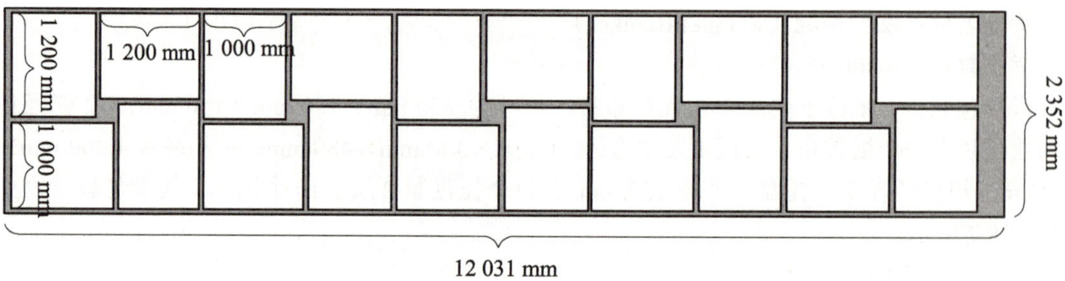

图 8.8　40′箱托盘数

集装箱内托盘货物可堆码层数：2 392÷1 110=2（层）；

该票货物总重为：15×400+10×40=6 400（kg）

40 托用一个 40′箱刚好装完。

第二步：确定运输方案。

珠三角的港口码头中，从事国际航线业务的有深圳盐田港、蛇口港、广州南沙港和香港港，从地理位置上来说，这些港口码头距离很近，具体选择哪个港口码头取决于货代企业与这些码头经营企业之间的业务往来、船公司的航线、集港的运输方式（拖车、驳船、铁路）、报关的考虑等。不同的港口航线分布也不同，如盐田港的远洋航线（欧洲、美洲航线）比较多，南沙港的非洲航线比较多，而蛇口的亚洲航线（特别是东南亚航线）较多等。

该票货物的运输目的地是吉隆坡，离吉隆坡最近的港口是巴生港。巴生港位于马来半岛西海岸，在首都吉隆坡西南方约 38 km 处，是马来西亚的海上门户，也是该国最大的港口。巴生港由西港码头、北港码头和南点码头（Southpoint）组成。其中，西港码头由西港控股有限公司（Westports Holdings Berhad）运营，北港码头和南点码头由马来西亚 MMC 集团旗下的北港有限公司（Northport Malaysia Bhd）运营。

货代企业选择的运输方案是：用集装箱拖车将货物从佛山南海的仓库运至深圳蛇口港（SHEKOU），然后选择一家集装箱班轮公司将货物通过海运运至马来西亚巴生港（Port Kelang）。

第三步：从拖车公司、船公司处拿到报价，选择承运人（见表 8.2 和表 8.3）。

表 8.2　拖车公司报价

蛇口港	20' Box		40'（20 t 以内）	
	15 t 以下	15 t 以上	Box	High
佛山南海	1 800	2 100	2 100	2 100

表 8.3　船公司报价

费用					基本运费		附加费用					
船公司航线	装运港	截关/开船	目的港	航程	20' Box USD	40' Box USD	DOC CNY	EIR CNY	LSS USD	SEAL CNY	HTC CNY	TLX CNY
COSCO KCM2	蛇口	星期六/星期一	巴生西	4 天	1 650	3 150	500/票	40/箱	100/20'箱 200/40'箱	30/箱	680/20'箱 1050/40'箱	500/票
EMC CIX	蛇口	星期二/星期三	巴生北	4 天	1 800	3 600	450/票	40/箱	57/20'箱 115/40'箱	65/箱	840/20'箱 1428/40'箱	

注：

DOC：文件费，按货物票数收取，以人民币计价；

EIR：设备交接单费，按箱收取，不论集装箱规格，以人民币计价；

LSS：低硫附加费，按箱收取，不同规格集装箱费用不同，以美元计价；

SEAL：封条费，按箱收取，不论集装箱规格，以人民币计价；HTC：码头操作费，按箱收取，不同规格集装箱费用不同，以人民币计价

TLX：电放费，按货物票数收取，以人民币计价；

汇率：1USD=6.4CNY。

根据以上报价可知将一个 40′集装箱从佛山南海运至深圳蛇口港的拖车价格是人民币 2 100 元。

（1）根据中远的报价计算将一个 40′集装箱运至巴生港的海运费用：

基本运费：USD 3 150；

附加运费：人民币费用为 500+40+30+1 050=CNY 1 620，美元费用为 USD 200；

全部换算成人民币总费用为：CNY 23 060。

注：电放的费用要看客户是否有电放的需求，暂不计算在内，可与客户另外说明。

（2）根据长荣的报价计算：

基本运费：USD 3 600；

附加运费：人民币费用为 450+40+65+1428=CNY 1 983，美元费用为 USD 115；

全部换算成人民币总费用为：CNY 25 795。

由以上计算，选择费用更低的中远。

第四步：其他费用。

向客户提交报价时，除了运费还有其他与国际货物运输相关的费用要向客户说明，如装箱费、代理报关服务费、海关查验费、电放费等。这些费用取决于客户是否委托货代企业来完成，如有，则要收取。另外，如使用的托盘为木质托盘，应使用已经熏蒸过的并标有 IPPC

标志的托盘。如没有的话，则要进行熏蒸，拿到熏蒸证书，这样就会产生熏蒸费用。

【拓展资料】

在国际贸易中，各国为保护本国的动植物资源，对有的进口商品实行强制的检疫制度。熏蒸（消毒）就是为了防止有害病虫危害进口国森林资源所采取的一种强制措施。熏蒸的主要对象是没有经过处理的原木，包括原木制品和包装。熏蒸的步骤主要有密闭容器封存、施药、熏蒸 24 小时和放气 4 个步骤。在实际业务中，基本都是借用集装箱作为容器进行投药和密闭熏蒸，但如果航程比较紧张时，往往减少“放气”的这个步骤，直接就装运了。经熏蒸后，由害虫防治公司签发熏蒸证书，供客户通关使用。

IPPC 的标志：为了避免熏蒸导致的商品损坏和降低成本，市面上有已熏蒸的包装（如木托盘、木条框、木箱等）售卖，此类商品都会烙上 IPPC 的标志（见图 8.9）。凡是有此标志的木质包装在通关的时候不必再提供熏蒸证明。

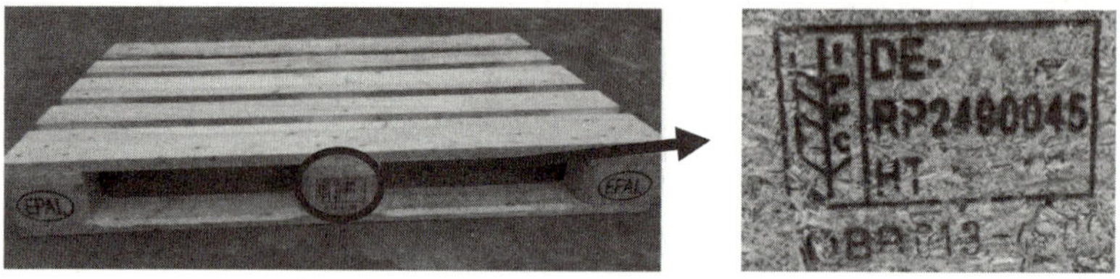

图 8.9　IPPC 标志

第五步：向客户报价。

根据以上分析和计算结果，根据本公司的报价方式、佣金、利润政策，货代销售可通过邮件、电话、传真或其他方式向客户报价。有的企业有固定格式的报价单，应填写后发给客户。

第9章 海运班轮进出口货代业务操作

学习目标

【知识目标】

1. 了解杂货班轮货运程序及货代操作过程；
2. 掌握集装箱班轮货运程序及货代操作过程；
3. 掌握班轮货运程序及货代操作过程中的主要单证。

【技能目标】

1. 具有模拟班轮货运程序及货代操作过程的能力；
2. 具有缮制班轮货运程序及货代操作过程中主要单证的能力。

9.1 揽货接单

国际货代企业服务来自对货主的货物承揽，如果没有货源，国际货代公司就没有经营活动。因此，国际货代企业要在激烈的市场竞争中极力从货主那里争取货源。这种行为被称为“揽货”，也是货代企业向客户（货主）推销货代服务的过程。从货主的角度来说，就是选择货代企业委托运输的过程。国际货代公司从揽货开始，直到把货物安全、无误地运送到目的地，要经历许多业务环节。揽货和货运操作的成功取决于国际货代公司的实力、素质和服务态度。这种综合能力决定国际货代公司在市场竞争中的优与劣。

货代企业的销售人员可以通过电话、传真、电子邮件、各种外贸货代论坛、陌生拜访、其他客户介绍、参加展会、市场营销等活动来揽取货源。在初步接触客户后就进入报价磋商阶段，在这个阶段货代销售人员根据对市场现状的了解，运用自身的沟通能力、专业知识，促成客户选择本公司的货运代理服务。双方就货运代理事宜达成意向后（确定运输价格以及服务条件后），就可以签订代理协议，或者填写货代委托书。一些大型货代企业有自己的在线服务平台，将海运信息（包括进出港的船只、离港时间、舱位总量、船期和航程时间等）整合，客户在平台上输入运输路线和货运信息就能获取报价、进行订舱托运、快速查询货物运输状态、获取商业和运输文件等。

【拓展资料】

海运代理协议书

甲方：

乙方：××××国际货运代理有限公司

甲乙双方经友好协商，就海运进出口货物运输代理事宜达成以下协议：

一、代理事项

甲方委托乙方为进出口货运代理，委托范围：进出口货物舱位/箱位洽订，海关，动植物检申报，装箱，拆箱，运输，现场货运组织，单证缮制，提单签发，代付海运费，代付国内运费及港务，港建，港杂费，代办与货物相关的其他业务。乙方应在受委托范围内向甲方提供良好的与进出口货运相关的一条龙服务。

为适应甲方的业务发展需要，乙方为甲方专门配备负责甲方的货物运输操作。乙方应确保服务质量。如因乙方内部业务调整要求更换客户代表，乙方需提前30天通知甲方，经甲方认可后，乙方可调换客户代表。双方业务合作中出现的问题及其他需解决的具体事宜，由乙方全权负责协调解决。

二、双方职责

（一）海运出口

1．甲方将货物委托乙方作为其货运代理。乙方必须接受委托并做好订舱、装箱、报关，直至拖箱进港作业。

2．甲乙双方应分别对各自的过失而引起的损失负责，对由于不可抗力所引起的货损、货差（包括码头，船公司方面），甲乙双方有责任共同做好善后处理工作。

3．甲方负责与其客户的业务联络及单证传递交接工作，并应按预定的船期备妥货物，在接到配船通知后做好以下工作：

（1）门到门装箱：甲方的客户应保证指定集装箱场地适宜集卡安全通过，应在接到通知后做好装车准备，确保及时装运。

（2）乙方货运站装箱：甲方应在舱位确定后通知客户送货进站，并保证在船舶截港前一天送齐，特殊情况提前通知。乙方负责在中转站卸车接货，做好书面交接记录。应甲方要求，货运站现指定天山仓库。乙方不另收甲方短驳费。

（3）甲方应将全套出运单证及时送达乙方。（整箱最迟在船舶截港前两天，集装箱装运最迟在送货前一天，报关单证在船舶截港前一天中午以前，特殊情况另议。）

4．乙方根据甲方委托，负责安排海运出口服务（即代为办理出口货物的制单、订舱、运输、报关、货运站收货、仓储、装箱业务等服务），直至将船公司签发的提单交由甲方为止。

5．甲乙双方协商制定的标准操作程序及流程供双方遵守，特殊情况另议。

（二）海运进口

1．甲方委托乙方代为办理进口报关、报验、内陆运输、拆箱、仓储等相关运输事宜。应在船抵港一天前，将下列报关必需的单证文件送达乙方，并保证所提供的报关单证无讹，且单单一致与单货一致：

（1）提单或其他运输单证；

（2）商业发票；

（3）装箱单；

（4）进口贸易合同；

（5）进口免税表/许可证/手册/证明；

（6）代理报关委托书；

（7）海关认为需要的其他文件；

（8）估价报告，信用证，价格调查表。

甲方应在船抵港后，乙方报关前及时提交提货单。（正本提单）

2．乙方应在船抵港前当天向甲方报告到货信息，在海关开始接受报关后，乙方一旦接到甲方提供的完整的报关资料，即应在 1 个工作日内向海关申报。报关工作在 3 天内完成。结汇报关单在放行后当月月底内递交甲方。如甲方发生货损、货差，由乙方联系有关单位进行鉴定。

3．甲方委托乙方代为办理货物的内陆运输时，应在委托单或相关函电中予以明示，包括代为联系仓储、拆箱、短驳、转运等事宜。

4．进口收费见附表。

三、费用结算（海运出口）

1．人民币包干费及其他额外操作费按甲乙双方书面确认结算。如因市场或其他因素一方要调整，须提前 30 天以书面形式提出，经双方商定后确认新的收费标准。

2．海运费以乙方的书面报价为准。需提供具体航线、中转港船期、运费及附加费及有效期。如甲方与船公司有协议价，应在书面订舱要求上注明运价及合同号。乙方在与船公司确认后，在订舱回单上确认此有效价格。

3．乙方须在开船后第二个工作日内，根据附件协议收费标准，并由甲方航线操作主管再次确认后向甲方开具单船人民币费用发票和海运费发票。乙方在每月 5 日前开发票，甲方 15 日前确认，当月 25 日前付清。

四、本协议签字盖章，自 2020 年 10 月 10 日起生效，有效期 1 年，协议中未尽事宜，双方本着互谅互让的原则协商解决。

甲方______________________ 乙方______________________

9.2 理单制单

向客户索要或为其制作后续业务（如订舱、代理报关等）中须使用的相关单证和资料，包括商业发票（Commercial Invoice）（见图 9.1）、装箱单（Packing List）（见图 9.2）、原产地证书、进出口许可证、保险单、信用证、贸易合同等。

收到客户填写的货代委托书，业务员和操作及单证人员需仔细审核各栏。

海运出口货代委托书如表 9.1 所示。

首先，审核收货人、发货人和通知人信息。信息应当完整，必须有具体的通信地址和电话，以便货物到港后通知相关人员提货，避免货物滞港或丢失的风险，特别要确认客户在提单上发货人栏的填写是记名还是指示方式。

其次，审核货物描述与合同、发票等描述一致。包括货物名称、件数、包装、唛头、毛重、尺码等，若有疑问应向客户索要相关材料，保证材料内容完整才可以顺利订舱及报关。

最后，审核集装箱数量及装货港、卸货港，对船公司、航期的要求，运费支付方式等。

货代企业的单证员需要对这些单证进行整理、核对，必要时需要代客户制作相关单证，并确保这些单证的内容一致。

COMMERCIAL INVOICE

Bold to Mess: Khaldoon Factory For Steel Furniture
Second Industrial Area,P.O Box 4059,Riyadh 11491 K.S.A Tel:+966-11-4981300

Invoice No.: INV-KD-002 **Contract Number:** P-KD-002

Invoice Date: MAR 25,2014 **CIF RIYADH,K.S.A.**

Port of Dispatch : ZHANJIANG CHINA **Port of Destination:** Riyadh Dry port

Marks & NO.	PO.NO.	Item NO.	Description	Qty (PCS)	Price (USD)	Total (USD)
Item NO. COLOR QTY: N.W. G.W. MADE IN CHINA		CONTAINER NO.:MAGU2156189 SEAL NO.Q921902				
	P-KD-002	BJ430/380	CHAIR SEAT AND BACK IN BEECH COLOR CODE:8091-1	3000	3.50	10,500.00
		BJ1200/800	120×80cm RECTANGLE TABLE TOP COLOR CODE:8091-1	250	25.50	6,375.00
		BJ1800/900	180×90 m RECTANGLE TABLE TOP COLOR CODE:8091-1	80	39. 00	3,120.00
	OCEAN FREIGHT CHARGE FROM CHINA TO RIYADH,SAUDI ARABIA					1,050.00
			TOTAL:	3330		21,045.00

From Zhanjiang to Saudi Arabia Riyadh

Total amount: Say USD Twenty One Thousand Forty Five Dollars Only

图 9.1 商业发票示例

PACKING LIST

装箱单

INVOICE No.(票据号): No. JL-2007-8221
DATE(CHINA DATE): 18-August-2007
S/C No.: 20072501
LOADPORT: GUANGZHOU,CHINA
DESTINATION: HONGKONG,CHINA
PAYMENT: D/P
L/C NO:

箱数 PACKAGES	货品名称及规格 Commodities & Specifications	数量 Quantity	毛重 G.W. (KG)	净重 N.W (KG)	体积 VOL (CBM)
25 20 20	Ball Joint W124 Ball Joint W140 Ball Joint W210	1000 PCS 800 PCS 800 PCS	300 250 250	280 230 230	0.60 0.50 0.50
Total : 65 CTN		Total : 2600 PCS	Total : 800 KG	Total : 740 KG	Total : 1.6 CBM

图 9.2 装箱单示例

9.3 向船公司订舱

货代企业在接受货主的委托后，根据货物运输情况要向船公司或其代理人订舱。货运代理人向船公司或其代理人订舱时，通常采用电子邮件的方式，因此，纸质的订舱单（Booking Note，B/N）或托运单基本已被电子单证取代。另外，部分船公司或其代理人的官网上也会提供“网上订舱”业务（见图 9.3 ~ 9.5）。由于手续简便、运价透明，“网上订舱”业务受到众多中小企业的欢迎，未来势必变得越来越普及。

表 9.1 海运出口货代委托书

<table>
<tr><td>业务员</td><td></td><td colspan="2">手机</td><td colspan="2"></td><td colspan="2">编号</td><td></td></tr>
<tr><td>托运人</td><td colspan="8"></td></tr>
<tr><td rowspan="3">提单项目要求</td><td colspan="2">发货人
（Shipper）</td><td colspan="6"></td></tr>
<tr><td colspan="2">收货人
（Consignee）</td><td colspan="6"></td></tr>
<tr><td colspan="2">通知人
（Notify Party）</td><td colspan="6"></td></tr>
<tr><td>运输方式</td><td>运费支付</td><td colspan="3">船公司</td><td colspan="3">可否分批</td><td>可否转船</td></tr>
<tr><td></td><td></td><td colspan="3"></td><td colspan="3"></td><td></td></tr>
<tr><td>装运港
（Port of Loading）</td><td></td><td colspan="2">目的港
（Port of Discharge）</td><td></td><td>船期</td><td colspan="3"></td></tr>
<tr><td>集装箱数量</td><td colspan="3"></td><td>装箱时间及地点</td><td colspan="4"></td></tr>
<tr><td>唛头
Mark / Numbers</td><td>货物件数及包装 No./kind of Packages</td><td colspan="3">货物品名
Description of Goods</td><td colspan="3">毛重
Gross Weight
（kg）</td><td>体积
Measurement
（cu-metres）</td></tr>
<tr><td></td><td></td><td colspan="3"></td><td colspan="3"></td><td></td></tr>
<tr><td rowspan="4">声明事项</td><td colspan="4">是否需要代理报关</td><td colspan="4" rowspan="4">托运人地址及联系方式：</td></tr>
<tr><td colspan="4">是否需要电放</td></tr>
<tr><td colspan="4">是否需要投保</td></tr>
<tr><td colspan="4">其他事项：</td></tr>
<tr><td>部门经理签字</td><td colspan="4"></td><td colspan="2">托运人签字</td><td colspan="2"></td></tr>
<tr><td colspan="9">托运人声明：
1. 我司承诺：所有出口产品无违反国家法律法规规定的违禁产品，如果装箱中夹带国家法律法规规定的违禁产品，如毒品、易燃、易爆等危险品，我公司及本人愿意承担一切法律责任，与受托方无关。
2. 我司全权承担货物出口运输的海运费、内陆运输费用及其他额外操作费；海运费及内陆运输费用以受托方的书面报价为准，其他额外操作费按双方书面确认结算。
3. 其他未尽事宜以双方协议为准。</td></tr>
</table>

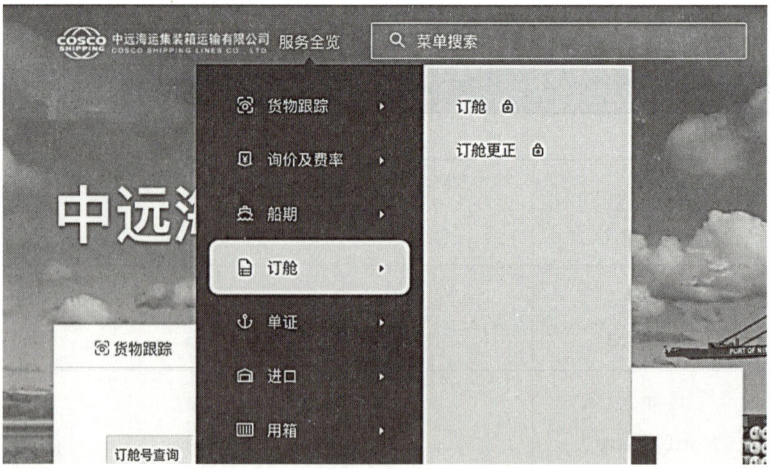

图 9.3 中远集装箱运输有限公司的电子商务平台

BOOKING SHEET

**Shipper/Exporter(Company Name and Address) 发货人（公司名称、详细地址及联络人）	FOR FCL ONLY 整柜货适用			
	Cntr. Size 货柜尺码	**QTY 柜数	VARGO W. 货重 kg	BOOKING NO.(船公司填写)
	20′			
	20′RS 冷冻柜			
**Consignee(收货人)	40′			
	40′HQ			
	45′			
**Notify Party(通知人)	40′RH 干柜 Dry Use			
	40′RH 冷冻柜			
	其他			

		冷冻柜需填写以下内容：
**Place of Receipt（收货地）	**Port of Loading（装货港）	提柜日期：（ ）月（ ）日/（ ）点（ ）分 预冷需求（Pre-cooling）：是（ ） 否（ ）（请选择） 所需温度（Temperature）： ℃
**Vessel/ Voyage(船名及航次)		通风口打开时，请填写以下内容： 空气流量（Air Exchange）：（ ）CBM/HOUR
**Port of Discharge（卸货港）	**Final Destination（目的地）	Service Mode（服务方式）： （Port/Door/Ramp）	（ ）TO（ ）

**Closing Date（截关日期）：	**O/F Prepaid or Collect & Place： （海运费支付方式及付费地点）	**Through B/L Issue Place： （提单签发地点）

提供拖车门到门服务（DOOR）之客户请详细清楚填写以下内容：
收货地点（中文）：

联络人：	联络电话：	传真：

做柜日期/时间：

注意事项： 1.请清楚填写此份表格，标**的项目为必须填写项目，务必填写准确的货物毛重。 2.除提供拖车服务时的做柜地点及货品名可用中文填写外，其余字段请用英文清楚填写。 3.如有任何疑问，欢迎致电或 E-MAIL 咨询。	**Description of goods（货品名）请提供正确之中英文货品名 （注意：如未能提供真实货品名，而导致危险品或未经鉴别之化工品装船，本司将按该航次普通货物协议运费的 3 倍并且每箱不低于 USD8,000 的金额，向托运人和（或）订舱人额外收取违约金，并追偿所发生之费用、风险、损失和责任）
**Booking Required By: ______________________	**Tel No.（请务必注明区号）：______________ **Fax No.：______________ **Contact Person（联系人）：______________ **E-Mail（邮箱）：______________

图 9.4 长荣海运纸质版订舱单

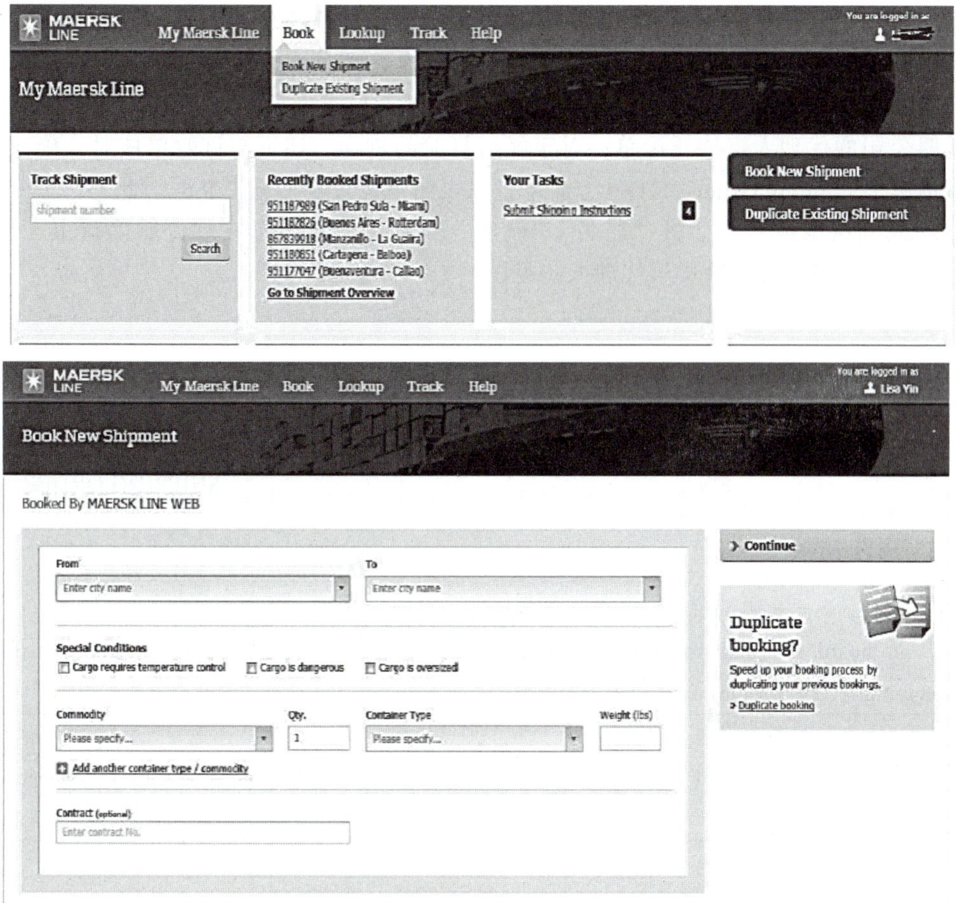

图 9.5　马士基线上订舱平台

杂货班轮通常会在多个挂靠港进行装卸作业，因此船公司在承揽货载或接受订舱时会考虑以下问题：

1）船舶舱位的分配

船公司首先会参考过去的实际情况，预先就各装货港分别对在该航线上各船舶的舱位进行适当的分配，定出限额。各装货港的营业所、代理机构只能在所分配的船舶舱位范围内承揽货载。特殊情况下发生所分配的舱位不敷应用或者过剩，要根据各港代理的舱位报告进行调整，以多补少，以使船舶舱位得到充分利用。

2）订舱货物的性质、包装和重量

承运人承揽货载时，必须考虑各票货物的性质、包装和每件货物的重量及尺码等因素，因为不同种类的货物对运输和保管有不同的要求。例如，重大件货物可能会受到船舶及装卸港口的起重机械能力影响和船舶舱口尺寸的限制；忌装货物的积载问题；各港口对载运危险货物船舶所做的限制等。

3）装卸港及过境港的法规

国际贸易货物的装货港、卸货港或过境港往往分属于不同的国家，所适用的法律或港口当局的规章和管理办法等也常不同。例如，可能根据装货港的法规允许装船的货物，根据卸货港的法规却禁止卸货，或者对于装运某种货物的船舶禁止或限制入港。因此，在承揽货载时，应对有关国家法律和港口规章或管理办法做充分了解。

若船公司接受托运，即同意承运，应对订舱或托运要求做出书面确认，称为“承运”。船公司或船公司的代理人审核托运单；对于经过订舱的货物，还须与订舱单核对，确认无误后就在装货单（Shipping Order，S/O）上盖章，以表明承运货物（见图 9.6）。此外，部分船公司或其代理人确认承运后，会将“船名”“航次”等相关信息整合在“订舱确认书（Booking Confirmation）”中，发送给货运代理人（见图 9.7）。

托运人

Shipper

编号 船名 装货单

No. S/S SHIPPING ORDER

目的港

For

兹将下列完好状况之货物装船后希签署收货单

Receive on board the undermentioned goods apparent in good order and condition and sign the accompanying receipt for the same.

标记及号码 Mark / Numbers	货物件数及包装 No./kind of Packages	货物品名 Description of Goods	毛重 Gross Weight（kg）	体积 Measurement（cu-metres）

共计件数（大写）

Total Number of Packages in Writing

日期 Date 时间 Time

装入何舱

Stowed

实收

Received

理货员签名 Tallied By 经办员 Approved By

图 9.6 装货单格式

中远海运集装箱运输有限公司
COSCO SHIPPING LINES CO., LTD.

订舱确认书 Booking Confirmation
Print On: 2018-04-13 11:36 CCT
序列号：CC644'......

订舱号：COSU6139

订舱方：Hao Tong International Transportation Agent Co. LTD. Yunan Branch
运输条款：CY/FO
接货地：Qinzhou
服务合同号/运价协议号：KMGD0274
交货地：Piraeus,Attiki,Greece

Container Details & Intended Schedule Plan

Quantity	Size/Type	Cargo Description	Sub. Equip	Gross Weight	Soc
2	20GP	CHINESE LARGE WHITE KIDNEY BEANS, 2		16684KGS	N

Service Loop	Vessel Name	Voyage	POL	ETD	POD	ETA
CVT1	RHL ASTRUM (UN9334844)	035S	Qinzhou	2018-04-28 23:00	Nansha	2018-05-03 22:00
AEU7	THALASSA AVRA	0266-021W	Nansha	2018-05-12 14:00	Piraeus	2018-06-01 06:00

请注意：
**您要求的运输路径可能与我公司的标准路径不同，我公司也可能根据实际情况予以调整，敬请关注。
**我公司已经根据我们的路径，尽量安排相近的接转船期，以最大限度避免您的货物在中转港滞留，请关注我们的船期，合理安排您的货物出运。如对转运安排有进一步的要求，请您联系客户服务代表。（请注意，如果要求中转港滞留，将会产生额外费用，具体金额请与您的客服代表确认）

中远海运集运客服中心热线：4009601919，公共邮箱：cs.southchina@coscon.com
**如在装港前有拖车、报关等延伸服务需求，请在获得订舱确认单后，邮件通知您的客服代表做安排。
**请注意核查订舱确认书中的船名、航次、中转港、卸货港、交货地、箱型箱量、冷箱温度通风是否与您的订舱申请一致。
**请务必提供详细、真实的货物名称，如含有危险品应提前进行特殊申报，开船后我司不接受对货物性质的更改。

电子提箱网站：http://ellines.coscoshipping.com **提箱校验码：0
**出口空箱免用箱天和超期费率具体请登陆http://lines.coscoshipping.com/查询。
**装柜时请勿超重，否则需要承担由此引起的责任风险和费用。
**40HQ 替代柜，请勿超出我司各航线规定的CBM限制，若超出将按40HQ收取运费。

船名航次及港湾	RHL ASTRUM 0 Qinzhou	THALASSA AVRA 0266-0 Nansha
开舱时间（仅适用于重进港）	2018-04-22 09:00	
截止重柜时间：	2018-04-27 12:00	2018-05-09 20:00
截止放行条时间：	2018-04-27 17:00	2018-05-11 20:00
截止单证（补料）时间：	2018-04-27 16:00	2018-05-12 14:00
VGM截止时间：	2018-04-27 16:00	N/A

放行条交接地：钦州市钦州港保税港区港口集团公司办公大楼307室，电话：0777-3
注意事项：
对于驳船货订舱的"截止单证（补料）时间"，以驳船或大船中最早的时间为准。
1. 如客户自行安排拖车，所属车队并不是协议车队，提吉柜时需交押金：RMB15000/20'，RMB25000/40'，还重时箱体完好退还押金。冷藏箱不允许自行外拖。
2. 提柜单、设备交接单必须盖提柜人公章才能到码头提柜。
3. 装船重箱，进场重箱的设备交接单必须与出场空箱的放箱单、设备交接单一致，特别是保持订舱号的一致。若发生错误须及时更改，并须经码头办现场的确认，码头办同时收取改单费RMB50/UNIT(箱)*次。
4. 自提箱之日起，普通箱7天内必须出口，逾期没有出运的须缴纳相关滞箱费，具体超期滞箱费请咨询相关业务员。
5. 装货时请勿超重，否则后果自负。
美国货物限重（货物毛重）参考：17.2吨/20'GP，19.9吨/40'GP。
其他地区限重（货物毛重）参考：21.7吨/20'GP，26.6吨/40'GP。

银行信息：银行帐号信息详见发票或是咨询客服代表
**如您与我司有相关的付费协议，以付费协议确定的银行信息为准。
**如您还有额外的付费要求，请联络您的客服代表。（请注意，额外的付费要求可能需要额外的手续和费用，详情请联络您的客服代表了解。）

◆特别提醒：
**贵司应保证向我司及相关港航监管机构提供的各类信息均真实有效，否则须由贵司承担由此产生的相关风险、责任和费用。
**如货方（与我司提单背面条款定义一致）未按本协议约定正确申报货物品名，隐瞒、错误申报货物的危险性质，承运人将（1）有权要求货方在发现瞒报之日起的2个工作日内向承运人支付违约金USD10000，（2）立刻终止货方托运的此票货物和其他所有货物的运输，直至查明货物真实品名及性质，（3）有权留置、退运或拍卖瞒报的危险品货物，且与此有关的全部费用和损失由货方承担。前述条款并不影响承运人就因货方错误申报货物品名，隐瞒、错误申报货物的危险性质所遭受的全部损失和费用向货方索赔，以及对货方托运的仍由承运人控制下的货物进行留置及拍卖等措施，以实现承运人的索赔。
**如货方（与我司提单背面条款定义一致）未按本协议约定而私自对集装箱进行结构上的改动，货方在承运人发现集装箱被私改后2个工作日内向承运人支付违约金USD2000。前述条款并不影响承运人就因货方私自对集装箱进行结构上的改动所遭受的全部损失和费用向货方索赔。

货物跟踪、船期查询，还有更多服务内容，欢迎扫描二维码关注我司微信公众号！

图 9.7 中远订舱确认书

【拓展资料】

装货单（Shipping Order，S/O），亦称下货纸，是托运人（实践中通常是货运代理人）填制交船公司（实践中通常是船舶代理人）审核并签章后，据以要求船长将货物装船承运的凭证。装货单上除应记载托运人名称、编号、船名、目的港及货物详细情况（应与托运单相同）等内容外，还有待货物装上船后由理货人员填上的货物装船日期、装舱位置、实际装上船的货物数量以及理货员的签名等项内容。

装货单是国际航运业通用的单据，多数由一式三联组成。第一联是托运单及其留底（Counter-foil），第二联是装货单正本（Original），第三联是收货单，习惯上又称大副收据（Mate's Receipt）。

除上述三联外，根据业务需要，还可增加若干副本（Copy），供缮制出口舱单和计算运费等用途。对于高价值货物或其他特种货物，为了使在装船时能够给予特别注意，常以不同颜色（比如红色）的装货单来与一般装货单相区别。

装货单的流转程序是：承运人或其代理人接受托运后，将确定装载的船舶名称、目的港及顺次编号填入托运单，然后将装货单发给托运人填写，填妥后交回代理公司签章。代理公司审校无误签章留底后，将装货单（连同收货单）交给托运人，托运人即可持经代理公司签章的装货单连同其他单证到海关办理出口货物的报关手续，经海关审核准予出口，在装货单上加盖海关放行图章便可持以要求船长将货物装船。因此，此时的装货单又称“关单”。

经承运人或其代理人和海关签章后的装货单，既是货物办妥托运手续的证明，又是船公司通知船长接受承运货物装船的凭证。装船时托运人（或其货运代理人）必须向船长或大副提交这一单证。同时，船方还要详细校对实际装船货物的情况是否与装货单上记载的内容相一致。

装货单一经承运人签认，船货双方都应受其约束，如果发生货物退关造成损失时，应由责任方负责。如果需要修改装货单记载的内容，应及时编制更正单分送有关单位更正。如果整票货物退关，除发出更正单外，还要将原装货单退回注销。

承运人签发装货单后，船、货、港等方面都需要有一段时间来编制装货清单、积载计划、办理货物报关、查验放行、货物集中等装船的准备工作。因此，对每一航次在装货开始前一定时间应截止签发装货单。具体的截止时间，视各港口具体情况而定，一般为装船前 24 h。若在截止签发装货单日之后，再次签发装货单，则称为“加载”。“加载”通常是因紧急任务、特殊情况或信用证到期等原因造成的。只要还没有最后编妥积载计划，或积载计划虽已编妥，但船舶的舱位尚有剩余，并且不影响原积载计划的执行时，船方一般都会设法安排“加载”。但是，“加载”引起的货物通关问题，由货方承担。

集装箱班轮公司或其代理人则在承运货物后，根据订舱单或托运单缮制订舱清单分送集装箱装卸作业区或集装箱堆场，据此准备空箱的发放和安排重箱的交接、保管以及装船工作。

在国际贸易实践中，对于以 CIF 价格成交的货物，由出口商安排货物运输工作，即出口商承担出口货物的托运工作，将货物交船公司运往国外交进口商，所以订舱工作多数在装货港或货物输出地由出口商办理。但是，如果出口货物是以 FOB 价格条件成交，则货物运输由进口商安排，此时订舱工作就可能在货物的卸货地或输入地由进口商办理。这就是所称的卸货地订舱（Home Booking）。卸货地订舱的货物在实践中又称“指定货”（Buyer's Nominated Cargo）。

9.4 危险货物出口订舱

因危险货物在运输途中具有较大的潜在危害，相关规章制度和货运流程都比普通货物复杂许多。发货人或其代理人向船代订舱时，应当提前 10 个工作日向其提交订舱单、出入境危

险货物运输包装使用鉴定结果单（见图 9.8）以及物料安全数据表（Material Safety Data Sheet，MSDS）。在订舱单上，除了填写所托运货物的中英文名称、船期、货物包装等基本信息外，还应当注明联合国编号（UN NO.）、危险品等级（CLASS NO.）以及其他特殊注意事项。

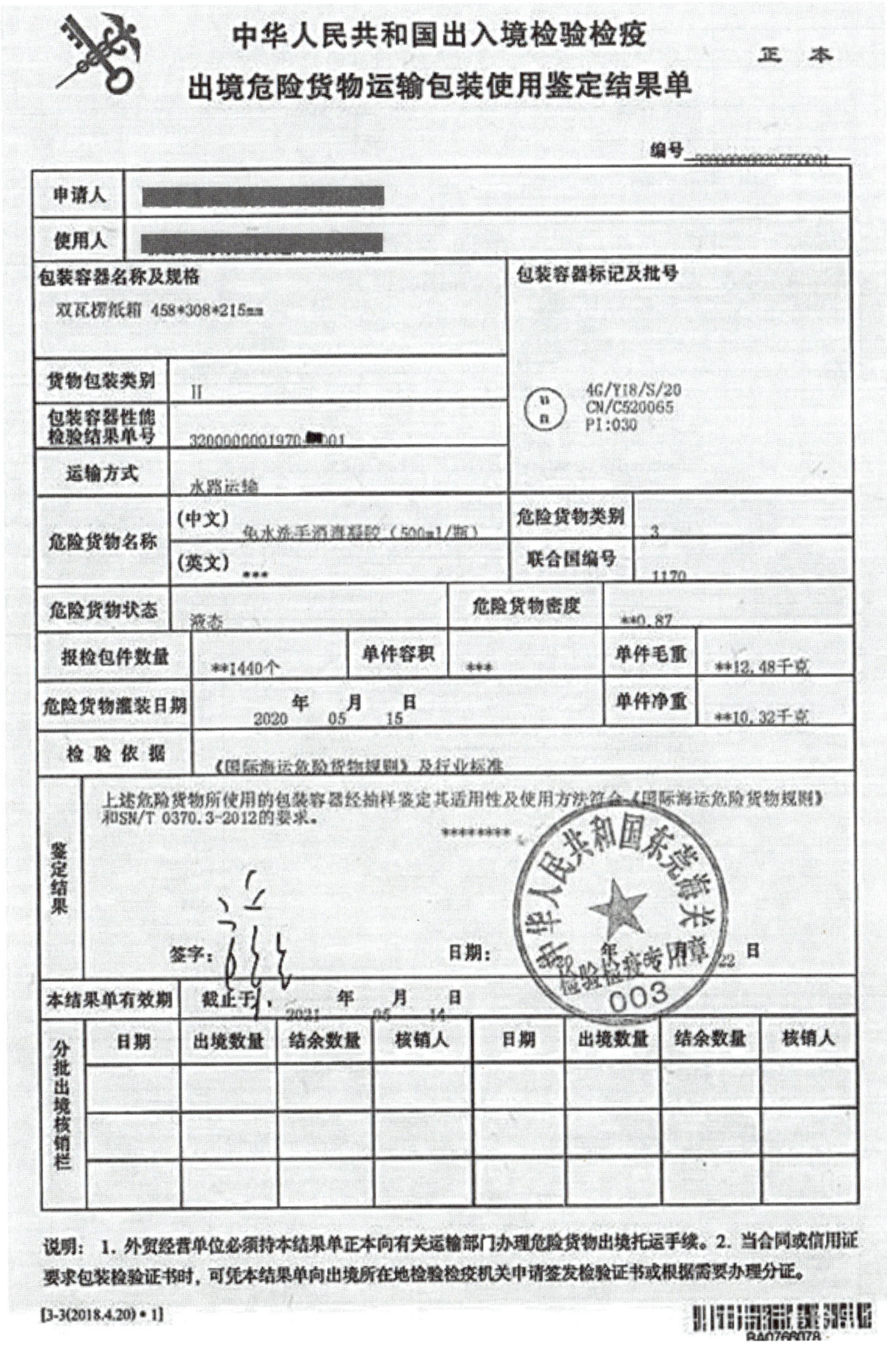

中华人民共和国出入境检验检疫

出境危险货物运输包装使用鉴定结果单

正　本

编号

申请人			
使用人			
包装容器名称及规格	双瓦楞纸箱 458*308*215mm	包装容器标记及批号	4G/Y18/S/20 CN/C520065 PI:030
货物包装类别	II		
包装容器性能检验结果单号	320000000197001		
运输方式	水路运输		
危险货物名称（中文）	免水洗手酒精凝胶（500ml/瓶）	危险货物类别	3
危险货物名称（英文）	***	联合国编号	1170
危险货物状态	液态	危险货物密度	**0.87
报检包件数量	**1440个	单件容积	***
单件毛重	**12.48千克	单件净重	**10.32千克
危险货物灌装日期	2020 年 05 月 15 日		
检验依据	《国际海运危险货物规则》及行业标准		

鉴定结果：上述危险货物所使用的包装容器经抽样鉴定其适用性及使用方法符合《国际海运危险货物规则》和SN/T 0370.3-2012的要求。

****

签字：　　　　日期：20 年 月 22 日

本结果单有效期：截止于 2021 年 05 月 14 日

分批出境核销栏	日期	出境数量	结余数量	核销人	日期	出境数量	结余数量	核销人

说明：1. 外贸经营单位必须持本结果单正本向有关运输部门办理危险货物出境托运手续。2. 当合同或信用证要求包装检验证书时，可凭本结果单向出境所在地检验检疫机关申请签发检验证书或根据需要办理分证。

[3-3(2018.4.20)•1]

图 9.8　出入境危险货物运输包装使用鉴定结果单

随后，货运代理应当提前 4 个工作日向海事局进行危险品货申报，并提供危险品包装使用鉴定结果单、包装危险货物技术说明书（见图 9.9）以及危险货物安全适运申报单（见图 9.10）。

包装危险货物技术说明书

Technical description of Dangerous Goods in Packaged Form

货物正确技术名称 Correct technical of the goods	（中文） Chinese （英文） English	商业名称 Trade name		生产单位签章（包括生产单位主管部门） Manufacturer's seal (including administrative department of manufacturer)
联合国编号 UN No.		主要成分（分子式） Main components (fomula)		
理化性质和主要危险性* Physical and chemical properties and main harands				签定单位意见: Remarks by testing organization
产品用途 Purposes of the product				
包装方法** Packaging				
船舶装运安全措施与注意事项 Safey measures and precautions for carriage by ships				托运单位: Shipper
急救措施 Emergency medical treatment.				
灭火方法 Method for fire fighting.				托运日期: Date of shipping
数漏处理方法 Method to deal with leakage.				
注:	*单一物质注明分子式，混合物注明主要成分。 性质应包括状态、色、味、比重、熔点、闪点、爆炸限、中毒最大浓度、致死量及危险程度、并附技术检验部门的检查报告。 该种货物本身危害特性和与其它货物的相容性，说明在遇到某种货物时易发生的危险。 Formula should be indicated for a single substance and main components for a mixture. Proporties should include state,color,odour,melting point,flash point,explosion limits,poisonous concentration,LD_{50}/LC_{50} The testing reports issued by technical inspection organizations should be attached. Compatibility between the cargo and others; description of the danger of the cargo in contact with others. **包装方法应说明包装的材质、状态、厚度、封口、内部衬物、外部加固情况及单位重量等。 Packaging should include: material, state, thickness, closure, inner lining outer securing and unit weight.			

图 9.9　包装危险货物技术说明书

包装危险货物安全适运申报单

Declaration on Safety and Fitnss of Packaged Dangerous Goods

（包装 / 固体散装危险货物）

(Packaged/Solid in Bulk)

本申报单符合 SOLAS 74 公约第 VII 章和 MARPOL 73 / 78 防污公约附则 III 第 4 条、以及《国际危规》总论第 9 节的要求

This Declaration Form is made in accordance with Chapter VII of SOLAS 74, Regulation 4 of Annex III of MARPOL 73/78, and Section 9 of the General Introduction of IMDG Code.

发货人 Shipper	收货人 Consigner	承运人 Carrier
船名和航次 Ship's Name and Voyage No.	装货港 Port of loading	卸货港 Port of Discharging

货物标记和编号、如适用，组件的识别符号或登记号 Marks & Nos,of the goods,if applicable,identification or registration number(s) of the unit	正确技术名称*、IMO 危险类别、联合国编号、包装类*#、包件种类和数量、闪点 C（闭杯）**、控制及应急温度**、货物为海洋污染物**、应急措施编号和医疗急救指南表号*** Correct technical name.IMO hazard class / division,UN. number, packaging group**,number and kind of packages,flash point(Cc.c), control and emergency temperature**identifi-cation of the goods as MARINE POLLUTANT**Ems No. and MF/AG Table No.***	总重（kg） 净重 / 净量 Total weight(kg) Net weight(kg)	交付装运货物的形式: Goods delivered as: ☐杂货 Break bulk cargo ☐成组件 Unitized cargo ☐散货包装 Bulk packages ☐散装固体 Solid in bulk 组件类型: Type of unit: ☐集装箱 Container ☐车辆 Vehicle ☐罐装 Portable tank ☐开敞式 Open ☐封闭式 Close 如适合、在方格内"×" Insert "×"in appropriate box
*仅使用专利商标 / 商品名称是不够的，如适合:（1）应在品名前加"废弃物"（2）"空的未经清洁的"或"含有残余物-上一次盛装物"（3）"限量"**需要时，见《国际危规》总论第 9.3 节***最需要时 Poprietary/trade names alone are not sufficient.If applicable:(I)the word" WASTE" should poceed the name:(2)"EMPTY/UNCLEANED"or "RESIDUE-LAST CONAINED":(3)"LIMTFED QUANTITY" should be added.**When required in 9.3 of the General Introducation to the IMDG Code:***When required.			

附送以下单证、资料:

The following document(s)and information are submitted:

在某种情况下，需提供特殊资料证书，详见《国际危规》总论第 9.3 节 需要时

In certain cirumstances special information certificates are required.see paragraph 9.1/9.7 of on the IMDG Code: When required.

兹声明:

上述拟交付船舶装运的危险货物已按规定全部并准确地填写了正确技术名称、联合国编号、分类、危险性和应急措施。需附单证齐全，包装危险货物，包装正确、质量完好：标记、标志 / 标牌正确、耐久。以上申报准确无误。

Declaration:

I hereby declare that the contents of this declaration are fully and aceurately described above by the correct technical name.UN No.Class and EmS No.The goods are properly packaged.marked.labelled/placarded and are in all respects in good condition for transport by sea.

申报员（签字）

Declarer signature:

证书编号

Certificate No.

申报单位签章

Seal of Declaration Unit

年　月　日

Year　Month　Date

紧急联系的通信录（地址、电话、图文传真等）:

Emergency Contact (Address.Telephone number,Fax.etc.)

此申报单一式三份，经主管机关批准后，其中两份退申报人留持和分送承运船舶，一份留主管机关存查。

This declaration should be made in triplicate,one is kept by the Competent Authority for file,and two for the delarer and the ship resperetively.

图 9.10　危险货物安全适运申报单

货运代理在收到海事局审批回执后，对危险品货报信息添加箱号及提单号信息，并发送给船代。船代根据货运代理发送的危险品货报信息，制作船报信息，并向海事局进行危险品船舶申报，同时接收海事局的受理、审批回执。

要注意的是，如果货主或其代理人在订舱时以非危险货物进行申报，而离港后发现所运货物实属危险品，轻则产生危险品误申报费以及由于瞒报漏报而产生的其他罚款或费用，重则当事人可能将担负相应的刑事责任。

9.5 出口报关（报检）

2018 年 3 月 17 日第十三届全国人民代表大会第一次会议通过《深化党和国家机构改革方案》，将国家质量监督检验检疫总局的出入境检验检疫管理职责和队伍划入海关总署，“关检合一”开始施行。2018 年 4 月 20 日起，原出入境检验检疫系统统一以海关名义对外开展工作。

关检业务整合后，将原先“两次申报、两次查验、两次放行”简化为“一次申报、一次查验、一次放行”。原报关报检单据单证整合为一套随附单证。对原报关、报检项目涉及的参数代码进行梳理，参照国际标准，实现现有参数代码的标准化，统一了 8 个原报关、报检共有项的代码，包括国别（地区）代码、港口代码、币制代码、运输方式代码、监管方式代码、计量单位代码、包装种类代码、集装箱规格代码等。

关检合一后，原报关报检申报系统整合为一个申报系统。在申报项目整合的基础上，将原报关报检的申报系统进行整合，形成一个统一的申报系统。用户由“互联网+海关”（见图 9.11）、国际贸易“单一窗口”（见图 9.12）接入。新系统按照整合申报内容对原有报关、报检的申报数据项、参数、随附单据等都进行了调整。

图 9.11　海关总署“互联网+海关”页面

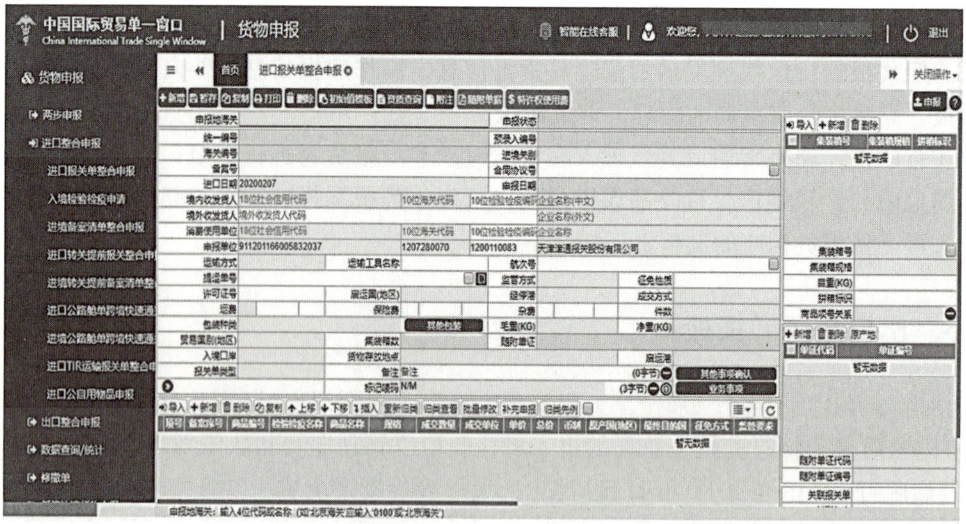

图 9.12　报关企业“国际贸易单一窗口”操作界面

中国电子口岸是经国务院批准，由海关总署会同国家发展和改革委员会、工业和信息化部、公安部、财政部、生态环境部、交通运输部、国家铁路局、商务部、中国人民银行、国家税务总局、国家市场监督管理总局、中国民用航空局、国家外汇管理局、农业农村部、自然资源管理部等部门共同建设的跨部门、跨地区、跨行业信息平台。它依托互联网，将进出口信息流、资金流、货物流集中存放于一个公共数据平台，实现口岸管理相关部门间的数据共享和联网核查，并向进出口企业提供货物申报、舱单申报、运输工具申报、许可证和原产证书办理、企业资质办理、公共查询、出口退税、税费支付等“一站式”窗口服务，是一个集口岸通关执法服务与相关物流商务服务于一体的大通关统一信息平台，并逐步延伸扩展至国际贸易各主要服务环节，实现国际贸易“单一窗口”功能。

9.5.1　出口货物海关申报

出口货物应当在货物的出境地海关办理海关手续。经发货人申请，海关同意，出口货物的发货人可以在设有海关的启运地办理海关手续。此时，货物从启运地到出境地需要办理转关运输，应当由符合海关监管要求的海关监管车辆进行运输。

出口货物的发货人应当在货物运抵海关监管区后、装货的 24 小时以前（除海关特准的外），向海关申报。办理进出口货物的海关申报手续，应当采用纸质报关单和电子数据报关单的形式。

进行电子报关（报检）时，进出口货物的收发货人或其代理人通过计算机系统，按照《中华人民共和国海关进出口货物报关单填制规范》的要求向海关传送报关单电子数据及随附单证。随附单证包括：① 合同、发票、运输单据、装箱单等商业单据；② 进出口所需的许可证件及随附单证；③ 海关总署规定的其他进出口单证。

进出口货物的收发货人以自己的名义，向海关申报的，报关单应当由进出口货物收发货人签名盖章，并随附有关单证。报关企业接受进出口货物的收发货人委托，以自己的名义或以委托人的名义向海关申报的，应当向海关提交由委托人签署的授权委托书，并按照委托书的授权范围办理有关海关手续。

电子数据报关单经过海关计算机检查接受申报。

9.5.2 货物查验

进出口货物收发货人或者其代理人应及时关注报关单状态，如发现货物被海关布控查验或者收到海关查验通知后，应及时前往海关办理查验手续。货物查验（以下简称查验），是指海关为确定进出口货物收发货人向海关申报的内容是否与进出口货物的真实情况相符，或者为确定商品的归类、价格、原产地等，依法对进出口货物进行实际核查的执法行为。海关在特殊情况下对进出口货物予以免验，具体办法由海关总署制定。

查验货物时，进出口货物收发货人或者其代理人应当到场，负责按照海关要求搬移货物，开拆和重封货物的包装，并如实回答查验人员的询问以及提供必要的资料。因进出口货物所具有的特殊属性，容易因开启、搬运不当等原因导致货物损毁，需要查验人员在查验过程中予以特别注意的，进出口货物收发货人或者其代理人应当在海关实施查验前声明。

查验结束后，海关查验人员会填写查验记录并签名。在场的进出口货物收发货人或者其代理人也应签名确认。

对于危险品或者鲜活、易腐、易烂、易失效、易变质等不宜长期保存的货物，以及因其他特殊情况需要紧急验放的货物，经进出口货物收发货人或者其代理人申请，海关可以优先安排查验。查验应当在海关监管区内实施。因货物易受温度、静电、粉尘等自然因素影响，不宜在海关监管区内实施查验，或者因其他特殊原因，需要在海关监管区外查验的，经进出口货物收发货人或者其代理人书面申请，海关可以派员到海关监管区外实施查验。

9.5.3 缴纳关税

出口的货物如需缴纳出口关税，发货人要在海关填发税款缴款书之日起 15 日内缴纳税款。

9.5.4 海关放行

货物经海关审核有关单证、查验货物无讹并缴纳关税后，由海关在装货单（Shipping Order，S/O）上加盖放行章，在海关监管下出境。

9.6 收货和装船

货代企业在向船公司成功订舱后，一方面要安排货物的出口报关，另一方面要安排货物收运、集港、装船。在这个过程中，货代的主要操作是与客户确认好货物集港运输的方式（集卡、铁路、驳船等），负责安排车辆，或向铁路托运等，将货物运至出境港口码头。

码头在接收货物之后，将货物装上船的过程，是货物在码头和船方之间进行交接的过程，另有外轮理货公司作为第三方进行理货。在这个过程中产生的一些单证，是后续货物出现问题，确认责任所在和进行索赔的凭证。因此，货代从业人员对这些单证也应熟悉。

9.6.1 杂货班轮货物的收运和装船

杂货班轮运输中，除另有约定外，都规定托运人应将其托运的货物送至船边，如果船舶是在锚地或浮筒作业，托运人还应用驳船将货物驳运至船边，然后进行货物的交接和装船作业。对于特殊货物，如危险货物、鲜活货、贵重货、重大件货物等，通常采取由托运人将货物直接送至船边，交接装船的形式，即采取现装或直接装船的方式。

然而，由于在杂货班轮运输中，船舶承运的货物种类多、票数多、包装式样多、挂靠港口多等原因，如果要求每个托运人都将自己托运的货物直接送至码头船边，可能会发生待装的货物不能按规定的装船先后次序送至船边的情况，从而使装货现场发生混乱，影响装货效率。由此产生的结果延长了船舶在港的停泊时间，延误船期，也容易造成货损、货差。因此，为了提高装船效率，加速船舶周转，减少货损、货差现象，在杂货班轮运输中，对于普通货物的交接装船，通常采用由班轮公司在各装货港指定装船代理人，由装船代理人在各装货港的指定地点（通常为港口码头仓库）接受托运人送来的货物，办理交接手续后，将货物集中整理，并按次序进行装船的形式，即所谓的“仓库收货，集中装船”的形式。

当每票货物装船后，现场理货人员即核对理货计数单的数字，并在装货单上签注实装数量、装舱位置和装船日期，再由理货长在装货单的规定位置上签名，证明该票货物如数装船无误，然后连同收货单一起交给大副，大副审核属实后在收货单上签字，留下装货单，将收货单退给理货长转交托运人或其货运代理人。收货单如图 9.13 所示。

托运人

Shipper

收货单

MATE' S RECEIPT

编号　　船名

No.　　S/S

目的港

For

下列完好状况之货物业已收妥无损

Receive on board the following goods apparent apparent in good order and condition.

标记及号码 Mark / Numbers	货物件数及包装 No./kind of Packages	货物品名 Description of Goods	毛重 Gross Weight(kgs)	体积 Measurement(cu-metres)

共计件数（大写）

Total Number of Packages in Writing

日期　　时间

Date　　Time

装入何舱

Stowed

实收

Received

理货员签名　　大副

Tallied By　　Chief Officer

图 9.13　收货单格式

【拓展资料】

收货单（Mate's Receipt，M/R）是指某一票货物装上船后，由船上大副签署给托运人的，作为证明船方已收到该票货物的凭证。因此，收货单又称“大副收据”。托运人取得了大副签署的收货单后，即可凭以向承运人或其代理人换发提单。

收货单是前述一式三联装货单中的一联，它的记载内容和格式与装货单完全一致，只是最后还有大副签署一栏。

承运人对货物承担的责任是在货物装船时开始的。因此，在货物装船时，大副必须认真核对货物的实际情况是否与装货单上记载的情况相符合，货物的外表状况是否良好，有无标志不清、水渍污渍等情况；数量（件数）是否短缺；货物损坏的情况与程度，以及应急修理的事实等。如有这些情况，应明确、具体地记载在收货单上。这种在收货单上记载有关货物外表状况不良或有缺陷的情况称为“批注”（Remark），习惯上又称“大副批注”。有大副批注的收货单称为“不清洁收货单”（Foul Receipt），无大副批注的收货单则为“清洁收货单”（Clean Receipt）。

9.6.2 集装箱班轮货物的收运和装船

9.6.2.1 用箱申请

除使用货主箱外，在托运人或其货运代理人提出订舱托运的同时，应根据货物的性质、重量、尺码、积载因数等决定所需集装箱的种类、规格和数量，向船公司或其代理人提出空箱使用申请，同时提供用箱人、运箱人、用箱区域和时间等信息。船公司同意，即会签发一份集装箱发放通知单（目前，多数船公司将该单证与集装箱设备交接单合二为一），凭以提取空箱。

除货主使用自有箱外，集装箱通常由船公司收取运费无偿借给货主或集装箱货运站使用，并有一个约定期限（超过期限则要收取滞箱费）。在整箱货的情况下，船公司或其代理人在接受订舱、承运货物后，即签发集装箱发放/设备交接单交给托运人或货运代理人，据以到集装箱堆场或内陆站提取空箱。而在拼箱货的情况下，则由集装箱货运站提取空箱。集装箱设备交接单如图 9.14 所示。

【拓展资料】

设备交接单（Equipment Interchange Receipt，EIR 或 Equipment Receipt，E/R），是集装箱所有人（船公司）或集装箱经营人委托集装箱码头、堆场与货方或集装箱货运站（即用箱人）交接集装箱或冷藏集装箱，或特种集装箱及电动机等设备的凭证。

设备交接单分进场设备交接单（IN）和出场设备交接单（OUT），各有三联，分别为箱管单位（或船公司）联，码头、堆场联和用箱人、运箱人联。

设备交接单的各栏分别由作为箱管单位的船公司或其代理人，用箱人、运箱人和码头、堆场的经办人员填写。船公司或其代理人填写的栏目有：用箱人（User）/运箱人（Haulier）、提箱地点（Place of Delivery）、船名（Vessel）/航次（Voyage No.）、集装箱的类型（Type）及尺寸（Size）、集装箱状态（Status）、免费使用期限（Free Time Period）和进（出）场目的（PPS of Gate-in/Gage-out）等。由用箱人、运箱人填写的有：运输工具牌号（Truck/Wagon/Barge No.）；如果是进场设备交接单，还须填记来自地点、集装箱号、提单号、铅封号等栏目。由码头、堆场填写的有：集装箱进出场日期（Time-out）、检查记录（Inspection at the Time of Interchange）；如果是出场设备交接单，还须填记提箱地点（Place of Delivery）和集装箱号等栏目。

集装箱设备交接单
EQUIPMENT INTERCHANGE RECEIPT

OUT 出场

No.

用箱人/运箱人（CNTR. USER/HAULIER）			提箱地点（PLACE OF DELIVERY）

来自地点(WHERE FROM)	返回/收箱地点（PLACE OF RETURN）

船名/航次（VESSEL/VOYAGE No.）	集装箱号（CNTR. No.）	尺寸/类型（SIZE/TYPE）	营运人(CNTR. OPTR.)

提单号（B/L No.）	危品类别（IMCO CLASS）	铅封号（SEAL No.）	免费期限（FREE TIME PERIOD）	运载工具牌号（TRUCK WAGON BARGE No.）

货重（CARGO W.）	出场目的/状态（PPS OF GATE OUT/STATUS）	进场目的/状态（PPS OF GATE IN/STATUS）	进场日期（TIME IN）
			月 日 时

出场检查记录（INSPECTION AT THE TIME OF INTERCHANGE）

普通集装箱（GP. CNTR.）	冷藏集装箱（RF. CNTR.）		特种集装箱（SPL. CNTR.）	发电机（GEN. SET）
□ 正常（SOUND）	□ 正常（SOUND）	设定温度（SET） ℃	□ 正常（SOUND）	□ 正常（SOUND）
□ 异常（DEFECTIVE）	□ 异常（DEFECTIVE）	记录温度（RECORDED） ℃	□ 异常（DEFECTIVE）	□ 异常（DEFECTIVE）

损坏记录及代号（DAMAGE & CODE）

BR 破损（BROKEN） D 凹损（DENT） M 丢失（MISSING） DR 污箱（DIRT） DL 危标（DG LABEL）

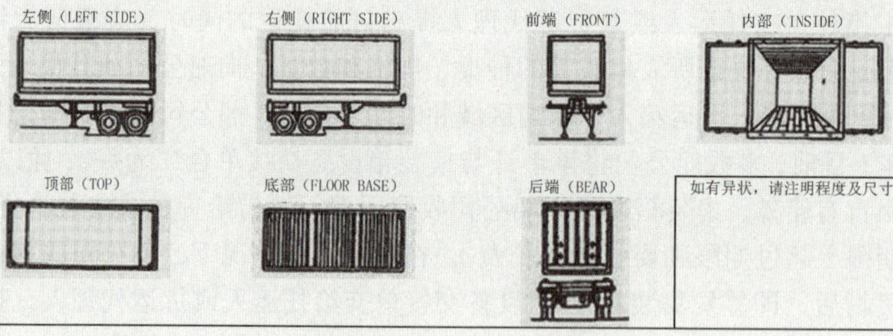

如有异状，请注明程度及尺寸（REMARK）

除列明者外，集装箱设备交接时完好无损，铅封完整无误。
CONTAINER EQUIPMENT INTERCHANGED IN SOUND CONDITION AND SEAL INTACT UNLESS OTHERWISE STATED

用箱人/运箱人签署
（CONTAINER USER/HAULIER' S SIGNATURE）

码头/堆场值班员签署
（TERMINAL/DEPOT CLERK' S SIGNATURE）

____年___月___日　　　　____年___月___日

图 9.14　集装箱设备交接单

设备交接单的流转过程如下：

（1）由箱管单位填制设备交接单交用箱人、运箱人。

（2）由用箱人、运箱人到码头、堆场提箱送收箱地（或到发箱地提箱送码头、堆场），经办人员对照设备交接单，检查集装箱的外表状况后，双方签字，码头、堆场留下箱管单位联和码头、堆场联，将用箱人、运箱人联退还给用箱人、运箱人。

（3）码头、堆场将留下的箱管人联退还给箱管单位。

设备交接单既是分清集装箱设备交接责任的单证，也是对集装箱进行追踪管理的必要单证。由于集装箱货物是按箱交接的，在集装箱外表无异状、铅封完好的情况下，它实际也是一种证明箱内货物交接无误的单证。

9.6.2.2　提空箱

托运人或货运代理人需要委托某家内陆运输承运人（拖车公司）完成空箱拖运事宜。货代有自有车队的可联系车队安排拖车。内陆承运人（集卡司机）驾车至集装箱码头检查口，向检查口业务员交验提运空箱作业的“提箱凭证”和“设备交接单”等提空箱文件。检查口业务员收下提箱文件，核对所提空箱的集装箱经营人，打印空箱“提箱小票”，交其带入堆场提箱。

集卡司机驾车至指定箱区，将空箱“提箱小票”交堆场员，堆场员核对无误后，按“提箱小票”上的箱号，指挥堆场机械发箱。

集卡司机驾驶装有空箱的集卡至出场检查口，将“提箱小票”交检查口业务员，并与检查口业务员进行集装箱设备的交接。业务员核对箱号和车号，验箱员检查空箱的内外状况，然后编制空箱出场的“设备交接单”，验箱员和司机双方签字。检查口业务员将箱号输入电脑进行核对，电脑确认后，打印“门票”交司机。司机将“门票”交港区门卫，持“设备交接单”离港区回托运人或货运代理人指定的仓库装箱。

9.6.2.3 货物装箱

在整箱货的情况下，由货主或其货运代理人办理货物出口报关手续，在货主或其货运代理人的仓库，由海关派员监装下装箱，并缮制装箱单，拼箱货则是在集装箱货运站（CFS）内进行装箱。无论是整箱货还是拼箱货，装箱人都缮制一份集装箱装箱单（见图 9.15）。整箱货的装箱单由发货人缮制，而拼箱货的装箱单则由作为装箱人的集装箱货运站缮制。

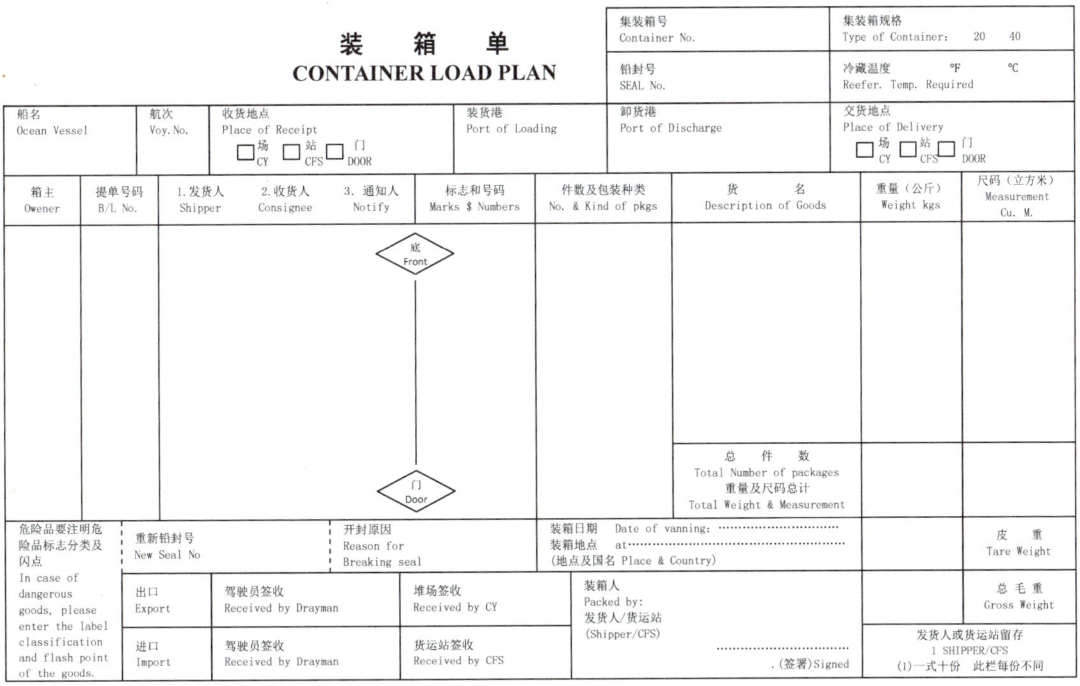

装箱单
CONTAINER LOAD PLAN

集装箱号 Container No.
集装箱规格 Type of Container: 20 40
铅封号 SEAL No.
冷藏温度 Reefer. Temp. Required ℉ ℃

船名 Ocean Vessel | 航次 Voy. No. | 收货地点 Place of Receipt □场 CY □站 CFS □门 DOOR | 装货港 Port of Loading | 卸货港 Port of Discharge | 交货地点 Place of Delivery □场 CY □站 CFS □门 DOOR

箱主 Owener | 提单号码 B/L No. | 1. 发货人 Shipper | 2. 收货人 Consignee | 3. 通知人 Notify | 标志和号码 Marks $ Numbers | 件数及包装种类 No. & Kind of pkgs | 货名 Description of Goods | 重量（公斤）Weight kgs | 尺码（立方米）Measurement Cu. M.

底 Front
门 Door

总件数 Total Number of packages
重量及尺码总计 Total Weight & Measurement

危险品要注明危险品标志分类及闪点 In case of dangerous goods, please enter the label classification and flash point of the goods.
重新铅封号 New Seal No
开封原因 Reason for Breaking seal
装箱日期 Date of vanning: ……
装箱地点 at ……
(地点及国名 Place & Country)
皮重 Tare Weight
出口 Export | 驾驶员签收 Received by Drayman | 堆场签收 Received by CY
进口 Import | 驾驶员签收 Received by Drayman | 货运站签收 Received by CFS
装箱人 Packed by: 发货人/货运站 (Shipper/CFS) ……(签署)Signed
总毛重 Gross Weight
发货人或货运站留存 1 SHIPPER/CFS (1)一式十份 此栏每份不同

图 9.15 集装箱装箱单

【拓展资料】

集装箱装箱单（Container Load Plan，CLP），是按装箱顺序（自里至外）记载装箱货物的具体名称、数量、尺码、重量、标志和其他货运资料的单证。对于特种货物还应加注特定要求，如对冷藏货物，要注明对箱内温度的要求等。

集装箱装箱单的用途主要如下：

（1）集装箱船舶进出口报关时向海关提交的载货清单的补充资料。

（2）向承运人提供箱内所装货物的明细清单。

（3）作为发货人，集装箱货运站与集装箱码头之间的货物交接单证之一。

（4）装、卸港的集装箱装卸作业区编制装、卸船计划的依据。

（5）集装箱船舶计算船舶吃水和稳性的数据来源。

（6）在卸货地作为办理集装箱保税运输和拆箱作业的重要单证。

（7）当发生货损时，还是处理索赔事故的原始依据之一。

货物装箱完毕，关好箱门，并用铅封（Seal）封好（见图 9.16）。每个铅封只能用一次，当需要开箱时，首先会破坏铅封，因此开箱之后再关上箱门，之前的铅封就不能再用了。每个铅封上面有一个封号，是独一无二的，铅封号会和集装箱号一起打印在提单上（见图 9.17）。如果客户拿到的集装箱封条上的号码跟提单上一致，就代表集装箱在装货港装箱完成后没有被打开过。这是判定货物短少、货损责任的重要措施。

图 9.16　集装箱铅封所在位置示意图

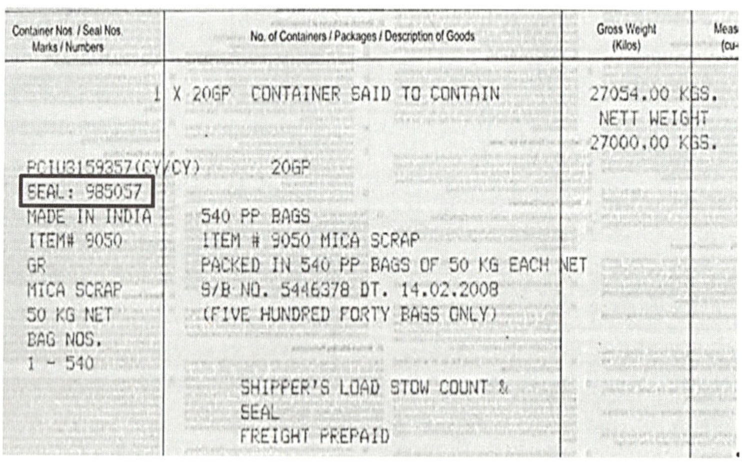

Container Nos / Seal Nos. Marks / Numbers	No. of Containers / Packages / Description of Goods	Gross Weight (Kilos)	Meas (cu-
	1 X 20GP CONTAINER SAID TO CONTAIN	27054.00 KGS. NETT WEIGHT 27000.00 KGS.	
PCIU3159357(CY/CY) SEAL: 985057 MADE IN INDIA ITEM# 9050 GR MICA SCRAP 50 KG NET BAG NOS. 1 - 540	20GP 540 PP BAGS ITEM # 9050 MICA SCRAP PACKED IN 540 PP BAGS OF 50 KG EACH NET S/B NO. 5446378 DT. 14.02.2008 (FIVE HUNDRED FORTY BAGS ONLY) SHIPPER'S LOAD STOW COUNT & SEAL FREIGHT PREPAID		

图 9.17　提单上显示集装箱铅封号

9.6.2.4　VGM 申报

自 2016 年 7 月 1 日起，《国际海上人命安全公约》（*International Safety of Life at Sea*，*SOLAS*）修订案规定了关于集装箱称重的要求：托运人必须在截止日期前向承运商和/或港口码头代表提供集装箱核实总重量（Verified Gross Mass，VGM），否则装箱完毕的集装箱一律不予装船。

核实总重量，即货物的总重量，包括垫板和支撑，以及装载货物的集装箱皮重。

针对 VGM 新规定，具体有如下注意事项：

（1）提单上的托运人必须在 VGM 信息截止时限之前向船公司或船代提供准确的 VGM 信息，如超过截止时限未提交，则不予装船。

（2）VGM 截止时限暂定为重箱返场之前提交，具体时间以各承运人 S/O 为准。

（3）提单上的托运人必须使用以下两个方法之一提供每个出口集装箱货物核实的总重量。

① 提单上的托运人对已装货完毕、上锁并铅封之集装箱进行整体称重。

② 提单上的托运人对集装箱的所有个别货件（含捆包、托盘、染料及其他包装和固定材料）分别称重并加总，再加上集装箱柜门上显示的货柜皮重以得到核实的总重量。（注意：估计或推测之重量不被允许）

无论使用何种方式，使用的称重设备必须符合各当地法规标准，核实的重量文件须由提单上的托运人具名签署后经由电子化传输或实体文件实时提交承运人以便货物装船。

（4）承运人不承担因 VGM 信息缺失或错误而产生的任何责任。提交的 VGM 信息与海运费、提单重量、报关重量没有任何关系，只是对安全的承诺，承运人不会对 VGM 信息提供建议或帮助填写。

（5）因 VGM 信息缺失或错误而产生问题（如无法上船，推航次等）导致海运费变化及产生其他费用，均由提单上的托运人自行承担。

（6）码头及承运人不会验证 VGM 的准确性，但是码头可进行质疑，IMO 将在全球港口实行抽查检验，一旦出现问题均由提单上的托运人承担相关责任。

（7）目前 VGM 信息针对的是港口母船，驳船及内陆运输不在范围之内。出运空箱及散货也不需提交 VGM 信息，载货箱必须提供。

（8）VGM 与提单截止无关联，可以与提单信息同时提交也可以单独提交。任何方式的提交必须在截止时限之前。

（9）集装箱验证的重量间的误差范围不得超过±5%或 1 吨（两者取其小者），且重量不超过集装箱最大核准载重量。

（10）各级海事管理机构将对船舶承运的载货集装箱重量验证情况进行抽查。

申报 VGM 可以在各船公司的电子商务平台上进行（见图 9.18 和图 9.19）。

图 9.18　马士基 VGM 网上申报界面

Verified Gross Mass Weight Certification
集装箱总重申明

V/V 船名/航次						POL/POD 启运港/卸货港		
NO. 序号	Booking Ref. 订舱号	Container No. 集装箱号	Cargo Gross Weight (KG) 货物总毛重	Container Tare Weight (KG) 集装箱皮重	VGM Weight (KG) 集装箱箱货总重	SOLAS VGM Weighting Method 集装箱总重获取方式（注明1或2）	VGM certification date (DD/MM/YY) 集装箱总重获得日期	Authorised Signatory 授权签名人
1								
2								
3								
4								
5								
6								
7								
8								
9								
10								

集装箱总重获取方式：

Method 1 整体称重法
在完成集装箱装箱后，托运人可自行或委托第三方使用经过校验和认证的设备对载货集装箱（包括空柜重量）进行整体称重。
本托运人申明：该文件资料所含载货集装箱重量信息系按照《1974 年国际海上人命安全公约》第 VI/2.4.1 条所述方法获得，称重点的衡器已取得计量技术机构颁发的计量检定证书，且获得重量的日期在证书的有效期范围内。

Method 2 累加计算法
托运人可自行或委托第三方用经过集装箱所在国家主管机关认可的称重方法对集装箱内所有货物组件及其包装进行重量验证（包括集装箱箱内的托盘、衬垫和其他包装及系固材料），并将这些重量与集装箱的空柜重量相加，计算出载货集装箱的整体重量。
本托运人申明：该文件资料所含载货集装箱重量信息系按照《1974 年国际海上人命安全公约》第 VI/2.4.2 条所述方法获得，该方法符合主管机关制定并公布的《载货集装箱累加计算法重量验证指南》的要求。

货主或委托人签章相关责任义务声明：
本公司，在此保证上述集装箱及其所装载货物加总后的重量正确无误，并同意支付贵司因申报上述集装箱及其所装载货物加总后的重量不实所产生或有关的任何成本与费用。此外，本公司亦承担赔偿贵司因上述集装箱及其所装载货物加总后的重量不实所产生任何毁损及（或）灭失的责任，且应使贵司免于被任何人求偿以及替贵司对抗因此所产生任何求偿并承担所有的后果。

本声明由____________________(托运人公司)授权____________(声明人姓名)负责提交

声明人签名及公司盖章
日期：

图 9.19　纸质版 VGM 申报单格式

9.6.2.5　重箱进集装箱码头堆场

装箱完毕的出口重箱由集卡司机将其拖运回集装箱码头堆场。集卡司机向集装箱码头进场检查口交验“装箱单（CLP）”和“进场设备交接单（EIR（IN））”（见图 9.20）；如果是出口危险品箱进场，还需提交“集装箱装箱证明书”（见图 9.21）。检查口业务员核对装箱单内容，主要包括出口船名、航次、箱号、卸货港、目的地、提单号、箱重等，验箱员检查集装箱的六面状况以及铅封，业务员填写设备交接单，一式三份，由验箱员和司机双方签字，将设备交接单承运人联交司机带入堆场，同时检查口业务员根据装箱单，将出口箱的信息以及箱体上的箱型、集卡车牌号输入电脑，并打印重箱“进场小票”，交司机带入堆场。集卡根据“进场小票”所指定的场箱位进入堆场，向堆场员交重箱进场小票，堆场员核对实际箱号后，指挥堆场机械收箱，并在小票上注明实际场箱位。集卡司机驾驶空车至出场检查口，将“进场小票”交出场检查口业务员，如小票上注明的实际场箱位与电脑生成的计划场箱位不同，出场检查口业务员将实际场箱位输入电脑，并打印“门票”交司机带出。

【拓展资料】

拟交付船舶载运的危险货物托运人除在订舱时应向船公司说明所托运的危险货物并提交相关单证外，还应向海事管理机构申报。使用船用集装箱载运危险货物的，应当提交“集装箱装箱证明书”。危险货物装箱时，由集装箱装箱现场检查员对船舶载运危险货物集装箱的装箱活动进行现场检查，在装箱完毕后，对符合海运危险货物集装箱装箱安全技术要求（JT672—2006）的签署“集装箱装箱证明书”。

为了确保装船作业顺利进行，码头一般规定出口箱的进场截止期限（截重），一般为装船作业开始前的 24 小时。货代操作人员在安排拖车及仓库作业时，一定要注意这个时间节点。如果出口箱到港区超过规定的期限，码头则根据实际情况决定是否同意进场。不能进场就意味着货物将无法装上已经预订好的船舶。

在货物集港的过程中，出口货物申报通关在同时进行，截关时间一般与截重时间在同一天，比截重时间晚半天左右。如果货物已在内地办理了出口清关手续，属转关运输的话，应注意海关的相应监管要求。

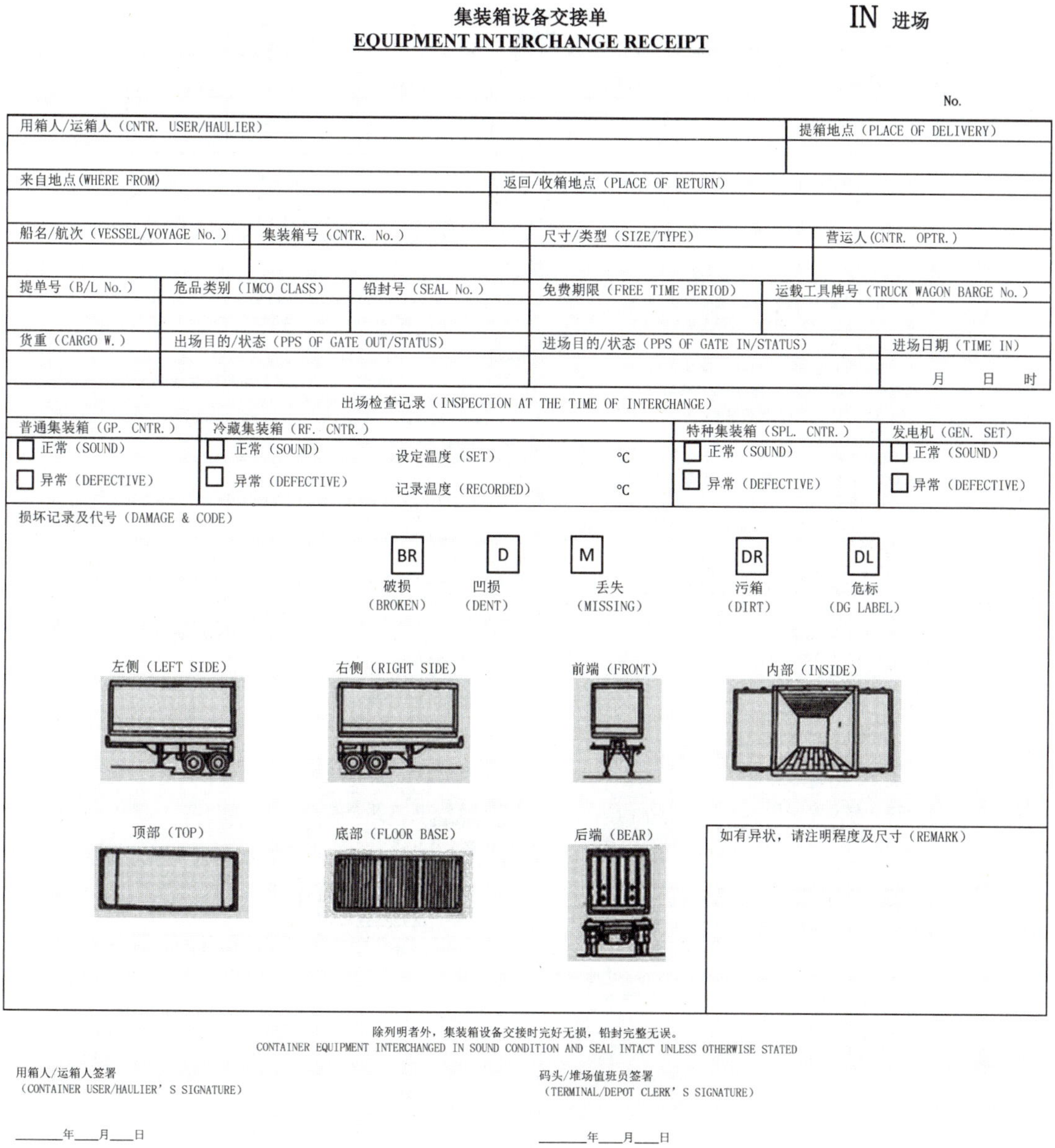

集装箱设备交接单

EQUIPMENT INTERCHANGE RECEIPT

IN 进场

No.

用箱人/运箱人（CNTR. USER/HAULIER） | 提箱地点（PLACE OF DELIVERY）

来自地点(WHERE FROM) | 返回/收箱地点（PLACE OF RETURN）

船名/航次（VESSEL/VOYAGE No.） | 集装箱号（CNTR. No.） | 尺寸/类型（SIZE/TYPE） | 营运人(CNTR. OPTR.)

提单号（B/L No.） | 危品类别（IMCO CLASS） | 铅封号（SEAL No.） | 免费期限（FREE TIME PERIOD） | 运载工具牌号（TRUCK WAGON BARGE No.）

货重（CARGO W.） | 出场目的/状态（PPS OF GATE OUT/STATUS） | 进场目的/状态（PPS OF GATE IN/STATUS） | 进场日期（TIME IN） 月 日 时

出场检查记录（INSPECTION AT THE TIME OF INTERCHANGE）

普通集装箱（GP. CNTR.）：□ 正常（SOUND） □ 异常（DEFECTIVE）

冷藏集装箱（RF. CNTR.）：□ 正常（SOUND） □ 异常（DEFECTIVE） 设定温度（SET） ℃ 记录温度（RECORDED） ℃

特种集装箱（SPL. CNTR.）：□ 正常（SOUND） □ 异常（DEFECTIVE）

发电机（GEN. SET）：□ 正常（SOUND） □ 异常（DEFECTIVE）

损坏记录及代号（DAMAGE & CODE）

BR 破损（BROKEN） D 凹损（DENT） M 丢失（MISSING） DR 污箱（DIRT） DL 危标（DG LABEL）

左侧（LEFT SIDE） 右侧（RIGHT SIDE） 前端（FRONT） 内部（INSIDE）

顶部（TOP） 底部（FLOOR BASE） 后端（BEAR）

如有异状，请注明程度及尺寸（REMARK）

除列明者外，集装箱设备交接时完好无损，铅封完整无误。

CONTAINER EQUIPMENT INTERCHANGED IN SOUND CONDITION AND SEAL INTACT UNLESS OTHERWISE STATED

用箱人/运箱人签署（CONTAINER USER/HAULIER' S SIGNATURE）　　码头/堆场值班员签署（TERMINAL/DEPOT CLERK' S SIGNATURE）

____年___月___日　　____年___月___日

图 9.20　集装箱设备交接单

GSHPTJ8R0070012

集装箱装运危险货物装箱证明书
CONTAINER PACKING CERTIFICATE

船名：Ship's Name:	航次：Voyage No.: 007N	目的港：Port of Destination: 天津
集装箱编号：Container Serial No:	WSDU2138679 CAXU6548612 WSDU2136589 WSDU2129358 LLTU2077740 TTNU3392686	

箱内所装危险货物
Dangerous Goods Packed Therein

正确运输名称 Proper Shipping Name of the Goods	货物类别 IMDG Gode Class	危规编号 UN No.	包装类 Packing Group	件数 Package Quantity	箱数 Total of Container	总重 Total Weight
连二亚硫酸钠	4.2	1384	II	2496桶	6X20	134.784T

兹证明：装箱现场检查员已根据《国际海运危险货物规则》的要求，对上述集装箱和箱内所装危险货物及货物在箱内的积载情况进行了检查，并声明如下：

1. 集装箱清洁、干燥，外观上适合装货。
2. 如果托运货物中包括除第1.4类外的第1类货物，集装箱在结构上符合《国际危规》第1卷第7.4.6节的规定。
3. 集装箱内未装有不相容的物质，除经有关主管机关按第1卷第7.2.2.3节的规定批准者外。
4. 所有包件均已经过外观破损检查，装箱的包件完好无损。
5. 所有包件装箱正确，衬垫、加固合理。
6. 当散装危险货物装入集装箱时，货物已均匀地分布在集装箱内。
7. 集装箱和所装入的包件均已正确地加以标记、标志和标牌。
8. 当将固体二氧化碳（干冰）用于冷却目的时，在集装箱外部门端明显处已显示标记或标志。注明："内有危险气体——二氧化碳（干冰），进入之前务必彻底通风。"
9. 对集装箱内所装的每票危险货物，已经收到根据《国际危装》第1卷第5.4.1节所要求的危险货物申报单。

以上各项准确无误。

This is to certify that the above mentioned container, dangerous goods packed therein and their stowage condition have been inspected by the undersigned packing inspector according to the provisions of INTERNATIONAL MARITIME DANGEROUS GOODS CODE and to declare that:

1. The container was clean, dry and apparently fit to receive the goods.
2. If the consignments include goods of class 1 except division 1.4, the container is structurally serviceable in conformity with section 7.4.6, volume 1 of the IMDG Code.
3. No incompatible goods have been packed into the container, unless approved by the competent authority concerned in accordance with section 7.2.2.3, volume 1 of the IMDG Code.
4. All packages have been externally inspected for damage, and only sound package have been packed.
5. All packages have been properly packed in container and secured, dunnaged.
6. When dangerous goods are transported in bulk, the cargo has been evenly distributed in the container.
7. The container and packages therein are properly marked, labelled and placarded.
8. When solid carbon dioxide (dry ice) is used for cooling purpose, the container is externally marked or labelled in a conspicuous place at the door and, with the words: "DANGEROUS CO_2-GAS (DRY ICE) INSIDE, VENTILATE THOROUGHLY BEFORE ENTERING".
9. The dangerous goods declaration required in subsection 5.4.1, volume 1 of the IMDG Code has been received for each dangerous goods consignment packed in the container.

That all stated above are correct.

装箱现场检查员签字：Signature of packing inspector: 陈××

装箱现场检查员证书编号：No. of certificate of packing inspector: 030171

装箱日期：Date of packing: 2010-3-30

检查地点：Place of Inspection: 广东中成化工

装箱单位（公章）：Packing unit (seal):

签发日期：Date of Issue: 2010-3-30

紧急联系人姓名、电话、传真、电子邮箱：Emergency Contact Person's Name, Tel, Fax and E-mail:	李××：13922218×××

此证明书应由装箱现场检查员填写一式两份，一份于集装箱装船三天前向海事主管机关提交，另一份应在办理集装箱移交时交承运人。
Tow copies of the certificate should be filled by the packing inspector. One should be submitted to Maritime Safety Administration three days prior to shipment and the other should be given to the carrier on container delivery.

中华人民共和国海事局监制

图 9.21　集装箱装箱证明书

9.6.2.6 出口装船

集装箱进入集装箱装卸作业区的集装箱堆场后，装卸作业区根据待装货箱的流向和装船顺序编制集装箱装船计划或积载计划，在船舶到港前将待装船的集装箱移至集装箱前方堆场，按顺序堆码于指定的箱位，船舶到港后，即可顺次装船。

装船过程中，外轮理货公司制作一张装船理箱单，到国外卸货后还要制作一张卸船理箱单，这两张单证是用以确定海上箱子灭失的索赔单证。装船时，外轮理货公司还要制作出场设备交接单（EIR OUT），因为集装箱进场时有进场设备交接单（EIR IN）。若这两张单证的内容不符，就说明是集装箱堆场（Container Yard，CY）的责任。这两张单证是堆场和船方对箱体的责任划分的重要单证。

集装箱装船后，船代缮制出口载货清单，向海关办理船舶出口报关手续。船舶开航后，船代缮制载货运费清单，连同其他有关货运单证寄交目的港的船公司的代理人，据以事先做好船舶到港后的卸货与交付的准备，以及向目的港的船公司的代理人发送货载邮件等。

9.6.2.7 电放

电放提单的产生主要是为了解决目的港“货到提单未到”的矛盾。提单的正常流转是以其能在货物到达目的港之前到达收货人手中为前提的。一方面，随着集装箱运输的普及、造船技术的提高和先进导航设备的应用，货物装卸速度加快，船舶在海上的航行时间缩短，货物从装运港装上船舶经运输直到卸货港卸到码头上的时间大大减少；另一方面，提单的流转速度并没有加快，要经历多背书、结汇、检查、邮寄等环节，就有可能产生“货等单”的矛盾，这一矛盾在近洋运输显得更加突出。

电放提单的操作过程是：在船公司收取货物后，托运人（卖方）向船公司提出电放申请并提供保函，船公司接受申请后向托运人签发“电放提单”（在已经签发传统提单情况下则在收回以后再签发“电放提单”）；船公司再以电讯方式通知目的港船代，允许该票货物由托运人指定的收货人凭身份或者自已盖章后的“电放提单”传真件提货；等货物到达目的港时，收货人就可以凭身份证明或者盖章后的“电放提单”传真件向船公司提取货物。

9.6.3 场站收据（Dock Receipt，D/R）

场站收据，又称码头收据，是指船公司委托集装箱堆场、集装箱货运站或内陆站在收到集装箱整箱货或拼箱货后，签发给托运人，证明已收到货物，托运人凭以换取提单或其他多式联运单证的收据（见图 9.22）。

我国自 1990 年开始进行集装箱多式联运工业性试验，简称“集装箱工试”。该项工业性试验虽已结束，但其中的三大单证的原理一直使用至今。三大单证是：出口时使用的“场站收据”联单、进口时使用的“交货记录”联单和进出口时都要使用的“设备交接单”联单。

“场站收据”联单在不同港口联数有所不同，但主要单证和用途类似。以在上海口岸进行的“集装箱工试”为例，“场站收据”联单共十联（见表 9.2）。

场站收据是十联单中的三联，包括：第七联，场站收据正本；第五联，场站收据副本（1）装货单；第六联，场站收据副本（2）大副收据。

场站收据格式

▽

Shipper（发货人）	D/R No.（编号）
Consignee（收货人）	场站收据 DOCK RECEIPT　第七联
Notify Party（通知人）	Received by the carrier the total number of containers or other packages or units stated below to be transported subject to the terms and conditions of the Carrier's regular form of Bill of Lading (for Combined Transport or Port to Port shipment) which shall be deemed to be incorporated herein. Date(日期)：

Pre-carriage by(前程运输)	Place of Receipt（收货地点）	
Ocean Vessel（船名）Voy.No.(航次)	Port of Loading（装货港）	场站章
Port of Discharge（卸货港）	Place of Delivery（交货地点）	Final Destination for the Merchant' s Reference(目的地)

Particular Furnish Lead by Merchants（托运人提供详细情况）

Container No.（集装箱号）	Seal No.(封志号) Marks $ Nos（标记与号码）	No. of Containers or P' kgs（箱数或件数）	Kind of packages; Description of Goods(包装种类与货名)	Gross Weight 毛重(千克)	Measurement 尺码（立方米）

TOTAL NUMBER OF CONTAINERS OR PACKAGES(IN WORDS) 集装箱数或件数合计（大写）

FREIGHT $ CHARGES（运费与附加费）	Revenue Tons（运费吨）	Rate（运费率）	Per（每）	Prepaid（运费预付）	Collect（到付）

Ex Rate（兑换率）	Prepaid at（预付地点）	Payable at（到付地点）	Place of Issue（签发地点）
	Total Prepaid（预付总额）	No.of Original B(s)/L(正本提单份数)	

图 9.22　场站收据格式

表 9.2　“场站收据”十联单

联次	内容
第一联	货主留底
第二联	船代留底
第三联	运费通知（1）

续表

联次	内容
第四联	运费通知（2）
第五联	场站收据副本（1）装货单（Shipping Order）
第五联（附页）	缴纳出口货物港务申请书（由港区核算应收之港务费用）
第六联	（浅红色）场站收据副本（2）大副收据（Mate's Receipt）
第七联	（黄色）场站收据（Dock Receipt）正本
第八联	货代留底
第九联	配舱回单（1）
第十联	配舱回单（2）

十联单的各联流转如下：

（1）托运人填制集装箱货物托运单一式十联，委托货运代理人代办托运手续。

（2）货运代理人审核托运单接受委托后，将货主留底联退还给托运人备查。

（3）货运代理人持剩余的九联托运单至船公司或船公司的代理人处办理货物托运。

（4）船公司或船公司的代理人审核托运单，对照订舱清单，确认无误后，在场站收据副本（1）装货单上盖章，确认订舱，承运货物，留下船代留底、运费通知（1）和运费通知（2）等三联后，将包括经船公司或船公司代理人签章的装货单在内的其余六联退还给货运代理人。

（5）货运代理人留存货代留底联，据以缮制货物流向单。

（6）货运代理人根据船公司或船公司代理人退回的配舱回单（1）联缮制提单和其他货运单证。

（7）货运代理人持经船公司或船公司的代理人签发的装货单和船公司或船公司的代理人退回的正本场站收据及场站收据副本（2）大副联，随同出口货物报关单和其他有关货物出口的单证一起至海关办理货物出口报关手续。

（8）海关审核有关报关单证，同意出口，在装货单上加盖放行章，然后将经海关加盖放行章的装货单和大副联及正本场站收据退还给货运代理人。

（9）货运代理人将集装箱或货物连同装货单、大副联和正本场站收据及配舱回单（2）等四联送交集装箱堆场或集装箱货运站。

（10）集装箱堆场或集装箱货运站验收集装箱或货物，如无异状，则在正本场站收据及配舱回单（2）上签章后，退还给托运人或货运代理人；如集装箱或货物的实际状况与场站收据或配舱回单（2）的记载不符，则须在正本场站收据和配舱回单（2）上做出批注，退还托运人或货运代理人，而托运人或货运代理人则须根据配舱回单（2）的批注，修改已缮制的提单。

（11）集装箱堆场留下装货单，集装箱装船后将大副联交船方大副。

（12）托运人或货运代理人持正本场站收据和事先缮制的提单至船公司或船公司的代理人处，办理换取提单手续，船公司或船公司的代理人收回场站收据，签发提单。

对承运人来说，签收场站收据表明：其已经收到货物，对货物开始负有责任；发货人可凭场站收据换取提单；一旦发生责任纠纷，场站收据是解决纠纷的初步证据。对于整箱货，承运人在收货时无法知悉箱内货物实际装载情况，在提单上有不知条款（SLAC、STC 等）记载；对于拼箱货，场站收据的签收则应与实收货物外表状况相符，不良批注会影响提单的清洁。

对发货人（或其代理）来说，应注意场站收据的内容，如因发货人填制有误造成货损，应由发货人承担责任。发货人（或其代理）填制场站收据，应保证单货一致、单单一致；还应注意买卖合同和信用证条款，以保证顺利结汇。特殊货、危险货，还应注明货物性质、包装、种类、运输要求、注意事项等。场站收据填制后若需修改，应向主管部门送交更正通知单。

随着业务流程的简化以及单证的电子化，“场站收据联单”在实际业务中已不再使用，取而代之的是电子化的装货单等核心单据。其流转程序及原理与上述联单仍然基本相同。学习“场站收据联单”的流转，有利于读者了解货运代理业务中单证的流转原理以及相关方的工作内容。

9.6.4 出口货物装船时涉及的其他单证

1）装货清单（Loading List，L/L）

装货清单是船公司或其代理人根据装货单留底，将全船待运货物按目的港和货物性质归类，依航次靠港顺序排列编制的装货单的汇总单。装货清单的内容包括船名、装货单编号、件数、包装、货名、毛重、估计立方米及特种货物对运输的要求或注意事项的说明等。

装货清单既是大副编制积载计划的主要依据，又是供现场理货人员进行理货、港口安排驳运、进出库场以及掌握托运人备货及货物集中情况等的业务单据。当有增加或取消货载的情况发生时，船方（通常是船舶代理人）会及时编制“加载清单”（Additional Cargo List）或“取消货载清单”（Cancelled Cargo List），并及时分送各有关方。

2）载货清单（Manifest，M/F）

传统的载货清单是在货物装船完毕后，由船公司的代理人根据大副收据或提单编制的一份按卸货港顺序逐票列明全船实际载运货物的汇总清单。其内容包括船名及航次号、开航日期、装货港及卸货港，同时逐票列明所载货物的详细情况。

载货清单又称“舱单”“国际航行船舶出口载货清单”。它是船舶办理出口（进口）报关手续时的必备单证，也是海关对海运货物进出国境进行监管的单证之一，海关凭以进行验收放行及监督装卸工作。

船舶办理出口（进口）报关手续时，向海关提交的载货清单可分为在港口装货时使用的“出口载货清单”（Export M/F）、卸货时使用的“进口载货清单”（Import M/F）和“过境货物载货清单”（Through Cargo M/F）。当船舶在港装货完毕开航之前，船长应在此单上签名，并将其中一份交给海关办理船舶出口报关手续。如果船舶没有装货出口，办理出口手续时，也要向海关提交一份在载货栏内注明“无货出口”（Export Cargo Nil）字样的载货清单。反之，船舶没有载货进口，向海关提交的载货清单应注“无货进口”（Import Cargo Nil）。

载货清单也可作为船舶运载所列货物的证明。船舶装货完毕离港前，船长必须主动向船公司的代理人索取若干份随船同行，以备中途挂港或到达卸港时办理进口报关手续使用。若船舶到达卸货港时，卸货港的船舶代理人尚未收到有关货运资料时，还可将随船所带的载货清单或经过复制的载货清单分送港口有关部门作为解决安排卸货急需之用。

此外，有的港口根据港章规定，对在特别指定地点装卸的危险货物，必须另外编制载货清单。

3）运费清单（Freight Manifest，F/M）

运费清单又称“运费舱单”，是由装货地船公司或其代理人根据提单副本编制的与货物运费有关事项的一览表，是承运人向托运人收取运费的汇总单。它可以直接寄交或由本船带交给卸货港船公司的代理人，供收取到付运费或处理有关业务使用。

运费清单是分卸货港并按提单编号顺序编制的，其内容除载货清单记载的事项外，增加了计费吨、运费率、预付或到付的运费额等内容。

4）货物积载图（Stowage Plan）

货物积载图是以图示的形式来表明货物在船舱内的装载情况，使每票货物都能形象具体地显示出其在舱内的位置。

5）危险货物清单（Dangerous Cargo List）

危险货物清单是专门列出船舶所载运全部危险货物的明细表。其记载的内容除装货清单、载货清单的基本内容外，特别增加了危险货物的性能和装船位置两项。

为了确保船舶、货物、港口及装卸、运输的安全，包括我国港口在内的世界上很多国家的港口都专门作出规定，凡船舶载运危险货物都必须另行单独编制危险货物清单。

按照一般港口的规定，凡船舶装运危险货物时，船方应向有关部门（我国海事局）申请派员监督装卸。在装货港装船完毕后由监装部门给船方签发一份“危险货物安全装载书”（Dangerous Cargo Safe Stowage Certificate）。这也是船舶载运危险货物时必备的单证之一。

另外，有些港口对装、卸危险货物的地点、泊位，甚至每一航次载运的数量以及对危险货物的包装、标志等都有规定。因此，船公司和货主对各国有关装卸危险货物的规定都应事先有所了解，以免日后发生麻烦。

除上述主要单证外，为了提高运输效率和效益，还会使用其他一些单证，如重大件清单（Heavy and Lengthy Cargo List）、剩余舱位报告（Space Report）、积载检验报告（Stowage Survey Report）、冷藏集装箱清单等。

9.7 换取提单

对于杂货班轮运输而言，托运人（或货代）取得了经大副签署的收货单后，付清运费（运费预付情况下）等费用，可凭以向船公司或其代理人换取已装船提单。

集装箱班轮运输情况下，托运人（或货代）收到经集装箱堆场或集装箱货运站签署的场站收据后，即可凭场站收据向船公司或其他运输方式的经营人付清运费（预付运费的情况下），换取提单。无论是整箱货还是拼箱货，理论上，集装箱承运人应在接收货物时即签署场站收据，但此时货物尚未装船，所以换取的提单应为收货待运提单。但在实践中，收货待运提单不足以保障收货人的利益，一般信用证也都要求已装船提单结汇。因此，实际操作中应等货物装上船后才签发场站收据，换取的是已装船提单。

9.8 货物出运后的跟踪

对于 FOB、CFR 贸易术语下的贸易合同，货物在装运港装船出运后，位于装货港的出口商（通常为托运人）有义务及时向买方发出装船通知，以便买方及时安排货物运输保险事宜。

托运人（通常为出口商）拿到已装船提单，需要根据贸易合同关于货款支付的规定办理出口结汇。以信用证方式付款的前往银行交单，银行核对无误后进行付款，提单则由银行传递给进口地收货人。以其他方式付款的，在买方付款后，提单以航空快递等方式传递给进口地收货人。

涉及出口退税的需要到税务部门办理相关手续。

作为托运人的货运代理人，在货物装运港装船出运后，要及时与托运人办理费用结算等事务，还要做好后续服务，如货物运输状态的跟踪、与进口地货代联系做好船舶到港后货物的提取准备等。

9.9 通知提货

在船舶到达目的地港口前，船公司在卸箱港的代理人须向收货人（或通知人）发出进口货物提货通知，要求收货人事先做好提货准备，以便使集装箱货物到港后能尽快疏运出港，避免货物在港口、堆场积压，使集装箱堆场能更充分地发挥中转、换装作用，从而使集装箱能更快地周转，提高使用率。

提货通知只不过是船公司为使货运程序能顺利完成而发出的单证，对于这个通知发出与否和是否及时，以及收货人能否收到，作为承运人的船公司并不承担责任。也就是说，承运人并不承担因通知不到而引起的责任风险。

对于进口货物收货人（或其货运代理人）而言，关于提货通知，需要特别注意以下几点：

（1）根据《中华人民共和国海关法》规定，海运进口货物的收货人必须在船舶申报进境之日 14 天内向海关申报，逾期由海关收滞报金，而且货物如在 3 个月内不申报提取，将作为无主货处理。船抵港后 10 天内不提取货物，由此产生的拆箱费、滞箱费、疏港费以及货损货差等风险责任均由收货人承担。

（2）遵循国际惯例，收货人须凭正本提单办理提货手续，并在正本提单上加盖公司法人章。“TO ORDER”提单须有发货人的背书。电报放货，收货人应出具公司保函和提单副本，并加盖公司法人章。

（3）进口危险品、冷冻货或重大件的收货人应主动提前与船代/港方联系，做好现提接货准备。

（4）提货通知提供的靠泊日期，不作为船舶申报进境推算之日。

9.10 进口货物卸船

9.10.1 进口货物卸船

对于杂货班轮来说，卸货港的船公司代理人接到装货港的船公司或其代理人寄来的有关货运单证后，即联系卸货港码头为船舶到港和卸货做好准备。船舶到港后，码头组织卸船，外轮理货公司进行理货。

集装箱班轮运输情况下，卸货港的船公司代理人接到装货港的船公司或其代理人寄来的有关货运单证后，即联系集装箱装卸作业区的集装箱堆场或货运站经营人，为船舶到港和卸箱做好准备。船舶到港后，组织卸船和安排集装箱在集装箱堆场的存放或者转运或者在集装箱货运站进行拆箱等工作。

卸船时，由外轮理货公司做一张卸船理箱单，与装港的装船理箱单一起用以确定海上箱子灭失或损害的责任归属。外轮理货公司还要做进场设备交接单（IN EIR），因为箱子出场时做出场设备交接单（OUT EIR），若这两张单证的内容不符，就说明是集装箱码头堆场（CY）的责任，这两张单证是堆场对箱体的责任划分的重要单证。

9.10.2 进口货物卸船时涉及的其他单证

与装船时由船方签发收货单以作为船方收到货物的凭证一样，在卸货港卸货时，收货人或装卸公司之间也需要相互签认一种可以作为证明船方和收货人或装卸公司交接货物实际情况的单证。在不同的国家和港口，用以证明货物卸货时所交接货物的实际情况的单证名称可能有所不同，但它们所包括的内容和所起的作用基本相同。

1）过驳清单（Boat Note）和卸货报告（Outturn Report）

过驳清单是卸货港货物过驳卸船时，作为证明货物交接和表明所交货物实际情况的单证。过驳清单是根据卸货时的理货单证编制的，其内容包括：船名、货名、标志、号码、包装、件数、卸货港、卸货日期、舱口号等，并由收货人、卸货公司、驳船经营人等收取货物的一方与船方共同签字确认。此外，过驳清单还会记载所卸货物差损的种类和程度，被称为过驳清单批注（Boat Note Remark）。过驳清单按卸货的实际情况填好后，由收货人、装卸公司等收取货物的一方和船方责任人大副为另一方共同签字确认。记载过驳清单的批注，方法与前述收货单的批注类似，它不但要记载货损的种类，而且还要明确记载损坏程度，是否进行了临时修补，内装货物的状态等。因为船方的责任期间是从货物装船时起到卸离船舶时为止，所以收货单和过驳清单是证明船方责任起止的重要证据。如果收货单和过驳清单的批注一致，则可以证明船方在运输过程中没有给货物造成损害。假如在此以后交付货物时发现了货物损坏，而这种损坏并未在过驳清单上批注，除非特殊原因，否则，所有这些属于卸货后发现的损坏都不属于船公司的责任。

过驳清单多用于日本及欧洲的一些港口。在一些不使用过驳清单的港口，则使用卸货报告（Outturn Report）。卸货报告的作用与过驳清单大体相同。它是按照起运港编制的出口载货清单和卸货港全部卸下的货物重新按票汇总的一份详细的进口载货清单。它较之起运港的出口载货清单增加了卸货方式（Kind of Delivery，是指将货物卸岸入库，还是装车或过驳）、实交数量（Total De-livery）、溢卸数量（Over Landed）、残损数量（Damage）和备注栏（Remark）等项目。对货物的外表状况、内容、残损、溢短等情况均可在卸货报告的备注栏内批注。

对于集装箱班轮运输来说，卸货报告是集装箱堆场或货运站在交付货物后，将交货记录中记载的批注，按不同载货的船名，分船编制的表明交货状态的批注汇总清单。在集装箱堆场或货运站完成了整箱货或拼箱货的交付后，须及时汇集交货记录上所做的批注，缮制卸货报告交船公司。以后，如果收货人对货物的灭失或损坏提出索赔时，卸货报告就是船公司理赔的重要依据。不过，有些船公司并不要求集装箱堆场或货运站提交这一单证，而以交货记录作为理赔的依据。

2）货物残损单（Broken & Damaged Cargo List）和货物溢短单（Overlanded & Shortlanded Cargo List）

货物残损单和货物溢短单是我国港口在卸货时使用的，作为卸货交接证明的单据。货物残损单是指卸货完毕后，理货员根据卸货过程中发现的货物破损、水湿、水渍、渗漏、霉烂、生锈、弯曲变形等情况记录编制的，证明货物残损情况的单据。

货物溢短单是在卸货时，某票货物所卸下的数字与提单（或载货清单）上所记载的数字不符（发生溢卸或短卸）的情况，待船舶卸货完毕并清理数字后，由理货长汇总编制的表明货物超出或短缺情况的证明。

货物残损单和货物溢短单都是船公司日后处理收货人索赔的原始资料和依据，必须经船长或大副的签认才有效。因此，船方在签字前必须认真核对，情况属实才能给予签认。残损单内所记载的残损情况与事实不符时，也可在残损单上做出适当的批注。

3）货物查询单（Cargo Tracer）

货物查询单是在卸货港发现货运事故（常见于溢短卸）时，为追查原因以明确责任所在，而向装货港、各挂靠港、船公司和载运该货物的船舶发出的调查函。货物查询单分查询联（甲联）和被查询单位的答复联（乙联）。船公司在卸货港的代理人将需要调查的内容分别记入查询联和答复联内，一并寄交被查询的单位。被查询的单位接到后，应立即进行详细的调查，并将调查结果填入答复联，寄还发出查询单的单位。

4）待提集装箱（货物）报告[Report of Undelivered Container（Cargo）]

待提集装箱（货物）报告是集装箱堆场或货运站编制并送交船公司的，表明经过一段时间尚未能疏运的，仍滞留在堆场或货运站的重箱或货物的书面报告。据此，船公司可向收货人发出催提货物的通知，以利疏港和加速集装箱的周转。

其实，集装箱堆场或货运站向船公司送交待提集装箱（货物）报告和船公司向收货人发出催提通知，只不过是为尽快疏运集装箱及货物和加快集装箱的周转而采取的必要措施之一，他们对此并不承担责任。事实上，在船公司向收货人发出的到货通知书中，通常都有关于提取货物的期限和对不按时提取的货物将按规定进行处理的规定。比如，在我国，对于到达上海港的集装箱货物，在到货通知书上就明确规定："根据海关规定，货物到港（站）14 天内未能及时向海关申报，由此引起的港口疏港所发生的费用等，由收货人承担。货物抵港 3 个月不提取，将作无主货处理。"

9.11 换单（B/L 换 D/O）

在集装箱卸船进入集装箱堆场或货运站，做好交付准备后，船公司或其代理人会向收货人发出到货通知，收货人即可凭提单和到货通知（见图 9.23），办理提货手续，换取提货单，凭以提取货物。

【拓展资料】

到货通知（Arrival Notice，A/N）是指卸货港的船公司的代理人在集装箱卸入集装箱堆场，或移至集装箱货运站，并办好交接准备后，向收货人发出的要求收货人及时提取货物的书面通知。

到货通知共有五联。第一联：到货通知书；第二联：提货单；第三联：费用账单（1）；第四联：费用账单（2）；第五联：交货记录。

到货通知书

ARRIVAL NOTICE

收货人：

您单位下列进口货物已抵港，请速凭正本提单并背书后来我公司办理提货手续。

船名	航次	起运港	目的地
提单号	交付条款	到付海运费	
卸货地点	到达日期	进库场日期	第一程运输

标记与集装箱号	货名	集装箱数或件数	重量（KGS）	体积（M）

特此通知

××外轮代理公司

年　　月　　日

注意事项：

1. 请凭本通知书和正本提单（加盖公章）速来我公司进口部门办理提货手续；如提取私人行李另须携带本人护照或代办委托书及身份证，为方便各环节业务，请最好携带您公司业务章前来办理提货手续。
2. 如需委托我公司代办报关转运，请随带有关单证及钱款，派员前来我司委托，如有不清，请洽我司电话：××××××××
3. 在必要情况下，我公司接受暂凭银行担保函替代正本提单办理提货手续。
4. 根据海关规定，货物到港（站）14 天内未能及时向海关申报，由此引起的海关滞报金，由收货人承担。根据××××疏港法规定，货物到港（站）10 天内未能及时提取货物，由此引起的港口疏港所发生的费用等，由收货人承担。货物抵港 3 个月不提取，将作无主货处理。
5. 本通知书所列到达日期系预报日期，不作为申报进境计算滞报金、滞箱费起算之日凭据。
6. 本通知书依据提单与舱单上提供的“收货人”及地址投递，由于英文翻译中文所发生的人名地名不一致，我司不承担由此产生的损失，希请谅解。
7. 我公司地址：×××××××××××××××

   电话：××××××××

   邮编：××××××××

   电报：××××××××传真：××××××××

   电传：××××××××

图 9.23　到货通知

到货通知五联单的各联流转如下：

（1）五联到货通知书都由船公司在卸箱港的代理人在船舶到港前填制。

（2）船舶抵港前，船公司在卸货港的代理人根据装箱港的船公司或其代理人寄来的载货运费清单或提单副本的有关货运资料填制到货通知书一式五联后，在集装箱卸船并做好交货准备后，将五联单中的第一联到货通知书寄交收货人或通知人。

（3）收货人持正本提单和到货通知书至船公司在卸货港的代理人处，换取其余四联，即提货单、费用账单（1）和（2）及交货记录等单证。

（4）船公司在卸箱港的代理人审核提单和是否已付清运费后，收回正本提单和到货通知书，在提货单上加盖专用章，连同五联单中的其他三联，即费用账单（1）和（2）及交货记录换发给收货人。

（5）收货人持费用账单（1）、（2）和交货记录以及加盖了船公司在卸货港的代理人的专用章的提货单共四联，随同进口报关单和其他进口报关所需单证，至海关办理货物进口报关手续，海关核准放行，即在提货单上加盖海关放行章，然后将提货单、费用账单（1）和（2）以及提货单共四联退还给收货人。

办理进口报关时，有时海关要求收货人出具进口许可证；合同；信用证；来料加工、进口加工、补偿贸易登记手册；支票；包装证明；产地证书；内地转关证明；装箱单；提单副本等。

（6）收货人即可持这四联单证（主要是海关放行的提货单）至集装箱堆场或集装箱货运站办理提货手续。

（7）堆场或货运站经营人核单后，留下用作放货依据的提货单联和据以结算费用的费用账单（1）和（2），在交货记录联上加盖港站印章，将交货记录退还给收货人。

（8）收货人实际提取集装箱货物时，堆场或货运站的发货人员即凭收货人所持有的交货记录发放集装箱货物。提货完毕，在交货记录上签收，交货记录由集装箱堆场或货运站留存。

"到货通知书联单"在实际业务中也已不再使用，取而代之的是其电子化的核心单据，其流转程序及原理与上述联单仍然基本相同。

待付款赎单取得全套单据后，收货人或其货运代理人要查清该进口货物属于哪家船公司承运、哪家作为船舶代理、在哪儿可以换到供通关用的提货单。另外，还应提前与船公司或船舶代理部门联系，确定船到港时间、地点，如需转船，应确认二程船名；提前与船公司或船舶代理部门确认换单费、押箱费、换单的时间；提前联系好场站确认好提箱费、掏箱费、装车费、回空费等。在收到船公司卸货港代理发出的到货通知书后，收货人即可凭正本提单和到货通知书办理提货手续，换取提货单（Delivery Order）（见图 9.24），办理进口清关手续后，凭以提取货物。

9.12 进口报关（报检）

对于进口货物，一般情况下，收货人或其代理人先以电子报关单形式向海关申报，后续提交纸质报关单；特殊情况下，经海关同意，收货人或其代理人也可单独以纸质报关单或电子报关单形式向海关申报。

海关在接受申报、审核单证、实施查验、卫生检疫、征收税费等环节完成以后，会对进口货物做出结束海关监管的决定。确认放行后，海关将在提货单上签盖"电子放行章"，并在进口货物报关单上加盖与海关电子通关系统联网的条形码。收货人或其代理人凭盖有"电子放行章"的提货单，提取货物到运输工具上，随后在关区卡口处扫码离境即可。

对于一般进口货物，放行即为结关。对于保税、减免税和暂准进口货物，海关虽予放行，但并未办结海关手续，也就是放行未结关仍需接受海关的后续管理。

收货人或其代理人在提取进口货物之后，根据实际情况，如果需要海关签发有关货物进出口证明联的，均可向海关提出申请。

中国上海外轮代理公司

CHINA OCEAN SHIPPING AGENCY SHANGHAI

提 货 单

DELIVERY ORDER

致：______________________港区场站　　　　　　　　　　　　No. ×××××

收货人　　　　　　　　　　　　　　　　　　　　　　　　　　船挡号

下列货物已办妥手续，运费结清、准予交付收货人。

船名	航次	起运港	目的地	到达日期
提单号	交付条款	卸货地点	进库场日期	第一程运输

标记与集装箱号	货名	集装箱数或件数	重量（KGS）	体积（M）

请核对放货。

中国上海外轮代理公司
（盖章有效）
年　　月　　日

船代公司重要提示：

（1）本提货单中有关船、货内容按照提单的相关显示填制；
（2）请当场核查本提货单内容错误之处，否则本公司不承担由此产生的责任和损失（Error And Omission Excepted）；
（3）本提货单仅为向承运人或承运人委托的雇佣人或替承运人保管货物订立合同的人提货的凭证，不得买卖转让（Non-negotiable）；
（4）在本提货单下，承运人代理人及其雇佣人员的任何行为，均应被视为代表承运人的行为，均应享受承运人享有的免责、责任限制和其他任何抗辩理由(Himalaya Clause)；
（5）货主不按时换单造成的损失，责任自负；
（6）本提货单中的中文译文仅供参考。

注意事项：

1. 本提货单需盖有船代放货章和海关放行章后方始有效。凡属法定检验、检疫的进口商品，必须向检验检疫机构申报。
2. 提货人到码头公司办理提货手续时，应出示单位证明或经办人身份证明。提货人若非本提货单记名收货人时，还应当出示提货单记名收货人开具的证明，以表明其为有权提货的人。
3. 货物超过港存期，码头公司可以按《上海港口货物输运管理条例》的有关规定处理。在规定期间无人提取的货物，按《海关法》和国家有关规定处理。

收货人章 1	海关章 2	3	4
5	6	7	8

图 9.24　提货单

9.13 提重箱

集装箱运输情况下，提取货物包括提重箱、拆箱和空箱回运几个过程。收货人或货运代理人需要委托某家内陆运输承运人（拖车公司）完成重箱拖运事宜。货代有自有车队的可联系车队安排拖车。如果货物须在进境地以外的其他地点办理进口清关手续，属转关运输的话，应符合海关的相应监管要求。

收货人要求进口集装箱整箱提运，应在提运作业前一天到集装箱码头受理台办理整箱提运作业申请手续。码头受理台业务员检查申请人的提货单手续（图章）是否齐全，并按船名、航次和提单号查询电脑舱单内的箱号、品名、标记、件数，核对无误后，直接在计算机系统中受理计划，同时打印“提箱凭证”交申请人作为提箱依据。“提箱凭证”的内容主要有船名、航次、箱号、堆场位置、作业时间等项目。

整箱提运的当日，货主或内陆承运人凭“提箱凭证”、车辆 IC 卡和“出场设备交接单”到码头进场检查口办理提箱手续。检查口文员验收单证，确认无误后，通过电脑打印重箱“发箱凭证”交集卡司机。集卡司机根据“发箱凭证”上的场箱位进入指定堆场提箱。集卡司机进入指定堆场后，将其交堆场员，核对无误后，堆场员指挥轮胎吊司机按指定的箱号发箱，并在“发箱凭证”上签字后，交还给集卡司机。在集装箱装集卡后，集卡司机将集卡驶至出场检查口，并将堆场员签字过的“发箱凭证”交出场检查口业务员，业务员核对箱号、车号后，打印出场“门票”，并在“出场设备交接单”上进行交接确认。集卡司机凭“门票”出码头。

9.14 拆箱

整箱货运输下，拆箱工作由收货人或其货运代理人完成，承运人与收货人的责任划分是以集装箱货物出堆场大门为界，双方在集装箱外表状况良好、铅封完整下交接，承运人已经按照提单记载交付货物的表面证据。若收货人拆箱发现货损，应及时会同有关部门做好拆箱记录，以利于保险合同、买卖合同或运输合同下的索赔。而在拼箱货运输下，拆箱工作是由货运站完成的，双方按照货物的实际数量和外表状况进行交接。

9.15 空箱回运

收货人或其货运代理人自堆场提取重箱后，应在集装箱免费使用期内及时掏箱，以免产生滞箱费。

掏箱完毕的进口空箱由集卡司机将其拖运回集装箱码头堆场。集卡司机向集装箱码头进场检查口交验“进场设备交接单”；验箱员检查集装箱的六面状况，验箱员和司机双方在“进场设备交接单”上签字，检查口业务员打印空箱“进场小票”，交司机带入堆场。集卡司机根据“进场小票”所指定的场箱位进入堆场，向堆场员交进场小票，堆场员核对实际箱号后，指挥堆场机械收箱，并将实际场箱位在小票上注明。集卡司机驾驶空车至出场检查口，将“进场小票”交出场检查口业务员，出场检查口业务员将实际场箱位输入电脑，并打印“门票”交司机带出。

货物提清后，应从场站取回设备交接单证明箱体无残损，去船公司或船舶代理部门取回押箱费。

第10章 提单与海运单

学习目标

【知识目标】

1. 熟悉提单的定义、作用及种类；
2. 掌握提单记载的内容；
3. 掌握提单的使用及流转程序；
4. 掌握海运单与提单的区别及流转程序。

【技能目标】

1. 具有识读提单内容的能力；
2. 具有缮制提单的能力。

10.1 提单概述

10.1.1 提单的定义

《中华人民共和国海商法》第七十一条给提单下的定义是："提单，是指用以证明海上货物运输合同和货物已经由承运人接收或者装船，以及承运人保证据以交付货物的单证。提单中载明的向记名人交付货物，或者按照指示人的指示交付货物，或者向提单持有人交付货物的条款，构成承运人据以交付货物的保证。"提单（Bill of Lading，B/L）是国际海上货物运输中最具有特色的运输单据，在国际班轮运输中既是一份非常重要的业务单据，又是一份非常重要的法律文件。在国际贸易中，提单也起到了贸易单证的作用，是一种有价证券。作为有价证券，提单既是物权证券又是债权证券，它同时代表物权和债权；提单是要式证券，提单上的记载必须依据法律规定而为；提单是文义证券，它所代表的权利以提单上记载的内容为准；提单是准流通证券，它可以通过交付或者背书加交付转让；提单是设权证券，通过签发提单可以创设原本不存在的权利；提单是缴还证券，提单上权利的实现必须以交还提单为要件。

10.1.2 提单的作用

根据法律规定，提单具有以下 3 项主要功能或作用。

1）海上货物运输合同的证明（Evidence of the Contract of Carriage）

提单的印刷条款规定了承运人与货物关系人之间的权利、义务，提单也是法律承认的处理有关货物运输争议的依据，因此，有人会认为提单本身就是运输合同。但是，提单并不具有作为经济合同应具备的基本条件，构成运输合同的主要项目，诸如船名、开航日期、航线、靠港及其他有关货运条件都会事先公布，而且是众所周知的；至于运价和运输条件也是承运人预先规定的，提单条款仅是承运人单方面制定的，而且，在提单上只有承运人单方的签字。而且合同履行在前，签发提单在后，它只是在履行运输合同的过程中出现的一种证据，而合同实际上是在托运人向承运人或其代理人订舱、办理托运手续时就已成立。确切地说，承运人或其代理人在托运人填制的托运单上盖章时，承、托之间的合同就已成立。所以，将提单称为“海上货物运输合同已存在的证明”更为合理。

提单是运输合同成立的证明。如果在签发提单之前，承、托双方另有约定，且该约定又不同于提单条款规定的内容，则以该约定为准。如果在签发提单之前，承、托双方并无约定，且托运人在接受提单时又未提出任何异议，这时才可将提单条款推定为合同条款的内容，从而约束承、托双方，使提单从运输合同成立的证明转化为运输合同本身。

当提单转让给善意的第三人（提单的受让人、收货人等）以后，承运人与第三人之间的权利、义务等就按提单条款的规定处理，即此时提单就是第三人与承运人之间的运输合同。《中华人民共和国海商法》第七十八条第一款规定：“承运人与收货人、提单持有人之间的权利、义务关系，依据提单规定确定。”

2）货物已由承运人接管或装船的收据（Receipt for the Goods Shipped）

首先，货物的原始收据不是提单，而是大副收据或者场站收据。

“收货待运提单”是证明承运人已接管货物、具有明显的货物收据功能的单证。

“已装船提单”是在货物装船后，根据货物的原始收据——大副收据等签发的，提单上记载有证明收到货物的种类、数量、标志、外表状况的内容。此外，由于国际贸易中经常使用FOB、CFR和CIF 3个传统的价格术语，在这3个传统的“装运合同”（Shipment Contract）价格术语下，货物装船象征卖方将货物交付给买方，货物装船时间也就意味着卖方的交货时间，因此，提单上还记载了货物装船的时间。用提单来证明货物的装船时间是非常必要的，因为作为履行贸易合同的必要条件，如果卖方未将货物按时装船，银行就不会接受该提单。

承运人签发提单，就表明他已按提单上所列内容收到货物。但是，提单作为货物收据的法律效力在不同的当事人之间也是不同的。

提单作为货物收据的效力，因其在托运人或收货人手中而有所不同。对托运人来说，提单只是承运人依据托运人所列提单内容收到货物的初步证据（Prima Facie Evidence）。换言之，如果承运人有确实证据证明他在事实上未收到货物，或者在收货时实际收到的货物与提单所列的情况有差异，承运人可以通过一定方式减轻或者免除自己的赔偿责任。但对善意接受提单的收货人，提单是承运人已按托运人所列内容收到货物的绝对证据（Conclusive Evidence）。承运人不能提出相反的证据否定提单内所记载的内容。《中华人民共和国海商法》第七十七条对提单有关货物记载事项的证据效力的规定为：“……承运人或者代其签发提单的人签发的提单，是承运人已经按照提单所载状况收到货物或者货物已经装船的初步证据；承运人向善意受让提单的包括收货人在内的第三人提出与提单所载状况不同的证据，不予承认。”

3）承运人保证凭以交付货物的物权凭证（Document of Title）

承运人或其代理人在目的港交付货物时，必须向提单持有人交货。在这种情况下，即使是真正的收货人，如果不能递交正本提单，承运人也可以拒绝对其放行货物。也就是说，收货人根据提单物权凭证的功能，在目的港以提单相交换来提取货物。

提单作为物权凭证的功能是用法律的形式予以确定的，提单的转移就意味着提单上所记载货物的转移，提单的合法受让人或提单持有人就有权要求承运人交付提单上所记载的货物。除提单中有规定外，提单的转让是不需要经承运人同意的。

提单具有物权凭证的功能使提单所代表的“物权”可以随提单的转移而转移，提单中所规定的权利和义务也随着提单的转移而转移。即使货物在运输过程中遭受损坏或灭失，也因货物的风险已随提单的转移而转移给了提单的受让人。提单的受让人能否得到赔偿将取决于有关海上货物运输的法律、国际公约和提单条款的规定。

提单的转让是受时间制约的。在办理提货手续前，提单是可以转让的。但是，一旦办理了手续，该提单就不能再转让了。

10.1.3 提单的种类

随着世界经济的发展，国际海上货物运输中所遇到的海运提单（Ocean B/L or Marine B/L）种类也越来越多。

1）按货物是否已装船为标准分类

（1）已装船提单（On board B/L；Shipped B/L）：整票货物全部装船后，由承运人或其代理人向托运人签发的货物已经装船的提单。该提单上除了载明其他通常事项外，还须注明装运船舶名称和货物实际装船完毕的日期。

（2）收货待运提单（Received for Shipment B/L）：简称待装提单或待运提单，是指承运人虽已收到货物但尚未装船，应托运人要求而向其签发的提单。由于待运提单上没有明确的装船日期，而且又不注明装运船的船名，因此，在跟单信用证的支付方式下，银行一般都不接受这种提单。

当货物装船后，承运人在待运提单上加注装运船舶的船名和装船日期，就可以使待运提单成为已装船提单。

2）按提单收货人一栏的记载为标准分类

（1）记名提单（Straight B/L）：在提单“收货人”一栏内具体填上特定的收货人名称的提单。记名提单只能由提单上所指定的收货人提取货物。记名提单，不得转让。记名提单可以避免因转让而带来的风险，但也失去了其代表货物可转让流通的便利。银行一般不愿意接受记名提单作为议付的单证。

（2）不记名提单（Open B/L；Blank B/L；Bearer B/L）：在提单“收货人”一栏内记明应向提单持有人交付货物（To the Bearer 或 To the Holder）或在提单“收货人”一栏内不填写任何内容（空白）的提单。不记名提单，无须背书即可转让。也就是说，不记名提单由出让人将提单交付给受让人即可转让，谁持有提单，谁就有权提货。

（3）指示提单（Order B/L）：在提单“收货人”一栏内只填写“凭指示”（To order）或“凭某人指示”（To the order of ×××）字样的提单，经过记名背书或空白背书转让。指示提单除由出让人将提单交付给受让人外，还应背书，这样提单才得到了转让。

如果提单的收货人一栏只填写“To order”，则称为托运人指示提单。记载“To the order of the shipper”与记载“To order”是一样的托运人指示提单。在托运人未指定收货人或受让人以前，货物仍属于托运人。

如果提单的收货人一栏填写了“To the order of ×××”，则称为记名指示提单。这种情况下，由记名的指示人指定收货人或受让人。记名的指示人可以是银行，也可以是贸易商等。

3）按对货物外表状况有无批注为标准分类

（1）清洁提单（Clean B/L）：没有任何有关货物残损，包装不良或其他有碍于结汇的批注的提单。

事实上提单正面已印有“外表状况明显良好”（In Apparent Good Order and Condition）的词句，若承运人或其代理人在签发提单时未加任何相反的批注，则表明承运人确认货物装船时外表状况良好这一事实，承运人必须在目的港将接收装船时外表状况良好的同样货物交付给收货人。在正常情况下，向银行办理结汇时，都应提交清洁提单。

（2）不清洁提单（Unclean B/L or Foul B/L）：承运人在提单上加注有货物及包装状况不良或存在缺陷，如水湿、油渍、污损、锈蚀等批注的提单。承运人通过批注，声明货物是在外表状况不良的情况下装船的，在目的港交付货物时，若发现货物损坏可归因于这些批注的范围，从而减轻或免除自己的赔偿责任。在正常情况下，银行将拒绝以不清洁提单办理结汇。

实践中，当货物及包装状况不良或存在缺陷时，托运人会出具保函，并要求承运人签发清洁提单，以便顺利结汇。由于这种做法掩盖了提单签发时的真实情况，因此承运人将承担由此而产生的风险责任。如：承运人不能以保函对抗善意的第三方，因此承运人要赔偿收货人的损失；承运人根据保函向托运人追偿赔款。

4）按不同的运输过程为标准

（1）直达提单（Direct B/L）：由承运人签发的，货物从装货港装船后，中途不经过转船而直接运抵卸货港的提单。

（2）转船提单（Transhipment B/L or Through B/L）：在装货港装货的船舶不直接驶达货物的目的港，而要在中途港换装其他船舶运抵目的港，由承运人为这种货物运输所签发的提单。

（3）多式联运提单（Combined Transport B/L；Intermodal Transport B/L；Multimodal Transport B/L）：货物由海路、内河、铁路、公路和航空等两种以上不同运输工具共同完成全程运输时所签发的提单，这种提单主要用于集装箱运输。多式联运提单一般由承担海运区段运输的船公司签发。

5）按提单签发人不同为标准

（1）班轮公司所签提单（班轮提单）（Liner B/L；Master B/L）：在班轮运输中，由班轮公司或其代理人所签发的提单。在集装箱班轮运输中，班轮公司通常为整箱货签发提单。

（2）无船承运人所签提单（NVOCC B/L）：由无船承运人或其代理人所签发的提单。在集装箱班轮运输中，无船承运人通常为拼箱货签发提单，因为拼箱货是在集装箱货运站内装箱和拆箱，而货运站又大多有仓库，所以有人称其为仓/仓提单（House B/L）。当然，无船承运人也可以为整箱货签发提单。

10.2 提单记载的内容

国际公约和各国国内立法均对提单需要记载的内容做了规定，以保证提单的效力。根据《中华人民共和国海商法》第七十三条的规定，提单内容包括下列事项：① 货物的品名、标志、包数或者件数、重量或者体积，以及运输危险货物时对危险性质的说明；② 承运人的名称和主营业所；③ 船舶名称；④ 托运人的名称；⑤ 收货人的名称；⑥ 装货港和在装货港接收货物的日期；⑦ 卸货港；⑧多式联运提单增列接收货物地点和交付货物地点；⑨提单的签发日期、地点和份数；⑩ 运费的支付；⑪ 承运人或者其代表的签字。

提单缺少上述一项或几项并不影响提单的性质，但是，提单应当符合《中华人民共和国海商法》第七十一条的规定。

10.2.1 印刷条款

1）提单正面印刷条款

在提单的正面通常会有以下印刷条款（见图 10.1）：

（1）确认条款。该条款是承运人表示在货物或集装箱外表状况良好的条件下接收货物或集装箱，并同意承担按照提单所列条款，将货物或集装箱从装货港或起运地运往卸货港或交货地，把货物交付给收货人的责任的条款。该条款的英文措辞通常为："Received in apparent good order and condition except as otherwise noted the total number of packages or units enumerated below for transportation from the port of loading (or the place of receipt if mentioned below) to the port of discharge (or the place of delivery if mentioned below), subject to all the terms and conditions hereof, including the terms and conditions on the reverse hereof. One of the signed original bills of loading must be surrendered duly endorsed in exchange for the goods or delivery order."

（2）承诺条款。该条款是承运人表示承认提单是运输合同成立的证明，承诺按照提单条款的规定承担义务和享受权利，而且也要求货主承诺接受提单条款制约的条款。由于提单条款是承运人单方拟定的，该条款为表明货主接受提单也就接受了提单条款的制约，所以该条款也称代拟条款。该条款的英文措辞通常为："In accepting this bill of lading, the merchant expressly accepts and agrees to all the terms and conditions hereof, including the terms and conditions hereof shall (without prejudiuce to any rule of common law or statute rendering them binding on the merchant) become binding in all respects between the carrier and the merchant as though the contract evidenced hereby had been made between them."

（3）签署条款。该条款是承运人表明签发提单（正本）的份数，各份提单具有相同效力、其中一份完成提货后其余各份自行失效和提取货物必须交出经背书的一份提单以换取货物或提货单的条款。该条款的英文措辞通常为："In witness Where of the number of original bills of lading stated above have been issued, all of the same tenor and date, one of which being accomplished, the others to stand void."

（4）不知条款。该条款是承运人表示没有适当的方法对所接收的货物或集装箱进行检查，所有货物的重量、尺码、标志、品质等都由托运人提供，并不承担责任的条款。该条款的英文措辞通常为："Weight, measure, marks, numbers, quality, contents and value if mentioned in this bill of lading are to be considered unknown unless the contrary has been expressly acknowledged and agreed to. The signing of this bill of Lading is not to be consideredas such an agreement."

有些提单上并未印刷该条款，而是在货物描述栏中打印如下字样："Shipper's load, stow, count and seal（缩写为 S.L.S.C&S）"以及"Said to contain（缩写为 S.T. C）"。

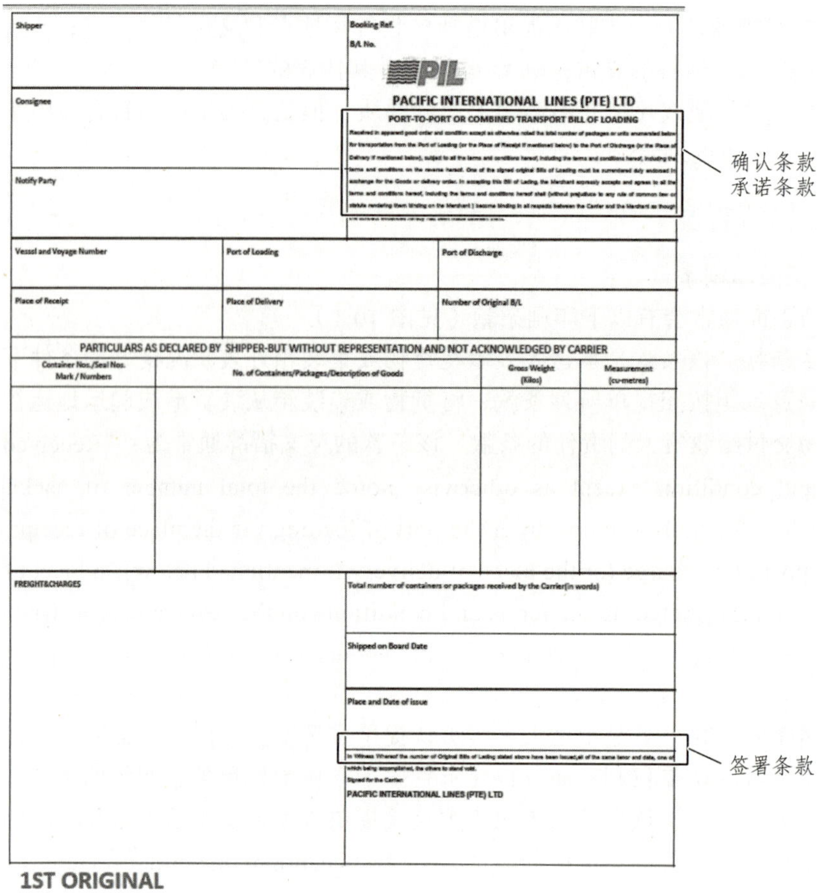
Shipper

Booking Ref.

B/L No.

PACIFIC INTERNATIONAL LINES (PTE) LTD

PORT-TO-PORT OR COMBINED TRANSPORT BILL OF LOADING

Received in apparent good order and condition except as otherwise noted the total number of packages or units enumerated below for transportation from the Port of Loading (or the Place of Receipt if mentioned below) to the Port of Discharge (or the Place of Delivery if mentioned below), subject to all the terms and conditions hereof, including the terms and conditions hereof, including the terms and conditions on the reverse hereof. One of the signed original Bills of Loading must be surrendered duly endorsed in exchange for the Goods or delivery order. In accepting this Bill of Lading, the Merchant expressly accepts and agrees to all the terms and conditions hereof, including the terms and conditions hereof shall (without prejudice to any rule of common law or statute rendering them binding on the Merchant) become binding in all respects between the Carrier and the Merchant as though

Consignee

Notify Party

Vessel and Voyage Number

Port of Loading

Port of Discharge

Place of Receipt

Place of Delivery

Number of Original B/L

PARTICULARS AS DECLARED BY SHIPPER-BUT WITHOUT REPRESENTATION AND NOT ACKNOWLEDGED BY CARRIER

Container Nos./Seal Nos. Mark / Numbers	No. of Containers/Packages/Description of Goods	Gross Weight (Kilos)	Measurement (cu-metres)

FREIGHT&CHARGES

Total number of containers or packages received by the Carrier(in words)

Shipped on Board Date

Place and Date of issue

In Witness Whereof the number of Original Bills of Lading stated above have been issued,all of the same tenor and date, one of which being accomplished, the others to stand void.

Signed for the Carrier:

PACIFIC INTERNATIONAL LINES (PTE) LTD

1ST ORIGINAL

图 10.1　太平船务提单正面印刷条款所在位置示意图

2）提单背面印刷条款

全式提单的背面印有各种条款。提单背面条款可以分为两类，一类是强制性条款，另一类是任意性条款。强制性条款的内容不能违反有关国际公约、国内法律或港口的规定，违反或不符合这些规定的条款无效。任意性条款是国际公约、国内法律或港口规定中没有明确规定，允许承运人自行拟定的条款。这些条款也是表明承运人与托运人、收货人或提单持有人之间承运货物的权利、义务、责任与免责的条款，是解决争议的依据。但是，这些条款并不一定都有效。此外，提单上还会有承运人以另条印刷、刻字印章或打字、手写的形式加列的适用于某些特定港口或特种货物运输的条款，或托运人要求加列的条款。

提单的背面条款主要有：

（1）首要条款和提单适用法。首要条款（Paramount Clause）是用以明确提单所适用法律的条款。

（2）定义条款。定义条款（Definition）是对与提单有关术语的含义和范围做出明确规定的条款。

（3）承运人责任条款。承运人责任条款（Carrier's Responsibility）是用以明确承运人承运货物过程中应承担的责任的条款。由于提单的首要条款都规定了提单所使用的法律，而有关提单的国际公约或各国的法律规定了承运人的责任，所以凡是列有首要条款或类似首要条款的提单都可以不再以明示条款将承运人的责任列于提单条款之中。

（4）承运人责任期间条款。承运人责任期间条款（Period of Responsibility）是用以明确承运人对货物运输承担责任的开始和终止时间的条款。《中华人民共和国海商法》第四十六条规定：“承运人对集装箱装运的货物的责任期间，是指从装货港接收货物时起至卸货港交付货物时止，货物处于承运人掌管之下的全部期间。承运人对非集装箱装运的货物的责任期间，是指从货物装上船时起至卸下船时止，货物处于承运人掌管之下的全部期间。”另外，该条款还规定了承运人可以就非集装箱装运的货物在装船前和卸船后所承担的责任达成任何协议。

（5）承运人赔偿责任限制条款。承运人赔偿责任限制条款（Limit of Liability）是用以明确承运人对货物的灭失和损坏负有赔偿责任应支付赔偿金时，承运人对每件或每单位货物支付的最高赔偿金额的条款。

（6）特定货物条款。特定货物条款是用以明确承运人对运输一些特定货物时应承担的责任和享有的权利，或为减轻或免除某些责任而做出规定的条款。在运输一些特殊性质或对运输和保管有特殊要求的货物时，就会在提单中找到相应的条款，如舱面货（Deck Cargo）、活动物（Live Animals and Plants）、危险货物（Dangerous Goods）、冷藏货（Refrigerated Goods）、木材（Timber）、钢铁（Ironand Steel）、重大件（Heavy Lifts and Awkward Cargo）等特定货物。

此外，提单背面还列有许多其他条款，如：分立契约、赔偿与抗辩、免责事项；承运人的运价本；索赔通知与时效；承运人的集装箱；托运人的集装箱；货方的责任；运费与费用；承运人检查货物；留置权；通知与交付；货主装箱的整箱货；共同海损与救助；互有过失碰撞责任；管辖权；新杰森条款等。

10.2.2 提单正面填写内容

不同的承运人的提单正面需填写的内容大致相同，只是在格式上稍有差异。下面以太平船务的提单样本来说明（见图 10.2）。

① 提单号（B/L No.）。

② 承运人公司 Logo 及名称。一般提单上印有承运人的名称和公司地址。

③ 提单的类别：海运提单（Port to Port B/L），联运提单（Combined Transport B/L）。

④ 印刷条款（确认及承诺条款）。

⑤ 托运人（Shipper）。

托运人是运输合同的另一方当事人。提单作为一种物权证书，如果是托运人指示提单，则提单必须由托运人背书后方可转让。

⑥ 收货人（Consignee）。

收货人自取得提单之时起，便成了提单的关系人。有关收货人名称的记载方法因不同需要而有所不同：记名提单直接载明收货人名称。指示提单载明指示人名称，例如：“To order of...Co. Ltd.”意为由……公司指示，或“To order of...Bank”，意为由……银行指示。这种情况通常是因为信用证支付方式下，开证行（即这里的“……银行”）要求掌握该提单的所有权。指示提单也可只记“To order”字样，意为“To order of the shipper”，即由托运人指示。

⑦ 通知人（Notify Party）。

大部分的提单上有通知人名称这一项，在记名提单上可以不用填通知人名称，因为记名提单上已经写明了具体收货人的名称。但在指示指单上，因没有写明具体收货人名称，这样船公司在卸港的代理人无法与收货人联系，及时办理报关、提货手续，托运人往往在通知人栏目中写明通知人的名称、地址或公司名称。通知人一般为预订的收货人或收货人委托的代理人。

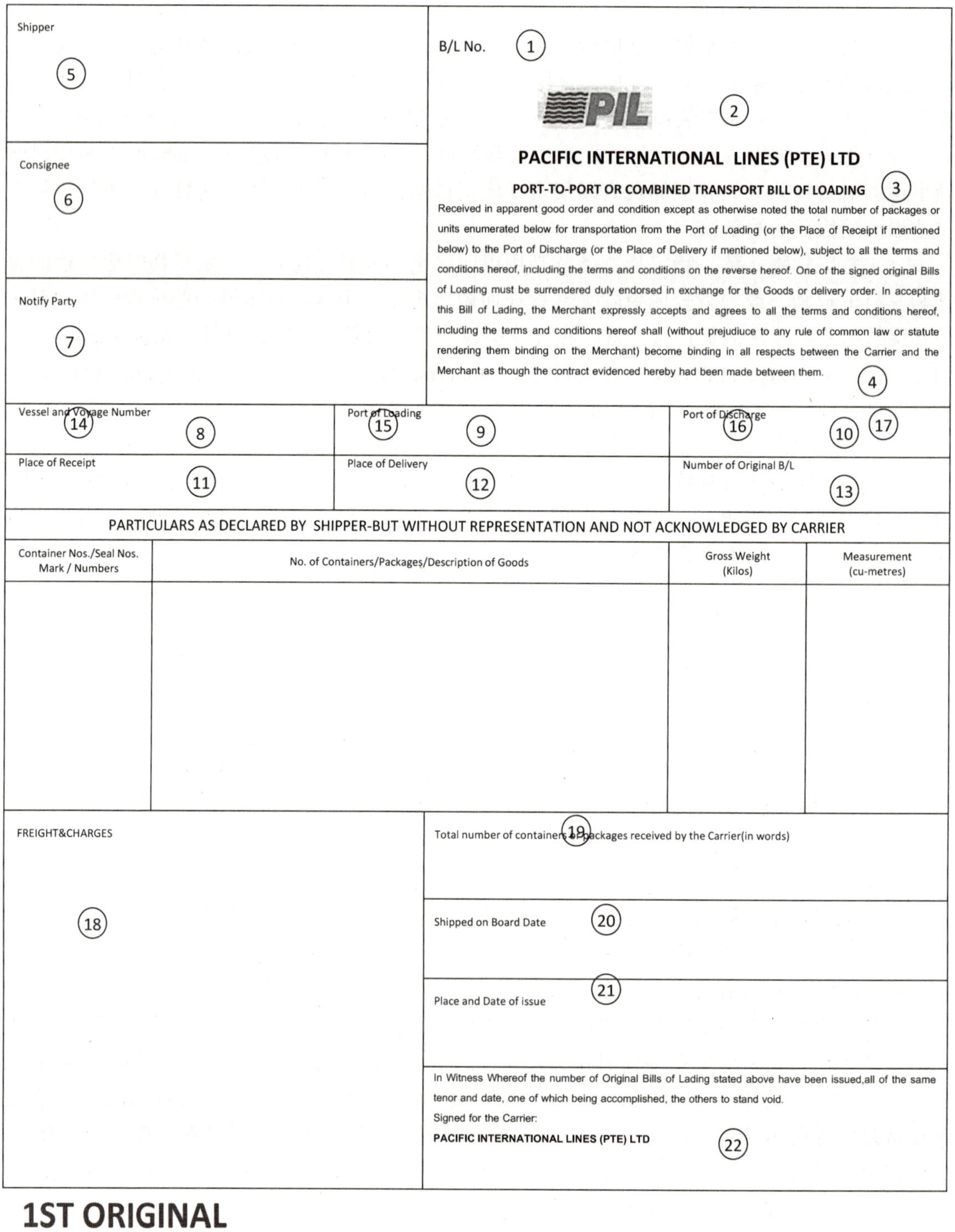

图 10.2　太平船务提单样本

⑧ 船名及航次号（Vessel and Voyage Number）。

⑨ 装货港（Port of Loading）。

⑩ 卸货港（Port of Discharge）。

⑪ 收货地点（Place of Receipt）。

⑫ 交货地点（Place of Delivery）。

⑬ 正本提单的份数（Number of Original B/L）。

提单签发的份数，按航运惯例通常是正本提单一式两至三份。每份具有同等效力，收货人凭其中一份提取货物后，其他各份自动失去效力。但副本提单的份数可视托运人的需要而定。不过，副本提单不能作为物权凭证或背书转让，只能供有关作业的参考。

⑭ 集装箱号/铅封号/唛头/数量（Container Nos./Seal Nos./Marks/Numbers）。

⑮ 包装/集装箱数量/货物描述（No. of Containers/Packages/Description of Goods）。

⑯ 毛重（Gross Weight）。

⑰ 体积（Measurement）。

以上⑭至⑰条关于货物情况的记载事项一般都由托运人提供，应该说这些有关货物的说明是提单内容中比较重要的部分。因为在大多数情况下，提单受让人不可能通过亲自检验的方法来判断货物的数量和质量，而只能根据提单中对货物的说明支付货款。所以，为了维护提单的信用和效力，一方面托运人必须保证其所提供的货物与提单上的记载相吻合，不得有误述和虚报；另一方面承运人应将货物的实际状况与提单上的记载进行仔细核对，若发现有不符之处，应在提单上批注。

⑱ 运费及其他费用（Freight & Charges）。

有关运费由谁支付、何时支付，应在提单上注明。常见的写法有：预付（Freight Prepaid），到付（Freight Collect）。

⑲ 承运人收到的集装箱或货物件数（大写）[Total Number of Containers or Packages Received by the Carrier（in words）]。

⑳（货物）装船日期（Shipped on Board Date）。

㉑（提单）签发地点、时间（Place and Date of Issue）。

提单的签发日期应该是提单上所列货物实际装船完毕的日期，也应该与收货单上大副所签的日期一致。提单签发的地点原则上应是装货地点，一般是在装货港或货物集中地签发。

㉒ 提单签发人签章处。

承运人或载货船船长，或由其授权的人在此处签字或盖章。提单必须经过签署手续后才能生效。有权签署提单的有承运人或载货船船长，或由他们授权的代理人。

当今国际航运中，尤其是班轮货物运输中，大多由船公司的代理人（即船代）签发提单，但代理人必须经由船公司授权方能行使提单签发权，经授权的代理人签署提单与承运人签署提单一样有效。

提单中还会有“For delivery of Goods，Please apply to…Co. Ltd.”的字样，供填写承运人在目的地的分支机构或者其代理人的地址、电话等内容，以便该提单的持有人联系提货。

10.3 提单的使用

10.3.1 提单的签发

提单必须经签署才产生效力。有权签发提单的人包括承运人本人、载货船船长或经承运人授权的代理人。

承运人与托运人订立海上货物运输合同，他是合同的当事人，当然有权签发提单。各国法律都承认载货船船长是承运人的代理人，因此，签发提单属于船长一般职权范围之内的事，而不必经过承运人的特别授权。代理人签发提单必须经承运人特别授权，否则代理人无权代签提单。

（1）承运人（ABC）本人签发提单显示：ABC AS CARRIER。

图 10.3 所示为美国总统轮船有限公司的一张提单，即为承运人本人签发提单。该提单的底部签发栏显示的是：American President Lines，Ltd.，The Carrier（美国总统轮船有限公司，承运人）。

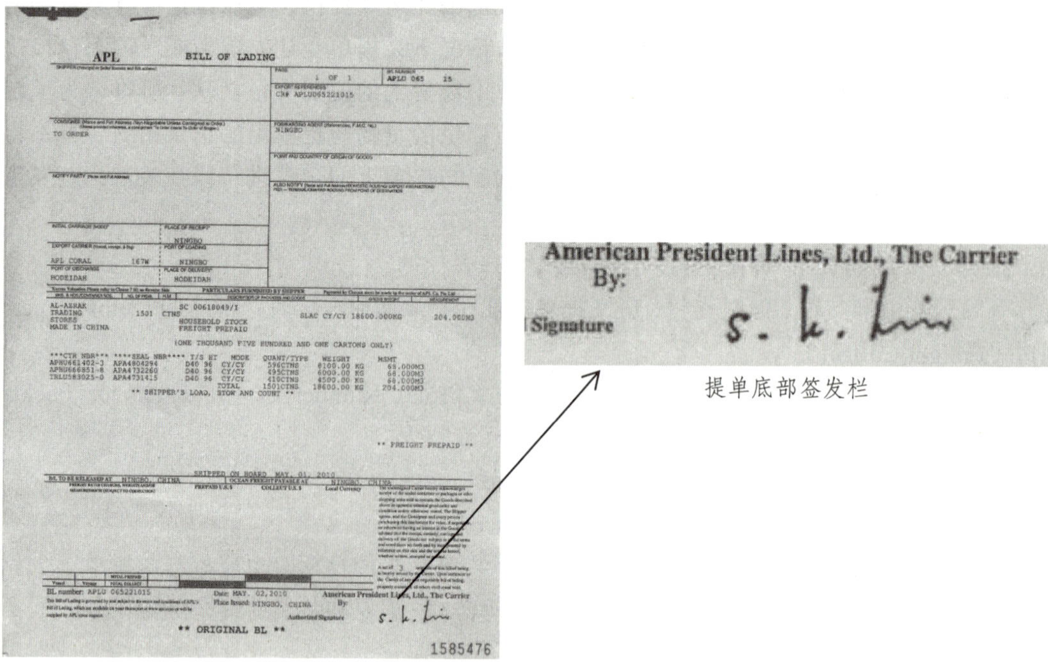

图 10.3 美国总统轮船有限公司的提单

（2）代理人（XYZ）代签提单显示：XYZ AS AGENT FOR THE CARRIER ABC。

图 10.4 所示为长荣的一张提单，为船代签发的提单。该提单的底部签发栏显示所盖签发章的内容是：中国青岛外轮代理有限公司 CHINA OCEAN SHIPPING AGENCY QINGDAO AS AGENTS FOR THE CARRIER OF B/L TITLE[作为本提单抬头的船公司(即长荣，EVERGREEN LINE）的代理]。

（3）载货船船长（OPQ）签发提单显示：CAPTAIN OPQ AS MASTER。

提单签署的方法除了有传统的手签方法外，只要没有特殊的规定，如信用证不规定必须手签提单，则就可以采用印摹、打孔、盖章等符合或如不违反提单签发地所在国国家的法律，用任何其他机械的或电子的方法。

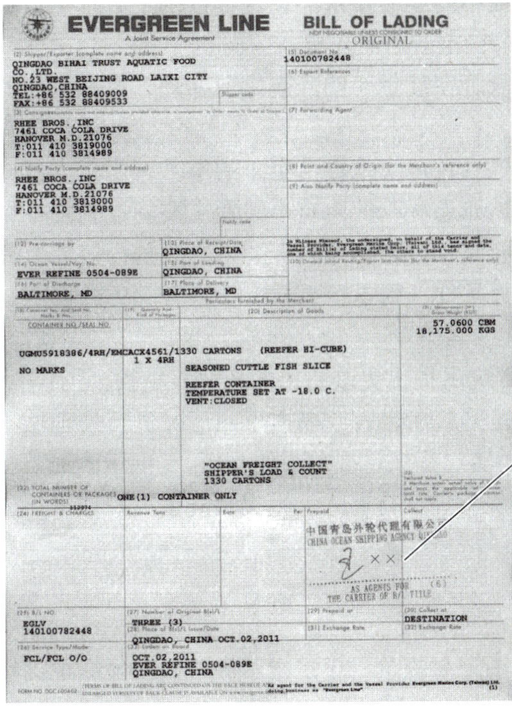

EVERGREEN LINE
A Joint Service Agreement

BILL OF LADING
ORIGINAL

(2) Shipper/Exporter (complete name and address)
QINGDAO BIHAI TRUST AQUATIC FOOD
CO.,LTD.
NO.23 WEST BEIJING ROAD LAIXI CITY
QINGDAO,CHINA
TEL:+86 532 88409009
FAX:+86 532 88409533

(5) Document No.
140100782448

(6) Export References

(7) Forwarding Agent

(3) Consignee
RHEE BROS.,INC
7461 COCA COLA DRIVE
HANOVER M.D.21076
T:011 410 3819000
F:011 410 3814989

(4) Notify Party (complete name and address)
RHEE BROS.,INC
7461 COCA COLA DRIVE
HANOVER M.D.21076
T:011 410 3819000
F:011 410 3814989

(8) Point and Country of Origin (for the Merchant's reference only)

(9) Also Notify Party (complete name and address)

(12) Pre-carriage by

(13) Place of Receipt/Date
QINGDAO, CHINA

(14) Ocean Vessel/Voy. No.
EVER REFINE 0504-089E

(15) Port of Loading
QINGDAO, CHINA

(16) Port of Discharge
BALTIMORE, MD

(17) Place of Delivery
BALTIMORE, MD

Particulars furnished by the Merchant

(18) Container No. And Seal No. Marks & Nos.
CONTAINER NO./SEAL NO.
UGMU5918386/4RH/EMCACX4561/1330 CARTONS (REEFER HI-CUBE)
NO MARKS

(19) Quantity And Kind of Packages
1 X 4RH

(20) Description of Goods
SEASONED CUTTLE FISH SLICE
REEFER CONTAINER
TEMPERATURE SET AT -18.0 C.
VENT:CLOSED
"OCEAN FREIGHT COLLECT"
SHIPPER'S LOAD & COUNT
1330 CARTONS

(21) Measurement (M³) Gross Weight (KGS)
57.0600 CBM
18,175.000 KGS

(22) TOTAL NUMBER OF CONTAINERS OR PACKAGES (IN WORDS)
ONE(1) CONTAINER ONLY

(24) FREIGHT & CHARGES | Revenue Tons | Rate | Per | Prepaid | Collect

中国青岛外轮代理有限公司
CHINA OCEAN SHIPPING AGENCY QINGDAO
AS AGENTS FOR THE CARRIER OF B/L TITLE (6)

(25) B/L NO.
EGLV
140100782448

(27) Number of Original B(s)/L
THREE (3)

(28) Place of B(s)/L Issue/Date
QINGDAO, CHINA OCT.02,2011

(29) Prepaid at

(30) Collect at
DESTINATION

(31) Exchange Rate

(32) Exchange Rate

(26) Service Type/Mode
FCL/FCL O/O

(33) Laden on Board
OCT.02,2011
EVER REFINE 0504-089E
QINGDAO, CHINA

As agent for the Carrier and the Vessel Provider Evergreen Marine Corp. (Taiwan) Ltd. doing business as "Evergreen Line"

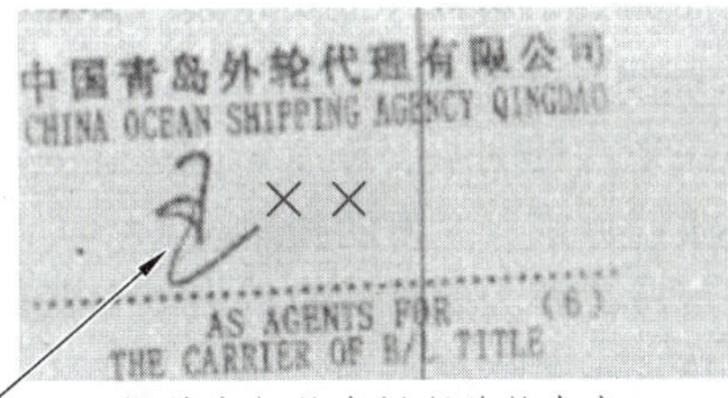

提单底部签发栏所盖签发章

图 10.4　长荣海运提单

为了防止提单遗失、被窃或在转递过程中发生意外事故造成灭失，各国海商法和航运习惯都允许为一票货物签发一套多份正本提单。签发正本提单的份数应分别记载于所签发的各份正本提单上。在提单上注明为一票货物所签发的正本提单份数，可以使提单的合法受让人了解全套正本提单的份数，防止提单流失在外而引起纠纷，保护提单受让人的利益；也可以使接受提单结汇的银行，或者使在变更卸货港交付货物的承运人的代理人，了解用以办理结汇或者提取货物的提单是否齐全。

正本提单应标注“Original”字样。当需要表示全套提单中某一份是其中的第几份时，如全套提单一式三份，有少数国家会用“Original”“Duplicate”和“Triplicate”来分别表示其为全套提单中的第一联、第二联和第三联。但是，由于“Duplicate”“Triplicate”等字样在其他场合中使用时并不表示正本的意思，所以，为了表示该份正本提单是全套提单中的第几份时，应该使用“1st Original”“2nd Original”和“3rd Original”等字样。特别是用“2nd Original”和“3rd Original”来代替“Duplicate”和“Triplicate”。标注“Copy”字样的是副本提单。

提单上记载的提单签发日期应是提单上所列货物实际装船完毕的日期。集装箱班轮运输中，为了给承运人签发提单提供方便，实践中大多以船舶开航之日（Sailing date）作为提单签发日期。

10.3.2　提单的更正

在实际业务中，提单可能是在托运人办妥托运手续后，货物装船前，缮制有关货运单证的同时缮制的。在货物装船后，这种事先缮制的提单可能与实际装载情况不符而需要更正或者重新缮制。此外，货物装船后，因托运货物时申报材料有误，或者信用证要求的条件有所变化，或者其他原因，而由托运人提出更正提单内容的要求。在这种情况下，承运人通常都会同意托运人提出的更正提单内容的合理要求，重新缮制提单。

货运代理人应注意，提单的更正要尽可能赶在载货船舶开航之前办理，以减少因此而产生的费用和手续。

如果货物已经装船，而且已经签署了提单后托运人才提出更正的要求，承运人就要在考虑各方面的关系后，才能决定是否同意更改。如果更改的内容不涉及主要问题，在不妨碍其他提单利害关系人利益的前提下，承运人就会同意更改。但是，如果更改的内容涉及其他提单利害关系人的利益，或者影响承运人的交货条件，则承运人只有征得有关方的同意，才能更改并收回原来所签发的提单。

因更改提单内容而引起的损失和费用，都应由提出更改要求的托运人负担。

如果提单签发后遗失，托运人提出补发提单，承运人会根据不同情况进行处理。一般要求提供担保或者保证金，而且还要依照一定的法定程序将提单声明作废。《中华人民共和国海事诉讼特别程序法》第一百条规定："提单等提货凭证持有人，因提货凭证失控或者灭失，可以向货物所在地海事法院申请公示催告。"

10.3.3 提单的背书转让

提单是"物权凭证"，不论是记名提单、不记名提单，还是指示提单，在凭提单提货或者换取提货单时，收货人都应在提单上记载提货的意思表示，通常由收货人在提单的背面盖章、签字。

关于提单转让的规定为：记名提单，不得转让；不记名提单，无须背书，即可转让；指示提单，经过背书转让。

背书是指转让人（背书人）在提单的背面写明受让人并签名（记名背书或指示背书）或者不写明受让人直接签名（不记名背书）的手续。实践中，背书有记名背书、指示背书和不记名背书等几种方式。

1）记名背书

记名背书，也称完全背书，是指背书人在提单背面写明被背书人（受让人）的名称，并由背书人签名的背书形式。经过记名背书的指示提单将成为记名提单性质的指示提单。

例如：某提单记载的托运人（Shipper）为 ABC Co. Ltd.，收货人（Consignee）栏记载的是"TO Order"，通知人（Notify Party）栏记载的是 DEF Co. Ltd.。那么托运人（背书人）在该提单的背面可以进行记名背书"TO Deliver to DEF Co. Ltd."，然后盖 ABC Co. Ltd.的章签字，将其转让给 DEF Co. Ltd.。这张背书转让后的提单成为记名提单性质的指示提单，不可再继续背书转让。

2）指示背书

指示背书是指背书人在提单背面写明"凭×××指示"的字样，同时由背书人签名的背书形式。经过指示背书的指示提单还可以继续进行背书，但背书必须连续。

例如：某提单记载的托运人（Shipper）为 ABC Co. Ltd.，收货人（Consignee）栏记载的是"To Order"，通知人（Notify Party）栏记载的是 DEF Co. Ltd.。那么托运人（背书人）在该提单的背面可以进行指示背书“To Deliver to Order of DEF Co. Ltd.”，然后盖 ABC Co. Ltd.的章签字，将其转让给 DEF Co. Ltd.。这张背书转让后的提单还可以继续由 DEF Co. Ltd.进行背书，再次将其转让给第三人。

3）不记名背书

不记名背书，也称空白背书，是指背书人在提单背面签名，但不记载任何受让人的背书形式。经过不记名背书的指示提单将成为不记名提单性质的指示提单。此后的转让可不需背书。

需要注意的是：当指示提单的收货人（Consignee）栏记载的是“To Order”时，首先背书的是托运人（Shipper）；收货人（Consignee）栏记载的是“To Order of...Bank”时，首先背书的则应当是“...Bank”。

10.3.4 提单的缴还

收货人提货时必须以提单为凭，而承运人交付货物时则必须收回提单并在提单上做作废的批注。这是公认的国际惯例，也是国际公约和各国法律的规定。

有些国家规定记名提单无须注销，签发不可流通的提单的承运人因将货物交给记名收货人而解脱责任。收货人不需出示提单，不需缴还提单，甚至不必占有提单，就可以提取货物。写有运输合同内容的提单本身并无重要意义。但是，在我国即使是记名提单，收货人也应向承运人缴还提单，因为“提单中载明的向记名人交付货物的条款，构成承运人据以交付货物的保证”。

但是，签发了可流通的或者指示提单的承运人的地位则完全不同。承运人只有向提单持有人交付货物才能解脱责任。这时提单本身变为不可缺少的单证，货物被“锁”进提单中。

提单的缴还和注销表明承运人已完成交货义务，运输合同已完成，提单下的债权债务也因而得以解除。提单没有缴还给承运人时，承运人就必须继续承担运输合同和提单下的义务。如果承运人无提单放货，他就必须为此而承担赔偿责任。

10.4 海运单

海运单（Sea Waybill，SWB），是证明海上货物运输合同和货物已经由承运人接管或装船，以及承运人保证将货物交给指定收货人的一种不可转让的单证。

10.4.1 海运单概述

随着各国经济的发展以及经济全球化的趋势，国际贸易的内涵与形式也在不断变化。为了适应国际贸易的变化，就要求国际海上运输中的承运人在技术和制度方面、单据方面做出相应的变化。

简便的运输程序是决定世界贸易发展速度的重要因素之一。另外，世界上的货物运输不但已从传统的单一运输方式发展到了国际多式联运“门到门”的先进运输组织方式，还融入了现代物流的理念。国际海上货物运输中是否一定还要使用提单？在某些情况下，能否用其他单证来代替提单以满足实际需要？人们早已熟悉和习惯的航空货物运输、公路货物运输和铁路货物运输中均是在没有“物权凭证”的情况下，凭运单进行的，多年的实践证明这是可行的。因此，在货主不需要转让运输途中货物的情况下，就可以选择使用海运单。

由于采用海运单提货比提单更及时、更安全、更简便，20 世纪 70 年代后，使用海运单的国家越来越多。美国采用记名提单，也相当于海运单（根据美国提单法的规定，采用记名提单交付货物时，不必要求收货人提供提单，只需收货人证明自己是提单上所载明的收货人即可）。我国的船公司也从 20 世纪 90 年代中期开始使用海运单。

海运单是发货人和承运人之间订立海上货物运输合同的证明，又是承运人接管货物或者货物已经装船的货物收据。但是，海运单不是一张转让流通的单据，不是货物的“物权凭证”，在法律上不具有可转让性。

10.4.1.1　海运单与提单的区别

（1）最重要的不同之处在于提单是“物权凭证”，而海运单则不是。

由于海运单不是物权凭证，收货人在卸货港提取货物时并不需要持有和出具正本的海运单，只需要确认自己的收货人身份后就可以取得提货单提货。海运单的这种特征使其能够适应海上货物运输时间缩短后对单证的要求，发货人可以为其客户提供更简易迅速的服务，并使承运人和收货人都能从中获得方便。而使用提单时，如果提单不能及时到达收货人手里，则会导致收货人无法及时提货，或者会使承运人冒险接受保函交付货物。

提单具有“物权凭证”的性质，通过提单的转让，能够实现货物的买卖；而海运单却不具“物权凭证”的性质。所以，海运单还无法替代提单。

（2）在作为运输合同证明方面的区别。

海运单通常采用简单形式，其正面或者背面如果没有适当的条款或者没有并入有关国际组织（如国际海事委员会 CMI）或者民间团体为海运单制定的规则，则它只能作为托运人与承运人之间订立货物运输合同的证明，收货人是不能依据海运单上记载的条款向承运人提出索赔的，承运人也不能依据海运单上记载的条款进行抗辩。而提单在这方面与海运单不同，当提单经过转让到了收货人手里时，收货人就享有提单赋予的权利，同时也要承担相应的责任。

为了解决海运单的上述缺陷，就会在海运单的条款中并入有关海运单规则，或者在海运单中列入“对抗合同当事人原则”条款。该条款规定托运人不但自己接受海运单中的条款，同时也代表收货人接受这些条款。托运人还要保证其有权代表收货人接受这些条款（条件）。该条款的英文可以是：“The shipper accepts all said terms and conditions, including but not limited to the prepackage and other limitations of liability contained therein, on behalf of the consignee and the owner of the goods and warrants that he has authority to do so.”

（3）在作为货物收据证据效力方面的区别。

提单运输涉及的贸易是单证贸易，为了保护合法受让提单的第三人，即通过购买提单来购买货物的第三人，就有必要强调提单作为货物收据所记载内容是最终证据。但是，海运单运输涉及的贸易不是单证贸易，不涉及转让问题，所记载的收货人也并不仅仅是依赖海运单对货物的描写（说明）来决定是否购买这批货物，所以，没有必要强调海运单作为货物收据所记载内容是最终证据。

为了使海运单的使用得以推广，并在有关当事人之间做出比较合理的权利、义务的分配，就要求海运单在这一方面也与提单的规定一样。国际海事委员会在其《海运单统一规则》中有关“货物说明”一条中规定：“如承运人未作保留，海运单或类似的文件中有关货物数量或状态的任何记载：（1）在承运人与托运人之间，应是收到如此记载的货物的初步证据；

（2）在承运人与收货人之间，应是收到如此记载的货物的绝对证据，并且，不得提出相反的证据，但以收货人始终善意行事为条件。”因此，如果海运单并入了国际海事委员会《海运单统一规则》，则海运单在收货人与承运人之间就是绝对证据。

10.4.1.2 海运单的优点

1）对发货人的便利

（1）海运单不一定寄给收货人；

（2）节省邮费；

（3）免除了业务员对提单的检查，同时也免除了对其他配套的物权单证的检查；

（4）发货人可向客户（收货人）提供更简易、更迅速的服务；

（5）整个单据程序得到了改进，从而提高了市场的竞争力；

（6）当货物尚未放行时，可视需要将海运单交货改为提单交货，海运单可由发货人改签提单发给新的收货人（如原市场丧失，另找到了新买主），因为此时货物仍在船公司的控制之下。

2）对承运人的便利

对承运人而言，在交货方面减少风险海运单的交货条件不取决于海运单的呈递，也无须遵守单据手续，承运人只要将货物交给海运单上所列明的收货人或其授权的代理人，就视为已经做到了谨慎处理，已将货物交给了合适的有关部门。

3）对收货人的便利

（1）可免除因等海运提单而招致的延迟提货。

（2）可免除为防止交错货物而向承运人出具银行担保。如果使用提单，收货人必须凭正本提单提货，正本提单晚到或丢失时，则不得不求助于银行提供保证金或担保函，同时还必须承担保费或偿付保证金利息。

（3）免除业务员对延误的提单及转运中丢失的提单的检查。

（4）不再产生滞期费、仓租费。

4）在单证风险方面的优势

海运单的不可转让性，使它成为一种安全的凭证，从而减少欺诈，即使第三者得到丢失的运单，也不能提取货物，因此对收货人不存在风险。而使用提单时，由于提单是物权凭证，如果丢失被第三者得到，他便有权提取货物，故提单的使用具有一定的风险。

5）在单证流转程序方面的优势

采用海运单不必递交给收货人，因此有关单据如保险单和商业发票，可以在装完货后立即发送给有关当事人。而使用提单时，则必须向收货人递交正本提单，因此上述有关单据，只有在提单签发后才能发送给有关当事人。

10.4.2 海运单的使用

海运单使用时应注意以下问题：

1）签发运单的要求

在使用海运单而不使用提单时，海运单仍是根据双方一致同意的条件（如运费预付或到付、待运或已装船等）来签发的。

2）签发运单份数

通常只签发一份正本海运单。但是，如经请求，也可签发两份或两份以上的正本海运单。如托运人要求更改收货人，承运人应要求托运人交回原来已经签发的海运单，然后再按托运人的要求签发更改了收货人的海运单。

3）海运单流转程序

（1）承运人签发海运单给托运人。

（2）承运人在船舶抵达卸货港前向海运单上记名的收货人发出到货通知书。到货通知书表明这些货物的运输是根据海运单进行的。

（3）收货人在目的地出示有效身份证件证明他确系海运单上记载的收货人，并将其签署完的到货通知书交给承运人的办事机构或当地代理人，同时出示海运单副本。

（4）承运人或其代理人签发提货单给收货人。

（5）一旦这批货物的运费和其他费用结清，同时办好海关等所有按规定应办理的手续，收货人就可以提货。

第11章 海运异常情况处理

学习目标

【知识目标】

1. 了解海上运输货运事故的发生及其主要原因；
2. 熟悉海上运输货运事故的责任划分；
3. 掌握索赔的过程。

【技能目标】

1. 具有分析货运事故责任划分的能力；
2. 具有模拟货运事故发生后进行相应处理的能力。

11.1 海上运输货运事故的发生

国际海上货物运输所涉及的时间长、空间跨度大、作业环节多、单证文件繁杂、环境条件多变。因此，在整个货物的运输、保管、接收和交付的过程中，经常会出现货物质量上的问题、货物数量上的问题、货方不及时提货的问题、承运人错误交付货物和迟延交付货物等问题。

货运事故是指在运输中，承运人在交付货物时发生的货物质量变差、数量减少的事件。在国际海上货物运输中，主要指运输中造成的货物灭失或损坏，即货损货差事故。因此，狭义上的货运事故是指运输中发生的货损货差事故。广义上的货运事故还包括运输单证差错、迟延交付货物、“无单放货”等情况。

国际货运代理行业从业人员应该了解造成货运事故产生的主要原因，并根据这些原因采取相应的措施，以达到防止或减少货运事故发生的目的。另外，货运代理人了解了造成货运事故产生的主要原因，可以在发生货运事故时，根据具体情况采取相应措施以减少损失；还可以在货运事故发生后，了解原因、明确责任方，以便及时、正确地解决争议。

11.1.1 海上运输中产生货运事故的主要原因

从事国际海上货物运输的船舶经常远离海岸在海洋上航行，同时海洋环境气象多变，船舶随时可能遭遇到狂风巨浪、暴雨、雷电等袭击，因此船舶在海上运输中的环境相对比较恶劣。另外，工作上的差错也会造成货运事故的发生。

造成货差事故的原因主要是货物标志不清，误装、误卸，理货差错，中转处理错误。一捆多支的货物散捆后支数不变的“少捆多支”

情况，实际上不属于货差事故，但实践中仍然按照实际情况予以记录。

载货船舶的沉没、触礁、火灾、抛货，政府法令禁运和没收、盗窃、海盗行为、船舶被拘捕、扣留和货物被扣留，战争行为等原因可能会造成货物的全部损失。

造成部分货物受损的主要原因和受损的结果如下：

（1）盗窃、抛货、遗失、落海等原因会造成这部分货物的灭失；

（2）包装不良或破损、盗窃、泄漏、蒸发等原因会造成货物的内容短缺；

（3）积载不当（超高或积载地点不当等）导致船舶航行中发生货物移动、倒垛，包装脆弱，装卸操作不当造成货物碰撞及坠毁，使用手钩等原因都会造成货物的破损；

（4）雨、雪中装卸，驳运过程中河水浸湿，消防救火过程中的水湿，舱内管系故障导致淡水浸湿等原因会造成货物的水湿；

（5）海上风暴、驳载过程中舱内海水管系故障、船体破损等导致海水浸入，消防救火过程中的海水水湿等原因会造成货物的海水湿；

（6）通风不良，衬垫、隔离不当，积载不当等原因会造成货物的汗湿；

（7）不适当的混载，衬垫、隔离不充分等原因会造成货物的污染；

（8）驱虫、灭鼠不充分，舱内清扫、消毒不充分，对货物检查不严致使虫、鼠被带入舱内等原因会造成货物被虫蛀、鼠咬；

（9）潮湿，海水溅湿，不适当的混载等原因会造成货物的锈蚀；

（10）易腐货物未按要求积载的位置装载，未按要求控制舱内温度，温、湿度过高，换气通风不充分，冷藏装置故障等原因会造成货物的腐烂、变质；

（11）标志不清，隔票不充分，倒垛，积载不当等原因会造成货物的混票；

（12）自燃、火灾、漏电等原因会造成货物的焦损；

（13）温度过高，换气通风过度，货物本身的性质等原因会造成货物的烧损；

（14）集装箱运输中，在集装箱的装箱过程中存在货物包装不良、积载不当、箱内不清洁等各种情况时，同样会造成货物受损。

11.1.2　非货运事故

在国际货物运输中，除由于承运人的原因会造成货运事故外，还有一些情况也会使货物发生数量、质量变化，但是，这些情况的发生不属于运输合同下承运人所应承担的责任，而是要根据买卖合同等其他合同条款的规定才能确定由哪一方来承担责任。因此，此时货物虽然发生了数量、质量上的变化，但不能认为是发生了货运事故。以下情况就是典型例子：

如果在贸易合同中规定了货物买卖的数量，但卖方在货物包件内所装的货物数量不足，而承运人又无法知道包件内实际所装的货物数量，就会造成所谓“原装货物数量不足”。这种情况不属于货运事故，承运人只要在包件外表状况良好的情况下交付货物，就不承担任何责任。“原装货物数量不足”的问题应该由买卖双方在贸易合同中做出相应的规定才能解决。

如果在贸易合同中规定了买卖货物的品质，但卖方交付运输的货物与贸易合同中规定的货物品质不符，承运人显然无法确切知道所有货物的化学成分等情况，造成承运人在目的地向收货人交付的货物“品质与买卖合同不符”。这种情况不属于货运事故，除特别约定外，承运人只需在包件外表状况良好的情况下交付货物，就不承担任何责任。“货物品质与合同不符”的问题是贸易合同问题，所以也应该由买卖双方在贸易合同中做出相应的规定才能解决。

11.1.3　其他情况造成的货物损失

在国际海上货物运输中，不可抗力等原因也会造成货物数量、质量上的损失，承运人在这种情况下通常可以免于承担赔偿损失的责任。由于货方对货物包装不良、不牢固而造成的货物损失，承运人通常也不承担赔偿责任。对于散装货物的水尺计量不准，则应根据具体情况对待。运输或者贸易上的欺诈行为等可能使有关的关系人遭受无法弥补的损失。

11.2　货运事故的责任划分

运输中发生货运事故的原因有很多，其中大部分是由承运人的原因所致。但是，实践中还有一些货运事故是由货方（托运人、收货人）、第三方（如港口、集装箱货运站等），甚至由不可抗力所致。不同原因导致的运输中的货物数量减少、质量变差的损失将由不同当事人所承担，这里的当事人可能是运输合同、买卖合同、保险合同等不同合同中的当事人。运输合同中的当事人是承运人和托运人。只有了解货运合同下的责任分配问题，才能明确货运事故的责任划分。涉及承运人和托运人责任分配的主要问题包括承运人的责任期间等几个方面。

11.2.1　承运人的责任

11.2.1.1　承运人的责任期间

货物在承运人监管过程中所发生的货损事故，除有上述的托运人的原因和不可抗力的原因外，原则上都由承运人承担责任。承运人的责任期间是指承运人对货物应负责任的期间。承运人在这段时间内，由于他不能免责的原因使货物受到灭失或者损坏，应当负赔偿责任。

在国际海上货物运输中，根据《中华人民共和国海商法》第四十六条的规定，承运人对集装箱装运的货物的责任期间，是指从装货港接收货物时起至卸货港交付货物时止，货物处于承运人掌管之下的全部期间。承运人对非集装箱装运的货物的责任期间，是指从货物装上船时起至卸下船时止，货物处于承运人掌管之下的全部期间；但是，承运人与托运人可以就非集装箱货物运输下承运人的责任期间另做约定。在承运人的责任期间，货物发生灭失或者损坏，除另有规定外，承运人应当负赔偿责任。《中华人民共和国海商法》的这些规定与有关海上货物运输的国际公约中的规定是相似的。

11.2.1.2　承运人运输货物的责任

在适用于不同运输方式下的国际货物运输公约或者有关货物运输的国际公约中，都有承运人运输货物责任的规定。这些规定主要有运输工具、保管货物、合理速遣、迟延交付等几个方面。

在运输工具方面，各个国家和国际社会都对各种运输工具的技术要求做出了明确规定，只有符合技术要求的运输工具才能投入货物运输；运输公司作为承运人将运输工具投入营运还需要符合市场准入规定。在运输货物时，运输工具还应该符合适合特定运输风险和货物特性的总体要求。在国际海上货物运输中，对海上货物承运人提供船舶的规定比较明确。

在保管货物方面，在各种运输方式下都规定承运人应对货物的运输负责。在国际海上货物运输中，对承运人保管货物的规定是明确的。

承运人在货物运输过程中，应合理快速地将货物运到目的地。特别是在国际海上货物运输中，对船舶绕航问题做了规定，如：“承运人应当按照约定的或者习惯的或者地理上的航线将货物运往卸货港。船舶在海上为救助或者企图救助人命或者财产而发生的绕航或者其他合理绕航，不违反前款规定的行为。”

货物运输合同是一种运输合同，一方应对违反合同造成的另一方的损失进行赔偿。承运人违反合同时，货方因此而遭受的损失有两种主要形式：一种是实际损失，即货物发生实际灭失或者损坏；另一种是经济损失，即货物虽然没有发生灭失或者损坏，但是货主应该得到的利益没有得到，最典型的就是货物的迟延交付。此时，货物虽然完好运到目的地，但是超过了合同约定的时间，导致货物无法继续出售或者无法实现本应实现的利润。因此，国际货物运输中对承运人因迟延交付货物应承担的责任都做了规定。

11.2.1.3　承运人的免责与责任限制

承运人对于货物在其责任期间发生的灭失或者损坏应该承当责任。但是，国际公约和各国法律又都规定了一系列承运人对于货物在其责任期间发生的灭失或者损坏可以免于承担责任的事项。这些事项是法定的，承运人可以通过合同减少或者放弃，但不能增加。在各种运输方式和多式联运下，都规定了承运人的法定免责事项。

即使承运人根据合同或者法律应当对货损货差负责，在国际货物运输的有关公约和各国法律中，都赋予了承运人一项特殊的权利，即承运人可以将赔偿责任限制在一定数额以内。在各种运输方式和多式联运下，也都有承运人单位赔偿责任限制的规定。两种情况下不使用责任限制：一种情况是有特别的约定，如托运人在货物装运时已经申报货物性质和价值，并办理了相应的手续；另一种情况是承运人丧失了享受赔偿责任限制的权利，如货物的灭失、损坏或迟延交付是承运人故意或明知可能造成损失而轻率地作为或者不作为造成的，承运人就不得援引限制赔偿责任的规定。

11.2.2　托运人的责任

11.2.2.1　正确提供货运资料

托运人托运货物，应当将货物的品名、标志、件数、重量、体积等相关资料向承运人申报。托运人必须保证其申报的资料正确无误。托运人对申报不实所造成的承运人的损失承担赔偿责任。如托运人为了少交运费，谎报货物重量，造成承运人起重设备的损坏，则托运人应对此承担赔偿责任。应当引起重视的是，各种运输方式下，对危险货物运输时托运人进行申报的问题都做了特别规定。

11.2.2.2　妥善包装货物

包装货物是托运人的基本义务。良好的包装应该是正常的或者习惯的包装，在通常的照管和运输条件下，能够保护货物避免几乎大多数轻微的损害。托运人没有义务使用可能的最安全的包装而导致额外的费用。承运人应根据货物的包装情况进行适当的装卸和照料。但是，这种适当的装卸和照料不应该超过运输此类货物一般应负的谨慎责任。货损发生时，其原因是由包装不良还是承运人照料货物不适当而造成有时难以判断。因此，对双方的要求都应该根据通常标准来确定。如果货物包装不良或者标志欠缺、不清，由此引起货物本身的灭失或损坏，承运人可免除对托运人的赔偿责任。

11.2.3 货运事故的发现与责任判断

货物运输事故的发生可能在货物运输过程中的任何环节。而发现货损、货差，则往往是在最终目的地收货人收货时或者收货后。当然，在运输途中发生的货损事故，也可能会被及时发现。

货运事故发生后，第一发现人具有报告的责任。如在船舶运输途中发生时，船长有责任发表海事声明（Note of Sea Protest）。而当收货人提货时，发现了所提取的货物数量不足，或货物外表状况，或其品质与提单上记载的情况，或贸易合同的记载不符，则应根据提单条款的规定，将货损或货差的事实，以书面的形式通知承运人或承运人在卸货港的代理人。即使货损、货差不明显，也必须在提取货物后的规定时间内，向承运人或其代理人通报事故情况，作为以后索理赔的依据。

无论索理赔工作日后如何进行，记录和保留有关事故的原始记录十分重要。提单、运单、收货单、过驳清单、卸货报告、货物溢短单、货物残损单、装箱单、积载图等货运单证均是货损事故处理和明确责任方的依据。货运单证上的批注是区分或确定货运事故责任方的原始依据。单证上的批注既证明了承运人对货物的负责程度，也直接影响货主的利益，如能否持提单结汇、能否提出索赔等。各方关系人为保护自己的利益和划清责任，应妥善保管这些书面文件。

对于已经发生的货运事故，如果收货人与承运人不能对事故的性质和损坏程度取得一致时，则应在彼此同意的条件下，双方共同指定检验人对所有应检验的项目进行检验，检验人签发的检验报告是日后确定货损责任的重要依据。

事故的处理和日后的赔偿均是以这些证据或依据为准来确定责任人及其责任程度的。不同事故当事人的责任可以通过实际情况和法律规定进行判断。

11.2.3.1 托运人的责任

不论是海上货物运输、航空货物运输，还是公路或者铁路货物运输，也不论是单一运输方式的货物运输，还是货物多式联运的组织方式，托运人根据运输合同将货物交付承运人或者多式联运经营人之前所发生的一切货损、货差均由托运人自己负责。

例如，在海上货物运输中，尽管货物运抵港口，当租船合同使用了 FIO（Free in and out，承运人不负责装货和卸货）或类似条款时，在货物没有交付承运人以前，在港期间发生的货物灭失或损坏，由托运人自己承担损失；此时还可能包括装货所造成的货物损坏或灭失。在集装箱货物运输情况下，拼箱货交至 CFS 前，或整箱货交至 CY 前，所发生的货物损坏或灭失，也属托运人的责任。

当货物交付承运人，货物处于承运人监管下时，也并不是说托运人就能百分之百地免除对货损发生的责任。

例如，由于货物的包装不坚固、标志不清，或由于托运人隐瞒货物种类或其特性，或潜在缺陷等原因造成货损时，则由托运人负责。在航次租船合同订立 FIOST（Free in、out、Stowed and Trimmed，承运人不负责装货、卸货、积载和平舱）条款的情况下，如果由于积载不当或绑扎不牢，从而造成了货损，根据租船合同的规定也可能由托运人负责。《中华人民共和国海商法》第六十六条第一款规定："托运人托运货物，应当妥善包装，并向承运人保证，货物装船时所提供的货物品名、标志、包装或者件数、重量或者体积的正确性；由于包装不良或者上述资料不正确，对承运人造成损失的，托运人应当负赔偿责任。”

11.2.3.2　承运人的责任

货物在承运人监管过程中所发生的货损、货差事故，除由于托运人的原因和不可抗力等原因外，原则上都由承运人承担责任。

承运人管理货物的时间不仅仅指货物装载在运输工具上的阶段，也包括货物等待装运和等待提货的阶段。这主要由运输合同的条款约定来决定。

在国际海上货物运输中，如果航次租船合同订立了 FIO 条款，则托运人负责装卸港的装卸货操作，包括装卸工人的雇佣，所以，承运人的责任仅限于货物在船舶积载阶段。在海上集装箱货物运输中，如果约定在 CFS 交付货物，则在拼箱作业过程中，或拆箱过程中出现的货损也应由承运人负责。而货物在船运输阶段，承运人则既有保证船舶适航的义务，还有对货物给予充分保管的义务。即承运人及其雇用人员在货物的接受、装船、积载、运送、保管、卸船、交付等环节，对因其疏忽而造成的货损、灭失等，负有损害赔偿责任。

承运人或者代其签发提单或者运单的人，知道或者有合理的根据怀疑提单或者运单记载的货物品名、标志、包数或者件数、重量或者体积与实际接受的货物不符，在签发已装船提单的情况下怀疑与已装船的货物不符，或者没有适当的方法核对提单或者运单记载的，可以在提单或者运单上批注，说明不符之处、怀疑的根据或者说明无法核对。对于承运人在提单或者运单做出保留的单证，承运人可以在做出保留批注的范围内对收货人免除责任。承运人或者代其签发提单或者运单的人未在单证上批注货物表面状况的，表示货物的表面状况良好。在提单或者运单上未做保留的情况下，承运人须向收货人交付与单证记载相符的、表面状况良好的货物，否则，承运人应承担赔偿责任。

在国际海上货物运输中还有一些特别的规定，如国际公约或者一些国家的海商法，包括我国的海商法都规定，对船长、船员、引航员或承运人的其他受雇人在驾驶船舶或管理船舶中的航行过失所引起的，或承运人的非故意行为所引起的火灾而带来的货损，承运人可以免责；且还规定了其他因海上固有危险所造成损害的免责事项。根据有关公约、法律和提单上通常记载的免责条款，承运人对以下原因造成的货损事故承担赔偿责任：

1）船舶不适航造成的损害

船舶的适航包括两个要件：其一，船舶的技术状态符合其确定的等级航区。这些技术状态既指船体、船机、属具等设备的状态，也包括船员、航行资料、船舶备品和必要消耗品等的配备状态。其二，船舶处于适于收受、载运和保管货物的状态。要使货舱及其他载货处适合积载货物，并使其处于良好的保管状态，保证货物安全运达目的港。

保证船舶适航是承运人对货物及托运人应承担的义务。不过，《海牙规则》和一些国家的海商法中规定了“谨慎处理”的条款。条款规定，承运人对船舶的适航已尽了“谨慎处理”，对仍不能发现的潜在缺陷所引起的货物的损坏或灭失可以免责。《中华人民共和国海商法》第五十条对此做了相应的规定。但是，在由于没有对适航给予“谨慎处理”，从而未使船舶保持能承受航次中“通常海上危险”的适航能力，而造成货损的情况下，承运人要承担其赔偿责任。在货损发生后，如果不能举证证明已经对船舶的适航性给予了“谨慎处理”，承运人也要承担赔偿责任。

2）对货物的故意或过失所造成的损害

在货物处于承运人监管期间，包括货物在装船、积载、运输、保管、卸货等各个环节都应尽“谨慎处理”义务，并承担相应的责任。有关公约、法律或提单条款中的“疏忽条款”（Negligence Clause），仅指承运人对船长、船员、引航员或承运人的受雇人员在驾驶或管理船舶上的行为或疏忽等航行过失所造成的货损可以免责。而对于商业过失，即有关货物的接受、装船、积载、运送、保管、照料、卸货和交付等方面的过失不能免责。因船员或承运人的受雇人员的故意行为所造成的货损，无论什么情况，承运人都负有赔偿责任。

11.2.3.3 第三者的责任

严格来讲，在货物的运输过程中，货物仅处于承运人和托运人的监管之下。因此，对于货损事故，尽管可能确定是第三者的责任，承运人或托运人都不能免予承担责任。只不过是承运人与托运人根据运输合同解决了货损、货差的赔偿问题之后，再根据事故的责任追究第三方责任人。

在国际海上货物运输中，第三方责任人一般是港口装卸企业、陆路及水路运输企业、第三方船舶、车辆以及仓储企业等。在装卸作业过程中会因装卸工人操作不当或疏忽致使货物损害；水路运输中会因驳船方面的原因导致货物受损；陆路运输中也会因交通事故、管理不善而发生货物灭失。仓储过程中，不良的保管条件、储存环境会使货物变质、失窃；与其他船舶、车辆的碰撞事故也是导致货损的原因之一。理货失误等也会造成货差事故的出现。对于这些损害，承运人和托运人如何分担负责，如何向第三者索赔等事务处理，要根据货损、货差发生的时间和地点而定。

为了确定货损事故的责任方，首先要明确货损发生的阶段。前述的收货单、理货计数单、积载计划、积载检验报告、过驳清单或卸货报告、货物残损单和货物溢短单、检验证书等都是划分承运人、托运方、其他第三方责任的必要证据，要根据事故的直接或间接原因确定责任。

总而言之，事故的责任划分，应以货物在谁的有效控制下为基准。而且，对于任何货损、货差事故，首先是托运人与承运人之间的赔偿问题的解决，其次才是承运人或托运人与第三方之间的追偿问题。

11.3 索赔

货物运输中发生了货损、货差后，受到损害的一方向责任方索赔和责任方处理受损方提出的赔偿要求是货运事故处理的主要工作。货主对因货运事故造成的损失向承运人等责任人提出赔偿要求的行为称为索赔。承运人等处理货主提出赔偿要求的行为称为理赔。

11.3.1 索赔提出的原则和条件

任何诉讼或者仲裁案件通常都是从索赔开始的。索赔时，索赔方应坚持实事求是、有根有据、合情合理、注重实效的原则。索赔方应该明白货运事故的索赔是根据运输合同的规定，其索赔对象是运输合同中的承运人。索赔人还应该清楚一项合理的索赔必须具备的条件。

11.3.1.1 提出索赔的原则

导致货运事故发生的原因多样，其规模和损失因事故不同而异。在客观上，认定损失的大小和原因往往比较困难；而在主观上，由于托运人或收货人与承运人分别考虑各自的利益，对货运事故原因归结和损失大小更是认知不同，从而难以界定事故的责任，这也是法律诉讼的起因。所以，坚持提出索赔的原则更加重要。

1）实事求是的原则

实事求是是双方沟通的基础，也是解决纠纷的关键。实事求是就是根据所发生的实际情况，分析其原因，确定责任人及其责任范围。

2）有根有据的原则

提出索赔时，应掌握造成货损事故的有力证据，并依据合同有关条款、国际公约和法律规定以及国际惯例，有根有据地提出索赔。

3）合情合理的原则

合情合理就是根据事故发生的事实，准确地确定损失程度和金额，合理地确定责任方应承担的责任。根据不同情况，采用不同的解决方式、方法，使事故合理、尽早得以处理。

4）注重实效的原则

注重实效是指货损索赔中应注重实际效益。如果已不可能得到赔偿，而仍然长期纠缠在法律诉讼中，则只会浪费时间和财力。如果能收回一部分损失，切不可因等待全额赔偿而放弃。

11.3.1.2 索赔对象的确定

发生货损、货差等货运事故后，通常应根据货物运输合同，由受损方向承运人提出赔偿损失的要求，即索赔对象是承运人。但是，在国际贸易实践中，货物到达收货人手里时，可能发生数量、质量等各种问题。

买方通常应该根据货物买卖合同的规定，向卖方提出索赔，主要情况如下：

（1）原装货物数量不足；

（2）货物的品质与合同规定不符；

（3）包装不牢致使货物受损；

（4）未在合同规定的装运期内交货等原因。

以上情况下，收货人（通常是买卖合同中的买方）凭有关机构出具的鉴定证书，并根据买卖合同有关条款的规定，向托运人（通常是买卖合同中的卖方）提出索赔。

收货人通常应该根据货物运输合同的规定，向承运人提出索赔，主要情况如下：

（1）承运人在目的地交付的货物数量少于提单、运单等运输单证中所记载的货物数量；

（2）承运人在运输单证上未对所运输的货物做出保留批注时，收货人提货时发现货物发生残损、缺少，且是承运人的过失；

（3）货物的灭失或损害是由承运人免责范围以外的责任所致等原因。

以上情况下，收货人或其他有权提出索赔的人凭有关机构出具的鉴定资料，并根据货物运输合同有关条款的规定，向承运人提出索赔。

被保险人通常应该根据货物保险合同的规定，向保险人提出索赔，主要情况如下：

（1）承保责任范围内，保险人应予赔偿的损失；

（2）承保责任范围内，由自然灾害或意外原因等事故使货物遭受损害等原因。

此时，受损方收货人作为被保险人，凭有关证书、文件向保险公司提出索赔。之后，保险公司可根据实际情况，在取得代位求偿权后，向有关责任人索赔。

除上述根据货物买卖合同、运输合同及保险合同可以向不同的责任方索赔外，货主还可能根据其他合同，如仓储合同等，要求责任方承担损失的索赔责任。

11.3.1.3 索赔必须具备的条件

一项合理的索赔必须具备以下 4 个基本条件：

1）索赔人具有索赔权

提出货物索赔的人原则上是货物所有人，或提单上记载的收货人或合法的提单持有人。但是，根据收货人提出的“权益转让书”（Letter of Subrogation），也可以由有代位求偿权的货物保险人或其他有关当事人提出索赔。货运代理人接受货主的委托，也可以办理货运事故的索赔事宜。

在实践中，我国的某些部门和单位还通过委托关系，作为索赔人的代理人进行索赔。如在 CIF 和 CFR 价格条件下，港口的外轮代理公司就可以受货主委托成为向国外航运公司提出货运事故赔偿的索赔人。

2）责任方必须负有实际赔偿责任

收货人作为索赔方提出的索赔应属于承运人免责范围之外的，或属保险人承保责任内的，或买卖合同规定由卖方承担责任的货损、货差。

3）赔偿的金额必须是合理的

合理的赔偿金额应以货损实际程度为基础，要注意在实际中责任人经常受到赔偿责任限额规定的保护。

4）在规定的期限内提出索赔

索赔必须在规定的期限，即“索赔时效”内提出，否则，难以获得赔偿。

11.3.2 索赔的一般程序

各种运输方式下进行索赔的程序基本上是相同的，即由索赔方发出索赔通知、提交索赔函，进而解决争议。如果无法解决争议，则可能进入诉讼或仲裁程序。

11.3.2.1 发出索赔通知

《中华人民共和国海商法》和有关的国际公约，如《海牙规则》《维斯比规则》《汉堡规则》以及各承运人的提单条款，一般都规定，货损事故发生后，根据运输合同或提单有权提货的人，应在承运人或承运人的代理人、雇用人交付货物当时或规定的时间内，向承运人或其代理人提出书面通知，声明保留索赔的权利，否则承运人可免除责任。

关于发出索赔通知的时限，《中华人民共和国海商法》第八十一条第一款规定：“承运人向收货人交付货物时，收货人未将货物灭失或者损坏的情况书面通知承运人的，此项交付视为承运人已经按照运输单证的记载交付以及货物状态良好的初步证据。”该条第二款又规定：“货物灭失或者损坏的情况非显而易见的，在货物交付的次日起连续 7 日内，集装箱货物交付的次日起 15 日内，收货人未提交书面通知的，适用前款规定。”

《海牙规则》则规定：“根据运输契约有权收货的人，除非在卸货港将货物灭失和损害的一般情况，于货物被移交他监督之前或者当时（如果灭失或损害不明显，则在 3 天之内），已用书面通知承运人或其代理人，这种移交便应作为承运人已经按照提单规定交付货物的证据。”

不过，根据法律、国际公约、提单条款以及航运习惯，一般都把交付货物当时是否提出货损书面通知视为按提单记载事项将货物交付收货人的推定证据，或者是初步证据。也就是说，即使收货人在接收货物时未提出货损书面通知，以后，在许可的期限内仍可根据货运单证（过驳清单、卸货记录、货物溢短单或残损单等）的批注，或检验人的检验证书，作为证据提出索赔。同样，即使收货人在收货时提出了书面通知，在提出具体索赔时，也必须出具原始凭证，证明其所收到的货物不是清洁提单上所记载的外表良好的货物。因而，索赔方在提出书面索赔通知后，应尽快地备妥各种有关证明文件，在期限内向责任人正式提出索赔要求。

另外，在某种条件下，索赔人在接收货物时可以不提出货损书面通知书。这种情况是，货物交付时，收货人已经会同承运人对货物进行了联合检查或检验的，无须就所查明的灭失或者损坏的情况提交书面通知。《中华人民共和国海商法》及国际公约针对某些提单就有这样的规定。

11.3.2.2 提交索赔申请书或索赔清单

索赔申请书、索赔函或索赔清单（Statement of Claims）是索赔人向承运人正式要求赔偿的书面文件。索赔函的提出意味着索赔人正式向承运人提出了赔偿要求。因此，如果索赔方仅仅提出货损通知而没有递交索赔申请书或索赔清单，或出具有关的货运单证，则可解释为没有提出正式索赔要求，承运人不会受理货损、货差的索赔，即承运人不会进行理赔。索赔申请书或索赔清单没有统一的格式和内容要求，主要包括以下内容：

（1）文件名称及日期；

（2）承运人名称和地址；

（3）运输工具名称（船名、航次），装/卸货地点（港口），抵达日期；

（4）货物名称，提单、运单号等有关情况；

（5）短卸或残损情况、数量；

（6）索赔日期，索赔金额，索赔理由；

（7）索赔人的名称和地址。

对于正式索赔，有时效问题。如果提出索赔超过了法律或合同规定的时效，就会丧失索赔的权利。确定时效时，应当考虑以下方面：

（1）检查提单、运单背面的条款，确定适用的法律或公约；

（2）根据适用的法律，确定时效的区间；

（3）索赔接近时效时，是否要求事故责任人以书面形式延长时效；

（4）注意协商延长的时效，是否为适用法律所承认。

11.3.2.3 提起诉讼或仲裁

因发生货运事故而产生的索赔可以通过当事人双方之间的协调、协商，或通过非法律机关的第三人的调停予以解决。但是，这种协商、调停工作并不能保证出现可预见的解决问题的结果。这样，双方最终可能只有通过法律手段解决争议，也就是要进入司法程序，提起诉讼。另外，双方还可以仲裁解决争议。

法律对涉及索赔的诉讼案件规定了诉讼时效。因此，无论向货损事故的责任人提出了索赔与否，在解决问题没有希望的前提下，索赔人应在规定的诉讼时效届满之前提起诉讼，否则，就失去了起诉的权利，往往也失去了索赔的权利和经济利益。

在国际海上货物运输中,《海牙规则》和《海牙一维斯比规则》关于诉讼时效的规定期限为 1 年。英国的判例表明，在 1 年内向有适当管辖权的法院提起诉讼，即可保护时效。但最好是向有最终管辖权的法院提出。《中华人民共和国海商法》第二百五十七条规定：“就海上货物运输向承运人要求赔偿的请求权，时效期为一年，自承运人交付或者应当交付货物之日起计算。”

除通过诉讼途径解决争议外，当事人双方在合同中事先已经约定或者事后同意的情况下，还可以通过仲裁的手段解决纠纷。仲裁的主要问题包括仲裁协议的有效性、仲裁程序的合法性、仲裁的司法监督等。目前，我国调整仲裁的法律主要是 1995 年颁布的《中华人民共和国仲裁法》。我国海事仲裁的常设机构是中国海事仲裁委员会。

11.3.3　索赔权利的保全措施

为了保证索赔得以实现，需要通过一定的法律程序采取措施，使货损事故责任人对仲裁机构的裁决或法院的判决的执行履行责任，这种措施就称为索赔权利的保全措施。

实践中，货方作为索赔人采取的保全措施主要是留置承运人的运输工具，如扣船，以及要求承运人提供担保等方式。

1）提供担保

提供担保是指使货损事故责任人对执行仲裁机构的裁决或法院的判决提供的担保，主要有现金担保和保函担保两种形式。

（1）现金担保。

由货损事故责任人提供一定数额的现金，并以这笔现金作为保证支付赔偿金的担保。现金担保在一定期间内影响责任人的资金使用，因此较少采用。在实际业务中通常都采用保函担保的形式。

（2）保函担保。

保函担保是使用书面文件的担保形式。保函可由银行出具，也可由事故责任人的保赔协会等出具。银行担保的保函比较安全可靠。保函中一般应包括：受益人；担保金额；造成损失事故的运输工具，如船名及国籍；有效期；付款条件（应写明根据什么条件付款，如规定根据商检证书、仲裁机关裁定或法院判决书等）；付款时间和地点。

2）留置运输工具

在货损事故的责任比较明确地判定属于承运人，又不能得到可靠的担保时，索赔人或对货物保险的保险公司，可以按照法律程序，向法院提出留置运输工具的请求，如扣船请求，并由法院核准执行。

扣留运输工具，如船舶，其目的是通过对船舶的临时扣押，保证获得承运人对承运人责任的货损赔偿的担保。这样可避免货损赔偿得不到执行的风险。在承运人按照要求提供保证承担赔偿责任的担保后，应立即释放被扣船舶。

同样，扣船也会带来风险。如果法院判决货损责任不在承运人，则因不正确的扣船而给承运人带来的经济损失，要由提出扣船要求的索赔人承担。同时，还会产生其他不必要的纠纷和负面影响。因此，一些国家，如欧洲大陆的一些国家及日本，规定索赔人提出扣船要求时，必须提供一定的担保作为批准扣船的条件。《中华人民共和国海事诉讼特别程序法》中对此也做出了相应规定。

11.3.4 索赔单证

索赔人具有证明其收到的货物并不是在提单或者运单所记载的货物状态下接受的举证责任。作为举证的手段，索赔人要出具货运单证、检验证书、商业票据和有关记录等，以便证明货损的原因、种类、损失规模及程度，以及货损的责任。

主要的索赔单证有：

1）提单正本

提单既是承运人接收货物的收据，也是交付货物给收货人的交货凭证，还是确定承运人与收货人之间责任的证明，是收货人提出索赔依据的主要单证。提单的货物收据作用，表明了承运人所收货物的外表状况和数量，交付货物时不能按其提交这一事实本身就说明了货损或货差的存在；提单作为运输合同（证明），规定了承运人的权利、义务、赔偿责任和免责项目，是处理承运人和货主之间争议的主要依据。

2）卸货港理货单或货物溢短单、残损单等卸货单证

这些单证是证明货损或货差发生在船舶运输过程中的重要单证。如果这些卸货单证上批注了货损或货差情况，并经船舶大副签认，而在收货单上又未做出同样的批注，就证明了这些货损或货差是发生在运输途中的。

3）重理单

船方对所卸货物件数或数量有疑问时，一般要求复查或重新理货，并在证明货物溢短的单证上做出“复查”或“重理”的批注。这种情况下，索赔时，必须同时提供复查结果的证明文件或理货人签发的重理单。并以此为依据证明货物是否短缺。

4）货物残损检验报告

在货物受损的原因不明显或不易区别，或无法判定货物的受损程度时，可以申请具有公证资格的检验人对货物进行检验。在这种情况下，索赔时必须提供检验人检验后出具的“货物残损检验证书”（Inspection Certificate Fordamage & Shortage）。

5）商业发票

商业发票（Invoice）是贸易中由卖方开出的一般商业票据，是计算索赔金额的主要依据。

6）装箱单

装箱单（Packing List）也是一种商业票据，列明了每一箱内所装货物的名称、件数、规格等，用以确定损失程度。

7）修理单

修理单是用来表明被损坏的仪器设备、机械等成套货物的修理所花费的费用。

8）有关的文件

有关的文件包括证明索赔的起因和索赔数目的计算依据。

9）权益转让证书

权益转让就是收货人根据货物保险合同从保险公司得到赔偿后，将自己的索赔权利转让给保险公司，由保险公司出面向事故责任人或其代理人提出索赔的行为。

权益转让的证明文件就是“权益转让证书”（Letter of Subrogation）。它表明收货人已将索赔权益转让给保险公司。保险公司根据“权益转让证书”取得向事故责任人提出索赔的索赔权和以收货人名义向法院提出索赔诉讼的权利。在权益转让的情况下，通常将收货人“权益

转让证书”正本交给保险公司，同时，必须将其副本交给事故责任人或其代理人备查。

“权益转让证书”的内容包括：收货人将有关其对该项货物的权利和利益转让给保险人；授权保险人可以以收货人的名义向有关政府、企业、公司或个人提出认为合理的赔偿要求或法律诉讼；保证随时提供进行索赔和诉讼所需要的单证、文件。这也约定了被保险人保证向保险人提供索赔中所需各种单证、文件的保证书的义务。

除了以上所述单证外，凡是能够证明货运事故的原因、损失程度、索赔金额、责任所在以及索赔人具有索赔权利的单证都应提供。同时，还应该有索赔函。如有其他能够进一步说明责任人责任的证明，如船长或大副出具的货损报告，或其他书面资料也应提交。索赔案件的性质、内容不同，所需要的索赔单证和资料也就不同。至于提供何种索赔单证没有统一规定。总之，索赔单证必须齐全、准确，内容衔接一致，不能自相矛盾。

第3单元

国际航空货运代理实务

第12章 国际航空货运代理概述

学习目标

【知识目标】

1. 了解国际航空货运代理人的种类、业务范围；
2. 掌握国际航空货物运输形式；
3. 了解世界主要航空公司、机场、航空运输组织。

【技能目标】

具有根据货物不同情况，选择合适的空运方式（班机运输、包机运输、集中托运）的能力。

12.1 国际航空货运代理的当事人

国际航空货运代理涉及的当事人主要有：货方、航空承运人和航空货运代理人。

“货方”（Merchant）包括发货人（The Consignor）、托运人（The Shipper）、收货人（The Consignee）、受货人（The Receiver）、货主（The Owner of the Goods）。托运人是指与航空承运人订立运输合同，要求使用航空器运输特定货物的当事人；收货人是航空运输合同指定的货物被运送到约定地点后提取货物的当事人。货方通常是国际贸易当中的买方或买方，也可能是其代理人。

航空承运人是利用民用航空器实施货物运输的公共航空运输企业，即航空公司。公共航空运输企业，是指以营利为目的，使用民用航空器运送旅客、行李、邮件或者货物的企业法人。企业从事公共航空运输，应当向国务院民用航空主管部门申请领取经营许可证。取得公共航空运输经营许可，应当具备下列条件：有符合国家规定的适应保证飞行安全要求的民用航空器；有必需的依法取得执照的航空人员；有不少于国务院规定的最低限额的注册资本；法律、行政法规规定的其他条件。

航空承运人包括实际承运人和缔约承运人两种。缔约承运人是指以本人名义与托运人或托运人的代理人订立航空运输合同的人；实际承运人是指根据缔约承运人的授权，履行全部或者部分航空运输的人。缔约承运人对合同约定的全部运输负责，实际承运人对其履行的运输负责。航空货运代理人以自己的名义向托运人出具并签发运输凭证，可视作是缔约承运人。

采用空运方式进、出口货物，需要办理一定的手续。如出口货物在始发站机场交给航空公司之前的揽货、接货、报关、订舱、制单、报关、交运等，进口货物在目的站机场从航空公司手中接货、制单、报关、送货及转运等。对于这类业务，有些航空公司不负责办理，而由专门承办此类业务的航空货运代理人负责办理。

航空货运代理公司作为货主和航空公司之间的纽带、桥梁，可以是货主的代理，代替货主向航空公司办理托运或提取货物的手续，当货物在航空公司责任范围内丢失、损坏，它可代表货主向航空公司索赔；也可以是航空公司的代理，代替航空公司接受货主的货物并出具航空公司的总运单和自己的分运单（在集中托运方式下）。

12.2 航空货运代理的作用

随着航空货运业务的发展，航空货运代理业便应运而生。航空货运代理业之所以能得以存在并发展，是因为它所提供的服务为货主及航空公司双方均带来方便和好处。

首先，从航空公司的角度来看，航空货代的存在，使航空公司能更好地致力于自身主业，无须负责处理航运前和航运后繁杂的服务项目。

航空公司主要业务为航空运输，它们受人力、物力等诸因素影响，难以直接面对众多的客户，处理航运前和航运后繁杂的服务项目，这就需要航空货运代理公司为航空公司出口揽货、组织货源、出具运单、收取运费、进口疏港、报关报验、送货、中转，使航空公司可集中精力，做好其自身业务，进一步开拓航空运输市场。

其次，从货主的角度来看，可使货主不必花费大量的精力去熟悉繁复的空运操作流程。

航空货运代理企业对航空运输环节和有关规章制度十分熟悉，并与各航空公司、机场、海关及其他运输部门有着广泛而密切的联系；具有代办航空货运的各种设施和必备条件；同时各航空货运代理公司在世界各地或有分支机构，或有代理网络，能够及时联络，掌握货物运输的全过程。因此，货主委托航空货运代理公司办理进出口货物运输比自行安排货物出运来得更为便利。

最后，航空货运代理公司通过办理集中托运业务，使货主、航空公司和代理公司本身都能得到好处。

集中托运即把若干不同发货人单独发运的货物组成一整批货物，用同一份运单发送到同一个目的地，再由其在当地的代理负责接货，清关后分拨交给实际收货人。这种托运方式可以从航空公司争取到较低的运价。就航空公司而言，航空代理公司将众多客户的货物集中起来办理货运，为其节省了大量的人力、物力和时间，为其组织了成批的货源，有助于进一步开拓空运市场。

12.3 国际航空货运代理的种类

12.3.1 根据业务范围和法律地位分类

（1）国际航空货运代理。

这类代理是指我国国际货运代理业管理规定中所称的空运代理，即受进出口发货人、收货人的委托，在约定的授权范围内，作为他们的代理人，代为处理国际航空货物运输过程中的各项业务。

（2）国际航空运输销售代理。

这类代理是指受航空公司的委托，在约定的授权范围内，作为他们的代理人，代为处理国际航空客货运输销售及其相关业务。

根据我国《民用航空运输销售代理业管理规定》，空运销售代理分为以下两类：

一类销售代理：经营国际航线或者香港、澳门、台湾地区航线的民用航空销售代理业务。

二类销售代理：经营国内航线的民用航空运输销售代理业务。

在我国，申请设立国际航空货物销售代理，即一类销售代理的前提之一是必须首先成为国际货运代理。

12.3.2 IATA 认可货运代理人

IATA，即 International Air Transport Association（国际航空运输协会）。在航空货运领域设有 IATA 货运程序会议（The IATA Cargo Procedures Conferences），由货运代理会议（CAC）和货运服务会议（CSC）组成。

CSC 是一个常设和自治机构，由 IATA 成员航空公司的代表组成，主要负责制定和维护货运行业的标准和程序，包括货物装卸、文件、ULD 技术规范、EDI、危险品法规、活体动物和易腐烂法规等。

货运代理会议（CAC）则主要致力于规范和促进 IATA 会员航空公司与其指定的销售代理和中间商之间的工作关系。根据货运代理企业的财务和专业能力，对其进行行业认可。作为 IATA 认可的货运代理，可使用“IATA Cargo Accredited Agent”（国际航协货运认可代理）标志，拥有“IATA 数字代码”，能够与 IATA 会员航空公司直接签订运价协议，使用 IATA 的货物账户结算系统（CASS）作为货运代理、承运人和运输供应商之间的发票和付款的有效接口。货运代理企业通过 IATA 认可，极大地增强自身的市场竞争力。

12.4 航空货运代理的业务范围

航空货运代理除了提供订舱、租机、制单、代理包装、代刷标记、报关报验、业务咨询等传统代理业务之外，还提供以下服务：

（1）集中托运业务。航空货运代理公司将若干批单独发运的货物集中成一批向航空公司办理托运，填写一份总运单送至同一目的地，然后由其委托当地的代理人负责分发给各个实际收货人。这种托运方式，可降低运费，是航空货运代理的主要业务之一。在这种业务下，航空货运代理实际上已成为契约承运人。我们会在下面的介绍中详细阐述。

（2）地面运输。它是指提供机场至机场之外的地面运输服务。在这种业务下，有些航空货运代理以代理人身份提供地面运输服务，有些则利用自身拥有或租赁的地面运输工具以承运人身份提供地面运输服务。

（3）多式联运服务。有些大型航空货运代理可以提供以航空运输为主的多式联运服务。

12.5 国际航空货物运输形式

12.5.1 班机运输

班机是指定期开航的，定航线、定始发站、定目的港、定途经站的飞机。航空公司一般都使用客货混合型飞机（Combination Carrier），一方面搭载旅客，另一方面运送少量货物。但一些较大的航空公司在一些航线上开辟定期的货运航班，使用全货机（All Cargo Carrier）运输。

由于班机固定航线、固定停靠港和定期开飞航，因此国际货物流通多使用班机运输方式，能安全迅速地到达世界上各通航地点。便于收、发货人确切掌握货物起运和到达的时间，这对市场上急需的商品、鲜活易腐货物以及贵重商品的运送是非常有利的。

12.5.2 包机运输

航空公司按照与租机人事先约定的条件及费用，将整架飞机租给包机人，从一个或几个航空港装运货物至目的地。包机人一般要在货物装运前一个月与航空公司联系，以便航空公司安排运载和向起降机场及有关政府部门申请、办理过境或入境的有关手续。包机的费用一次一议，随国际市场供求情况的变化，原则上包机运费是按每一飞行公里固定费率核收费用，并按每一飞行公里费用的 80%收取空放费。因此，大批量货物使用包机时，均要争取来回程都有货载，以降低费用。只使用单程，运费会比较高。

空运货物量比较大时，包机运输方式在空运中会用到，这时包机运输就成了极其重要的航空货运方式。

12.5.3 航空集中托运

1）含义

航空集中托运（Consolidaiton Transport）是指航空货运代理公司把若干批单独发运的货物组成一批向航空公司办理托运，填写一份总运单将货物发运到同一目的站，然后由航空货运代理公司在目的站的代理人负责收货、报关，并将货物分别拨交给各收货人的一种运输方式。

2）集中托运的服务过程（见图 12.1）

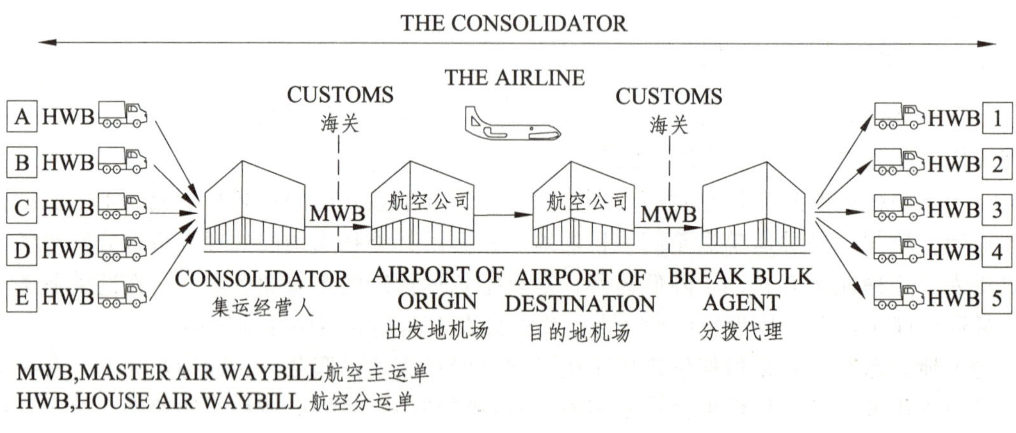

图 12.1 航空集中托运的服务过程

3）集中托运的优点

集中托运作为最主要的一种航空货运方式有着鲜明的特征，同时也给托运人带来了极大的便利，主要表现在以下方面：

（1）节省运费。

航空运输的运费率随着托运货物数量的增加而逐级递减，运量越多，运价越低。

（2）提供方便。

将货物集中托运，可使货物到达航空公司到达地点以外的地方，延伸了航空公司的服务，方便了货主。同时，集中托运人的专业性服务也会使托运人收益，主要包括完善的地面服务网络，拓宽了的服务项目，以及更高的服务质量。

（3）提早结汇。

因为航空公司的主运单与集中托运人的分运单效力相同，因而在集中托运形式下，发货人将货物交与航空货运代理后，即可取得货物分运单，可持分运单到银行提早办理结汇，从而使托运人结汇时间提前，资金周转加快。

4）集中托运的局限性

但是，集中托运也有它的局限性。主要如下：

（1）贵重物品、活动物、尸体、骨灰、危险品、外交信袋等根据航空公司的规定不得采用集中托运的形式。

并不是所有的货物都可以采取集中托运的方式，因为集中托运时，代理人把来自不同托运人的货物并在一个主单上运输，对于航空公司来说，对待主单上所有货物的方式一定是一样的，不可能在一张主单上的两种货物，采取两种不同的操作方法，因此对于集中托运的货物的性质有一定的要求。

（2）由于集中托运的情况下，货物的出运时间不能确定，所以不适合易腐烂变质的货物、紧急货物或其他对时间要求高的货物的运输。

在货物运输中，不能保证货物都用集中托运的方式，除了货物本身的要求外，还由于航空运输时间要求比较高，在比较短的时间内，保证多个托运人的货物到同一个目的地，这在实际操作当中，往往不能得到保证。因此，许多时候一些对时间要求高的货物还是应该采取直接运输的方式。

（3）对书本等可以享受航空公司优惠运价的货物来讲，使用集中托运的形式可能不仅不能享受到运费的节约，反而会加重托运人运费负担。

5）航空集中托运的文件

（1）航空货运单。

在集中托运业务中，同时涉及两种航空货运单的使用：一种是托运人和集运商之间使用的，称为分运单；另一种是集运商和航空公司之间使用的，称为主运单。

① 主运单（Master Air Waybill，MAWB）。

凡由航空运输公司签发的航空运单就称为主运单。

在集中托运业务下，航空货运公司在收取货物之后，需要把去往同一目的站的不同托运人的货物集中到一起，交给航空公司。此时，航空货运公司和航空公司之间就需要一个凭证，这个凭证就是主运单。可见，主运单是航空货运公司与航空公司交接货物的凭证。

② 分运单（House Air Waybill，HAWB）。

分运单是指集中托运业务下，由集运商签发给实际托运人的航空运单。

航空货运公司在进行集中托运货物时，首先从各个托运人处收取货物，在收取货物时，需要给托运人一个凭证，这个凭证就是分运单。它表明托运人把货物交给了空代，空代已经收到了托运人的货物，所以分运单就是空代与发货人交接货物的凭证。

（2）集中托运货物舱单（Manifest）（见图 12.2）。

在集中托运业务中，一票集中托运货物的所有分运单都要装在结实的信封内附在主运单后。

ATU CONSOLIDA TOR

Langer kornweg D-6092 Kelsterbach Germany

CONSOLIDATION MANIFEST

MWB:131-1234 5675

AIRLINE		:JAPAN AIRLINES		FLIGHT:JL678/23	
POINT OF LOADING		:FRANKFURT			
POINT OF UNLOADING		:TOKYO		DATE:20 JAN	
HWB NR	DEST	NUMBER OF PACKAGES		GROSS	TOTAL CC
ACCORDING					
		NATURE OF GOODS		WEIGHT	
77846117	TYO	7	CLOTH	160.5KG	DEM 1 460.74
77846118	TYO	4	AIRCRAFT PARTS	10.0KG	DEM 1 22.95
77847005	FUK	4	MUSICAL INTRU	235.0KG	DEM 1 838.60
77847123	TYO	1	SPARE PART POR CUTTING MACH	8.8KG	DEM 173.40
77847124	TYO	30	PLASTIC SHEBTS	360.0KG	DEM 5 939.30
77847125	TYO	1	ADVE MAT	45.0KG	PREPAID
77847126	TYO	4	HELICO PARTS	11.7KG	DEM 252.40
77847127	OSA	6	SHOES	139.0KG	DEM 1 173.69
77847128	TYO	49	PARTS POR SHOES	692.0KG	DEM 5 746.66
		106		1662.0KG	DEM 16 721.74

图 12.2　集中托运货物舱单

（3）识别标签。

对于集中托运货物，要在每一件货物上贴上识别标签，在识别标签上要特别注明主单号和分单号。识别标签如图 12.3 所示。

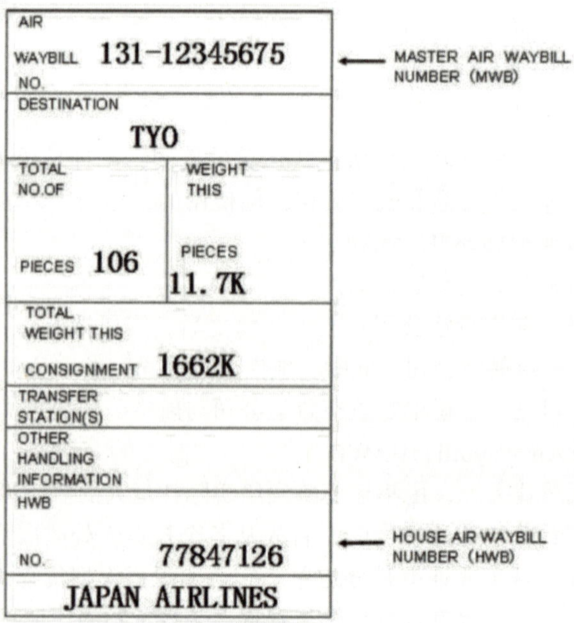

图 12.3　货物识别标签

12.5.4 包舱包板

随着航空运输运力的增加，宽体飞机的加盟，一些有实力的航空代理企业运用自己网络的优势，采取包舱包板特别是固定包舱包板形式，从而使航空代理企业有更好的收益。

包舱、包集装箱（板）作为航空货物运输的形式之一，是指托运人根据所运输的货物在一定时间内需要单独占用飞机部分或全部货舱、集装箱、集装板，而承运人需要采取专门措施予以保证。

目前航空公司通常采取固定包舱和非固定包舱。

固定包舱：托运人在承运人的航线上通过包板（舱）的方式运输时，托运人无论向承运人是否交付货物，都必须支付协议上规定的运费。

非固定包舱：托运人在承运人的航线上通过包板（舱）的方式运输时，托运人在航班起飞前 72 小时如果没有确定舱位，承运人则可以自由销售舱位，但承运人对代理人的包板（舱）的总量有一个控制。

12.6 国际主要航空公司与机场

国际航空运输协会（IATA）每年发布《世界航空运输统计报告》（WATS），根据货运航空公司的货运量进行排名。2020 年排名全球前 25 位的航空公司如表 12.1 所示。

表 12.1　2020 年全球航空公司承运总货运量排名（前 25 名）

排名	公司标志	航空公司		货运吨数（千吨）
1	FedEx	联邦快递	Federal Express	8 009
2	ups	联合包裹	United Parcel Service	5 064
3		卡塔尔航空	Qatar Airways	2 329
4	Emirates	阿联酋航空	Emirates	1 814
5		台湾中华航空	China Airlines（Taiwan,China）	1 550
6		大韩航空	Korean Air	1 530
7		土耳其航空	Turkish Airlines	1 460
8	ATLAS AIR	阿特拉斯航空	Atlas Air	1 366
9	KALITTA AIR	卡利塔航空	Kalitta Air	1 290

续表

排名	公司标志	航空公司		货运吨数（千吨）
10		国泰航空	Cathay Pacific Airways	1 220
11		中国南方航空	China Southern Airlines	1 186
12		中国国际航空	Air China	1 178
13		韩亚航空	Asiana Airlines	916
14	cargolux	卢森堡国际货运航空公司	Cargolux	858
15	EAT	欧洲航空运输公司	European Air Transport	846
16	SF	顺丰航空	SF Airlines	813
17	ATI AIR TRANSPORT INTERNATIONAL	美国国际航空运输公司	Air Transport International	799
18	ANA	全日空	All Nippon Airways	791
19	AeroLogic	逻辑航空	AeroLogic	736
20		新加坡航空	Singapore Airlines	731
21	Polar	极地货运航空	Polar Air Cargo	727
22		长荣航空	EVA Air	704
23	LATAM AIRLINES	拉塔姆航空	LATAM	681
24	Ethiopian	埃塞俄比亚航空	Ethiopian Airlines	624
25		中国东方航空公司	China Eastern Airlines	619

国际机场协会 ACI 每年公布的世界年度交通报告，提供了航空业最全面的机场统计数据，涵盖 180 个国家/地区的 2 500 多个机场，根据航空客货运量对全球最繁忙机场进行排名。2021 年 4 月 22 日 ACI 公布了 2020 年全球十大最繁忙航空货运机场，我国有 3 个机场上榜，分别为香港机场、上海浦东机场和台北桃园机场。

12.7 航空运输组织及航空货运相关法规

12.7.1 航空运输组织

1）国际航空运输协会（International Air Transport Association，IATA）

国际航空运输协会（简称“国际航协”）是世界各国航空运输企业间非政府的协调、合作机构，于 1945 年 4 月 19 日在古巴哈瓦那成立。它的前身是 1919 年在海牙成立的国际航空交通协会（The International Air Traffic Association）。成立之初，IATA 有来自 31 个国家的 57 个会员，大部分在欧洲和北美。目前，它在全球各地拥有来自 120 个国家的约 290 名航空运输企业会员。我国的中国国际航空、东方航空、南方航空等航空运输企业均为 IATA 的会员。

IATA 总部设在加拿大蒙特利尔。在全球有 7 个地区办事处：比利时的布鲁塞尔（负责欧洲事务）、智力的圣地亚哥（负责拉丁美洲事务）、约旦的安曼（负责中东事务）、肯尼亚的内罗毕（负责非洲事务）、中国的北京、新加坡（负责亚洲事务）、美国的华盛顿（负责美国事务）。

国际航协的目标是调解有关商业飞行中的一些法律问题，简化和加速国际航线的客货运输，促进国际航空运输的安全和世界范围内航空运输事业的发展。

目前，中国内地共有中国国际航空公司、中国东方航空公司、中国南方航空公司、上海航空公司、海南航空公司、山东航空公司等 10 多家航空公司成为国际航协会员航空公司。

国际航协于 1994 年 4 月在北京成立办事处。它从最初的代理人事务办事处迅速成长为 IATA 七大地区办事处之一，主管东北亚地区事务，涵盖中国、朝鲜、蒙古和中亚五国。

2）国际民用航空组织（International Civil Aviation Organization，ICAO）

国际民用航空组织是各国政府之间组成的国际航空运输机构。

1947 年 5 月 13 日，国际民用航空组织正式成为联合国的一个专门机构，现有 161 个成员国，总部设在加拿大的蒙特利尔，最高权力机关至少 3 年举行一次全体成员大会，常设机构是理事会。我国是该组织的成员国，也是理事国之一。

国际民用航空组织的具体任务如下：

（1）确保全世界民航事业安全而有秩序地发展壮大；

（2）满足全世界人民从航空事业中获取安全与经济的效用；

（3）鼓励各国为发展国际民航事业的航路、航站及助航设备而努力；

（4）鼓励各国为和平用途改进航空器的使用技术；

（5）确保各缔约国的权利获得完全的尊重，并在国际民航方面获得平等的机会；

（6）避免各缔约国间的差别待遇；

（7）促进国际民用航空器的飞行安全；

（8）促进各国和平变换空中通过权；

（9）促进各国民航业务的全面发展。

12.7.2 航空货运相关法规

1）《华沙公约》和《海牙议定书》

《华沙公约》（*Warsaw Convention*）全称为《关于统一国际航空运输某些规则的公约》，于 1929 年 10 月 12 日在华沙签订，是国际空运的一项基本公约，规定了以航空运输承运人为一方和以旅客、货物托运人与收货人为另一方的法律义务及相互关系，共分 5 章 41 条。对空中承运人应负的责任确立了 3 个原则：① 负过失责任；② 限定赔偿责任的最高限额；③ 加重空中承运人的责任，禁止滥用免责条款。中国于 1958 年正式加入该公约。1955 年 9 月 28 日华沙公约各缔约国在海牙订立《修订 1929 年 10 月 12 日在华沙签订的统一国际航空运输某些规则的公约的议定书》，对华沙公约进行了修订和补充，也称《海牙议定书》。该议定书不能脱离《华沙公约》而独立存在。1975 年 8 月 20 日中华人民共和国政府向荷兰政府交存批准书，同年 11 月 8 日对其生效。

2）蒙特利尔公约

蒙特利尔公约的正式名称是《统一国际航空运输某些规则的公约》（*Convention For The Unification Of Certain Rules For International Carriage By Air*），目的在于确保国际航空运输消费者的利益，对在国际航空运输中旅客的人身伤亡或行李损失，或者运输货物的损失，在恢复性赔偿原则基础上建立公平赔偿的规范体系。

在蒙特利尔公约以前，国际上已经存在若干个关于国际航空运输赔偿的规则，具体包括：

（1）1929 年在华沙签订的《统一国际航空运输某些规则的公约》，简称《华沙公约》。我国于 1958 年批准该公约。

（2）1955 年在海牙签订的《修订 1929 年 10 月 12 日在华沙签订的〈统一国际航空运输某些规则的公约〉的议定书》，简称《海牙议定书》。我国于 1975 年批准该议定书。

（3）1961 年在瓜达拉哈拉签订的《统一非立约承运人所作国际航空运输的某些规则以补充华沙公约的公约》，简称《瓜达拉哈拉公约》。

（4）1971 年在危地马拉城签订的《修订经海牙议定书修订的〈统一国际航空运输某些规则的公约〉的议定书》，简称《危地马拉城协议书》。

（5）1975 年在蒙特利尔签订的第 1、2、3、4 号《关于修改〈统一国际航空运输某些规则的公约〉的附加议定书》，简称《蒙特利尔第几号议定书》。

上述第二至第五项协议都是对《华沙公约》的修订，因此上述五项文件被统称为“华沙公约文件”。

随着历史的发展，华沙公约中的某些规定已显陈旧，而且相关修订文件数量较多。为了使华沙公约及其相关文件现代化和一体化，ICAO 起草定稿了《蒙特利尔公约》，并于 1999 年 5 月在蒙特利尔召开的国际航空法大会上由参加国签署。中国和其他 51 个国家在该大会上签署了该项公约。经我国立法机构批准该公约并提交批准书后，《蒙特利尔公约》已经于 2005 年 7 月在我国正式生效。截至 2019 年 8 月，《蒙特利尔公约》共有 136 个成员方，覆盖各国之间 98%以上的运输量。世界主要航空运输大国，如美国、中国、英国、法国、德国、意大利、日本、加拿大、俄罗斯、澳大利亚、巴西等都已经加入该公约。

蒙特利尔公约共有 7 章 57 条。根据其规定，国际航空承运人应当对旅客的人身伤亡、行李和货物损失以及由于延误造成旅客、行李或货物的损失承担责任并予以赔偿。

3）《中华人民共和国民用航空法》

我国国内的民航法规体系是以国际民航组织的相关公约、国际标准和建议措施为蓝本，在符合我国宪法和法律的前提下，结合我国的实际而指定的。《中华人民共和国民用航空法》是我国民航法规中的最高级别，经全国人大常委会通过，涉及民用航空的各个方面，于 1996 年 3 月 1 日起颁布实施，是我国民航法规的根基。

第 13 章 航空器与空运集装器

学习目标

【知识目标】

1. 熟悉常见民用航空运输飞机、航空集装器；
2. 掌握飞机装载限制、常见航空集装器的装载数据。

【技能目标】

1. 具有利用飞机装载表判断货物是否能装入飞机散货舱的能力；
2. 具有判断常见航空集装器是否能装载在飞机货舱的能力。

13.1 民用航空运输飞机

13.1.1 民用航空运输飞机的分类

1）按机身的宽窄分

（1）窄体飞机（Narrow-body Aircraft）。

窄体飞机的机身宽约 3 m，旅客座位之间有一个走廊，这类飞机往往只在其下货舱装运散货。

常见的窄体飞机如下：

Airbus（空客）：A318，A319，A320，A321；

Boeing（波音）：B707，B717，B727，B737（见图 13.1），B757；

McDonnell Douglas（麦道）：DC-8，DC-9，MD-80series，MD90；

Antonov（安东诺夫）：AN-72，AN-74。

（2）宽体飞机（Wide-body Aircraft）。

宽体飞机的机身较宽，客舱内有 2 条走廊，3 排座椅，机身宽一般在 4.72 m 以上，这类飞机可以装运集装货物和散货。

常见的宽体飞机如下：

Airbus（空客）：A300，A310，A330，A340，A380；

Boeing（波音）：B747（见图 13.2），B767，B777，B787；

McDonnell Douglas（麦道）：MD-10，MD-11；

Antonov（安东诺夫）：AN-124；

Ilyushin（伊尔）：IL-86，IL-96；

Lockheed（洛克希德）：L1011 Tristar。

2）按飞机使用用途分

（1）全货机：主舱及下舱全部载货。

（2）全客机：只在下舱载货。

（3）客货混用机：在主舱前部设有旅客座椅，后部可装载货物，下舱内也可装载货物。

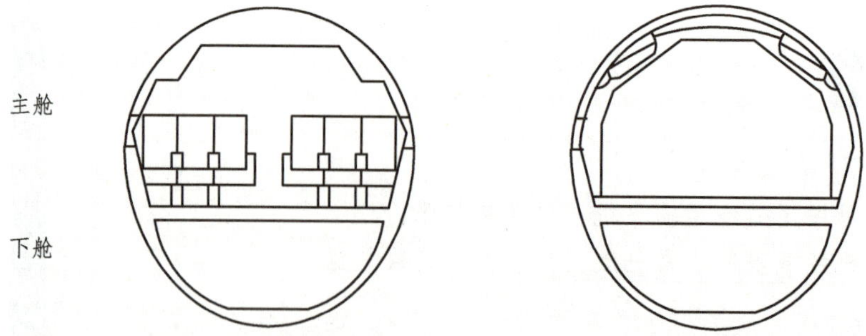

B737-300（客机）剖面图　　B737-200F（全货机）剖面图

图 13.1　B737 剖面图

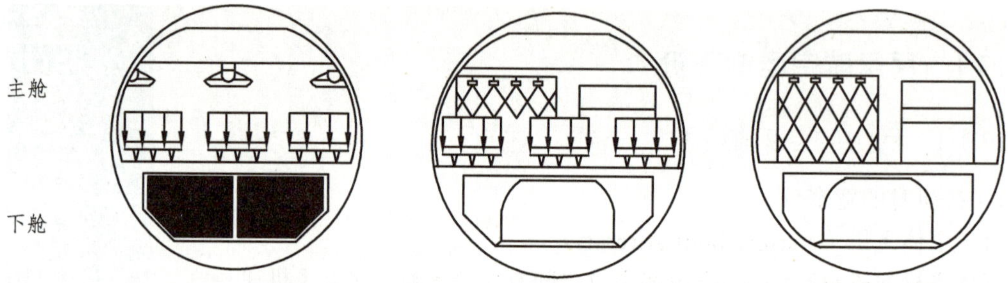

B747-200B（客机）剖面图　　B747-200B/combi（客货混用机）剖面图　　B747-200F（全货机）剖面图

图 13.2　B747 剖面图

13.1.2　飞机的舱位结构

飞机主要分为 2 种舱位：主舱（Main deck）和下舱（Lower deck）。但有些机型，如波音 747-400P 分为 3 种舱位：上舱（Upper deck）、主舱和下舱（见图 13.3）。

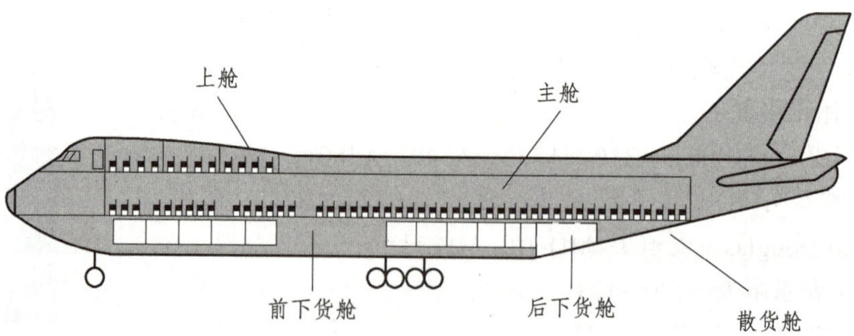

图 13.3　B747-400P 舱室排布

窄体飞机的前后两个下舱为散货舱（见图 13.4）。宽体飞机的下货舱用来装载集装货物，因此又称集装货物舱。大多数宽体飞机的下舱也设有散货舱，位于飞机的尾部。全货机的主舱为集装货物舱，有些大型宽体飞机的主舱前段设有鼻门，如 B747-400F，可以装卸大尺寸的集装货物（见图 13.5）。

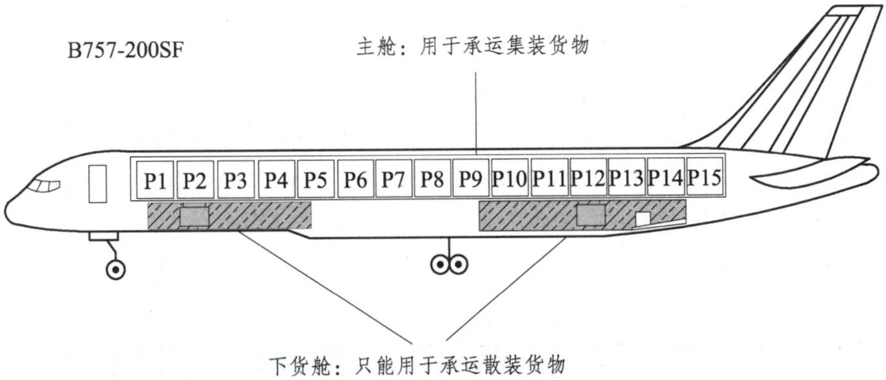

图 13.4　窄体飞机 B757-200SF 舱室排布

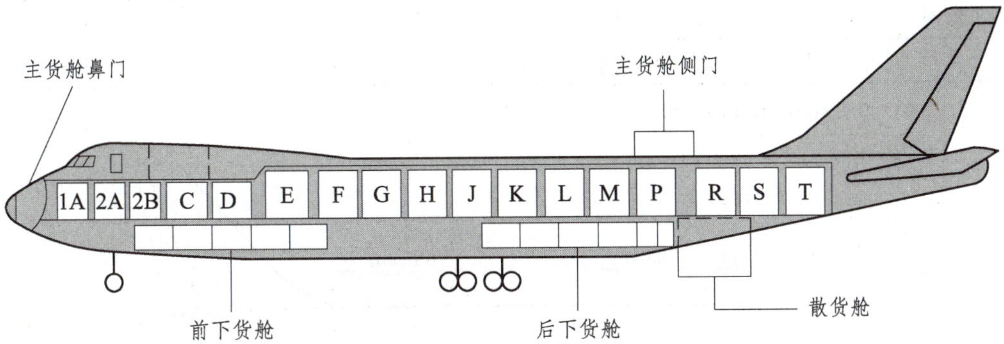

图 13.5　宽体飞机 B747-400F 舱室排布

13.1.3　飞机的装载限制

非宽体飞机，单件货物的重量一般不超过 150 kg，特殊情况下经中转站和目的站同意后，在确保人员、飞机和设备安全的前提下，装机站可以在 B757、B737、A319、A320 和 A321 型飞机上装载单件超过 150 kg，但不超过 250 kg。尺寸不超过舱门的尺寸要求。

宽体飞机，可根据航线机型的装载能力、货舱舱门尺寸、可装载货物的长度确定可收运货物的最大尺寸和重量。

1）重量限制

每架飞机都有一个最大业载，即对整个飞机的重量限制。除此之外，飞机设计者们规定了每一货舱可装载的最大重量限额。任何情况下，所装载的货物重量都不可以超过此限额。否则，飞机的结构很有可能遭到破坏，飞行安全受到威胁。

例如：B737-300。

此飞机有两个货舱，一个前下货舱和一个后下货舱。

对于每个货舱的重量限制：

前下货舱：2 269 kg；后下货舱：3 469 kg。

另外，由于各个航空公司和各航站的装卸能力不同，他们规定的最大重量也不同。因此，在接受超大、超重货物时要及时与航空公司取得联系。

2）容积限制

由于货舱内可利用的空间有限，飞机货舱内的尺寸决定了可利用空间的大小。因此，这也成为运输货物的限定条件之一。

例如：B737-300 容积为：

前下货舱：11.7 m^2；后下货舱：18.0 m^2。

轻泡货物，即体积大重量轻的货物，在未达到货舱的重量限制之前，货物就已占满了货舱内的容积。相反，高密度货物在重量已达到限额时，货舱内仍会有很多的剩余空间无法利用。将轻泡货物和高密度货物混运装载，是比较经济的解决方法。

B737-300 装载数据表如表 13.1 所示，B737-300 下货舱装载截面如图 13.6 所示。

表 13.1　B737-300 装载数据表

货舱	货舱门尺寸（W×H）/cm	最大载重/容积	地板承受力 kg/m^2	是否动物舱位	可装危险品种类（不含 CAO*）
前下货舱	121×88	2 269 kg/11.7 m^3	732	是	1-9 类
后下货舱	121×88	3 469 kg/18.0 m^3	732	是	1-9 类

*注：CAO 为 Cargo Aircraft Only 的缩写，意为“仅限货机”。

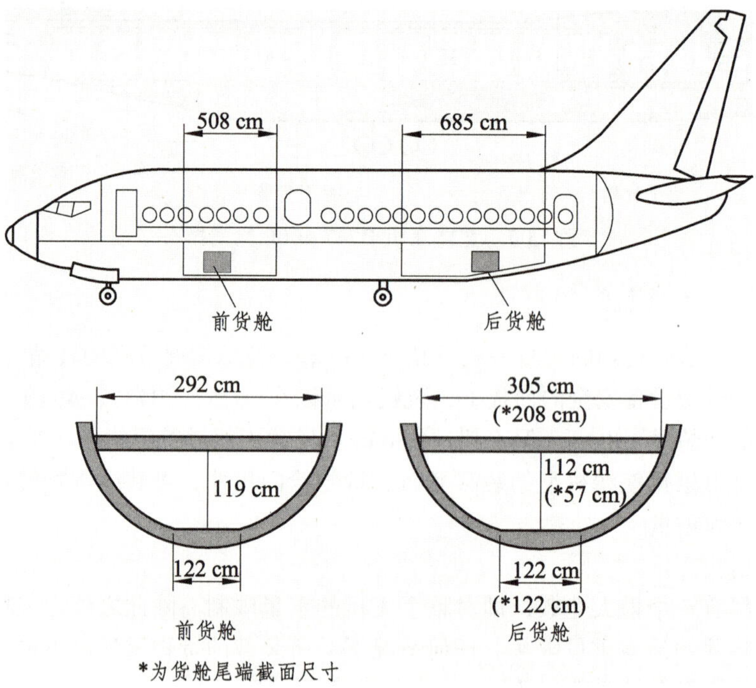

图 13.6　B737-300 下货舱装载截面图

3）舱门限制

由于货物需通过舱门装入货舱内，货物的尺寸必然会受到舱门的限制。要确定能够装入机舱的货物的最大尺寸，不但要考虑舱门尺寸，还要考虑舱门与舱壁的相对位置及舱门开在货舱的哪一侧。

飞机制造商提供的装载表（Loading Chart）可以用来判断一件货物是否能顺利通过飞机的货舱门进入飞机。TACT-Rules 8.2.2 中公布了一些机型的装载表（见表 13.2），表中列出了宽度（Width）和高度（Height），交叉点上的数字是最大允许长度，表中的长度单位用厘米（cms）

和英寸（inches）表示，斜体数字的单位为英寸。此装载表适用于散货。

下面举例说明装载表的使用方法：

表 13.2　B737-300/400 装载表

高度	宽度								
	12	25	38	50	63	76	88	101	114
	5	*10*	*15*	*20*	25	*30*	*35*	*40*	*45*
12	645	622	609	596	574	502	406	345	299
5	*254*	*245*	*240*	*235*	*226*	*198*	*160*	*136*	*118*
25	622	604	579	538	508	457	386	332	292
10	*245*	*238*	*228*	*212*	*200*	*180*	*152*	*131*	*115*
30	604	574	523	472	452	426	365	322	279
12	*238*	*226*	*206*	*186*	*178*	*168*	*144*	*127*	*110*
35	568	543	472	441	416	381	350	309	261
14	*224*	*214*	*186*	*171*	*164*	*150*	*138*	*122*	*103*
40	538	487	431	411	381	350	322	292	254
16	*212*	*192*	*170*	*162*	*150*	*138*	*127*	*115*	*100*
45	502	457	421	396	370	342	314	284	248
18	*198*	*180*	*166*	*156*	*146*	*135*	*124*	*112*	*98*
50	482	436	411	391	358	330	304	271	238
20	*190*	*172*	*162*	*154*	*141*	*130*	*120*	*107*	*94*
55	452	426	401	375	345	320	289	264	228
22	*178*	*168*	*158*	*148*	*136*	*126*	*114*	*104*	*90*
60	441	406	381	355	335	297	274	213	205
24	*174*	*160*	*150*	*140*	*132*	*117*	*108*	*84*	*81*
66	416	391	365	340	314	289	264	233	193
26	*164*	*154*	*144*	*134*	*124*	*114*	*104*	*92*	*76*
71	406	381	355	330	304	279	254	228	187
28	*160*	*150*	*140*	*130*	*120*	*110*	*100*	*90*	*74*
76	335	309	284	264	238	248	203	182	142
30	*132*	*122*	*112*	*104*	*94*	*88*	*80*	*72*	*56*
81	309	288	254	233					
32	*122*	*114*	*100*	*92*					
86	284	264	233	213					
34	*112*	*104*	*92*	*84*					

【例 1】

机型：B737-300

货物尺寸：245 cm×62 cm×74 cm

第一步：在 TACT-Rules 8.2.2 中找到 B737-300 系列的装载表。

第二步：查找宽度（Width）62 cm，在宽度下面没有 62 cm 这一列，则应查找与之接近的较大数值 63 cm 作为基本宽度。

然后再查找高度（Height）74 cm，高度中没有 74 cm 这一行，选择与之接近的较大数值 76 cm。查表可知：最大允许长度为 238 cm。本例中货物的长度为 245 cm。因此货物保持向上位置时不能装入 B737-300 飞机。

若货物的放置方向没有要求，可倒置，即货物的宽和高可对换位置，则货物的尺寸可变为：245 cm×74 cm×62 cm。再次重复上面的步骤可知：当货物的宽为 74 cm，高为 62 cm 时，最大允许长度为 289 cm，这样该货物就可以装入 B737-300 飞机的货舱。

注意：货物装载时，要考虑是否可以倒置。如果货物的包装上标有“This Side Up”，则不可倒置，即高与宽不能对换。此外，在测量货物尺寸时，应以最长、最宽和最高为标准，如底面为梯形，面积应按矩形计算（矩形边为梯形的长边）。

4）地板承受力

货物压在机舱地板上的重量就是机舱地板所承受的重量。每一种机型机舱地板单位面积上可承受的最大重量在设计时就已经确定了。飞机制造商对每一种机型的机舱地板都规定了承重限制——额定负荷。如果超过了这个负荷，可能会导致机舱地板的损坏，甚至影响飞机自身的结构。因此，货物在装机时应注意：

（1）不能超过机舱地板单位面积上的额定承受能力；

（2）如果超过机舱地板单位面积上的额定承受能力，则需给此货物加一块合适的垫板，以减少每平方米地板所承受的压力。

一些机型的货舱数据如表 13.3 所示。

表 13.3　各类型飞机货舱综合装载数据表

<table>
<tr><th rowspan="2">货舱</th><th colspan="2">舱门</th><th rowspan="2">最大装载量</th><th rowspan="2">地板承受力 kg/m²</th><th rowspan="2">动物舱位</th><th rowspan="2">危险品</th></tr>
<tr><th>位置</th><th>舱门尺寸（W×H）cm</th></tr>
<tr><td colspan="7">B747-400F</td></tr>
<tr><td rowspan="2">主货舱</td><td>鼻门</td><td>264×249</td><td rowspan="2">30PAP/PMC（738 m³）</td><td rowspan="2">1 952</td><td rowspan="2">可以；18～28°C</td><td rowspan="2">1～9 类</td></tr>
<tr><td>侧门</td><td>340×305</td></tr>
<tr><td>前下货舱</td><td>侧门</td><td>280×168</td><td>5PAP/PMC（100 m³）</td><td>976</td><td>不可以①</td><td rowspan="3">1～9 类②</td></tr>
<tr><td>后下货舱</td><td>侧门</td><td>280×168</td><td>4PMC+2LD3 或 4PAG+4LD3（93.4 m³）</td><td>976</td><td>可以；5～28°C</td></tr>
<tr><td>散货舱</td><td>侧门</td><td>112×119</td><td>6 749 kg（15 m³）</td><td>732</td><td>可以；5～28°C</td></tr>
<tr><td colspan="7">B747-400SF</td></tr>
<tr><td>主货舱</td><td>侧门</td><td>340×305</td><td>30PAP/PMC（738 m³）</td><td>1 952</td><td>可以；18～27°C</td><td>1～9 类</td></tr>
<tr><td>前下货舱</td><td>侧门</td><td>280×168</td><td>5PAP/PMC（100 m³）</td><td>976</td><td>可以；10～18°C</td><td rowspan="3">1～9 类②</td></tr>
<tr><td>后下货舱</td><td>侧门</td><td>280×168</td><td>4PMC+2LD3 或 4PAG+4LD3（93.4 m³）</td><td>976</td><td>可以；5～26°C</td></tr>
<tr><td>散货舱</td><td>侧门</td><td>112×119</td><td>4 408 kg（15 m³）</td><td>732</td><td>可以；5～26°C</td></tr>
<tr><td colspan="7">B747-400P</td></tr>
<tr><td>前下货舱</td><td>侧门</td><td>280×168</td><td>5PAP/PMC；26 489 kg</td><td>976</td><td>不可以①</td><td rowspan="3">1～9 类
不含 CAO②</td></tr>
<tr><td>后下货舱</td><td>侧门</td><td>280×168</td><td>4PMC+2LD3 或 4PAG+4LD3；26 081 kg</td><td>976</td><td>可以</td></tr>
<tr><td>散货舱</td><td>侧门</td><td>112×119</td><td>4 408 kg</td><td>732</td><td>可以</td></tr>
</table>

续表

货舱	舱门		最大装载量	地板承受力 kg/m^2	动物舱位	危险品
	位置	舱门尺寸（W×H）cm				
B767-300ER						
前下货舱	侧门	340×175	4PMC/PAG 或 16LD2；19595 kg	976	不可以①	1～9 类不含 CAO②
后下货舱	侧门	187×175	14LD2；13 090 kg	976	可以	
散货舱	侧门	112×97	2 926 kg（12 m^3）	732	可以	
B777-200						
前下货舱	侧门	270×170	18LD3 或 6PMC/PAG；30 617 kg	976	不可以①	1～9 类不含 CAO③
后下货舱	侧门	180×170	14LD3；22 226 kg	976	可以	
散货舱	侧门	114×91	4 082 kg（17 m^3）	732	可以	
A340-313						
前下货舱	侧门	270×169	18LD3 或 6PMC/PAG；22 861 kg	1 050	不可以①	1～9 类不含 CAO③
后下货舱	侧门	270×169	14LD3 或 5PMC/PAG；17 957 kg	1 050	不可以①	
散货舱	侧门	95×95	3 468 kg	732	可以	
A330-243						
前下货舱	侧门	270×170	14LD3 或 4PMC/PAG+2LD3；18 869 kg	1 050	可以	1～9 类不含 CAO③
后下货舱	侧门	273×168	12LD3 或 4PMC/PAG；15 241 kg	1 050	不可以①	
散货舱	侧门	95×95	3 468 kg	732	可以	
A321-200						
前下货舱	侧门	181×123	5 670 kg（25.4 m^3）	732	可以	1～9 类不含 CAO③
后下货舱	侧门	181×123	5 670 kg（25.1 m^3）	732	不可以①	
散货舱	侧门	94×86	1 497 kg（7.5 m^3）	732	不可以①	
B737-300						
前下货舱	侧门	121×88	2 269 kg（11.7 m^3）	732	可以	1～9 类不含 CAO③
后下货舱	侧门	121×88	3 469 kg（18.0 m^3）	732	可以	
B757-200SF						
主货舱	侧门	345×216	15 PAP/AAY（186.9 m^3）	415～600	可以	1～9 类不含 CAO③
前下货舱	侧门	139×108	4 672 kg（18.9 m^3）	732	不可以④	
后下货舱	侧门	139×112	6 984 kg（30.9 m^3）	732	不可以④	

注：① 货舱内没有通风系统，只允许装载少量依靠外界供氧的活体动物，可以装载自带氧气的水产品、冷血动物等。

② 仅限货机的可装危险品种类中，只有 6、7、9 类中 3 级包装且无次要危险性的是装在全货机的下货舱内运输。

③ CAO 为 Cargo Aircraft Only 的缩写，意为“仅限货机”。

④ 前、后下货舱内没有空调系统，仅有加热系统，高温时温度不可控，低于 10 °C 时加热系统自动开启，达到 10 °C 时加热系统自动关闭，动物装载请参考《活体动物运输手册》。

当遇到一件较重的货物时，首先应考虑它是否超过飞机货舱地板的最大承受力。为此，应考虑以下几个因素：

（1）货物的毛重；

（2）外观尺寸；

（3）机舱地板的额定最大承受力。

此外，还应考虑货物的哪个面放在地板上。因为货舱中的货物应该尽量避免使用垫板。所以在货物没有放置要求（没有“不可倒置”标志）的情况下应该把具有最大面积的那一面朝下。

当所装货物使机舱地板的实际承受重量超过了它的最大承受力时，为了减轻货舱地板单位面积承重，则应利用垫板分散货物的重量。不论采用什么样的垫板都必须具有相当的强度和硬度。垫板的厚度（一般为 2 ~ 5 cm）和形状取决于以下两个因素：

（1）放在垫板上的货物的重量；

（2）垫板的边长不得小于货物包装件的任何一边的长度。

注意：垫板的重量必须计入货物的总重。

【例 2】一件货物毛重 630 kg，尺寸为：150 cm×60 cm×50 cm，需要装入 B737-300 的下货舱，已知地板承受力为 732 kg/m^2，此件货物是否需要加垫板？若需要，垫板的最小面积是多少？（垫板的重量为 10 kg）

解：

货物与地板可能接触的面为：

A 面：$150\ cm \times 60\ cm = 1.5\ m \times 0.6\ m = 0.9\ m^2$　　$630\ kg \div 0.9\ m^2 = 700\ kg/m^2 < 732\ kg/m^2$

B 面：$150\ cm \times 50\ cm = 1.5\ m \times 0.5\ m = 0.75\ m^2$　　$630\ kg \div 0.75\ m^2 = 840\ kg/m^2 > 732\ kg/m^2$

C 面：$60\ cm \times 50\ cm = 0.6\ m \times 0.5\ m = 0.3\ m^2$　　$630\ kg \div 0.3\ m^2 = 2100\ kg/m^2 > 732\ kg/m^2$

若将此件货物装入 B737-300 的下货舱，A 面朝下放置不需要加垫板，B 面和 C 面朝下放置时均需加垫板，所加垫板最小面积为：

$$(630+10) \div 732 = 0.88\ (m^2)$$

按照已设计好的方案将货物装上飞机后，不能再往此件货物上放任何东西，也不能在所加垫板的空余部分放置其他货物。

13.2　空运货物的集装化

空运货物、邮件、无人陪伴行李最早一直是散装在客机的下舱或小型货机上。一直到 20 世纪 60 年代中期，所有的空运货物都还是采用散装的形式运输（见图 13.7）。

随着大型飞机的引入，如 DC-8 和 B707，特别是后来的 B747、A310 等，若继续采用散装方式运输则需花费很长的时间。为了改进装卸方式，人们将小件货物在装机前先集中装载在一个集装板上或集装箱里，再将这些具有一定规格的集装板、集装箱利用机场托盘车和升降平台装入飞机货舱（见图 13.8）。飞机的货舱地板上亦安装有棍棒传输设备和锁定系统（见图 13.9）。飞机的集装器与货舱内部的装载及锁定系统直接起作用。在设计和制造这些集装设备时，要求其尺寸精确并标准化，使其成为飞机的部件。

图 13.7　空运货物的散装

图 13.8　空运货物的集装化装载

图 13.9　飞机货舱地板上的传输设备和锁定系统

飞机上的集装器可以分为以下两种：

（1）部件组合式：飞机集装板加网套；飞机集装板加网套再加一个非结构性的集装棚。

（2）整体结构式：下舱货物集装箱；主舱货物集装箱；结构性集装棚。

13.2.1　集装板

集装板是有标准尺寸、具有平整地面的平板，四边带有挂网的网槽。货物在地面被预先按照飞机舱内尺寸标准码放在集装板上，并用网套或集装棚将货物固定，然后装机（见图 13.10）。装入飞机后，用锁定系统将其固定在货位上。

集装板的识别代号以字母“P”打头，下面列出具有典型标准尺寸的集装板：

P1（A 型集装板，标准型）：底板尺寸 224 cm×318 cm；P2（B 型集装板）：底板尺寸 224 cm×274 cm；

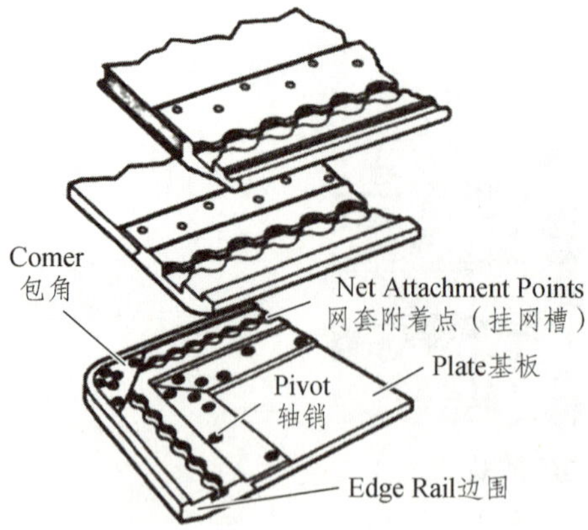

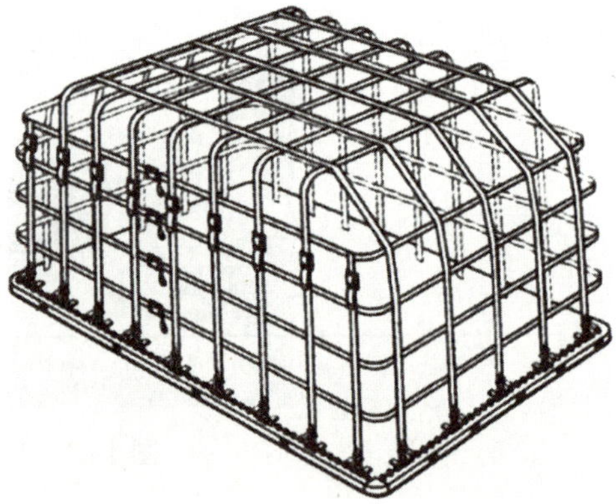

图 13.10　集装板及网套

P4（R 型集装板，16 in 板）：底板尺寸 244 cm×498 cm；P5（E 型集装板）：底板尺寸 135 cm×224 cm；

P6（M 型集装板，10 in 板）：底板尺寸 244 cm×318 cm；P7（G 型集装板，20 in 板）：底板尺寸 244 cm×606 cm；

P8（Q 型集装板）：底板尺寸 153 cm×244 cm；P9（L 型集装板）：底板尺寸 153 cm×318 cm。

13.2.2　集装棚

一个非结构性的集装棚是由玻璃纤维、金属及其他合适的材料制成的坚硬外壳，集装棚的前面敞开、无底，其斜面与飞机货舱轮廓相适应。非结构性集装棚与飞机的集装板与网套一起使用，在货物和网套之间，罩住整个集装板（见图 13.11）。

当此硬壳在结构上固定在底板上而不需要网套固定时，就成为结构性集装棚（见图 13.12）。

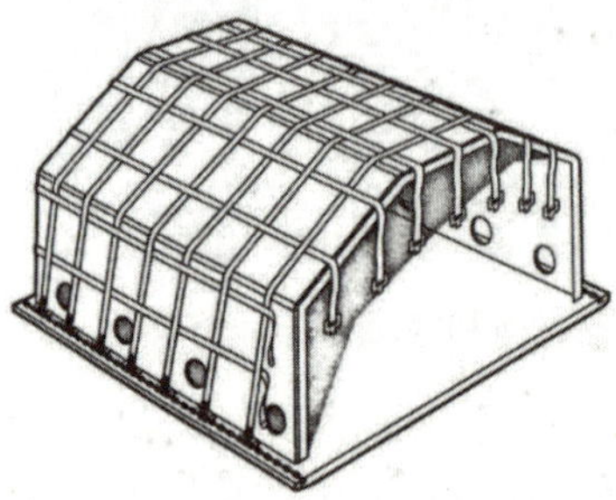

图 13.11　非结构性集装棚（板、网套和罩棚组合体）

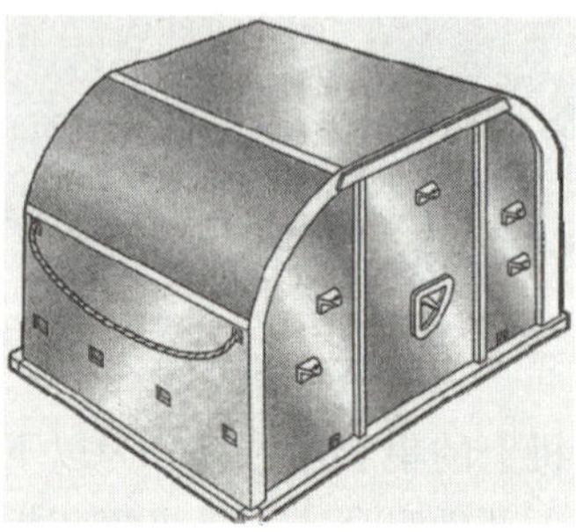

图 13.12　结构性集装棚

13.2.3　集装箱

集装箱类似于结构集装棚，它又可分为以下几类：

（1）联运集装箱。

联运集装箱分为 20 ft 或 40 ft，高和宽为 8 ft。这种集装箱可装于宽体飞机或客货两用型飞机的主货舱，主要用于陆空、海空联运。

（2）主货舱集装箱。

只能装于全货机或客机的主货舱，这种集装箱的高度是 163 cm（63 in）或以上。

（3）下货舱集装箱。

只能装于宽体飞机的下货舱，有“全尺寸”（Full-size）和“半尺寸”（Half-size）两种。下货舱集装箱的高度不得超过 163 cm。

13.2.4　适航许可与非适航许可集装器

适航许可集装器是指已经获得适航当局授予证书的厂商所生产的标准集装器。适航许可的标准集装器将满足飞机的安全要求，此类集装器可以被看作是飞机上的可移动货舱，从结构上易于完全固定所载货物，并且可以保护飞机自身的结构。

非适航许可集装器是指未获得适航当局授予证书的厂商生产的集装器。大多数此类集装器因为不适应飞机上的结构，不能成为飞机上的可移动货舱，而仅适用于地面操作环境。

非标准的集装器一般只允许装在某种机型的某些货舱，但禁止装在飞机的主舱。当允许将此类集装器装入某些飞机的下货舱时，用于装载此集装器的货舱的顶部及舱壁必须加固以限制集装器和货物。

13.2.5　飞机集装器的识别

集装器的识别代码是国际航协（IATA）规定的标识集装器的种类、规格和所属人的代码。每一个集装器都有唯一的识别代码，在进行集装器的装卸飞机、地面操作、信息传递、控制、市场营销等工作时都会用到集装器的识别代码，识别确认涉及的集装器。

根据国际航协规定，集装器的识别代码由 3 部分组成。

【例 3】如图 13.13 所示，集装箱的识别代码为：AKE24307CA。

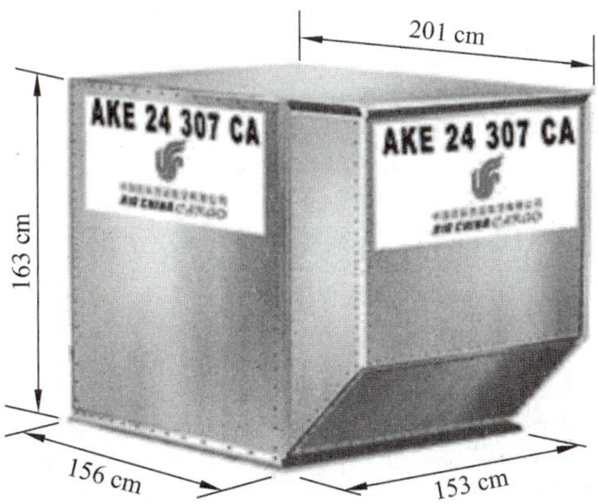

第一部分：类型代码 3 个字母，表示集装器的种类、底板尺寸和标准轮廓、叉车作业允许性			第二部分：集装器具体编号 四位或五位数字	第三部分：集装器所有人代码
A	K	E	24307	CA
集装器种类代码：如“A”表示集装箱；“P”表示集装板	底部尺寸代码：表示集装器底板尺寸	集装器的标准轮廓、叉车作业容许性（为适配代码）	由各航空公司对其所拥有的集装器进行编号；自 1996 年 10 月起，全部使用 5 位数字表示，此前用 4 位数字表示	航空承运人的 IATA 两字代码。 该集装箱的所有人为中国国际航空公司，其代码为 CA

图 13.13　集装箱的识别代码

13.2.6　集装货物在飞机货舱内的装载

窄体货机 B757-200SF 的剖面图如图 13.14 ~ 13.16 所示。可装载于 B757-200SF 主舱的集装器如表 13.4 所示。

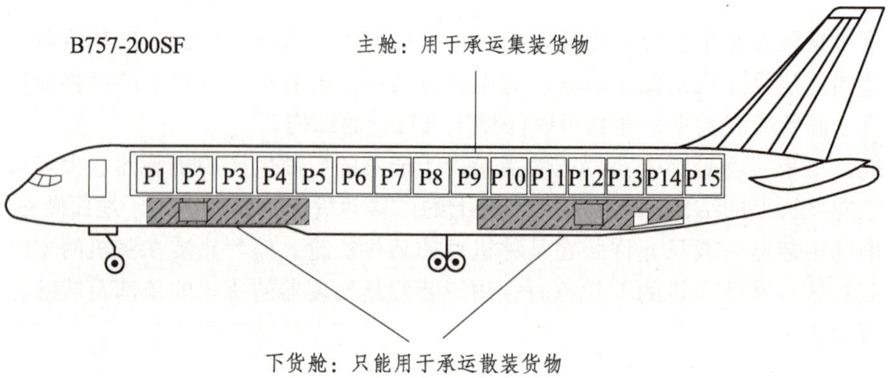

图 13.14　B757-200SF 装载剖面图

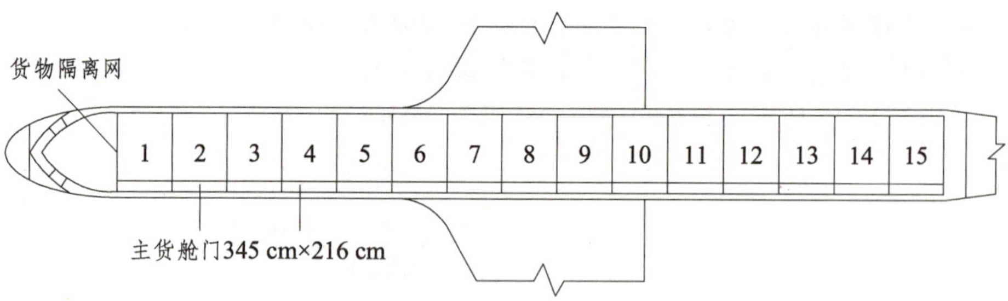

图 13.15　主货舱标准装载俯视图

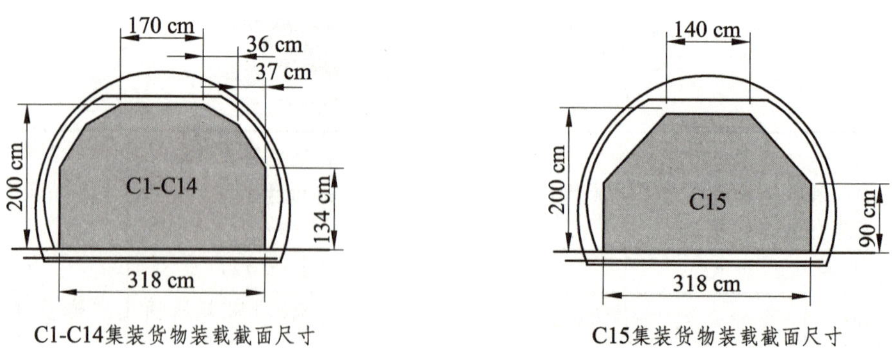

图 13.16　主货舱装载截面图

表 13.4　可装载于 B757-200SF 主舱的集装器

集装器	PAP 带网的集装板 底板尺寸：224 cm×318 cm（88 in×125 in）	AAY 基于半集装板的轮廓集装箱 底板尺寸：224 cm×158 cm（88 in×62 in）
类别	IATA 型号 5	IATA 型号 7
图	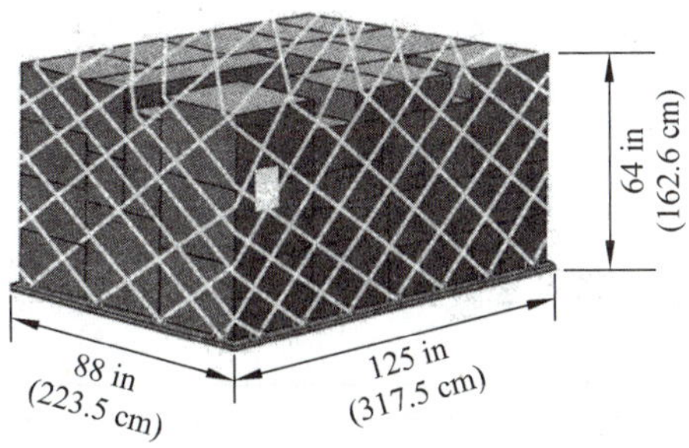	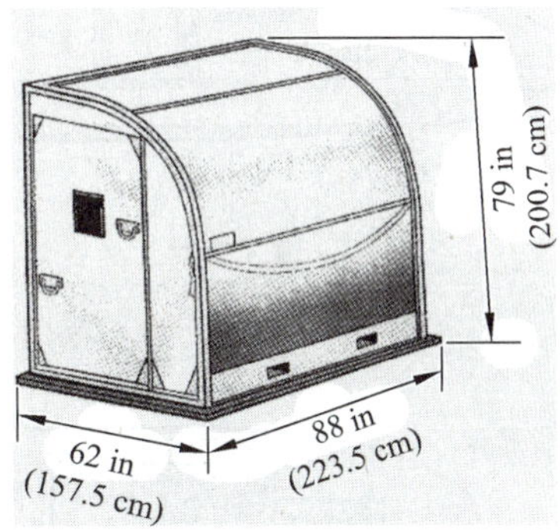

宽体货机 B747-400F 的剖面图如图 13.17 所示。

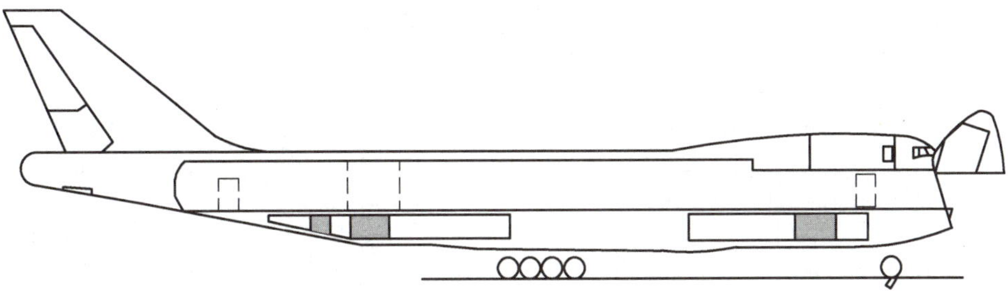

图 13.17　B747-400F 剖面图

B747-400F 宽体货机机头的鼻门可以向上开启，货物可以通过鼻门直接装入主舱，并且它的主货舱侧门很大，因此在主舱可以装载大量不同种类、尺寸的集装设备（见表 13.5，图 13.18 ~ 13.20）。B747-400F 宽体货机的下舱也具备多种货物的布局（见表 13.6，图 13.21 ~ 13.22）。

表 13.5　可装载于 B747-400F 主舱的集装器

集装器	PAP 带网的集装板 底板尺寸：224 cm×318 cm（88 in×125 in）	PMC 带网的集装板 底板尺寸：244 cm×318 cm（96 in×125 in）
类别	IATA 型号 5	IATA 型号 2BG
图	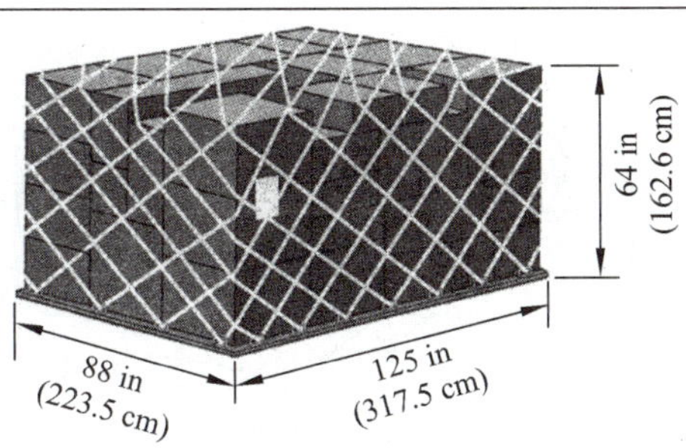	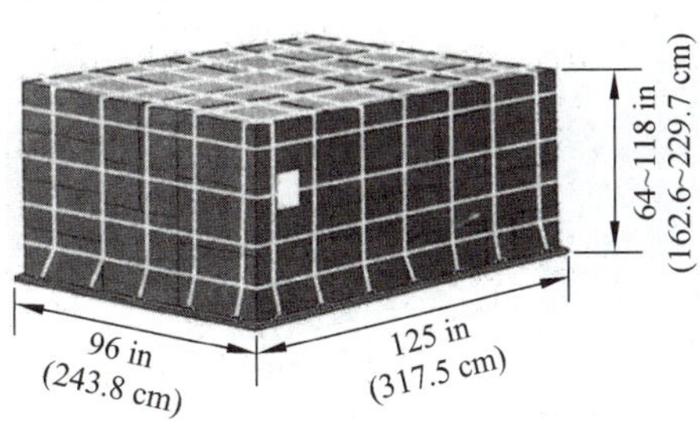

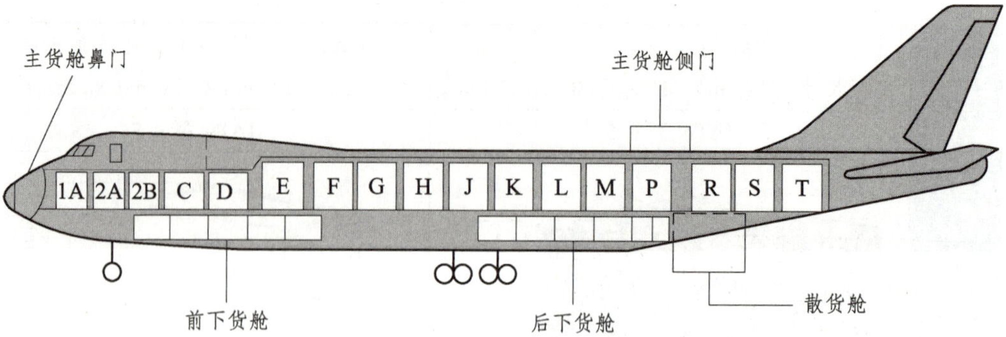

图 13.18　B747-400F 装载剖面图

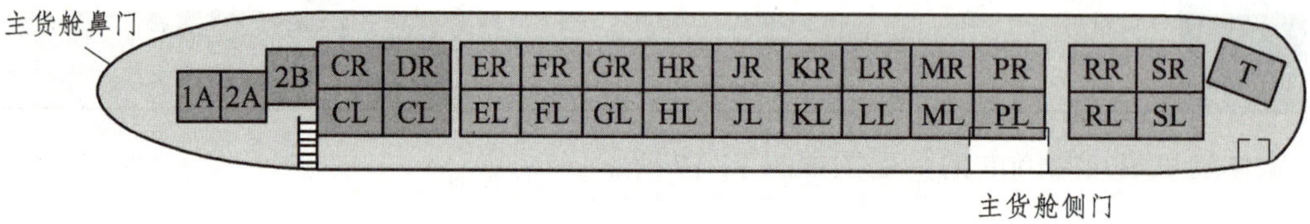

图 13.19　主货舱标准装载俯视图

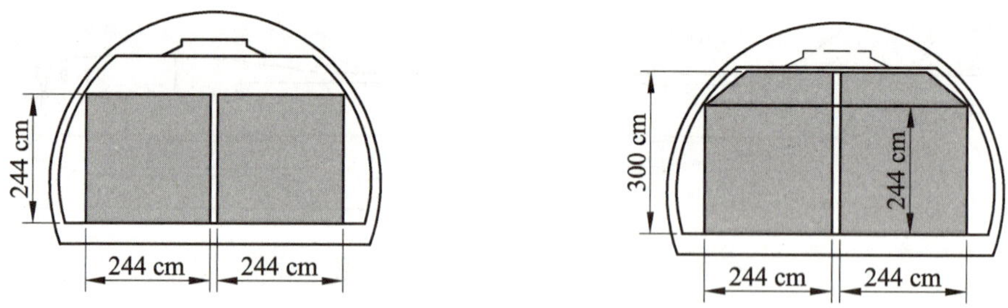

A—D区集装货物装载截面尺寸　　E—T区集装货物装载截面尺寸

图 13.20　主货舱装载截面图

表 13.6　可装载于 B747-400F 下货舱的集装器

集装器	PAP 带网的集装板 底板尺寸：224 cm×318 cm（88 in×125 in）	PMC 带网的集装板 底板尺寸：244 cm×318 cm（96 in×125 in）
类别	IATA 型号 5	IATA 型号 2BG
图	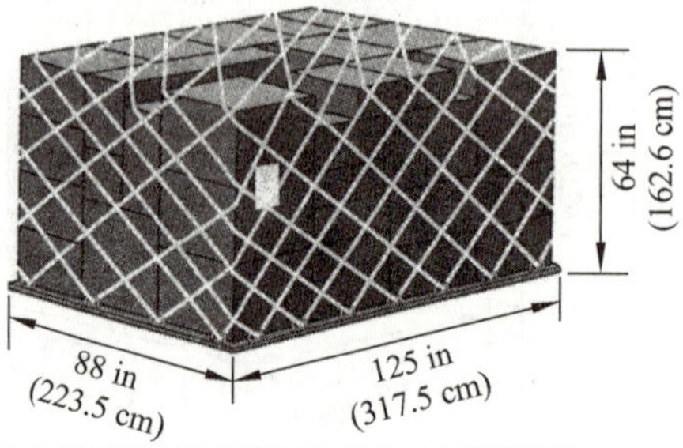	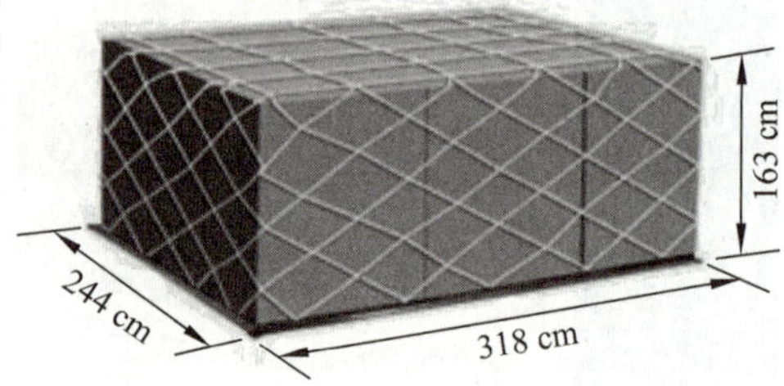

续表

集装器	AKE 轮廓集装箱（LD3） 底板尺寸：156 cm×153 cm（61.5 in×60.4 in）	ALF 轮廓集装箱（LD6） 底板尺寸：318 cm×153 cm（125 in×60.4 in）
类别	IATA 型号 8	IATA 型号 6W
图	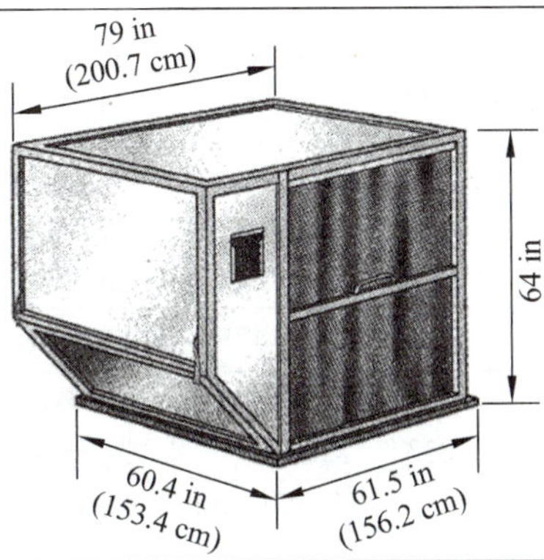	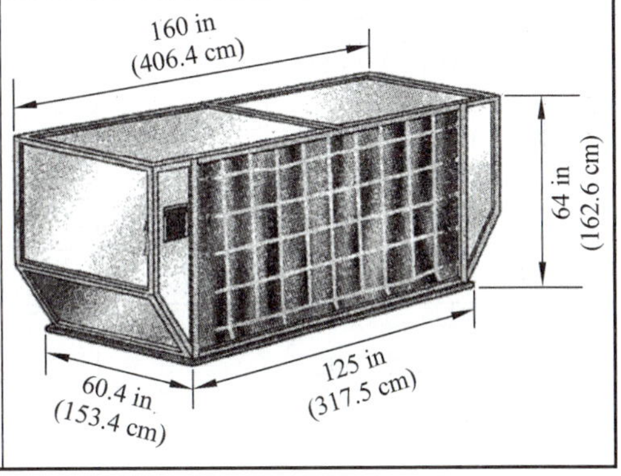

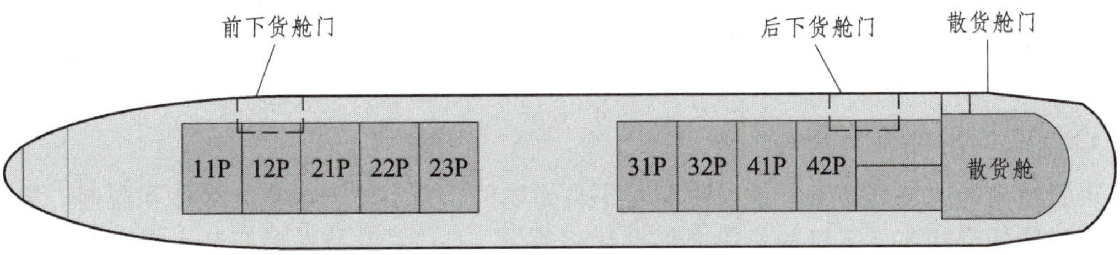

图 13.21 下货舱标准装载俯视图

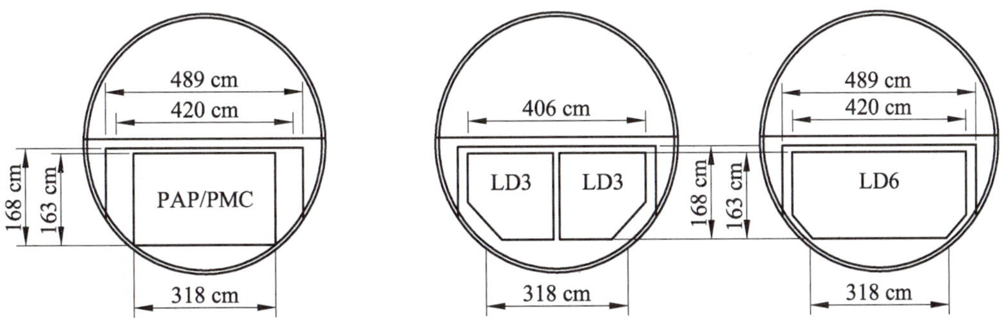

图 13.22 下货舱装载截面图

13.2.7 飞机集装器的限制

13.2.7.1 最大承重限制

集装器的结构极限决定了可承受的最大重量。飞机地板的承受极限就是集装器的“最大毛重”。无论是装板还是装箱，都应注意不得超过集装板/箱的最大承重，否则，不但会损坏集装器，甚至还有可能对飞机机身造成损坏。常见空运集装箱、集装板规格如表 13.7 所示。

表 13.7　常见空运集装箱、集装板规格

IATA 代码	规格尺寸/cm	可用容积/m^3	净重/kg	最大毛重/kg	适用机型
AKE（LD3）	156×153×163	4.3	73（布门） 100（金属门）	1 588	B747、B747F、B747Combi、B767、B777、A330、A340 等机型下货舱
ALF（LD6）	318×153×163	8.9	160	3 175	B747、B747F、B747Combi、B777、A330、A340 等机型下货舱
AMP	318×244×163	11.5	200	6 804	B747、B747F、B747Combi、B767、B777、A330、A340 等机型下货舱；B747F、B747Combi 主货舱
AMA	318×244×244	17.5	379	6 804	B747F、B747Combi 主货舱
PA	318×224	—	120	6 033	B747、B747F、B767、B777、A330、A340 等机型下货舱；B747F、B747Combi 主货舱、下货舱
PM	318×244	—	135	6 804	B747、B747F、B767、B777、A330、A340 等机型下货舱；B747F、B747 Combi 主货舱、下货舱
PG	606×244	—	500	13 608	B747F、B747Combi 主货舱

13.2.7.2　体积/尺寸限制

集装箱内部所装货物受到体积限制是不言而喻的，重点要考虑集装板体积限制。集装板上所装货物的形状要与飞机的货舱内部形状相适应，且应能从货舱舱门装入。集装板可装货物的高度，随飞机机型的主货舱或下货舱的位置而定。

为了控制集装板上所装货物的体积和形状，可以使用一个与飞机货舱横截面轮廓一样的模架来限制板上所装货物。用这种方法打板既不会超过允许尺寸，又正好能够装入指定的飞机货舱。集装板装货限制模架如图 13.23 所示。

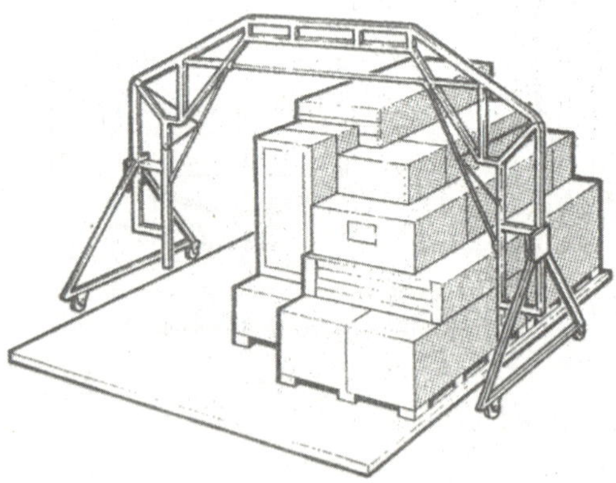

图 13.23　集装板装货限制模架

13.2.7.3　集装器底板承受力

集装器底板的最大单位面积承受重量不得超过额定负荷。集装箱的底板和集装板单位面积承受的力是由该设备的类型决定的。当出现超限的情形时，应为此件货物加垫板，使其重

量分散在集装器的底板上。

13.2.7.4 集装器内货物的限制

虽然有些货物满足前面所规定的集装条件（如重量、体积、集装器的底板负荷等）限制，但是它们不能装在集装箱内运输。这些货物包括：

（1）危险品。由托运人或代理人装好的集装箱内不能含有危险品（干冰除外）和运输条件上受到严格限制的货物。

（2）活体动物。由于热血动物和某些冷血动物的运输需要氧气，而集装棚或完全封闭的集装箱不能满足这一特殊要求。所以，这样的动物不能用集装箱运输。然而，某些冷血动物，如热带鱼等则可用集装箱运输，因为它们不需要额外的氧气供应。

第14章 货运航班时刻表

学习目标

【知识目标】

1. 熟悉航班时刻表的内容及其涉及的航空代码；
2. 掌握飞行时间的计算方法。

【技能目标】

具有根据货物出运的要求结合航班时刻表选择合适航班的能力。

14.1 航空公司航班计划

每家航空公司都会定期公布各自的客运航班时刻表及货运航班时刻表。

如图 14.1 为中国国际货运航空在其网站上公布的货运航班计划（部分）。该表中列出的第一个航班为 CA1019 号航班，在 2018 年 1 月 1 日到 3 月 5 日期间，每星期一有一班，从 PVG（上海浦东国际机场的三字代码）始发，出发的时间是 0:05，于 15:45 到达 ANC（美国阿拉斯加的泰德·史蒂文斯安克雷奇国际机场），并于 16:45 再次起飞，1:50 时到达最终目的站 DFW（美国达拉斯-沃尔斯堡国际机场）。执飞的飞机机型为 B777-F（机型代码为 77F）。

国货航 2017/18 年冬春季航班计划（LOCAL）

航班号	机型	班期	开始日期	结束日期	始发站	始发时刻	目的站	到达时刻
CA1019	77F	1______	2018/1/1	2018/3/5	PVG	0:05	|ANC	15:45
					ANC	16:45	|DFW	1:50
CA1019	77F	1______	2018/3/12	2018/3/19	PVG	0:05	|ANC	16:45
					ANC	17:45	|DFW	2:50
CA1020	77F	1______	2018/1/1	2018/3/5	DFW	4:20	JFK	9:00
					JFK	11:30	|PEK	15:20
	77F	_2_____	2018/1/2	2018/3/20	PEK	23:10	|PVG	1:40
	77F	1______	2018/3/12	2018/3/19	DFW	5:20	JFK	10:00
					JFK	12:30	|PEK	15:20
CA1021	77F	1______	2017/10/30	2017/10/30	PVG	7:00	FRA	12:05
CA1022	77F	1______	2017/10/30	2017/10/30	FRA	17:25	|PVG	11:15
CA1023	77F	_2_____	2017/10/31	2018/3/20	PVG	11:10	AMS	16:30
CA1024	77F	_2_____	2017/10/31	2018/3/20	AMS	19:00	|PVG	12:50
CA1025	77F	1______	2017/10/30	2018/3/19	PVG	7:40	AMS	13:00
CA1026	77F	1______	2017/10/30	2018/3/19	AMS	22:20	|ZAZ	0:45
					ZAZ	4:00	TSN	21:50
					TSN	23:50	|PVG	2:00

……

注：以上时刻均为当地时间
|第二天

网址：http://www.airchinacargo.com/images/pdf/freighter%20schedule%20download.pdf

图 14.1 货运航班计划

14.2 航空代码

从前面的航班时刻表中可以看到，在航空货运实际操作中经常会用到一些代码，一些名词的代码往往比全称更重要。由于单证的大小限制、操作的方便程度等缘故，在货运的整个流程中代码的作用都非常显著。它有简洁、节省空间、容易识别等优点。与此同时，完备的地理知识也是有效完成国际货物运输操作的先决条件。

14.2.1 国家代码

在航空运输中，国家的代码用两字代码表示。表 14.1 是常见国家的两字代码。

表 14.1 国家代码

国家英文全称	中文全称	两字代码
China	中国	CN
United States of America	美国	US
United Kingdom	英国	GB
Germany	德国	DE
France	法国	FR
Japan.	日本	JP
Korea	韩国	KR
Singapore	新加坡	SG
Canada	加拿大	CA
Australia	澳大利亚	AU

14.2.2 城市的三字代码

城市的三字代码在航空运输中有着重要的作用，运输本身是在空间上点与点的位移，因此每运一票货物都涉及城市的三字代码（见表 14.2）。

表 14.2 城市的三字代码

城市英文全称	中文全称	三字代码
Beijing / Peking	北京	BJS
Guangzhou / Canton	广州	CAN
Shanghai	上海	SHA
Hong Kong	香港	HKG
London	伦敦	LON
Paris	巴黎	PAR
Frankfurt	法兰克福	FRA
Rome	罗马	ROM
Amsterdam	阿姆斯特丹	AMS
Moscow	莫斯科	MOW
Helsinki	赫尔辛基	HEL
Geneva	日内瓦	GVA
Ankara	安卡拉	ANK

续表

城市英文全称	中文全称	三字代码
Tokoyo	东京	TYO
Osaka	大阪	OSA
Nagoya	名古屋	NGO
Seoul	首尔	SEL
New York	纽约	NYC
Chicago	芝加哥	CHI

14.2.3 机场的三字代码

机场通常用三字代码表示，在一些城市，机场的三字代码同城市三字代码一样，在中国很多城市如此，如天津等。但是，世界大多数三字代码同城市的三字代码不一样，例如北京的城市代码是 BJS，而首都机场的代码是 PEK，前述国货航的航班计划中列出的第一个航班 CA1011 的始发站 PVG 是上海浦东国际机场，第一个到达站 PEK 是北京首都国际机场，该航班在首都机场停留两个多小时后再次出发到第二个到达站 FRA 是德国的法兰克福机场。

表 14.3 是常见的机场三字代码。

表 14.3 机场的三字代码

机场英文全称	中文全称	三字代码	所在国家/城市
Beijing Capital International Airport	北京首都国际机场	PEK	中国/北京
Pudong International Airpor	上海浦东国际机场	PVG	中国/上海
Guangzhou Bai Yun International Airport	广州白云国际机场	CAN	中国/广州
Hong Kong International Airport	香港国际机场	HKG	中国/香港
Taiwan Taoyuan International Airport	台湾桃园国际机场	TPE	中国/台北
Ted Stevens Anchorage International Airport	泰德・史蒂文斯安克雷奇国际机场	ANC	美国/安克雷奇
Los Angeles International Airport	洛杉矶国际机场	LAX	美国/洛杉矶
O'Hare International Airport	奥黑尔国际机场	ORD	美国/芝加哥
Memphis International Airport	孟菲斯国际机场	MEM	美国/孟菲斯
Narita International Airport	成田国际机场	NRT	日本/东京
Kansai International Airport	大阪关西国际机场	KIX	日本/大阪
Incheon International Airport	仁川国际机场	ICN	韩国/仁川
Flughafen Frankfurt/Main	法兰克福国际机场	FRA	德国/法兰克福
Aeroport deParis-Charles de Gaull	戴高乐机场	CDG	法国/巴黎
Heathrow Airport	希斯罗国际机场	LHR	英国/伦敦
Amsterdam Airport Schipho	阿姆斯特丹史基浦机场	AMS	荷兰/阿姆斯特丹
Dubai International Airport	迪拜国际机场	DXB	阿联酋/迪拜
Doha Hamad International Airport	多哈哈马德国际机场	DOH	卡塔尔/多哈
Singapore Changi Airport	新加坡樟宜机场	SIN	新加坡

14.2.4　航空公司的代码

IATA 使用的航空公司代码有 3 种：两字代码（由两个英文字母或一个英文字母与一个阿拉伯数字组成的两字代码），如中国国际航空的代码为 CA；三字代码（由 3 个英文字母组成，如斯堪的纳维亚航空公司的代码是 SAS）；三字数字代码（由 3 个阿拉伯数字组成），如中国国际航空的三字数字代码为 999（见表 14.4）。

表 14.4　航空公司的代码

航空公司英文全称	中文全称	三字数字代码	两字代码	三字代码
Air China International	中国国际航空公司	999	CA	CCA
China Southern Airlines	中国南方航空公司	784	CZ	CSN
China Eastern Airlines	中国东方航空公司	781	MU	CES
America Airlines	美洲航空公司	001	AA	AAL
Air Canada	加拿大航空公司	014	AC	ACA
China Airlines Ltd.（Taiwan, China）	台湾中华航空公司	297	CI	CAL
Cathay Pacific Airways Ltd.	国泰航空公司	160	CX	CPA
Korean Air	大韩航空公司	180	KE	KAL
Japan Airlines Co. Ltd	日本航空公司	131	JL	JAL
All Nippon Airlines Co. Ltd	全日本航空公司	205	NH	ANA
Japan Air System Co. Ltd	佳速航空公司	234	JD	JAS
Lufthansa Germany Airline	汉莎航空公司	220	LH	GEC
Asiana Airlines	韩亚航空公司	988	OZ	AAR
Singapore Airlines Ltd.	新加坡航空公司	618	SQ	SIA
Air France	法国航空公司	057	AF	AFR
British Airways	英国航空公司	125	BA	BAW
KLM	荷兰皇家航空公司	074	KL	KLM
Emirates	阿联酋航空公司	176	EK	UAE

14.3　飞行时间

航班计划中的出发时刻和到达时刻都是以当地时间（Local Time）公布的，因此在计算飞行时间的时候要考虑世界不同时区的时间差异，法定时和标准时区的区别，以及一些国家和地区夏令时的使用等。

14.3.1　时差、世界时区的划分和标准时（Standard Clock Time，SCT）

地球自转产生的一个重要现象是时差问题，自转使经度不同地区的时刻也不同。世界主要航线的分布多呈东西向，沿这些航线飞行时，必须跨越经度，也就必须进行时差的换算。这对于获取航班信息，提高货代服务质量具有实际意义。

整个地球按照经度被划分为 24 个时区（The Time Zone），每 15 经度为跨度标准划分为一个时区。首先，分别以 0 经线和 180 经线为中央经线，向东、向西各 7.5，划出两个相对时区，分别称为 0 时区（格林威治时间 Greenwich Mean Time，GMT）和东西 12 时区。注意，东 12 区和西 12 区是一个时区。然后，依次向东、向西再分别分出 11 个时区。这样一共分为 24 个时区。

有了格林威治时间，其他各时区的标准时间均可以表示成“GMT+时差”的形式。如北京时间是东八区的时间，比格林威治时间要提前 8 小时，表示为“GMT+8”；而美国纽约使用的是美国东部时间（西五区），比格林威治时间晚 5 小时，表示为“GMT-5”。

地球每天的自转是不规则的，而且正在缓慢减速。所以，格林威治时间已经不再作为标准时间使用。如今的标准时间——协调世界时（UTC）——由原子钟提供。自 1924 年 2 月 5 日开始，格林威治天文台每隔一小时会向全世界发放调时信息。而 UTC 是基于标准的 GMT 提供的准确时间。为了方便，在不需要精确到秒的情况下，通常将 GMT 和 UTC 视作等同。

14.3.2 法定时区和法定时

法定时区是各国根据本国具体情况自行规定的适用于本国的标准时区。法定时区的界限，一般不是依据经线，而是依据实际的政治疆界和社会经济发展状况来确定的。根据法定时区确定的标准时，成为法定时。法定时是目前世界各国实际使用的标准时。

如中国的国土面积广大，从东五区到东九区，横跨了 5 个时区，但是都统一使用北京时间（UTC+8）。而世界上有些国家实行的是多时区制，如美国，从东往西依次是东部时间（Easten Time）（西五区时间）、中部时间（Central Time）（西六区时间）、山地时间（Mountain Time）（西七区时间）、太平洋时间（Pacific Time）、西部时间（西八区时间）、阿拉斯加时间（Alaska）（西九区时间）和夏威夷时间（Hawaiian）（西十区时间）（见表 14.5）。

表 14.5　美国时差表

Country or Area 国家或地区	Standard Clock Time 标准时	Daylight Saving Time 夏令时
USA**		
Easten Time except Indiana 东部时间（印第安纳州除外）	−5	−4
Easten Time , Indiana 东部时间（印第安纳州）	−5	
Central Time 中部时间	−6	−5
Mountain Time except Arizona 山地时间（亚利桑那州除外）	−7	−6
Mountain Time , Arizona 山地时间（亚利桑那州）	−7	
Pacific Time 太平洋时间	−8	−7
Alaska 阿拉斯加	-9	-8
Aleutian Islands 阿留申群岛	−10	-9
Hawaiian Islands 夏威夷群岛	−10	

注：夏威夷（Hawaiian Islands）、亚利桑那州（Arizona）和印第安纳州（Indiana）不实行夏令时。

14.3.3 夏令时（DST）

夏季白昼较为漫长，为了充分利用日光，一些国家颁布法律把夏季的当地时间拨前一个小时。这种暂时变化了的时间叫做“夏令时”。各国的夏令时均有一个有效期。如欧洲中部夏令时（Central European Summer Time，CEST）在每年的 3 月的最后一个星期天的凌晨 1 点开始，然后在 10 月的最后一个星期天的凌晨 1 点结束。美国夏令时的起止时间为：每年 3 月的第二个星期日至 11 月的第一个星期日。

14.3.4 飞行时间的计算

计算某一航班的航行时间，若在同一个时区内，可直接用到达时间减去起飞时间即可得到。

【例 1】

航班号	机型	班期	开始日期	结束日期	始发站	始发时刻	目的站	到达时刻
CA1020	77F	_2_____	2018/1/2	2018/3/20	PEK	23:10	|PVG	1:40

注：以上时刻均为当地时间

|第二天

航班 CA1020，于 23:10 从北京首都国际机场起飞，第二天凌晨 1:40 到达上海浦东国际机场。则该航班的飞行时间为：2400+0140−2310=0230，即 2 小时 30 分钟。

对于国际航班，或在一个实行多时区制的国家中的航班，由于航班时刻表中的起飞时间和到达时间都是用当地时间表示的，所以计算航行时间时，应考虑始发站和目的站两地的时差。将起飞时间和到达时间化为同一时区的时间，再相减。可以采用以下方法：

（1）将起飞时间和到达时间都用始发站的当地时间表示，然后相减。

（2）将起飞时间和到达时间都用目的站的当地时间表示，然后相减。

（3）将起飞时间和到达时间都用格林威治时间表示，然后相减。

【例 2】

航班号	机型	班期	开始日期	结束日期	始发站	始发时刻	目的站	到达时刻
CA1023	77F	_2_____	2017/10/31	2018/3/20	PVG	11:10	AMS	16:30

注：以上时刻均为当地时间

|第二天

航班 CA1023，于 11:10 从上海浦东国际机场（PVG，GMT+8）起飞，16:30 到达荷兰阿姆斯特丹史基浦机场（AMS，GMT+1）。则该航班的飞行时间为多少？

（1）将 AMS 的时间化为 PVG 的时间：1630+0700=2330

航行时间：2330−1110=1220

（2）将 PVG 的时间化为 AMS 的时间：1110−0700=0410

航行时间：1630−0410=1220

（3）将 PVG 的时间化为 GMT 时间：1110−0800=0310

将 AMS 的时间化为 GMT 时间：1630−0100=1530

航行时间：1530−0310=1220

该航班的飞行时间为 12 小时 20 分钟。

14.4 《OAG 货运指南》及其使用

每个航空公司都有各自的客运航班时刻表及货运航班时刻表。虽然这些航空公司的航班时刻表是准确完整的信息来源，但航空公司及航空货运代理来说更愿意使用将各航空公司的信息合编在一起的《OAG 货运指南》(*OAG Cargo Guide*)。这是因为，该指南包括了所有航空公司的信息，使用起来十分方便。除《OAG 货运指南》外，还有《OAG 客运指南》(*OAG Flight Guide*)。OAG 是 Official Aviation Guide 的缩写，中文意思是官方航路指南。

【拓展资料】

全球航班时刻信息的来源——OAG

英国 OAG 国际有限公司是一家专业化的全球旅行及运输信息管理公司，是全球航空数据信息提供商，包括 1 000 多个航空公司、超过 3 500 个机场的详细航班信息，是航空运输业及全球分销系统 GDS（如 Amadeus, Galilieo, Sabre 和 World span 系统）、航空公司、机场和相关行业标准航班时刻信息的主要来源。

14.4.1 《OAG 货运指南》航班时刻表的识读

《OAG 货运指南》中的航班时刻表包含下列航班时刻：

（1）货机；

（2）可运输集装箱和集装板的客机；

（3）可装载大容量集装器的飞机。

客运航班时刻表没有列于《OAG 货运指南》中，有关客运航班时刻表可查阅《OAG 客运指南》。

OAG 货运航班时刻表按照“From 起飞城市”“To 到达城市”的顺序编排。起飞城市名称在 From 之后，用粗体字表示。

图 14.2 所示的 OAG 货运航班时刻表，“From Tokyo”表明起飞城市是日本东京（TYO），东京的标准时为 GMT+9。当一个城市拥有一个以上的大型机场时，会用城市/机场图示标示出机场和城市的相对位置，由图上可知东京拥有两个机场，分别是 NRT（成田机场，距东京市区 66 km）和 HND（羽田机场，距东京市区 19 km）。地图下方“Sao Paulo”表明到达城市是巴西圣保罗（SAO），距离东京 18 514 km。圣保罗的标准时为 GMT-2。圣保罗也有两个机场，分别为 GRU（圣保罗国际机场 Guarulhos Int.）和 VCP（坎皮纳斯国际机场 Viracopos Apt.）。

OAG 货运航班时刻表中列出了直达航班及中转衔接航班。

直达航班：航班时刻表中，首先列出的是直达航班，一行表示一个航班。起飞时间与到达时间均用黑体字表示。直达航班包括中间有经停和无经停两种。

中转衔接航班：列在直达航班之后，列在“connections（中转衔接）”字样的下方。中转航班由几个直达航班组成。中转衔接航班中，始发站的起飞时间与最终目的站的到达时间用黑体字表示，而中转衔接点的到达与起飞时间用轻体字表示。

OAG 货运航班时刻表各栏目的含义如下：

（1）每周航班情况（days）：此栏中列出一周哪几天有航班。周一到周日用“1234567”表示。若某一天无航班则用“-”表示。

days	validity	depart		arrive		flight	equip	class	stops
From **Tokyo , Japan , TYO** GMT+9									

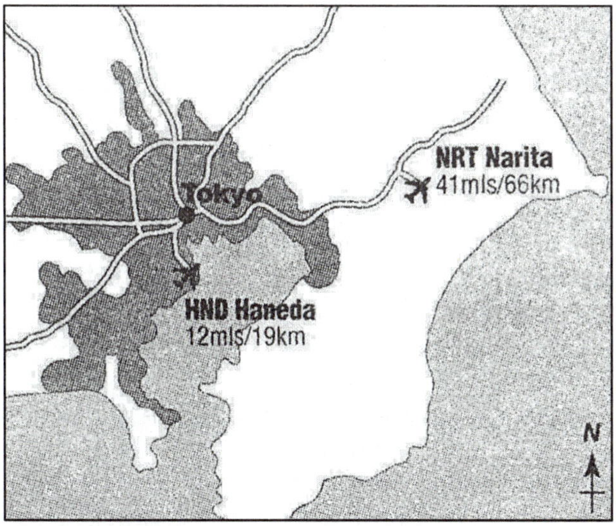

Sao Paulo SAO 11507mls/18514km GMT-2

GRU-Guarulhos Int，VCP-Viracopos Apt

days	validity	depart		arrive		flight	equip	class	stops
1-3-56-		**1900**	NRT	**0610+1**	GRU	**RG8837**	M11	BC	1
1-3-56-		**1900**	NRT	**0610+1**	GRU	**★NH5837**	M11	BC	1
--34-67	Until 9Oct	**1910**	NRT	**0700+1**	GRU	**JL048**	744	BC	1
--34-67	From 11Oct	**1910**	NRT	**0800+1**	GRU	**JL048**	744	BC	1
connections		depart		arrive		flight			
1234567		**1555**	NRT	1355	IAH	**CO6**	777	BC	-
		2105	IAH	**0855+1**	GRU	**CO93**	762	BC	-
1234567		**1620**	NRT	1600	EWR	**CO8**	777	BC	-
		2200	EWR	**0845+1**	GRU	**CO31**	762	BC	-

图 14.2　OAG 货运航班时刻表

days	validity	depart		arrive		flight	equip	class	stops
1-3-56-		1900	NRT	0610+1	GRU	RG8837	M11	BC	1

该航班每周有四班，分别是周一、周三、周五和周六每天有一班。

（2）航班有效期（validity）：此栏中，From 为航班开始生效日期；Until 为航班截止日期。

days	validity	depart		arrive		flight	equip	class	stops
--34-67	From 11Oct	1910	NRT	0800+1	GRU	JL048	744	BC	1

该航班“From 11Oct”表示从 10 月 11 日开始有航班。

days	validity	depart		arrive		flight	equip	class	stops
--34-67	Until 9Oct	1910	NRT	0700+1	GRU	JL048	744	BC	1

该航班“Until 9Oct”表示到 10 月 9 日此航班截止。

（3）航班起飞信息（depart）：此栏为航班的起飞时间，后跟起飞机场三字代码。若起飞城市只有一个机场，三字代码不需标出。对于中转衔接航班，衔接点必须列出。

（4）航班到达信息（arrive）：此栏为航班到达时间，后跟到达机场三字代码。若到达城市只有一个机场，三字代码不需标出。对于中转衔接航班，衔接点必须列出。

（5）航班号（flight）：此栏为航班号。航班号前两字代码表示承运的航空公司。

days	validity	depart		arrive		flight	equip	class	stops
1-3-56-		1900	NRT	0610_{+1}	GRU	RG8837	M11	BC	1

该航班为直达航班，19:00 从始发站机场 NRT（东京成田机场）起飞，第二天 6:10 到达目的站机场 GRU（圣保罗国际机场）。航班号为 RG8837，其中“RG”是巴西约格朗德航空公司（Varig）的两字代码。

days	validity	depart		arrive		flight	equip	class	stops
1234567		1555	NRT	1355	IAH	CO6	777	BC	-
		2105	IAH	0855_{+1}	GRU	CO93	762	BC	-

该航班为中转衔接航班，15:55 从始发站机场 NRT（东京成田机场）起飞，13:55 到达中转衔接点机场 IAH（美国休斯敦哈比国际机场），这一航程的航班号为 CO6；21:05 从 IAH 起飞出发，第二天的 8:55 到达目的站机场 GRU（圣保罗国际机场），后一航程的航班号为 CO93。“CO”是美国大陆航空公司（Continental Airlines Inc.）的两字代码。

注：① 起飞时间为当天，则：“-1”表示头一天，“+1”表示第二天，“+2”表示第三天……

② 在航班号前若有★，则表明实际承运人并非该代码注册的航空公司，为航班代码共享的另一家航空公司实际承运。如上述航班时刻表中的 NH5837，NH 是日本全日空，但 NH5837 实际承运人为巴西约格朗德航空公司（Varig）。这可以在《OAG 货运指南》的“Airline Codes and Code Share”中查找到。（关于什么是代码共享航班，以及航空公司为什么要提供代码共享航班，见 https://www.csair.com/cn/tourguide/faq/flight/codeshare.shtml）

（6）飞机机型（equip）：此栏为执行该航班的飞机机型，均以机型代码表示。如上例中，执行 RG8837 航班的飞机为 M11，是 Boeing（Douglas）MD-11 Passenger。

（7）提供的服务等级（class）：此栏为该航班可提供的货运服务类型。

AC：纯货机或卡车，可运输散货、集装箱货物和集装板货物。

BC：宽体客机，可运输集装箱货物和集装板货物。

PC：客货混运飞机，可运输集装箱货物和集装板货物。

P：窄体飞机。

（8）航班经停点（stops）：此栏为航班经停情况。数字代表经停次数，如“1”表示有一个经停点。具体的经停点可以在《OAG 货运指南》的“Flight Routing（航线路径）”部分查找。

days	validity	depart		arrive		flight	equip	class	stops
1-3-56-		1900	NRT	0610_{+1}	GRU	RG8837	M11	BC	1

航班 RG8837 的 stops 栏为 1，可知该航班从东京（NRT）到圣保罗（GRU）的航程中间有一个经停点。经查询，如下所示，可知航线为：NRT →LAX →GRU →GIG，因此，东京（NRT）到圣保罗（GRU）的中间经停点为 LAX（洛杉矶）。

RG	
2204	GIG-BSB-MAO
2205	MAO-BSB-GIG
…	……
8836	GIG-GRU-LAX-NRT
→ 8837	NRT-LAX-GRU-GIG
8864	GIG-GRU-JFK
8865	JFK-GRU-GIG
…	……

14.4.2 《OAG 货运指南》航班时刻表的使用

【例 3】根据图 14.3 的航班时刻表，列出 1 月 18 日星期三，从 RIO→FRA 的所有直达航班。

days validity depart arrive flight equip class stops

From **Rio De Janeiro , RJ , Brazil RIO** GMT-2

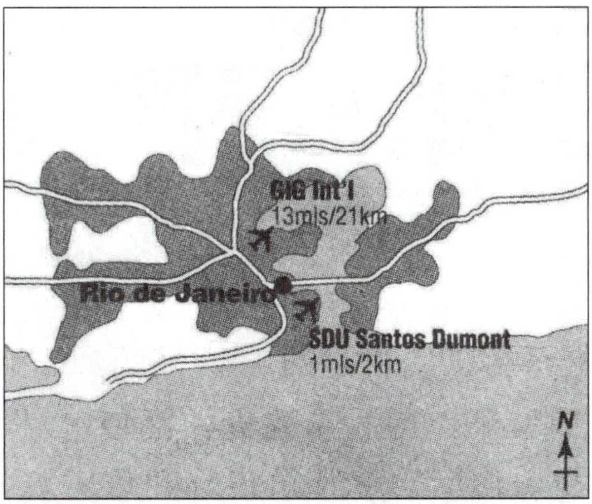

Frankfurt FRA 5945mls/9565km GMT+1

FRA-Frankfurt Int

days	validity	depart		arrive		flight	equip	class	stops
--------6-		1525	GIG	0800_{+1}	FRA	RG748	M11	BC	1
--------6-		1525	GIG	0800_{+1}	FRA	★LH5863	M11	BC	1
---3- 5-7		1525	GIG	0600_{+1}	FRA	RG7770	343	BC	-
---3- 5-7	Until 29Dec	1525	GIG	0600_{+1}	FRA	LH501	340	BC	-
---3- 5-7	From 2Jan	1525	GIG	0600_{+1}	FRA	LH501	340	BC	-
- 2------		2120	GIG	1410_{+1}	FRA	VF730	M11	BC	1
12345-7		2125	GIG	1400_{+1}	FRA	★LH6865	M11	BC	1
12345-7	Until 29Dec	2125	GIG	1400_{+1}	FRA	RG740	M11	BC	1
12345-7	From 31Dec	2125	GIG	1400_{+1}	FRA	RG740	M11	BC	1
connections		depart		arrive		flight			
1234567	From 6Jan	0200	GIG	1420	MAD	IB6800	777	BC	-
		1945	MAD	2215	FRA	IB3512	320	P	-

满足条件的航班信息

Airport code		Departure Date		Arrival Date		Airline prefix Flight number	Aircraft	Class
From	To	Time	Day Month	Time	Day Month			
GIG	FRA	1525	18Jan	0600	19Jan	RG7770	343	BC
GIG	FRA	1525	18Jan	0600	19Jan	LH501	340	BC
GIG	FRA	2125	18Jan	1400	19Jan	LH6865	M11	BC
GIG	FRA	2125	18Jan	1400	19Jan	RG740	M11	BC

图 14.3　航班时刻表

由图 14.3 可知，每周三从 RIO→FRA 的直达航班有：RG7770，LH501，LH6865 和 RG740。

【例 4】货物由瑞典的斯德哥尔摩 Stockholm，Sweden（STO）至泰国的曼谷 Bangkok，Thailand（BKK）。货物将于 9 月 25 日星期六 15:00 准备完毕。根据图 14.4 中的航班时刻表，回答：（1）哪个直达航班或中转衔接航班符合最早出发的要求？（2）哪个直达航班或中转衔接航班符合最早到达的要求？

由图 14.4 可知，直达航班只有一个，若 9 月 25 日星期六 15:00 准备完毕，最早可在 26 日周日 14:35 出发，到达 BKK 的时间为 27 日 5:50。

中转衔接航班的第二个，最早可在当天 25 日周六 21:00 出发，到达中转衔接点 HEL 的时间为 26 日 13:00，同一天 23:35 从 HEL 起飞，到达 BKK 的时间为 27 日 13:40。

days　validity　depart　arrive　flight　equip　stops　class

From **Stockholm , Sweden STO** GMT+1

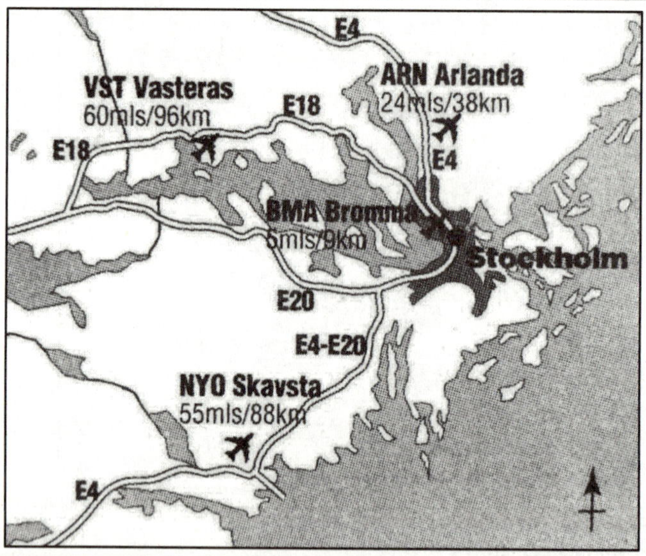

Bangkok BKK 5133mls/8258km GMT+7

days	validity	depart		arrive		flight	equip	class	stops
-2- 45- 7		1435	ARN	0550$_{+1}$	BKK	TG961	744	BC	-
connections		depart		arrive		flight			
1-3- 5- -		2100	ARN	1300$_{+1}$	HEL	AY9192	RFS	AC	-
		2335$_{+1}$	HEL	1340$_{+2}$	BKK	AY079	M11	BC	-
- - - - -6-		2100	ARN	1200$_{+1}$	HEL	AY9192	RFS	AC	-
		2335$_{+1}$	HEL	1340$_{+2}$	BKK	AY907	M11	BC	-
-2- 4- - 7	Until 9Sep	2100	ARN	1300$_{+1}$	HEL	AY9192	RFS	AC	-
		2335$_{+1}$	HEL	1340$_{+2}$	BKK	AY091	M11	BC	-
-2- 4- - 7	From 14Sep	2100	ARN	1300$_{+1}$	HEL	AY9192	RFS	AC	-
		2335$_{+1}$	HEL	1340$_{+2}$	BKK	AY091	M11	BC	-
- -3- 5- -		2300	ARN	0800$_{+1}$	CPH	SK5311	RFS	AC	-
		2245$_{+1}$	CPH	1440$_{+2}$	BKK	SK973	343	BC	-

满足条件的航班信息

	Airport code		Departure Date		Arrival Date		Airline prefix Flight number	Aircraft	Class
	From	To	Time	Day Month	Time	Day Month			
最早到达→	ARN	BKK	1525	26Sep	0550	27Sep	TG961	744	BC
最早出发→	ARN	HEL	2100	25Sep	1200	26Sep	AY9192	RFS	AC
	HEL	BKK	2335	26Sep	1340	27Sep	AY907	M11	BC

图 14.4　航班时刻表

注意：在《OAG 货运指南》中，当无合适的直达航班，又无合适的中转衔接航班时，只能利用已公布的直达航班或/和中转衔接航班自行组成合适的中转衔接航班。此时，应注意为中转点装卸货物留出充足的时间。一般情况下，应尽可能安排同一个承运人将货物从始发站运至目的站。这样，可以避免货物在不同承运人库区之间运输，从而提高中转速度。

14.4.3　《OAG 客运指南》

未列于《OAG 货运指南》的客运航班时刻表可在《OAG 客运指南》中找到。该指南同样被广泛应用于航空货物运输中。

《OAG 客运指南》（见图 14.5）与《OAG 货运指南》的不同，表现在以下几个方面：

（1）每周航班情况（days）。

货运 OAG 一周内航班的情况用数字表示，周一到周日用“1234567”表示；而客运 OAG 的周一到周日用“MTWTFSS”表示。

（2）服务等级（class）/舱位等级（cabin）。

货运 OAG 中，此栏表示可提供货物服务的级别，如 AC、BC、PC 和 P。

客运 OAG 中，此栏表示客运的舱位等级。常见的如：F（First Class，头等舱）、C（Business Class，公务舱）、Y（Economy Class，经济舱）。

（3）货运 OAG 中最后一列为经停（stops），倒数第二列为服务等级（class）。而客运 OAG 经停（stops）在倒数第三列，舱位等级（cabin）在最后一列。

（4）在机场代码后会列出航站楼号码（常用数字或字母表示）。如 BUD_{2A}，为 BUD（布达佩斯机场）2A 航站楼。

days	validity	depart		arrive		flight	stops	equip	cabin
From **Berlin , Germany BER** GMT+1									
SXF(Berlin Schonefeld Airport)12.0mls/19.0km									
XHF(Berlin Tempelhof Airport)4.0mls/6.0km									
TXL(Berlin Tegel Airport)5.0mls/8.0km									
Sofia SOF 821mls/1320km GMT+2									
●●●●F●●		**1015**	SXF	**1330**		**LZ320**	0	735	CY
●●●●●S●		**1640**	SXF	**1950**		**LZ320**	0	TU5	CY
●●W●●●●		**1710**	SXF	**2015**		**LZ320**	0	TU5	CY
M●●●●●●		**1825**	SXF	**2140**		**LZ320**	0	TU5	CY
connections		depart		arrive		flight			
●TW●F●●	From 3Oct	**1005**	TXL	1130	BUD_{2A}	**MA671**	0	F70	CY
		1305	BUD_{2A}	**1525**		**MA830**	0	737	CY
MTWTFSS		**1015**	TXL	1140	BUD_{2A}	**MA671**	0	F70	CY
		1720	HEL	**1940**		**MA832**	0	735	CY
MTWTFSS		**1120**	TXL	1240	VIE	**OS104**	0	F70	CY
		1335	VIE	**1615**		**OS813**	0	320	CY

图 14.5　OAG 客运指南

注意:《OAG 客运指南》中所列的航班的机型，未必都适应货物运输，具体情况应与航空公司取得联系。中转衔接航班也只考虑了旅客转机所需时间，对于货运中转是否时间充足也要与航空公司取得联系。

《OAG 货运指南》中只列出了货机航班和可以运输集装货物的宽体客机航班；而《OAG 客运指南》中列出的客机航班，不但包括宽体客机的航班，也包括窄体客机的航班。对于散货，可利用窄体飞机的下舱运输。因此，有必要参阅两本指南，以找到最优的直达航班或中转衔接航班。

第 15 章 航空进出口货物运输代理业务操作

学习目标

【知识目标】

1. 掌握航空货运程序及货代操作过程；
2. 掌握航空货运程序及货代操作过程中的主要单证。

【技能目标】

1. 具有模拟航空货运程序及货代操作过程的能力；
2. 具有缮制航空货运程序及货代操作过程中的主要单证的能力。

15.1 国际航空出口货运代理

15.1.1 揽货

15.1.1.1 市场销售

作为航空公司的运输销售代理人，航空货代有责任帮助航空公司销售飞机舱位。只有把飞机舱位销售出去了，让飞机配载足货物，才能真正说明其工作的成效，对于航空公司而言，航空货代的工作才有真正的实质的意义。

另外，我国空运市场的开放度比较高，目前执飞国际航线的不仅有国内的多家航空公司，而且还有一百多家外国航空公司，因而我国国际空运市场的竞争比较激烈。因此，目前承揽货物已成为航空货代业务的核心，是航空货代一项至关重要的工作。

一个业务开展得较强、较好的货运代理公司，一般都有相当数量的销售人员或销售网点从事市场销售工作。航空货代为争取更多的出口货源，常常主动与各进出口公司、企业联系，主动承揽货物。对于长期出口或出口货量大的单位，航空货代一般都争取能与之签订长期的代理协议。

从营销战略角度来说，代理公司要对整个区域经济的发展有充分的了解，了解哪些行业的产品适于空运。从发展趋势进行潜在市场分析，了解城市经济的未来发展规划，该区域会增加哪些高科技企业，这些企业适合于航空运输的产品将在本公司货运量中占有多少份额；了解目前本公司的货运量在该区域占有的百分比，充分分析市场的情况。

在具体操作时，需及时向出口单位介绍本公司的业务范围、服务项目、各项收费标准，特别是向出口单位介绍优惠运价，介绍本公司的服务优势等。

15.1.1.2 委托运输

不论航空货代主动承揽，还是出口货物发货人上门委托，只要双方就航空货代事宜达成意向后（确定运输价格以及服务条件后），航空货代就可以向发货人提供一份自己所代理的航空公司的空白“国际货物托运书”，让发货人填写（见图 15.1）。

SHIPPER'S LETTER OF INSTRUCTION

<table>
<tr><td colspan="3" rowspan="3">托运人姓名及地址
Shipper's Name and Address</td><td colspan="3" rowspan="3">托运人账号
Shipper's Account Number</td><td colspan="2">供承运人使用
for Carrier Use Only</td></tr>
<tr><td>航班/日期
Flight/Date</td><td>航班/日期
Flight/Date</td></tr>
<tr><td></td><td></td></tr>
<tr><td colspan="3">收货人姓名及地址
Consignee's Name and Address</td><td colspan="3">收货人账号
Consignee's Account Number</td><td colspan="2">货物运费
Charge</td></tr>
<tr><td colspan="6">代理人的名称和城市
Issuing Carrier,s Agent Name and Address</td><td colspan="2" rowspan="3">另请通知
Also Notify</td></tr>
<tr><td colspan="6">始发站
Airport of Departure</td></tr>
<tr><td colspan="6">目的站
Airport of Destination</td></tr>
<tr><td colspan="3">声明价值
Shipper's Declared Value</td><td colspan="3">保险价值
Amount of Insurance</td><td colspan="2" rowspan="2">随附文件
Document to Accompany Air Waybill</td></tr>
<tr><td>供运输用
for Carriage</td><td colspan="2">供海关用
for Customs</td><td colspan="3"></td></tr>
<tr><td colspan="8">储运注意事项及其他
Handling Information</td></tr>
<tr><td>件数
No. of Pieces</td><td>毛重
Gross Weight</td><td>运价类别
Rate Class</td><td>计费重量
Chargeable Weight</td><td>费率
Rate</td><td colspan="3">货物品名及数量（包括体积或尺寸）
Nature and Quantity
(iccl. Dimensions or Volume)</td></tr>
<tr><td></td><td></td><td></td><td></td><td></td><td colspan="3"></td></tr>
<tr><td colspan="5">托运人证实以上所填内容全部属实并愿意遵守承运人的一切运输章程。
The shipper certifies that the particulars on the face hereof are correct and agrees to the conditions of the carrier.

托运人签字
Signature of Shipper　　　　日期
Date</td><td colspan="3">经办人
Agent

日期
Date</td></tr>
</table>

图 15.1　国际货物托运书

《国际货物托运书》是重要的法律文件。根据《华沙公约》的相关规定，托运书必须由托运人自己填写，并在上面签字或盖章，作为货主委托航空货代承办航空货运出口货物的依据。航空货代将根据托运书的要求办理出口货运手续，并据以结算费用。

某些特种货物，如活动物、危险品由航空公司直接收运。

航空货代在接受托运人委托后，在单证操作前，通常会指定专人对托运书进行审核。审核重点应看价格和航班日期。审核后，审核人员必须在托运书上签名并注明日期以示确认。

委托时，发货人除应填制“国际货物托运书”，还应提供贸易合同副本、出口货物明细发票、装箱单以及检验、检疫和通关所需要的单证和资料给航空货代，以方便航空货代办理订舱、提货、报关、制单等手续。

15.1.2 预订舱

15.1.2.1 审核单证

航空货代从发货人取得单据后，应指定专人对单证进行认真核对，看看单证是否齐全，内容填写是否完整规范。

单证应包括以下内容：

（1）托运书；

（2）发票、装箱单：发票上一定要加盖公司公章（业务科室、部门章无效），标明价格术语和货价（包括无价样品的发票）；

（3）报关单：注明经营单位注册号、贸易性质、收汇方式，并要求在申报单位处加盖公章；

（4）外汇核销单：在出口单位备注栏内，一定要加盖公司章；

（5）许可证：合同号、出口口岸、贸易国别、有效期，一定要符合要求，与其他单据相符；

（6）商检证：商检证、商检放行单、盖有商检放行章的报关单均可，商检证上应有海关放行联字样；

（7）进料/来料加工核销本：注意核销本上的合同号是否与发票相符；

（8）索赔/返修协议：要求提供正本，双方都要在合同上盖章，对方没章时，可以签字；

（9）到付保函：凡到付运费的货物，发货人都应提供。

15.1.2.2 预配舱

代理人汇总所接受的委托和客户的预报并输入电脑，计算出各航线的件数、重量、体积，按照客户的要求和货物重、高情况，根据各航空公司不同机型对不同板箱的重量和高度要求，制定预配舱方案，并给每票货配上运单号。

15.1.2.3 预订舱

代理人根据所制定的预配舱方案，按航班、日期打印出总运单号、件数、重量、体积，向航空公司预订舱。这一环节被称为预订舱。因为此时货物可能还没有入仓库，预报和实际的件数、重量、体积等都会有差别，这些留待配舱时再做调整。

15.1.3 接收货物及单证

15.1.3.1 接收单证

接收托运人或其代理人送交的已经审核确认的托运书及报关单证和收货凭证。将电脑中的收货记录与收货凭证核对。制作操作交接单，填上所收到的各种报关单证份数，给每份交接单配一份总运单或分运单。将制作好的交接单、配好的总运单或分运单、报关单证移交制单。如此时货未到或未全到，可以按照托运书上的数据填入交接单并注明，货物到齐后再进行修改。

15.1.3.2 填制货运单

航空货运单包括总运单和分运单。填制航空货运单是空运出口业务中最重要的环节，货运单填写得准确与否直接关系到货物能否及时、准确地运达目的地。航空货运单是发货人收结汇的主要有效凭证。因此，运单的填写必须详细、准确，严格符合单货一致、单单一致的要求。

所托运货物，如果是直接发给国外收货人的单票托运货物，填开航空公司运单即可，将收货人提供的货物随机单据订在运单后面。

如果集中托运货物，必须先为每票货物填开航空货运代理公司的分运单；然后再填开航空公司的总运单，以便国外代理人对总运单下的各票货物进行分拨；集中托运的货物，还需要制作集中托运清单，并将清单，所有分运单及随行单据装入一个信袋，订在运单后面。

最后制作“空运出口业务日报表”，供制作标签用。

15.1.3.3 接收货物

接货时，双方应办理货物的交接、验收，进行过磅称重和丈量，根据发票、装箱单或送货单清点货物，并核对货物的数量、品名、合同号或唛头等是否与货运单上所列一致；检查货物的外包装是否符合运输的要求。

1）货物收运时对包装的基本要求

（1）托运人提供的货物包装要求坚固、完好、轻便，应能保证在正常的操作（运输）情况下，货物可完好地运达目的站，同时也不损坏其他货物和设备。

① 包装不破裂；

② 内装物不漏失；

③ 填塞要牢，内装物相互不摩擦、碰撞；

④ 没有异味散发；

⑤ 不因气压、气温变化而引起货物变质；

⑥ 不伤害机上人员和操作人员；

⑦ 不污损飞机、设备和机上其他装载物；

⑧ 便于装卸。

（2）为了不使密封舱飞机的空调系统堵塞，不得用带有碎屑、草末等材料做包装，如草袋、草绳、粗麻包等。包装的内衬物，如谷糠、锯末、纸屑等不得外漏。

（3）包装内部不能有突出的棱角，也不能有钉、钩、刺等。包装外部需清洁、干燥、没有异味和油腻。

（4）托运人应在每件货物的包装上详细写明收货人、另请通知人、托运人的姓名和地址。如包装表面不能书写时，可写在纸板、木牌或布条上，再拴挂在货物上，填写时字迹必须清楚、明晰。

（5）包装窗口的材料要良好，不得用腐朽、虫蛀、锈蚀的材料。无论木箱或其他容器，为了安全，必要时可用塑料、铁箍加固。

（6）如果包装件有轻微破损，填写货运单时应在“Handing Information”处标注出详细情况。

2）对包装材料的具体要求

通用：木箱、结实的纸箱（塑料打包带加固）、皮箱、金属或塑料桶等。

（1）液体类货物。

① 不论瓶装、罐装或桶装，容器内至少有 50% ~ 10%的空隙，封盖严密，容器不得渗漏；

② 用陶瓷、玻璃容器盛装的液体，每一容器的容量不得超过 500 mL，并需外加木箱包装，箱内装有内衬物和吸湿材料，内衬物要填牢实，以防内装容器碰撞破碎；

③ 陶瓷、玻璃容器盛装的液体货物，外包装上应加贴“易碎物品”标贴。

（2）易碎物品。

① 每件重量不超过 25 kg；

② 用木箱包装；

③ 用内衬物填塞牢实；

④ 装上应贴“易碎物品”标贴。

（3）精密仪器和电子管。

① 多层次包装，内衬物要有一定的弹性，但不得使货物移动位置和互相碰撞摩擦；

② 悬吊式包装，用弹簧悬吊在木箱内，适用于电子管运输；

③ 加大包装底盘，不使货物倾倒；

④ 装上应加贴“易碎物品”和“不可倒置”标贴。

（4）裸装货物。

不怕碰压的货物如轮胎等，可以不用包装。但不易点数或容易碰坏飞机的仍须妥善包装。

（5）木制包装。

① 木制包装或垫板表面应清洁、光滑、不携带任何种类植物害虫；

② 有些国家要求在“Handing Information”栏注明“The solid wood materials aretotally free from bank and apparently free from live plant pests”，并随附熏蒸证明。

（6）混运货物。

一票货物中包含有不同物品称混运货物。这些物品可装在一起，也可以分别包装，但不得包含下列物品：贵重货物、动物、尸体、骨灰、外交信袋、作为货物运送的行李。

对包装、标志不符合运输要求，缺件，重量体积不符，运输中的货损，都将及时通告货主，求得确认；没有问题的话，再将货物入库。

15.1.3.4 标记和标签

当货物入库后，货运代理会根据航空公司的运单号码，制作标签，然后将制作好的运单标签贴在每一件货物上，以便于起运港及目的港的货主、货代、货站、海关、航空公司、商检及收货人识别。

在货物外包装上我们经常会看到各种标记和标签。

1）标记

在货物外包装上由托运人书写的有关事项和记号，其内容主要是托运人、收货人的姓名、地址、联系电话、传真、合同号等；操作（运输）注意事项（例如，不要曝晒 Don't Expose to Excessive Sunlight，防潮 Keep Dry，小心轻放 Handle With Care 等）；单件超过 150 kg 的货物。

2）标签

（1）按标签的作用来划分：

① 识别标签：说明货物的货运单号码、件数、重量、始发站、目的站、中转站的一种运输标志，分为挂签、贴签两种。

② 特种货物标签：说明特种货物性质的各类识别标志，分为活动物标签、危险品标签和鲜货易腐物品标签 3 种。

③ 操作标签：用以说明货物储运注意事项的各类标志。

（2）按标签的类别来划分：

① 航空公司标签：航空公司对其所承运的货物做出的标识。各航空公司的标签虽然在格式、颜色上有所不同，但内容基本相同。标签上三位阿拉伯数字代表所承运航空公司的代号，后八位数字是总运单号码。

② 分标签：航空货运代理公司对货物出具的标识。凡出具分运单的货物都要制作分标签，填制分运单号码和货物到达城市或机场的三字代码。

通常，一件货物贴一张航空公司标签，有分运单的货物（如集中托运的货物），每件再贴一张分标签。

15.1.4 订舱与报关

15.1.4.1 配舱

配舱时，需运出的货物都已入库，这时需要核对货物的实际件数、重量、体积与托运书上预报数量的差别；应注意对预订舱位、板箱的有效领用、合理搭配，按照各航班机型、板箱型号、高度、数量进行配载。同时，对于货物晚到、未到情况及未能顺利通关放行的货物做出调整处理，为制作配舱单做准备。实际上，这一过程一直延续到单、货交接给航空公司后才完毕。

15.1.4.2 订舱

订舱就是将所接收空运货物向航空公司正式提出运输申请并订妥舱位。

订舱的具体做法和基本步骤：接到发货人的发货预报后，向航空公司吨控部门领取并填写订舱单（Cargo Booking Advance，CBA），同时提供相应的信息。

（1）货物的名称；

（2）体积（必要时提供单件尺寸）；

（3）重量；

（4）件数；

（5）目的地；

（6）要求出运的时间等；

（7）其他运输要求（温度、装卸要求、货物到达目的地时限等）。

订舱后，航空公司签发舱位确认书，同时给予装货集装器领取凭证，以表示舱位订妥。

航空公司将根据实际情况安排航班和舱位。一般来说，航空公司舱位销售的原则如下：

（1）保证有固定舱位配额的货物；

（2）保证邮件、快件舱位；

（3）优先预订运价较高的货物舱位；

（4）保留一定的零散货物舱位；

（5）未订舱的货物按交运时间的先后顺序安排舱位。

货运代理公司订舱时，可依照发货人的要求选择最佳的航线和最佳的承运人，同时为发货人争取最低、最合理的运价，为此，就要求航空货代必须掌握每家航空公司、每条航线、每个航班甚至每个目的港的运价和航班日期的信息。

15.1.4.3 出口报检报关

1）出口报检

货运代理在接单时需向客户了解货物是否要做商检，是否需要货代代办报检，如果需要，需向客户索取报检委托书，并检查委托书内容是否齐全（不全或不规范的要补充），而后填写出境报检单，向有关商检部门报检。

不同的出口货物在商检方面有不同的规定和限制，应根据各类货物的“商品编码”监管条件进行相应的操作。

非动植物及其制品类，要求填制“卫检申报单”，加盖卫检放行章。

动植物类货物除“卫检申报单”外，还需填制“动植检报验单”并加盖放行章。

化工类产品须到指定地点检验证明是否适合空运，而不同的出口货物亦有各种规定和限制。

2）出口报关

客户可自行选择报关行，也可委托货代进行报关。但不论如何，都需要将发货人所准备好的所有报关资料，连同航空公司的正本运单及时交给报关行，以便及时报关，方便货物及早通关以及运输。

海关审核无误后，海关官员即在用于发运的运单正本上加盖放行章，同时在出口收汇核销单和出口报关单上加盖放行章，在发货人用于产品退税的单证上加盖验讫章，粘上防伪标志；完成出口报关手续。

15.1.5 货物出仓打板交接发运

15.1.5.1 出仓单

配舱方案制定后就可着手编制出仓单。

出仓单的主要内容有出仓单日期、承运航班的日期、装载板箱形式及数量、货物进仓顺序编号、总运单号、件数、重量、体积、目的地三字代码和备注。

出仓单的作用如下：

（1）出仓单交给出口仓库，用于出库计划，出库时点数并向装板箱交接。

（2）交给装板箱环节，是向出口仓库提货的依据。

（3）出仓单交给货物的交接环节用作从装板箱环节收货凭证和制作《国际货物交接清单》的依据，该清单用于向航空公司交接货物。出仓单还可用于外拼箱。

（4）出仓单交给报关环节，当报关有问题时，可有针对性地反馈，以采取相应措施。

15.1.5.2 提板箱

除特殊情况外，航空货运均是以“集装箱”“集装板”形式装运的。因而，货代需根据订舱计划向航空公司办理申领板、箱的相应手续，以便装货。

订妥舱位后，航空公司吨控部门将根据货量出具发放“航空集装箱、板”凭证，货运代理公司凭此向航空公司箱板管理部门领取与订舱货量相应的集装板、集装箱。提板、箱时，应领取相应的塑料薄膜和网。对所使用的板、箱要登记、销号。

15.1.5.3 装板箱

航空货运代理公司将体积为 2 m^3 以下货物作为小货交与航空公司拼装，大于 2 m^3 的大宗货或集中托运拼装货，一般均由货运代理自己装板装箱。

大宗货物、集中托运货物可以在货运代理公司自己的仓库、场地、货棚装板、装箱，亦可在航空公司指定的场地装板、装箱。

装板、装箱时要注意以下几点：

（1）不要用错集装箱、集装板，不要用错板型、箱型。每个航空公司为了加强本航空公司的板、箱管理，都不许可本公司的板、箱为其他航空公司的航班所用；不同公司的航空集装箱、航空集装板因销号、尺寸有异，如果用错会出现装不上飞机的现象。

（2）不要超装箱、板尺寸。一定型号的箱、板用于一定型号的飞机，板、箱外有具体尺寸规定，一旦超装箱、板尺寸，就无法装上飞机。因此，装箱、板时，要注意货物的尺寸，既不超装，又要在规定的范围内用足箱、板的可用体积。

（3）货物要垫衬，封盖好塑料纸，防潮、防雨淋。

（4）集装箱、板内货物尽可能配装整齐，结构稳定，并接紧网索，防止运输途中倒塌。

（5）对于大宗货物、集中托运货物，尽可能将整票货物装一个或几个板、箱内运输。已装妥整个板、箱后剩余的货物尽可能拼装在同一箱、板上，防止散乱、遗失。

15.1.5.4 签单

货运单在盖好海关放行章后还需到航空公司签单。签单时主要审核运价使用是否正确，以及货物的性质是否适合空运，如危险品等是否已办了相应的证明和手续。航空公司的地面代理规定，只有签单确认后才允许将单、货交给航空公司。

15.1.5.5 交接发运

交接是向航空公司交单交货，由航空公司安排航空运输。

交单就是将随机单据和应有承运人留存的单据交给航空公司。随机单据包括第二联航空运单正本、发票、装箱单、产地证明、品质鉴定书等。

交货即把与单据相符的货物交给航空公司。交货之前必须粘贴或拴挂货物标签，（交货时根据标签）清点和核对货物，填制“国际货物交接清单”（即“国际货物代理交接单”）。大宗货、集中托运货，以整板、整箱称重交接；零散小货按票称重，计件交接。航空公司审单验货后，在交接签单上验收，将货物存入出口仓库，单据交吨控部门，以备配舱。

15.1.6 货物出运后服务

15.1.6.1 航班跟踪

单、货交接给航空公司后，航空公司会因种种原因，如航班取消、延误、溢载、故障、改机型、错运、倒垛或装板不符规定等，未能按预定时间运出，所以货运代理公司从单、货交给航空公司后就需对航班、货物进行跟踪。

需要联程中转的货物，在货物出运后，要求航空公司提供二、三程航班中转信息。有些货物事先已预订了二、三程，也还需要确认中转情况。有时需直接发传真或电话与航空公司的海外办事处联系货物中转情况。及时将上述信息反馈给客户，以便遇到不正常情况能及时处理。

15.1.6.2 信息服务

航空货运代理公司需在多个方面为客户做好信息服务：

（1）订舱信息。应将是否订妥舱位及时告诉货主或委托人，以便及时备单、备货。

（2）审单及报关信息。应在审阅货主或委托人送来各项单证后，及时向发货人通告。如有遗漏失误及时补充或修正。在报关过程中，遇有任何报关、清关的问题，亦应及时通知货主，共商解决。

（3）仓库收货信息。应将货主送达货运代理人，告诉出口货物的到达时间、货量、体积、缺件、货损情况及时通告货主，以免事后存在争议。

（4）交运称重信息。运费计算标准以航空公司称重、所量体积为准，如在交运航空公司称重过磅过程中，发现称重、体积与货主声明的重量、体积有误，且超过一定比例时，必须通告货主，求得确认。

（5）一程及二程航班信息。应及时将航班号、日期及以后跟踪了解到的二程航班信息及时通告货主。

（6）集中托运信息。对于集中托运货物，还应将发运信息预报给收货人所在地的国外代理人，以便对方及时接货、查询，进行分拨处理。

（7）单证信息。货运代理人在发运出口货物后，应将发货人留存的单据，包括盖有放行章和验讫章的出口货物报关单、出口收汇核销单、第三联航空运单正本，以及用于出口产品退税的单据，交付或寄送发货人。

航空货运代理公司从接受委托开始，一直到将货物交收货人的整个过程，应始终与委托人及有关人员保持密切的信息往来，对货物进行全程跟踪。

总之，航空货运代理应为委托人提供全程信息服务。

15.1.6.3 费用结算

费用结算主要涉及向发货人、承运人和国外代理人 3 方面的结算。

（1）与航空公司结算费用。

向航空公司支付航空运费及代理费，同时收取代理佣金。

（2）机场地面代理结算费用。

向机场地面代理支付各种地面杂费。

（3）与发货人结算费用。

向发货人收取以下费用：

① 航空运费（在运费预付的情况下）；

② 地面杂费；

③ 各种服务费和手续费。

（4）与国外代理人结算。

与国外代理人结算到付运费和利润分成。

到付运费实际上是发货方的航空货运代理人为收货人垫付的，因此收货方的航空货运代理公司在将货物移交收货人时，应收回到付运费并将有关款项退还发货方的货运代理人。同时发货方的货运代理人应将代理佣金的一部分分给其收货地的货运代理人。

由于航空货运代理公司之间存在长期的互为代理协议，因此与国外代理人结算时一般不采取一票一结的办法，而采取应收应付相互抵消，在一定期限内以清单冲账的办法。

15.2 国际航空进口货运代理

15.2.1 代理预报

在国外发货之前，国外代理公司会将运单、航班、件数、重量、品名、实际收货人及其他地址、联系电话等内容通过传真或 E-mail 发给目的地代理公司，这一过程被称为预报。

到货预报的目的是使代理公司做好接货前的所有准备工作。

注意事项：

（1）注意中转航班，中转点航班的延误会使实际到达时间和预报时间出现差异。

（2）注意分批货物。从国外一次性运来的货物在国内中转时，由于国内载量的限制，往往采用分批的方式运输。

15.2.2 交接单、货

1）抽单

货代在收到取单通知后，向航空公司设在机场的进口柜台抽单，取回随机文件、总运单及空运货运代理交接单，而后便可（交货代操作）进行理单、拆单工作了。

2）提货

货代凭到货通知向货站办理提货事宜。

交接时要做到：

（1）单、单核对，即交接清单与总运单核对；

（2）单、货核对，即交接清单与货物核对。

核对后，出现问题的处理方式如表 15.1 所示。

表 15.1　处理方式

总运单	清单	货物	处理方式
有	无	有	清单上加总运单号
有	无	无	总运单退回

续表

总运单	清单	货物	处理方式
无	有	有	总运单后补
无	有	无	清单上划去
有	有	无	总运单退回
无	无	有	货物退回

另外，还需注意分批货物，做好空运进口分批货物登记表。

总之，货代在与航空货运站办理交接手续时，应根据运单及交接清单核对实际货物（见图 15.2）。若存在有单无货或有货无单的情况，应在交接清单上注明，以便航空公司组织查询并通知入境地海关。

第　页

DHL 快件

日期：2000，12，Dec

序号	货运单号码	件数	重量/kg	航班/日期	提货日期	备注
1	PMC67297CA 999-98084313	52/96	1370/2242	CA9003	12，Dec	FRA
2	AKE23672CA 999-98084313	23/96	585/2242	同上	同上	同上
3	AKE23731CA 999-98084313	21/96	570/2242	同上	同上	同上
4						
5						
6						
7						
8						
9						
10						
11						
12						
13						
14						
15						

交货人：樊× 　　接货人：章×

图 15.2　国际货物交接清单

发现货物短缺，破损或其他异常情况，应向民航索要商务事故记录，作为实际收货人交涉索赔事宜的依据，也可以接受收货人的委托，由航空货运代理公司代表收货人向航空公司办理索赔。

货运代理公司请航空公司开具商务事故证明情况的通常有：

（1）包装货物受损。

① 纸箱开裂、破损、内中货物散落（含大包装损坏，散落为小包装，数量不详）；

② 木箱开裂、破损，有明显受撞击迹象；

③ 纸箱、木箱未见开裂、破损，但其中液体漏出。

（2）裸装货物受损。

① 无包装货物明显受损，如金属管、塑料管压扁、断裂、折弯；

② 机器部件失落，仪表表面破裂等。

（3）木箱或精密仪器上防振、防倒置标志泛红。

（4）货物件数短缺。

部分货损不属运输责任，因为在实际操作中，部分货损是指整批货物或整件货物中极少或极小一部分受损，是航空运输较易发生的损失，故航空公司不一定愿意开具证明，即使开具了“有条件、有理由”证明，货主也难以向航空公司索赔，但可据以向保险公司提出索赔。对货损责任难以确定的货物，可暂将货物留存机场，商请货主单位一并到场处理；或由收货人或受收货人委托，由航空货运代理公司向国家出入境检验检疫部门申请检验，根据检验结果，通知订货公司联系对外索赔。

在实际中，航空货运代理通常拥有自己的海关监管车和监管库，可在未报关的情况下先将货物从航空公司监管库转至自己的监管库。

15.2.3 理货与仓储

航空货运公司自航空公司接货后，即短途驳运进自己的监管仓库，组织理货及仓储。

1）理货的主要内容

（1）逐一核对每票件数，再次检查货物破损情况，遇有异常，确属接货时未发现的问题，可向民航提出交涉。

（2）按大货、小货，重货、轻货，单票货、混载货，危险品、贵重品，冷冻、冷藏品，分别堆存、进仓。堆存时要注意货物箭头朝向，总运单、分运单标志朝向，注意重不压轻，大不压小（即要按货物体积大小，重量轻重，单票或混载，特殊货物分别堆存）。

（3）登记每票货储存区号，并输入电脑。

2）仓储注意事项

鉴于航空进口货物的贵重性、特殊性，其仓储要求较高，须注意以下几点：

（1）防雨淋、防受潮。货物不能置于露天，不能无垫托置于地上。

（2）防重压。纸箱、木箱均有叠高限制，纸箱受压变形，会危及箱中货物安全。

（3）防升温变质。生物制剂、化学试剂、针剂药品等部分特殊物品，有储存温度要求，要防止阳光暴晒。一般情况下：冷冻品置于−15 °C ~ −20 °C 冷冻库（俗称低温库），冷藏品置放于 2 °C ~ 8 °C 冷藏库。冷藏、冷冻品要由专门的冷藏、冷冻库进行保管。

（4）防危险品危及人员及其他货品安全。空运进口仓库应设立独立的危险品库。易燃、易爆品、毒品、腐蚀品、放射品均应分库安全置放。以上货品一旦出现异常，均需及时通知消防安全部门处理。放射品出现异常时，还应请卫生检疫部门重新检测包装及发射剂量外泄情况，以便保证人员及其他物品安全。（危险品要存入专门危险品仓库）

（5）为防贵重品被盗，贵重品应设专库，由双人制约保管，防止出现被盗事故。

总之，货物保管应根据不同货种的实际需要进行安排。

15.2.4 理单与到货通知

1）理单

（1）集中托运，总运单项下拆单。

① 将集中托运进口的每票总运单项下的分运单分理出来，审核与到货情况是否一致，并制成（交接/入仓）清单输入电脑；

② 将集中托运总运单项下的发运清单（舱单）输入海关电脑，以便实施按分运单分别报关、报验、提货。

（2）分类理单、编号。

① 总运单是直单、单票混载，这两种情况一般无清单；

② 多票混载（即集中托运）有分运清单，分运单件数之和应等于总运单上的件数；

③ 货物的种类有指定货物、非指定货物、单票、混载、总运单到付、分运单到付、银行货、危险品、冷冻冷藏货物等，随机文件中有分运单、发票、装箱单、危险品证明等；

④ 按照已标有仓位号的交接清单编号并输入电脑，内容有：总运单号、分运单号、发票号、合同号、航班、日期、货名、货物分类、贸易性质、实到件数、已到件数、实到重量、计费重量、仓位号、收货单位、代理人、本地货、外地货、预付、到付、币种、运费、金额等。

（3）运单分类的方法：

运单分类的方法有很多，各货运代理公司可根据需要结合使用。一般有以下分类法：

① 分航班号理单，便于区分进口方向；

② 分进口代理理单，便于掌握、反馈信息，做好代理的对口服务；

③ 分货主理单，针对重要的经常有大批货物的货主，将其运单分类出来，便于联系客户，制单报关和送货、转运；

④ 分口岸、内地或区域理单，便于联系内地货运代理，便于集中转运；

⑤ 分运费到付、预付理单，便于安全收费；

⑥ 分寄发运单、自取运单客户理单。

分类理单的同时，须将各票总运单、分运单编上航空货运代理公司自己设定的编号，以便内部操作及客户查询。

（4）编配各类单证。

货运代理人将总运单、分运单与随机单证、国外代理人先期寄达的单证（发票装箱单、合同副本、装卸、运送指示等）、国内货主或经营到货单位预先交达的各类单证等进行编配。

代理公司理单人员须将其逐单审核、编配。其后，凡单证齐全、符合报关条件的即转入制单、报关程序。否则，即与货主联系，催齐单证，使之符合报关条件。

2）到货通知

（1）发出到货通知及时性要求。

货物到达目的港后，货运代理人应从航空运输的时效出发，为减少货主仓储费，避免海关滞报金，应尽早、尽快、尽妥地通知货主到货情况，提请货主配齐有关单证，尽快报关。

具体应做到：

① 早：到货后，第 1 个工作日内就要设法通知货主；

② 快：尽可能用传真、电话预通知客户，单证需要传递的，尽可能使用特快专递，以缩短传递时间；

③ 妥：一星期内须保证以电函、信函形式第三次通知货主，并应将货主尚未提货情况，告知发货人的代理人；2 个月时，再以电函、信函形式第四次通知货主；3 个月时，货物可能须交海关处理，此时再以信函形式第五次通知货主，告知货主货物将被处理，提醒货主采取补救办法。

（2）到货通知的内容。

到货通知应向货主提供到达货物的以下内容：

① 运单号、分运单号、货运代理公司编号；

② 件数、重量、体积、品名、发货公司、发货地；

③ 运单、发票上已编注的合同号，随机已有单证数量及尚缺的报关单证；

④ 运费到付数额，货运代理公司地面服务收费标准；

⑤ 货运代理公司及仓库的地址（地理位置图），电话、传真、联系人；

⑥ 提示货主：海关关于超过 14 天报关收取滞报金及超过 3 个月未报关货物上交海关处理的规定。

3）正本运单处理

电脑打制海关监管进口货物入仓清单一式五份分别提交检验检疫部门和海关，提交给海关的两份中，一份海关留存，另一份海关签字后收回存档。

运单上一般需盖妥多个章：监管章（总运单）、代理公司分运单确认章（分运单）、检验检疫章（动检章、卫检章、商检章）、海关放行章等。

15.2.5 制单与报检报关

1）进口报检

需要做商检的货物需向商检局申报，查验合格后商检局将出具证明文件，由报关行或者货主/货代交予海关，再进行进口报关海关程序。

2）进口报关

（1）制单、报关、运输的形式。

除部分进口货存放民航监管仓库外，大部分进口货物存放于各货代公司自有的监管仓库。由于货主的需求不一，货物进口后的制单、报关、运输一般有以下几种形式：

① 货运代理公司代办制单、报关、运输；

② 货主自行办理制单、报关、运输；

③ 货运代理公司代办制单、报关后，货主自办运输；

④ 货主自行办理制单、报关后，委托货运代理公司运输；

⑤ 货主自办制单、委托货运代理公司报关和办理运输。

（2）进口制单。

制单指按海关要求，依据运单、发票、装箱单及证明货物合法进口的有关批准文件，制作“进口货物报关单”。

货物代理公司制单时的一般程序为：

① 长期协作的货主单位，有进口批文，证明手册等存放于货运代理处的，货物到达；发出到货通知后，即可制单、报关，通知货主运输或代办运输；

② 部分进口货，因货主单位（或经营单位）缺少有关批文、证明的，可于理单、审单后，列明内容，向货主单位催寄有关批文、证明，亦可将运单及随机寄来单证、提货单以快递形式寄货主单位，由其备齐有关批文，证明后再决定制单，报关事宜；

③ 无须批文和证明的，可即制单、报关，通知货主提货或代办运输；

④ 部分货主要求异地清关时，在符合海关规定的情况下，制作“转关运输申报单”办理转关手续。报关单上需由报关人填报的项目有：进口口岸、收货单位、经营单位、合同号、批准机关及文号、外汇来源、进口日期、提单或运单号、运杂费、件数、毛重、海关统计商品编号、货品规格及货号、数量、成交价格、价格条件、货币名称、申报单位、申报日期等，转关运输申报单内容少于报关单，亦需按要求详细填列。

（3）进口报关程序。

① 初审；

② 审单；

③ 征税；

④ 验放。

由海关在正本航空公司运单上或货运代理经海关认可的分运单上加盖放行章。

15.2.6 收费与发货

办完报关、报验等进口手续后，货主须凭盖有海关放行章、检验检疫章（进口药品须有药品检验合格章）的进口提货单到所属监管仓库付费提货。

1）收费

货运代理公司仓库在发放货物前，一般先将费用收妥。收费内容如下：

（1）到付运费及垫付佣金；

（2）单证、报关费；

（3）仓储费（含冷藏、冷冻、危险品、贵重品特殊仓储费）；

（4）装卸、铲车费；

（5）航空公司到港仓储费；

（6）海关预录入、动植检、卫检报验等代收代付费用；

（7）关税及垫付佣金。

除了每次结清提货外，还可与货运代理公司签订财务付费协议，实施先提货，后付款，按月结账的付费方法。

2）发货

仓库发货时，须检验提货单据上各类报关、报验章是否齐全，并登记提货人的单位、姓名、身份证号以确保发货安全。

保管员发货时，须再次检查货物外包装情况，遇有破损、短缺，应向货主做出交代。

发货时，应协助货主装车，尤其遇有货物超大超重，件数较多的情况，应指导货主（或提货人）合理安全装车，以提高运输效率，保障运输安全。

货物交接不当将导致纠纷及索赔，应予以特别注意：

（1）分批到达货，收回原提货单，出具分批到达提货单，待后续货物到达后即通知货主再次提取；

（2）航空公司责任的破损、短缺，应由航空公司签发商务记录；

（3）货运代理公司责任的破损、短缺，应由代理公司签发商务记录；

（4）遇有货代公司责任的破损事项，应尽可能商同货主、商检单位立即在仓库做商品检验，确定货损程度，避免后续运输中加剧货损的程度。

15.2.7　送货与转运

出于多种因素（或考虑便利，或考虑节省费用，或考虑运力所限），许多货主或国外发货人要求将进口到达货由货运代理人报关、垫税、提货后运输到直接收货人手中。货运代理公司在代理客户制单、报关、垫税、提货、运输的一揽服务中，因工作熟练，衔接紧密，服务到位而受到货主的欢迎。

1）送货上门业务

送货上门业务主要指进口清关后货物，直接运送至货主单位，运输工具一般为汽车。

2）转运业务

转运业务主要指将进口清关后货物转运至内地的货运代理公司，运输方式主要为飞机、汽车、火车、水运、邮政。

办理转运业务，需由内地货运代理公司协助收回相关费用，同时口岸货代公司亦应支付一定比例的代理佣金给内地代理公司。

3）进口货物转关及监管运输

进口货物转关，是指货物入境后不在进境地海关办理进口报关手续，而运往另一设关地点办理进口海关手续，在办理进口报关手续前，货物一直处于海关监管之下，转关运输亦称监管运输，意味此运输过程置于海关监管之中。

（1）转关条件。

进口货物办理转关运输必须具备下列条件：

① 指运地设有海关机构，或虽未设海关机构，但分管海关同意办理转关运输，即收货人所在地必须设有海关机构，或邻近地区设有分管该地区的海关机构。

② 向海关交验的进境运输单据上列明到达目的地为非首达口岸，需转关运输。

③ 运输工具和货物符合海关监管要求，并具有加封条件和装置。海关规定，转关货物采用汽车运输时，必须使用封闭式的货柜车，由进境地海关加封，指运地海关启封。

④ 转关运输的单位必须是经海关核准、认可的航空货运代理公司。一般运输企业，尤其是个体运输者，即使拥有货柜车，也不能办理转关运输。

办理转关运输还应遵守海关的其他有关规定，如：转关货物必须存放在海关同意的仓库、场所，并按海关规定办理收存、交付手续；转关货物未经海关许可，不得开拆、改装、调换、提取、交付；对海关加封的运输工具和货物，应当保持海关封志完整，不能擅自开启，必须负责将进境地海关签发的关封完整及时交指运地海关，并在海关规定的期限内办理进口手续。

（2）转关手续。

转关货物无论采用飞机运输、汽车运输、火车运输，转关申请人（或货运代理）均须首先向指运地海关申请“同意接收××运单项下进口货物转关运输至指运地”的关封。

办理进口货物转关运输手续时，应向进境地海关递交如下资料：

① 指运地海关同意转关运输的关封；

② “转关运输申报单”；

③ 国际段空运单、发票。

进境地海关审核货运单证同意转关运输后：

① 将货物运单号和指运地的地区代号输入电脑进行核销，并将部分单证留存；

② 将运单、发票、转关货物准单各一份装入关封内，填妥关封号加盖验讫章；

③ 在运单正本上加盖放行章；

④ 在海关配发给各代理公司的转关登记簿上登记，待以后收回回执核销；

⑤ 采用汽车转关运输时，必须在海关颁发的货运代理监管运输车辆的“载运海关监管货物车辆登记簿”上登记、待销。

转关货物无论以后以何种方式运输，无论将货物监管运输至指运地民航监管仓库、货运代理公司监管仓库或收货人单位，等货物转关进入指运地海关监管之下，指运地海关应将“转关运输货物准单”回执联填妥、盖章后，寄还给入境地海关核销。货运代理公司再据以核销自己的转关登记簿上的有关项目，以完成整个转关运输程序。

第16章 航空货运运费计算

学习目标

【知识目标】

1. 了解航空运价体系；
2. 掌握航空运价表的内容；
3. 掌握航空运费的计算方法。

【技能目标】

1. 具有正确计算航空运费的能力；
2. 具有正确填写航空货运单运费栏的能力。

16.1 TACT 运价

16.1.1 TACT 运价手册

航空货物运价手册是计算国际货运运价的依据。1975 年以前，一些航空公司各自出版其运价手册，其内容大致相同，但格式却相差甚远。为了便于国际货物的运输，并考虑到各国的经济状况，使运价手册更加具有实用性，1975 年，一些航空公司共同出版了一本国际通用的运价手册 TACT（*The Air Cargo Tariff*）。目前，它已成为世界各国航空公司、货运代理和货主在航空货物运输中所遵循的依据。

TACT 分为 3 个分册：

（1）*TACT Rules*：《运价规则》；

（2）*TACT Rates—Worldwide*：《世界（除北美）运价手册》；

（3）*TACT Rates—North America*：《北美运价手册》。

其中，TACT 规则分册每半年出版一次，分别是 4 月和 10 月，TACT 运价手册分册每两个月出版一次，分别为 2 月、4 月、6 月、8 月、10 月和 12 月，生效日期为当月的 1 日起。

16.1.1.1 *TACT Rules* 的内容

此分册包括国际航空货物运输及运价的所有规则、运价计算规则及程序等八部分内容。这些内容是当今绝大多数国家及空运企业共同遵守的规章。但是，由于各国的政治、经济、文化及其他方面的差异，一些国家及航空公司还有自己的一些规定。国家及运营人的特殊规定分别在本分册的第七部分和第八部分。该分册的第八部分分别为：

第一部分：一般信息（General Information）；

第二部分：货物接收（Acceptance for Carriage）；

第三部分：航空运费（Transportation Charges）；

第四部分：服务及相关费用（Services and Related Charges）；

第五部分：付款（Payment of Rates and Related Charges）；
第六部分：航空货运单（The Air Waybill）；
第七部分：各国信息（Information by Countries）；
第八部分：运营人的特殊规定（Carriers Special Regulations）。

16.1.1.2　*TACT Rates* 的内容

TACT Rates（《运价手册》）有两个分册，分别为《世界（除北美）运价手册》和《北美运价手册》，这两个分册的内容主要为公布的运价表（Rates）及对运价的使用说明等，由五部分构成，分别为：

第一部分：特殊运价（Special Rates）；
第二部分：品名编号及描述（Descriptions）；
第三部分：注释（Notes）；
第四部分：运价表（Rates）；
第五部分：比例运价（Construction Rates）。

16.1.2　TACT 运价表

运价，又称费率，是指承运人对所运输的每一重量单位货物（kg 或 lb）所收取的始发地机场至目的机场的航空费用。

TACT 运价手册中公布的运价表及表中各栏目的内容如图 16.1 所示。

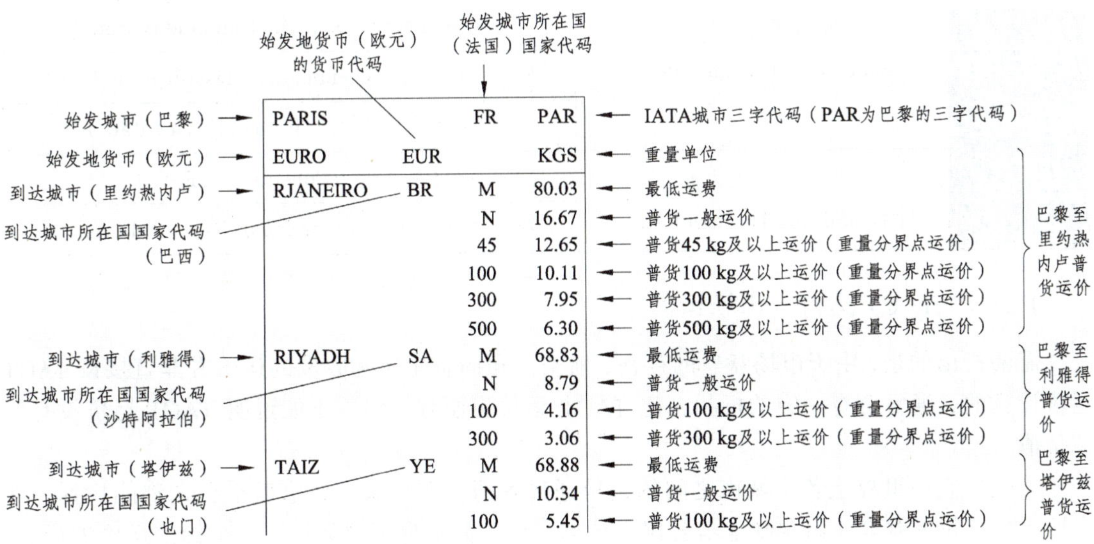

图 16.1　TACT 运价手册及各栏目的内容

运价及运费的一般规定涉及以下内容：

（1）TACT 运价、运费及有关规定适用于其原始承运人、参与承运人及与他们有商务协定的承运人之间的货物运输。

（2）运价的使用具有严格的方向性，不得使用反方向运价，且只适用机场至机场。

（3）原则上运价的使用与路线的选择无关，有时承运人对路线的选择对运价有影响。

（4）机场到机场间运价不包括其他费用，如取/送费、报关费、保管费等。

（5）运价以始发地当地货币计价，有些国家的当地货币以美元表示时，应以美元来计算。

（6）公布运价以每千克为基础。

（7）运价及运费以填开货运单当天的有效运价为准。

16.1.3 TACT 运价体系

TACT 运价手册中公布的运价表中可以查询到的运价除了上面提到的普货运价之外，还有指定商品运价、等级运价、集装货物运价。这些被称为公布直达运价（在 TACT 运价手册的 4.3 部分可以查到）。

但在实际工作中，人们会发现并不是所有两点间的直达运价都可以查到。因为世界之大，地区之多，不可能也没有必要将所有可能的两点间的运价都公布于运价手册中。当实际运输的两点间无公布直达运价时（这种情况往往出现在运输的始发站或目的站中至少有一点在其所在国家是一个很小的地方），可采用比例运价构成实际运输两点间的运价。比例运价列于 TACT 运价手册 5.2 General List of Construction Rate 中。当不存在比例运价时，可采用分段相加的方法构成实际运输两点间的最低组合运价。

TACT 运价体系如表 16.1 所示。

表 16.1　TACT 运价体系

<table>
<tr><td rowspan="6">TACT
运价体系</td><td rowspan="4">公布直达运价
（Published Through Rates）</td><td>普通货物运价（General Cargo Rate）</td></tr>
<tr><td>指定商品运价（Specific Commodity Rate）</td></tr>
<tr><td>等级货物运价（Commodity Classification Rate）</td></tr>
<tr><td>集装货物运价（Unit Load Device Rate）</td></tr>
<tr><td rowspan="2">非公布直达运价
（UN-published Through Rates）</td><td>比例运价（Construction Rate）</td></tr>
<tr><td>分段相加运价（Combination of Rates and Charges）</td></tr>
</table>

16.1.4 TACT 运价与市场运价

需要指出的是，由于市场竞争的存在，航空公司向货主实际收取的运价并非直接按 TACT 运价计算的，通常会有一定的折扣，比 TACT 运价更便宜。但这不能说明 TACT 运价没有实际价值。

首先，它把世界上各个城市之间的运价通过手册公布出来，每家航空公司都能找到一种参照运价。每家航空公司在制定本公司运价的时候，都是参照国际航协这个标准运价进行的。

其次，国际航协对特种货物运价进行了分类，航空公司在运输这种货物的时候一般都采用国际航协 TACT 标准运价。

TACT 运价在全世界制定了一种标准运价，国际航空货物的运输价格便有了统一的基准，使这个市场得到了规范。

另外，航空运单上填写的运价是按 TACT 运价计算的。因此，货主在收到航空运单的时候会发现运单上所显示的运费和实际缴纳的运费并不一致。

航空公司与一些航空货代之间会签订有协议运价，协议运价又根据不同的协议方式进行细分，如表 16.2 所示。

表 16.2　协议运价的细分

<table>
<tr><th colspan="2" rowspan="2">协议定价</th><th rowspan="2">包板（舱）</th><th>死包板（舱）</th></tr>
<tr><th>软包板（舱）</th></tr>
<tr><td rowspan="2">长期协议</td><td rowspan="2">短期协议</td><td rowspan="2">返还</td><td>销售量返还</td></tr>
<tr><td>销售额返还</td></tr>
<tr><td colspan="4">自由销售</td></tr>
</table>

长期运价协议的期限通常是一年，短期的为半年或半年以下。

包板（舱）通常是指托运人（一般是货代企业，即航空代理）在一定航线上包用航空承运人的全部或部分舱位或集装器来运送货物。

死包板（舱），是指代理人在承运人的航线上通过包板（舱）的方式运输时，无论最终是否交付货物，都必须付协议上规定的运费。

软包板（舱），是指代理人在承运人的航线上通过包板（舱）的方式运输时，若在起飞前 72 小时没有确定舱位，承运人则可以自由销售舱位，但承运人对代理人的包板（舱）的总量有一个控制。

销量返还，是指如果代理人在规定期限内完成了一定的货量，航空公司将按一定的比例返还运费。

销售额返还，是指如果代理人在规定期限内完成了一定的销售额，航空公司将按一定的比例返还运费。

自由销售，也称议价货物，或是一票一价，除过协议的货物，都是一票货物一个定价。

实际货主在托运货物时，大多并非直接向航空公司进行托运，而是向货代托运。货代企业给货主的空运报价是在航空公司的运价（包括协议运价）基础上，结合具体货物操作、公司经营等情况综合考虑后给出来的。其价格有别于航空公司的运价，即使是同一承运人同一航线，不同的货代的报价也会不同。

16.2　国际航空运费计算

16.2.1　航空运费计算基础知识

1）航空运费（Weight Charge）

航空运费是指航空公司将一票货物自始发地机场运至目的地机场所应收取的航空运输费用。该费用根据每票货物所适用的运价和货物的计费重量计算而得。

航空运费=计费重量×适用运价

一票货物是指使用同一份航空运单的货物。

2）其他费用（Other Charges）

其他费用是指由承运人、代理人或其他部门收取的与航空运输有关的费用。

在组织一票货物自始发地至目的地的运输过程中，除了航空运输外，还包括地面运输、仓储、制单、国际货物的清关等环节，提供这些服务的部门所收取的费用即为其他费用。

3）计费重量（Chargeable Weight）

计费重量是指用以计算货物航空运费的重量。货物的计费重量有可能是实际毛重，或者是货物的体积重量，或者是较高重量分界点的重量。

国际航协规定，国际货物的计费重量以 0.5 kg 为最小单位，重量尾数不足 0.5 kg 的，按 0.5 kg 计算；0.5 kg 以上不足 1 kg 的，按 1 kg 计算。例如：

实际毛重：78.3 kg→计费重量：78.5 kg

实际毛重：103.6 kg→计费重量：104.0 kg

计费重量一般为货物的实际毛重（Gross Weight）与货物体积重量（Volume Weight）两者取高者。实际毛重（Gross Weight）指包括货物包装在内的货物重量。体积重量（Volume Weight）指货物体积按一定比例折合成的重量。按照国际航协的规则，体积重量的折算，换算标准为每 6 000 cm^3 折合为 1 kg。

当货物按较高重量分界点的较低运价计算的航空运费较低时，则此较高重量分界点的货物起始重量作为货物的计费重量。

【例 1】一票货物从上海运至东京，其毛重为 42 kg，体积为 80 cm×50 cm×35 cm，上海至东京公布运价如下：

SHANGHAI		**CN**	**SHA**
Y.RENMINBI	CNY		KGS
TOKYO	**JP**	M	230.00
		N	37.51
		45	28.13

这票货物的体积为：80 cm×50 cm×35 cm=140 000 cm^3

折算成体积重量为：140 000 cm^3÷6 000 cm^3/kg=23.33 kg

由于 23.33 kg 小于该票货物的毛重 42 kg，因此，计费重量应为 42 kg。查阅运价表，可知适用的运价为 GCR N，即每千克 37.51 CNY。

则该票货物运费为：42×37.51=1 575.42 CNY

现假设：货物毛重为 45 kg，则有：

计费重量：45 kg

适用运价：GCR Q45 kg=28.13 CNY/kg

航空运费：45×28.13=1 265.85 CNY。

从以上计算结果可知，运输 42 kg 重的货物的运费反而比运输 45 kg 重的货物的运费要高。这显然与制定运价的原则（即提供货主最低运费）相违背。为此，IATA 制定如下规则：

计费重量为货物的实际毛重或货物的体积重量，两者相比较取高者。当取货物在较高的最低重量分界点对应的较低航空运费时，则该较高的最低重量分界点应视为计费重量。（TACT Rule 3.9.3）

因此，对于本例题有：

计费重量：45 kg（既不是实际毛重，也不是体积重量）

适用运价：GCR Q45 kg=28.13 CNY/kg

航空运费：45×28.13=1 265.85 CNY

16.2.2 普通货物航空运费的计算

普通货物运价（General Cargo Rates，GCR）是指既不存在指定商品运价，也不存在等级运价时的货物运价。普通货物运价分为一般运价和折扣运价（即重量分界点运价）两种。普通货物的一般运价（Normal General Cargo Rates，GCR N）是指 45 kg 以下普货运价，当不存在 45 kg 以下普货运价时，指 100 kg 以下普货运价。普通货物的折扣运价（Quantity General Cargo Rates，GCR Q）是指除普通货物一般运价外，其他重量分界点所对应的运价，如 45 kg 以上、100 kg 以上、300 kg 以上等。

普通货物运价公布在 TACT 运价手册的运价表中，对于普通货物的折扣运价，所对应的重量是指适用于该运价重量范围的最低重量分界点。从运价表可知，重量分界点越高，对应的运价就越低。

【例 2】

Routing: Shanghai，CHINA（SHA）to Tokyo，JAPAN（TYO）

Commodity：TOY

Gross Weight：25.2 kg

Dimensions：82 cm×48 cm×32 cm

计算该票货物的航空运费。

上海至东京公布运价

SHANGHAI		**CN**	**SHA**
Y.RENMINBI	CNY		KGS
TOKYO	**JP**	M	230.00
		N	37.51
		45	28.13

解：

体积（Volume）：82 cm×48 cm×32 cm=125 952 cm^3

体积重量（Volume Weight）：125 952 cm^3÷6 000 cm^3/kg=20.99 kg

毛重（Gross Weight）：25.2 kg

计费重量（Chargeable Weight）：25.5 kg

适用运价（Applicable Rate）：GCR N 37.51 CNY/kg

航空运费（Weight Charges）：25.5×37.51＝CNY 956.51

填写货运单运价栏目：

No. of Pieces RCP	Gross Weight	kg Lb	Rate Class		Chargeable Weight	Rate/ Charge	Total	Nature and Quantity of Goods（incl. Dimensions or Volume）
				Commodity Item No.				
1	25.2	K	N		25.5	37.51	956.51	TOY DIMES：82 cm×48 cm×32 cm

注：① 运价类别栏（Rate Class）：填入普通货物一般运价的代号“N”；

② 运价/运费栏（Rate/Charge）：填写 N 运价；

③ 总计栏（Total）：填写计得的航空运费。

【例 3】

Routing：Shanghai，CHINA（SHA）to Paris，FRANCE（PAR）

Commodity：TOY

Gross Weight：5.6 kg

Dimensions：40 cm×28 cm×22 cm

计算该票货物的航空运费。

上海至巴黎公布运价

SHANGHAI		CN	SHA
Y.RENMINBI	CNY		KGS
PARIS	FR	M	320.00
		N	50.37
		45	41.43

解：

体积（Volume）：40 cm×28 cm×22 cm=24 640 cm^3

体积重量（Volume Weight）：24 640 cm^3÷6 000 cm^3/kg=4.11 kg

毛重（Gross Weight）：5.6 kg

计费重量（Chargeable Weight）：6.0 kg

适用运价（Applicable Rate）：GCR N 50.37 CNY/kg

航空运费（Weight Charges）：6.0×50.37=CNY 302.22

最低运价（Minimum Charges）：CNY 320.00

填写货运单运价栏目：

No. of Pieces RCP	Gross Weight	kg Lb	Rate Class		Chargeable Weight	Rate/ Charge	Total	Nature and Quantity of Goods（incl. Dimensions or Volume）
				Commodity Item No.				
1	5.6	K	M		6.0	320.00	320.00	TOY DIMES：40 cm×28 cm×22 cm

注：① 运价类别栏（Rate Class）：填入最低运费的代号“M”；

② 运价/运费栏（Rate/Charge）：填写最低运费；

③ 总计栏（Total）：填写最低运费；

④ 计费重量需在计费重量栏（Chargeable Weight）中指明。

最低运费（Minimum Charges）是指在两点间运输一票货物应收取的最低费用金额。最低运费公布于运价表中。运价表中未公布的最低运费，可查阅 TACT Rule 3.4.2 各国最低运费。

当计费重量乘以适用的运价计得的航空运费低于最低运费时，应取最低运费，如上例。最低运费优先于除特别指明外的按照其他任何规定计算出的最低运费。对于等级货物，最低运费按照相应的规则处理。

【例 4】

Routing：Beijing，CHINA（BJS）to Amsterdam，HOLLAND（AMS）

Commodity：TOOLS

Gross Weight：38.6 kg

Dimensions：101 cm×58 cm×32 cm

计算该票货物的航空运费。

北京至阿姆斯特丹公布运价

BEIJING		CN	BJS
Y.RENMINBI	CNY		KGS
AMSTERDAM	NL	M	320.00
		N	50.22
		45	41.53
		300	37.52

解：

（1）按实际重量计算。

体积（Volume）：101 cm×58 cm×32 cm=187 456 cm^3

体积重量（Volume Weight）：187 456 cm^3÷6 000 cm^3/kg=31.24 kg

毛重（Gross Weight）：38.6 kg

计费重量（Chargeable Weight）：39.0 kg

适用运价（Applicable Rate）：GCR N 50.22 CNY/kg

航空运费（Weight Charges）：39.0×50.22=CNY 1 958.58

（2）采用较高重量分界点的较低运费计算。

计费重量（Chargeable Weight）：45.0 kg

适用运价（Applicable Rate）：GCR Q 41.53 CNY/kg

航空运费（Weight Charges）：45.0×41.53=CNY 1 868.85

（1）与（2）比较，CNY 1 958.58>CNY 1 868.85，取运费较低者，所以 Weight Charge：CNY 1 868.85。

填写货运单运价栏目：

No. of Pieces RCP	Gross Weight	kg Lb	Rate Class		Chargeable Weight	Rate/ Charge	Total	Nature and Quantity of Goods（incl. Dimensions or Volume）
				Commodity Item No.				
1	38.6	K	Q		45	41.53	1 868.85	TOOLS DIMES：101 cm×58 cm×32 cm

注：① 运价类别栏（Rate Class）：填入最低运费的代号“Q”；

② 运价/运费栏（Rate/Charge）：填写适用的重量分界点对应的运价；

③ 总计栏（Total）：填写计得的航空运费；

④ 计费重量栏（Chargeable Weight）：填写适用的重量分界点重量。

16.2.3 指定商品航空运费的计算

16.2.3.1 指定商品的基本概念

指定商品运价（Specific Commodity Rate，SCR）是指适用于具体的航线运输指定品名货物的运价。指定商品运价是一种优惠性质的运价，通常比普通货物运价要低。

指定商品运价可由承运人制定。该运价的产生有两方面的原因：一方面，有些货主经常在一些航线上运输某些特定的货物，他们要求航空公司为其提供较为优惠的价格；另一方面，航空公司为了有效利用其运力，争取货源并保证飞机有较高的载运率，向市场推出一个有竞争力的优惠运价。

制定指定商品运价的主要目的，是使货主能够意识到利用空运方式长期、固定地运输大批量的货物的经济性，同时，促使托运人最大限度地利用承运人提供的载量。

在 TACT RATES BOOKS 的第二部分中，根据货物的性质、属性以及特点等对货物进行分类，共分为 10 大组，每一组又分为 10 个小组。同时，用 4 位阿拉伯数字进行编号。该编号即为指定商品货物的品名编号。

指定商品货物的分组及品名编号如下：

0001—0999 可食用的动植物产品；

1000—1999 活动物及非食用的动植物产品；

2000—2999 纺织品、纤维及其制品；

3000—3999 金属及其制品，不包括机器、汽车和电器设备；

4000—4999 机器、汽车和电器设备；

5000—5999 非金属材料及其制品；

6000—6999 化工材料及其相关产品；

7000—7999 纸张，芦苇、橡胶和木材制品；

8000—8999 科学仪器、专业仪器、精密仪器、器械及配件；

9000—9999 其他。

指定商品代码非常多，从北京始发的货物的指定商品代码，常用的如表 16.3 所示。

表 16.3 商品代码

代码	商品
0007	FRUIT，VEGETABLES（水果、蔬菜）
0008	FRUIT，VEGETABLES（FRESH）（新鲜的水果、蔬菜）
0300	FISH（EDIBLE），SEAFOOD[鱼（可食用的），海鲜，海产品]
1093	WORMS（沙蚕）
2195	A：YARN，THREAD，FIBRES，CLOTH（NOT FURTHER PROCESSED OR MANUFACTURED）：EXCLUSIVELY IN BALES，BOLTS，PIECES（成包、成卷、成块未进一步加工或制造的纱、线、纤维、布） B：WEARING APPAREL，TEXTILE MANUFACTURES（服装、纺织品）
2199	A：YARN，THREAD，FIBRES，TEXTILES（纱、线、纤维、纺织原料） B：TEXTILE MANUFACTURES（纺织品） C：WEARING APPAREL[服装（包括鞋袜）]
2211	YARN，THREAD，FIBRES（NOT FURTHER PROCESSED OR MANUFACTURED）：EXCLUSIVELY IN BALES，BOLTS，PIECES；WEARING APPAREL，TEXTILE MANUFACTURES（成包、成卷、成块未进一步加工或制造的纱、线、纤维；服装、纺织品）
7481	RUBBER TYRES，RUBBER TUBES（橡胶轮胎、橡胶管）

16.2.3.2 指定商品运费计算

1）指定商品运价的使用规则

只有所运输的货物满足下述 3 个条件，才可使用指定商品运价：

（1）运输始发地至目的地之间有公布的指定商品运价；

（2）托运人所交运的货物，其品名与有关指定商品运价的货物品名相吻合；

（3）货物的计费重量满足指定商品运价使用时的最低重量要求。即货物的计费重量必须达到承运人所规定的起码运量（如 100 kg）才可适用指定商品运价。

使用指定商品运价计算航空运费的货物，其航空运单的“Rate Class”（运价代号）一栏，用字母“C”表示。

2）计算步骤

（1）先查询运价表，如运输始发地至目的地之间有公布的指定商品运价，则考虑使用指定商品运价。

（2）查找 TACT RATES BOOKS 的品名表，找出与运输品名相对应的指定商品编号，然后查看在公布的运价表上，该指定商品编号是否公布有指定商品运价。

（3）计算计费重量。此步骤与普通货物的计算步骤相同。

（4）找出适用运价，然后计算航空运费。此时需比较计费重量与指定商品的最低重量。

① 如果货物的计费重量超过指定商品的最低重量，则优先使用指定商品运价作为商品的适用运价。

② 如果货物的计费重量没有达到指定商品的最低重量，则需要比较计算。

具体步骤：

A. 按普通货物运价算出运费。

B. 按指定货物运价算出运费。此时，因货量不足，托运人又希望适用指定商品运价，那么货物的计费重量就要以所规定的最低运量为准，即该批货物的运费＝最低运量×所适用的指定商品运价。

C. 比较 A 和 B 计算出来的航空运费，取低者。

（5）比较第四步计算出的航空运费与最低运费 M，取高者。

【例 5】

Routing： Beijing， CHINA（BJS） to OSAKA，JAPAN（OSA）

Commodity：FRESH APPLES

Gross Weight：EACH 65.2 kg，TOTAL 5 PIECES

Dimensions：102 cm × 44 cm × 25 cm × 5

计算该票货物的航空运费。

北京至大阪公布运价

BEIJING			CN	BJS
Y.RENMINBI		CNY		KGS
OSAKA		JP	M	230.00
			N	37.51
			45	28.13
	0008		300	18.80
	0300		500	20.61

解：查找 TACT RATES BOOKS 的品名表，品名编号“0008”所对应的货物名称为“FRUIT，VEGETABLES（FRESH）”，现承运的货物是 FRESH APPLES，符合指定商品代码“0008”，货主交运的货物重量为 326.0 kg，符合“0008”指定商品运价使用时的最低重量（300 kg）要求。

体积（Volume）：102 cm×44 cm×25 cm×5=561 000 cm^3

体积重量（Volume Weight）：561 000 cm^3÷6 000 cm^3/kg=93.5 kg

毛重（Gross Weight）：65.2×5=326.0 kg

计费重量（Chargeable Weight）：326.0 kg

适用运价（Applicable Rate）：SCR 0008/Q300 18.80 CNY/kg

航空运费（Weight Charge）：326.0×18.80=CNY 6 128.80

填写货运单运价栏目：

No. of Pieces RCP	Gross Weight	kg Lb	Rate Class		Chargeable Weight	Rate/ Charge	Total	Nature and Quantity of Goods (incl. Dimensions or Volume)
				Commodity Item No.				
5	326.0	K	C	0008	326.0	18.80	6 128.80	FRESH APPLES
								DIMES：102 cm×44 cm×25 cm×5

注：① 运价类别栏（Rate Class）：填入指定商品的代号“C”；

② 商品编号栏（Commodity Item No.）：填写指定商品代码“0008”。

【例 6】

Routing：Beijing，CHINA（BJS）to NAGOYA，JAPAN（NGO）

Commodity：FRESH ORANGES

Gross Weight：EACH 47.8 kg，TOTAL 6 PIECES

Dimensions：128 cm×42 cm×36 cm×6

计算该票货物的航空运费。

北京至名古屋公布运价

BEIJING			CN	BJS
Y.RENMINBI		CNY		KGS
NAGOYA		JP	M	230.00
			N	37.51
			45	28.13
	0008		300	18.80
	0300		500	20.61

解：

（1）按普通运价使用规则计算：

体积（Volume）：128 cm×42 cm×36 cm×6=1 161 216 cm^3

体积重量（Volume Weight）：1 161 216 cm^3÷6 000 cm^3/kg=193.536 kg=194.0 kg

毛重（Gross Weight）：47.8×6=286.8 kg

计费重量（Chargeable Weight）：287.0 kg

计费重量没有满足 0008 最低要求 300 kg，先用普货运价计算。

适用运价（Applicable Rate）：GCR Q45 28.13 CNY/kg

航空运费（Weight Charge）：287.0×28.13=CNY 8 073.31

（2）按指定商品运价使用规则计算：

实际毛重（Actual Gross Weight）：47.8×6=286.8 kg

计费重量（Chargeable Weight）：300.0 kg

适用运价（Applicable Rate）：SCR 0008/Q300 18.80 CNY/kg

航空运费（Weight Charge）：300.0×18.80=CNY 5 640.00

对比（1）和（2），取运费较低者：

航空运费（Weight Charge）：CNY 564 0.00

填写货运单运价栏目：

No. of Pieces RCP	Gross Weight	kg Lb	Rate Class		Chargeable Weight	Rate/ Charge	Total	Nature and Quantity of Goods (incl. Dimensions or Volume)
				Commodity Item No.				
6	286.8	K	C	0008	300.0	18.80	5 640.00	FRESH ORANGES
								DIMES：128 cm×42 cm×36 cm×6

注：① 运价类别栏（Rate Class）：填入指定商品的代号“C”；

② 商品编号栏（Commodity Item No.）：填写指定商品代码“0008”。

16.2.3.3　指定商品运价的使用顺序

在实际运输中，有时会发现存在一个以上的商品编号都可以代表所运输的货物。在这种情况下，应如何使用指定商品运价即是指定商品运价的使用顺序问题。

当某一货物可由一个以上的商品编号所描述时，必须使用确指商品代码，即使这样算出的结果高。然而，泛指商品代码也可以使用，但有一个先决条件，即泛指商品代码相对确指商品代码来说，在较低的最低重量分界点存在较高的运价。

【例 7】

Routing：DUBAI，U.A.E.（DXB）to GLASGOW，UK（GLA）

Commodity：CARPETS（毯子）

Gross Weight：480 kg

Dimensions：略，非轻泡货物

计算该票货物的航空运费。

品名表

Item No.	description
2199	A：YARN，THREAD，FIBRES，TEXTILES B：TEXTILW MANUFACTURES C：WEARING APPAREL
2865	CARPETS，RUGS

迪拜至格拉斯哥公布运价

DUBAI		AE	DXB
U.A.E.DIRH	AED		KGS
GLASGOW	GB	M	190.00
		N	31.35
		45	23.65
		100	14.30
		500	10.35
	0300	500	9.05
	2199	250	
	2199	500	
	2865	500	

解：CARPETS 作为纺织品，其泛指品名代号是 2199，2865 为其确指商品代码。该票货物毛重 480 kg，比较接近 500 kg，计费重量为 500 kg，此时其适用的运价为代号为 2865 的指定商品运价 9.90 AED，而不是代号是 2199 的指定商品运价 8.95 AED。

计费重量（Chargeable Weight）：500 kg

适用运价（Applicable Rate）：SCR 2 865/500 kg=9.9 AED

航空运费（Weight Charge）：500×9.9=4 950.00 AED

填写货运单运价栏目：

No. of Pieces RCP	Gross Weight	kg Lb	Rate Class	Commodity Item No.	Chargeable Weight	Rate/ Charge	Total	Nature and Quantity of Goods（incl. Dimensions or Volume）
	480.0	K	C	2865	500.0	9.90	4 950.00	CARPETS

注：① 运价类别栏（Rate Class）：填入指定商品的代号“C”；

② 商品编号栏（Commodity Item No.）：填写确指商品代码“2865”。

【例 8】

Routing：DUBAI，U.A.E.（DXB）to GLASGOW，UK（GLA）

Commodity：CARPETS（毯子）

Gross Weight：280 kg

Dimensions：略，非轻泡货物

计算该票货物的航空运费。

解：由于实际毛重 280 kg 与确指商品代码 2865 所要求的最低重量相差较大。在这种情况下，考虑使用泛指商品代码。本例中，泛指商品代码 2199 对用有两个不同重量点的运价。SCR 2 199/250=10.45 AED 和 SCR 2 199/500=8.95 AED，只有前者符合泛指商品代码可使用的规则（TACT Rule 3.6.2）。因此，本票货物计费重量为 280 kg，适用运价为 10.45 AED。

适用运价（Applicable Rate）：SCR 2 199/250 kg=10.45 AED

计费重量（Chargeable Weight）：280 kg

航空运费（Weight Charge）：280×10.45=2 926.00 AED

填写货运单运价栏目：

No. of Pieces RCP	Gross Weight	kg Lb	Rate Class		Chargeable Weight	Rate/ Charge	Total	Nature and Quantity of Goods（incl. Dimensions or Volume）
				Commodity Item No.				
	280.0	K	C	2199	280.0	10.45	2 926.00	CARPETS

注：① 运价类别栏（Rate Class）：填入指定商品的代号“C”；

② 商品编号栏（Commodity Item No.）：填写泛指商品代码“2199”。

【例 9】

Routing：DUBAI，U.A.E.（DXB）to GLASGOW，UK（GLA）

Commodity：CARPETS（毯子）

Gross Weight：100 kg

Dimensions：略，非轻泡货物

计算该票货物的航空运费。

解：由前两个例子可知：

使用确指商品代号有：

计费重量（Chargeable Weight）：500 kg

适用运价（Applicable Rate）：SCR 2 865/500 kg=9.9 AED

航空运费（Weight Charge）：500×9.9=4 950.00 AED

使用泛指商品代号有：

计费重量（Chargeable Weight）：250 kg

适用运价（Applicable Rate）：SCR 2 199/250 kg=10.45 AED

航空运费（Weight Charge）：250×10.45=2 612.50 AED

对于此例，使用泛指商品代号后，虽然运费从 4 950 AED 降至 2 612.50 AED，但对于 100 kg 的货物来说计费重量为 250 kg 仍然很高。因此，在这种情况下，可以考虑使用普通货物运价。

计费重量（Chargeable Weight）：100 kg

适用运价（Applicable Rate）：GCR Q 100 kg=14.30 AED

航空运费（Weight Charge）：100×14.30=1 430.00 AED

填写货运单运价栏目：

No. of Pieces RCP	Gross Weight	kg Lb	Rate Class	Commodity Item No.	Chargeable Weight	Rate/ Charge	Total	Nature and Quantity of Goods (incl. Dimensions or Volume)
	100.0	K	Q		100.0	14.30	1 430.00	CARPETS

注：运价类别栏（Rate Class）：填入指定商品的代号“Q”。

16.2.4 等级货物航空运费的计算

等级货物运价（Class Rate）或称货物的分类运价，是指适用于某一区域内或某两个区域之间运输某些特殊类型的货物的运价。等级运价并没有在运价表中直接公布，而是在普通货物运价的基础上附加或附减一定的百分比构成。附加或附减规则公布在 TACT Rules 中，运价的使用须结合 TACT Rates Books 一同使用。

通常附加或不附加也不附减的等级货物用代号“S”表示（S-Surcharged Class Rate）。适用商品包括：活动物、贵重物品、尸体、骨灰等。

附减的等级货物用代号“R”表示（R-Reduced Class Rate）。适用商品包括：报纸、杂志、书籍及出版物、作为货物托运的行李。

等级运价适用于下列货物：

（1）活动物；

（2）贵重货物；

（3）书报杂志类货物；

（4）作为货物运输的行李；

（5）尸体、骨灰。

16.2.4.1 航空运输的航空区划

为了制定国际航空运输中运价的计算规则，国际航空运输协会（IATA）把世界划分为 3 个区域及一些下属次区。这样划分出的区域被称为“国际航空运输协会运价协调区”（IATA Traffic Conference Areas），简称 IATA 区域。

航协区的划分主要从航空运输业务的角度考虑，依据的是不同地区，不同经济、社会及商业条件，因此和我们熟悉的世界行政区划有所不同。

1）IATA 一区（TC1）

TC1 主要包括：北南美洲大陆及附近岛屿，如格陵兰、百慕大群岛、西印度群岛、加勒比岛屿以及夏威夷群岛等地区。

2）IATA 二区（TC2）

TC2 由整个欧洲大陆（包括俄罗斯的欧洲部分）及毗邻岛屿，冰岛、亚速尔群岛，非洲大陆和毗邻岛屿，中东地区（亚洲的伊朗及伊朗以西地区）组成。

3）IATA 三区（TC3）

TC3 由整个亚洲大陆及毗邻岛屿（已包括在二区的部分除外）、大洋洲（包括澳大利亚、新西兰及毗邻岛屿）、太平洋岛屿（已包括在一区的部分除外）组成。

16.2.4.2　活动物运费计算

活动物（Live Animals）运价参看 TACT Rules 3.7.2，由活动物运价表和普通货物运价表共同确定。

表 16.4 为简单版本的活动物运价表。

表 16.4　简单版本的活动物运价表

ALL LIVE ANIMALS Except: Baby Poultry less than 72 hours old	IATA AREA（see Rule 1.2.2. Definitions of Areas）					
	Within 1	Within 2（see also Rule 3.7.1.3）	Within 3	Between1&2	Between2&3	Between3&1
	175% of Normal GCR	175% of Normal GCR	150% of Normal GCR Except :1 below	175% of Normal GCR	150% of Normal GCR Except :1 below	150% of Normal GCR Except :1 below
Baby Poultry less than 72 hours old	Normal GCR	Normal GCR	Normal GCR Except :1 below	Normal GCR	Normal GCR Except :1 below	Normal GCR Except :1 below

注：① Within and from the South West Pacific Sub-area : 200% of the applicable GCR;

② 最低运费（Rules 3.7.7/2）（不包括 ECAA 国家之间）活体动物的最低运费标准为 200%M。

1）活动物运价表的内容

（1）Baby Poultry Less Than 72 Hours Old 幼禽类（出生不足 72 小时）;

（2）All Live Animal 除以上以外的所有活动物。

2）运价规则运用

（1）当表中出现“The Normal GCR”时，表示使用运价表中 45 kg（或 100 kg）以下的普货运价，即 N 运价。此时，运价的使用与货物的计费重量无关。

（2）当表中出现“As a Percentage of Normal GCR”（如 150% of Normal GCR）时，表示在运价表中 N 运价的基础上乘以这个百分比（如 150%N）。此时，运价的使用与货物的计费重量无关。

（3）当表中出现“Appl. GCR”时，表示使用运价表中的普货运价（N、Q45、Q100、Q300、Q500）。此时，运价的使用与货物的计费重量有关。

（4）当表中出现“As a Percentage of Appl. GCR”如 150% of Appl. GCR 时，表示在运价表中适用的普货运价的基础上乘以这个百分比（如 150%N、150%Q45、150%Q100、150%Q300、150%Q500）。此时，运价的使用与货物的计费重量有关。

（5）当始发地和目的地的等级运价百分比不同时，以始发地的百分比为准。

注意：动物的容器以及食物等应包含在活体动物的计费重量中。

【例 10】

Routing：Stuttgart，Germany（SRT）to Barcelona，Spain（BCN）

Commodity：Live Dog

Gross Weight：40 kg（dog + kennel）

Dimensions：90 cm×50 cm×68 cm×1

计算该票货物的航空运费。

斯图加特至巴塞罗那公布运价

STUTTGART		DE	STR
EURO	EUR		KGS
BARCELONA	ES	M	76.69
		N	5.47
		100	4.45
		300	3.86
		500	3.73

解：由活动物运价表可知，IATA2 区之内运输一般活体动物，运价为 175%N。

体积（Volume）：90 cm×50 cm×68 cm=306 000 cm^3

体积重量（Volume Weight）：306 000 cm^3÷6 000 cm^3/kg=51 kg

毛重（Gross Weight）：40 kg

计费重量（Chargeable Weight）：51 kg

适用运价（Applicable Rate）：175%N=175%×5.47=9.572 5 EUR/KG =9.57 EUR/kg

航空运费（Weight Charge）：51×9.57=EUR 488.07

填写货运单运价栏目：

No. of Pieces RCP	Gross Weight	kg Lb	Rate Class		Chargeable Weight	Rate/ Charge	Total	Nature and Quantity of Goods（incl. Dimensions or Volume）
				Commodity Item No.				
1	40.0	K	S	N175	51.0	9.57	488.07	DOG 90 cm×50 cm×68 cm×1 LIVE ANIMAL

注：① 运价类别栏（Rate Class）：填入活体动物运价代号“S”；

② 商品编号栏（Commodity Item No.）：填写“N175”，表示使用了 175%的 N 运价；

③ 运价/运费栏（Rate/Charge）：填写按照活体动物规则计算出的运价“9.57”；

④ 货物品名和数量栏（Nature and Quantity of Good）：要求注明“LIVE ANIMAL”（活体动物）字样。

【例 11】

Routing：Brussels，Belgium（BRU）to Sharjah，United Arab Emirates（SHJ）

Commodity：Baby Poultry less than 72 hours old

Gross Weight：70 kg

Dimensions：100 cm×60 cm×20 cm×10

计算该票货物的航空运费。

比利时布鲁塞尔至阿联酋沙迦公布运价

BRUSSELS		BE	BRU
EURO	EUR		KGS
SHARJAH	AE	M	61.97
		N	11.58
		45	8.75
		100	3.92
		500	2.88
		1000	2.45

解：由活动物运价表可知，IATA2 区之内运输幼禽类（出生不足 72 小时），运价为 Normal GCR，即 N 运价。

体积（Volume）：100 cm×60 cm×20 cm×10=1 200 000 cm^3

体积重量（Volume Weight）：1 200 000 cm^3÷6 000 cm^3/kg=200 kg

毛重（Gross Weight）：70 kg

计费重量（Chargeable Weight）：200 kg

适用运价（Applicable Rate）：Normal GCR =11.58 EUR/kg

航空运费（Weight Charge）：200×11.58=EUR 2 316.00

填写货运单运价栏目：

No. of Pieces RCP	Gross Weight	kg Lb	Rate Class		Chargeable Weight	Rate/ Charge	Total	Nature and Quantity of Goods（incl. Dimensions or Volume）
				Commodity Item No.				
10	70.0	K	S	N100	200.0	11.58	2 316.00	BABY POULTRY LESS THAN 72 HOURS 100 cm×60 cm×20 cm×10 LIVE ANIMAL

注：① 运价类别栏（Rate Class）：填入活体动物运价代号“S”；

② 商品编号栏（Commodity Item No.）：填写“N100”，表示使用了 N 运价（100%N）；

③ 货物品名和数量栏（Nature and Quantity of Good）：要求注明“LIVE ANIMAL”（活体动物）字样。

【例 12】

Routing: Shanghai, China(SHA)to Rome, Italy（ROM）

Commodity：Parrots

Gross Weight：3 kg

Dimensions：40 cm×30 cm×30 cm×1

计算该票货物的航空运费。

上海至罗马公布运价

SHANGHAI		CN	SHA
Y.RENMINBI	CNY		KGS
ROME	IT	M	125.00
		N	16.43
		45	12.08
		100	11.08
		300	9.17
		500	7.96

解：上海位于 IATA3 区，意大利罗马位于 IATA2 区，由活动物运价表可知 IATA2 区与 3 区之间运输一般活动物，运价为 150%N。

体积（Volume）：40 cm×30 cm×30 cm=36 000 cm^3

体积重量（Volume Weight）：36 000 cm^3÷6 000 cm^3/kg=6 kg

毛重（Gross Weight）：3 kg

计费重量（Chargeable Weight）：6 kg

适用运价（Applicable Rate）：150%Normal GCR=16.43×150% =24.645 CNY/kg=24.65 CNY/kg

航空运费（Weight Charge）：6×24.65=147.90 CNY

最低运价（Minimum Charge）：200%M=200%×125=250 CNY（活体动物的最低运费标准为 200%M）

由于计算的运费 147.90 CNY 低于最低运费 250 CNY，因此本票货物的运费按最低运费收取。

填写货运单运价栏目：

<table>
<tr><th rowspan="2">No. of Pieces RCP</th><th rowspan="2">Gross Weight</th><th rowspan="2">kg Lb</th><th colspan="2">Rate Class</th><th rowspan="2">Chargeable Weight</th><th rowspan="2">Rate/ Charge</th><th rowspan="2">Total</th><th rowspan="2">Nature and Quantity of Goods (incl. Dimensions or Volume)</th></tr>
<tr><th></th><th>Commodity Item No.</th></tr>
<tr><td>1</td><td>3</td><td rowspan="2">K</td><td rowspan="2">S</td><td rowspan="2">M200</td><td rowspan="2">6</td><td rowspan="2">250.00</td><td>250.00</td><td rowspan="2">PARROTS
40 cm×30 cm×30 cm×1
LIVE ANIMAL</td></tr>
<tr><td></td><td></td><td></td></tr>
</table>

注：① 运价类别栏（Rate Class）：填入活体动物运价代号“S”；

② 商品编号栏（Commodity Item No.）：填写“M200”，表示使用了活动物最低运费（200%M）；

③ 货物品名和数量栏（Nature and Quantity of Good）：要求注明“LIVE ANIMAL”（活体动物）字样。

16.2.4.3 贵重货物航空运费的计算

含有下列一种或多种的货物称为贵重货物：

（1）任何货物，其运输声明价值每千克（毛重）超过或等于 1 000 美元或等值货币，在英国为 450 英镑。

（2）锭形黄金（包括提炼和未提炼过的）、混合金、金币及各种形状的黄金制品，如金粒、片、粉、锦、线、条、管、环及黄金铸造物。

白金（铂）或白金类稀贵金属（如银、钌、铱、锇、铑等）及各种形状的合金制品，如铂粒、锦、棒、锭、片、条、网、管、带等。

但上述金属及其合金的放射性同位素不包括在内。他们的术语危险物品，应按有关危险物品的运输规定办理。

（3）现钞、旅行支票、有价证券、股票、邮票以及银行发行的兑现卡和信用卡等。

（4）钻石（包括工业钻石）、红宝石、蓝宝石、绿宝石、蛋白石、珍珠（包括养殖珍珠）。

（5）镶有翡翠、蓝宝石、蛋白石、珍珠（包括养殖珍珠）的珠宝类。

（6）由银和/或黄金和/或白金（铂）制成的饰物及手表。

（7）黄、白金制品（不包括镀金制品）。

贵重货物的运价如表 16.5 所示。

表 16.5 贵重货物的运价

<table>
<tr><th colspan="2">区域</th><th>运价</th></tr>
<tr><td colspan="2">所有 IATA 区域（除 ECAA 国之间）</td><td>200% of the Normal GCR</td></tr>
<tr><td colspan="2">从法国到所有区域</td><td>250% of the Normal GCR</td></tr>
<tr><td colspan="2">从俄罗斯到所有区域（除加拿大和美国）</td><td>300% of the Normal GCR</td></tr>
<tr><td rowspan="2">从俄罗斯到加拿大和美国：</td><td>1 000 kg 以下</td><td>300% of the Normal GCR</td></tr>
<tr><td>1 000 kg 以上</td><td>200% of the Normal GCR</td></tr>
</table>

贵重货物的最低运费：200%M，同时不得低于 USD50 或等值货币。例外：从法国出发，贵重货物最低运费标准为 400%M；在沙特阿拉伯，贵重货物最低运费标准为 SAR190。

【例 13】

Routing：Beijing，China（BJS）to Boston，U. S. A.（BOS）

Commodity：Gold Watch（金表）

Gross Weight：32 kg

Dimensions：61 cm×51 cm×42 cm×1

计算该票货物的航空运费。

北京至波士顿公布运价

BEIJING		CN	BJS
Y.RENMINBI	CNY		KGS
BOSTON	US	M	630.00
		N	79.97
		45	60.16
		100	53.19
		300	45.80

解：

金表属于贵重货物，应使用贵重货物运价。

体积（Volume）：61 cm×51 cm×42 cm=130 662 cm^3

体积重量（Volume Weight）：130 662 cm^3÷6 000 cm^3/kg=21.78 kg

毛重（Gross Weight）：32 kg

计费重量（Chargeable Weight）：32 kg

适用运价（Applicable Rate）：200% of the Normal GCR=79.97×200% =159.94 CNY/kg

航空运费（Weight Charge）：32×159.94=5 118.08 CNY

填写货运单运价栏目：

No. of Pieces RCP	Gross Weight	kg Lb	Rate Class		Chargeable Weight	Rate/ Charge	Total	Nature and Quantity of Goods（incl. Dimensions or Volume）
				Commodity Item No.				
1	32.0	K	S	N200	32.0	159.94	5 118.08	GOLD WATCH 61 cm×51 cm×42 cm VALUABLE CARGO

注：① 运价类别栏（Rate Class）：填入贵重货物运价代号“S”；

② 商品编号栏（Commodity Item No.）：填写“N200”，表示使用了200%的N运价；

③ 货物品名和数量栏（Nature and Quantity of Good）：填入“VALUABLE CARGO”（贵重货物）字样。

16.2.4.4　书报、杂志等印刷品航空运费的计算

前面的活体动物运价和贵重货物运价均属于高于普通货物一般运价（Normal GCR）的情况，而等级货物运价中也有低于普通货物一般运价的情况。印刷品运价和作为货物运输的行李运价都属于这种。

等级货物中的印刷品特指：报纸、杂志、期刊、书籍、图书目录和盲人读物。

印刷品的运价如表 16.6 所示。

表 16.6　印刷品的运价

区域	运价
Within IATA Area 1 Between IATA Area 1 and 2	67% of the Normal GCR
All other Areas	50% of the Normal GCR

注：货物达到 5 kg 或以上时，可使用印刷品运价。

当使用普通货物运价计算的结果低于使用印刷品运价计算的结果时，应取普货运价的计算结果。

印刷品的最低运费为：M。

【例 14】

Routing：Montreal，QC，Canada（YMO）to Amman，Jordan（AMM）

Commodity：Magazines

Gross Weight：60.0 kg

Dimensions：3 Pieces，60 cm×40 cm×40 cm each

计算该票货物的航空运费。

蒙特利尔至安曼公布运价

MONTREAL	QC	CA	YMO
CANADIAN $	CAD		KGS
AMMAN	JO	M	150.00
		N	16.78
		45	12.53
		100	10.16
		300	8.40
		500	7.88

解：加拿大的蒙特利尔位于 TC1 区，约旦的安曼位于 TC2 区，1 区与 2 区之间运输印刷品（Books），运价为 67%N。

体积（Volume）：60 cm×40 cm×40 cm×3=288 000 cm^3

体积重量（Volume Weight）：288 000 cm^3÷6 000 cm^3/kg=48 kg

毛重（Gross Weight）：60.0 kg

计费重量（Chargeable Weight）：60.0 kg

适用运价（Applicable Rate）：67% of the Normal GCR=16.78×67%=11.242 6 CAD/kg=11.24 CAD/kg

航空运费（Weight Charge）：60×11.24=CAD 674.40

填写货运单运价栏目：

No. of Pieces RCP	Gross Weight	kg Lb	Rate Class		Chargeable Weight	Rate/ Charge	Total	Nature and Quantity of Goods (incl. Dimensions or Volume)
				Commodity Item No.				
3	60.0	K	R	N67	60.0	11.24	674.40	Magazines 60 cm×40 cm×40 cm×3

注：① 运价类别栏（Rate Class）：填入印刷品运价代号“R”；

② 商品编号栏（Commodity Item No.）：填写“N67”，表示使用了 67%的 N 运价。

【例 15】

Routing：Beijing，China（BJS）to London，UK（LON）

Commodity：Books

Gross Weight：980.0 kg

Dimensions：20 Pieces，70 cm×50 cm×40 cm each

计算该票货物的航空运费。

北京至伦敦公布运价

BEIJING		CN	BJS
Y.RENMINBI	CNY		KGS
LONDON	GB	M	320.00
		N	63.19
		45	45.22
		100	41.22
		500	33.42
		1000	30.71

解：北京位于 TC3 区，伦敦位于 TC2 区，3 区与 2 区之间运输印刷品（Books），运价为 50%N。

体积（Volume）：70 cm×50 cm×40 cm×20=2 800 000 cm^3

体积重量（Volume Weight）：2 800 000 cm^3÷6 000 cm^3/kg=466.67 kg

毛重（Gross Weight）：980.0 kg

计费重量（Chargeable Weight）：980.0 kg

适用运价（Applicable Rate）：50% of the Normal GCR =63.19×50% =31.595 CNY/kg= 31.60 CNY/kg

航空运费（Weight Charge）：980×31.60=CNY 30 968.00

由于计费重量接近 1 000 kg 这个较高重量点，用普通货物 Q1 000 的运价计算：

计费重量（Chargeable Weight）：1 000.0 kg

适用运价（Applicable Rate）：30.71 CNY/kg

航空运费（Weight Charge）：1 000.0×30.71=CNY 30 710.00

对比使用印刷品运价计算的运费：CNY 30 710.00<CNY 30 968.00，因此，应取按普通货物 Q1 000 的运价计算的结果，运价计算栏也应当按普货运价填写。

填写货运单运价栏目：

No. of Pieces RCP	Gross Weight	kg Lb	Rate Class		Chargeable Weight	Rate/ Charge	Total	Nature and Quantity of Goods（incl. Dimensions or Volume）
				Commodity Item No.				
20	980.0	K	Q		1 000.0	30.71	30 710.00	BOOKS 70 cm×50 cm×40 cm×20

16.2.4.5　作为货物运输的行李航空运费计算

作为货物运输的行李是指旅客本人的衣物及其他私人物品（包括手提打字机、小型轻便乐器、小型体育用品。但不包括：机器零件、货币、证券、珠宝、表、餐具、镀金属器皿、毛皮、影片及胶片、照相机、票证、文件、酒类、香水、家具、商品和销售样品）。

（1）作为货物运输的行李，只能在旅客所持客票中列明的各点间运输，并不得迟于旅客出发的当日运出。

（2）旅客必须申报行李内容，备齐海关及承运人所要求的各类文件，并有责任交付各项费用。行李必须由旅客本人或其代理人办理海关手续。

（3）须将旅客的客票号、航班/航段及日期填入航空货运单的 Accounting Information 栏中。

（4）行李按照承运人安排的航班运出，不一定与旅客在同一个航班。

（5）行李运价不得与普通货物运价及指定商品运价组合而低于所规定的运价和比例运价。

（6）不符合上述规定时不可使用行李运价，而只能使用相应的普通货物运价或指定商品运价。

作为货物运输的行李运价如表 16.7 所示。

表 16.7　货物运输的行李运价

区域	运价
All IATA Areas	50% of the Normal GCR

注：运价的适用范围：

① 在 IATA 业务二区内（全部航程为欧洲分区例外）；

② 在 IATA 业务三区内（至或从美国领地除外）；

③ 在 IATA 业务二区与三区之间（至或从美国领地除外）；

④ 在 IATA 业务一区与二区之间（至或从美国领地、美国领地至或从格陵兰岛除外）。

由此项规则可知，中国至一区运输的此类货物不属于该等级货物的范畴，不能使用上述等级折扣运价，而应采用普通货物运价或指定商品运价。

作为货物运输的行李最低运费为：以 10 kg 为最低计费重量、适用运价计算的运费与公布的最低运费 M 比较，取高者。

【例 16】

Routing： Shanghai， China（SHA） to Singapore（SIN）

Commodity：Personal Effects（私人物品）

Gross Weight：25.0 kg

Dimensions：70 cm×47 cm×35 cm×1 件

旅客旅程：SHA→TYO→SIN

客票：781-4259307841

MU523/26APR SHATYO

JL715/29APR TYOSIN

上海至新加坡公布运价

SHANGHAI		CN	SHA
Y.RENMINBI	CNY		KGS
SINGAPORE	SG	M	230.00
		N	34.15
		45	25.56
		300	21.86

计算该票货物的航空运费。

解：

体积（Volume）：70 cm×47 cm×35 cm=115 150 cm^3

体积重量（Volume Weight）：115 150 cm^3÷6 000 cm^3/kg=19.19 kg

毛重（Gross Weight）：25.0 kg

计费重量（Chargeable Weight）：25.0 kg

适用运价（Applicable Rate）：50% of the Normal GCR =34.15×50% =17.075CNY/kg = 17.08 CNY/kg

航空运费（Weight Charge）：25.0×17.08=CNY 427.00

填写货运单运价栏目：

No. of Pieces RCP	Gross Weight	kg Lb	Rate Class		Chargeable Weight	Rate/ Charge	Total	Nature and Quantity of Goods（incl. Dimensions or Volume）
				Commodity Item No.				
1	25.0	K	R	N50	25.0	17.08	427.00	PERSONAL EFFECTS 70 cm×47 cm×35 cm

注：① 运价类别栏（Rate Class）：填入作为货物运输的行李运价代号“R”；

② 商品编号栏（Commodity Item No.）：填写“N50”，表示使用了 50%的 N 运价。

填写航空货运单的 Accounting Information 栏：

Accounting Information
TICKET 781-4259307841 MU523/26APR　SHATYO JL715/29APR　TYOSIN

16.2.4.6　尸体、骨灰航空运费计算

尸体、骨灰运价如表 16.8 所示。

表 16.8　尸体、骨灰航空运价

Area（区域）	Ashes（骨灰）	Coffin（尸体）
All IATA Areas	Applicable	Normal GCR
Within IATA Area 2	300% of the Normal GCR	200% of the Normal GCR

运输尸体、骨灰的最低运费按运价表公布最低运费，即 M 收取；若整个运输在 TC2 区内，则最低运费为 200%M，且不低于 65 美元或其等值货币。

【例 17】

Routing：Beijing，China（BJS）to Tokyo，Japan（TYO）

Commodity：Coffin

Gross Weight：215.0 kg

Dimensions：230 cm × 70 cm × 50 cm × 1

计算该票货物的航空运费。

北京至东京公布运价

BEIJING		CN	BJS
Y.RENMINBI	CNY		KGS
TOKYO	JP	M	230.00
		N	37.51
		45	28.13

解：

体积（Volume）：230 cm×70 cm×50 cm=805 000 cm^3

体积重量（Volume Weight）：805 000 cm^3÷6 000 cm^3/kg=134.17 kg

毛重（Gross Weight）：215.0 kg

计费重量（Chargeable Weight）：215.0 kg

适用运价（Applicable Rate）：Normal GCR=37.51 CNY/kg

航空运费（Weight Charge）：215.0×37.51=CNY 8 064.65

填写货运单运价栏目：

No. of Pieces RCP	Gross Weight	kg Lb	Rate Class	Rate Class: Commodity Item No.	Chargeable Weight	Rate/ Charge	Total	Nature and Quantity of Goods（incl. Dimensions or Volume）
1	215.0	K	S	N100	215.0	37.51	8 064.65	HUMAN REMAINS IN COFFIN 230 cm×70 cm×50 cm

注：① 运价类别栏（Rate Class）：填入尸体、骨灰的运价代号“R”；

② 商品编号栏（Commodity Item No.）：填写“N100”，表示使用了 100%的 N 运价。

16.2.5 运价使用顺序

到目前为止，我们已经分别讨论了普通货物运价、指定商品运价和等级运价。但是，在实际运输中，某种货物可能同时存在几种运价可以使用。这就涉及运价及运费的使用顺序问题。

公布直达运价优先于相同两点间、相同承运人、运输同一种货物时的任何非公布直达运价。

公布直达运价的使用顺序应符合下列规则：

（1）指定商品运价优先于等级运价和普通货物运价。

（2）等级运价优先于普通货物运价。

（3）若使用普通货物运价计算的结果低于使用指定商品运价计算的结果时，除附加的等级货物外，应取普通货物运价计算的结果。

（4）对于等级货物中的印刷品和作为货物运输的行李（附减的等级货物），如果使用普通货物运价计算的结果低于使用相应的等级运价计算的结果时，应取普通货物运价计算的结果。

【例 18】

Routing：Beijing，China（BJS）to Osaka，Japan（OSA）

Commodity：Worms（沙蚕）

Gross Weight：45.0 kg

Dimensions：70 cm×47 cm×35 cm×1

计算该票货物的航空运费。

“沙蚕”为指定商品，代号 1093；同时也是活动物。

北京至大阪公布运价

BEIJING		CN	BJS
Y.RENMINBI	CNY		KGS
OSAKA	JP	M	230.00
		N	37.51
		45	28.13
	0008	300	18.80
	0300	500	20.61
	1093	100	18.43
	2195	500	18.80

解：（1）按等级货物运价计算：

体积（Volume）：70 cm×47 cm×35 cm=115 150 cm^3

体积重量（Volume Weight）：115 150 cm^3÷6 000 cm^3/kg=19.19 kg

毛重（Gross Weight）：45.0 kg

计费重量（Chargeable Weight）：45.0 kg

适用运价（Applicable Rate）：150% of the Normal GCR=37.51×150%=56.265 CNY/kg=56.27 CNY/kg

航空运费（Weight Charge）：45.0×56.27=CNY 2 532.15

（2）按指定商品运价计算：

计费重量（Chargeable Weight）：100.0 kg

适用运价（Applicable Rate）：SCR 1093/Q100=18.43 CNY/kg

航空运费（Weight Charge）：100.0×18.43=CNY 1 843.00

CNY 1 843.00<CNY 2 532.15，因此运费为 CNY 1 843.00。

注意：沙蚕是活动物，为附加的等级货物，因此不能使用普通货物运价进行计算。

填写货运单运价栏目：

No. of Pieces RCP	Gross Weight	kg Lb	Rate Class		Chargeable Weight	Rate/ Charge	Total	Nature and Quantity of Goods (incl. Dimensions or Volume)
				Commodity Item No.				
1	45.0	K	C	1 093	100.0	18.43	1 843.00	LIVE WORMS 70 cm×47 cm×35 cm LIVE ANIMALS

注：① 运价类别栏（Rate Class）：填入指定运价代号“C”；

② 商品编号栏（Commodity Item No.）：填写指定商品“沙蚕”的代号 1093。

运价与运费使用顺序小结：

（1）对于活体动物、贵重货物和尸体骨灰，不允许使用普通货物运价，可考虑使用指定商品运价和等级运价。如果存在，两种运价计算的结果比较取低者。

（2）对于其他货物，指定商品运价、等级运价和普通货物运价均可考虑使用。如果存在，各种可用的运价计算的结果比较取低者。

16.2.6 混运货物航空运费的计算

前面的运费计算所涉及的货物是单一的。当托运人托运的一票货物中有不同种类的货物时，其包装、申报方式及运价的使用和运费的计算方法将在下面具体介绍。

混运货物（Mixed Consignment）是指在使用同一份运单运输的货物中，含有不同运价、不同运输条件的货物。但混运货物中不得含有下列货物：

（1）贵重物品。

（2）活体动物。

（3）尸体、骨灰。

（4）外交信袋。

（5）作为货物运输的行李。

（6）机动车辆（电力自动车辆除外）。

16.2.6.1 集中托运混运货物的包装、申报方式和计算规则

1）混运货物的包装

混运货物可以包装在一起，也可以分别包装。

2）申报方式

托运人对混运货物有以下两种申报方式：

（1）申报混运货物的总重量和总体积。

（2）分别申报货物的重量、体积。

3）计算规则

混运货物的运费计算，取决于托运人对混运货物的申报方式。

（1）当托运人托运货物时，仅申报混运货物的总重量和总体积，则应按下列方法计算航空运费：

混运的货物应被视为一种货物，将其总重量确定为一个计费重量。运价采用适用的普通货物运价。

（2）当托运人托运货物时，分别申报各种不同货物的重量、体积和品名，则应按下列方

法计算航空运费：

每件货物（或每一类货物）的计费重量按单独交运的同一种货物计算。按不同种类货物适用的运价与其相应的计费重量分别计算运费。当含有不同运价的货物被混装于一个包装内（如集装箱），则该包装物的运费按包装箱内所装货物中运价最高的货物的运价计收。

混运货物只能按整票（整批）货物办理声明价值，不得办理部分货物的声明价值，或办理两种以上的声明价值。所以，混运货物声明价值费的计算应按整票货物总的毛重。

16.2.6.2　集中托运货物航空运费的计算

【例 19】

Routing：Beijing，China（BJS）to Osaka，Japan（OSA）

Commodity：Books and Handicraft and Apple（Fresh）

Gross Weight：100.0 kg and 42.0 kg and 80.0 kg

Dimensions：Books：70 cm×47 cm×35 cm×4

Handicraft：100 cm×60 cm×42 cm×1

Apple（Fresh）：90 cm×70cm×32 cm×2

计算该票货物的航空运费。

北京至大阪公布运价

BEIJING		CN	BJS
Y.RENMINBI	CNY		KGS
OSAKA	JP	M	230.00
		N	37.51
		45	28.13
	0008	300	18.80
	0300	500	20.61
	1093	100	18.43
	2195	500	18.80

解：这是一票集中托运货物，先把这票货物作为一个整体，计算运费；再按分别申报计算运费，两者比较，取低者。

（1）总体申报：

总毛重（Total Gross Weight）：100.0＋42.0＋80.0=222.0 kg

体积（Volume）：70 cm×47 cm×35 cm×4=460 600 cm^3；

100 cm×60 cm×42 cm=252 000 cm^3；

90 cm×70 cm×32 cm×2=403 200 cm^3；

总体积（Total Volume）：460 600 cm^3＋252 000 cm^3＋403 200 cm^3=1 115 800 cm^3

体积重量（Volume Weight）：1 115 800 cm^3÷6 000 cm^3/kg=185.96 kg=186.0 kg

计费重量（Chargeable Weight）：222.0 kg

适用运价（Applicable Rate）：GCR Q 28.13 CNY/kg

航空运费（Weight Charge）：222.0×28.13=CNY 6 244.86

（2）分别申报：

Books：

体积（Volume）：70 cm×47 cm×35 cm×4=460 600 cm^3；

体积重量（Volume Weight）：460 600 cm^3÷6 000 cm^3/kg=76.77 kg=77.0 kg

毛重（Gross Weight）：100.0 kg

计费重量（Chargeable Weight）：100.0 kg

适用运价（Applicable Rate）：R 50% of Normal GCR=50%×37.51 CNY/kg=18.755 CNY/kg=18.76 CNY/kg

航空运费（Weight Charge）：100.0×18.76=CNY 1 876.00

注：报纸、杂志、期刊、图书、目录、盲人读物及设备，在 IATA 一区以及一区二区之间，按普通货物运价的 67%计算，其他区域按普通货物运价的 50%计算。可以使用普通货物的较高重量点的较低运价。

Handicraft：

体积（Volume）：100 cm×60 cm×42 cm=252 000 cm^3

体积重量（Volume Weight）：252 000 cm^3÷6 000 cm^3/kg=42.0 kg

毛重（Gross Weight）：42.0 kg

计费重量（Chargeable Weight）：42.0 kg

适用运价（Applicable Rate）：GCR N 37.51 CNY/kg

航空运费（Weight Charge）：42.0×37.51=CNY 1 575.42

采用较高重量点的较低运价计算：45.0×28.13=CNY 1 265.85

Apple（Fresh）：

体积（Volume）：90 cm×70 cm×32 cm×2=403 200 cm^3

体积重量（Volume Weight）：403 200 cm^3÷6 000 cm^3/kg=67.2 kg=67.5 kg

毛重（Gross Weight）：80.0 kg

计费重量（Chargeable Weight）：80.0 kg

适用运价（Applicable Rate）：GCR Q 28.13 CNY/kg

航空运费（Weight Charge）：80.0×28.13=CNY 2 250.40

3 种货物的运费相加：CNY 1 876.00＋CNY 1 265.85＋CNY 2 250.40=CNY 5 392.25

由上述计算结果可知，总体申报计算的运费为 CNY 6 344.86，分别申报计算的运费为 CNY 5 392.25，因此，运费取低者，为 CNY 5 392.25。

填写货运单运价栏目：

No. of Pieces RCP	Gross Weight	kg Lb	Rate Class		Chargeable Weight	Rate/ Charge	Total	Nature and Quantity of Goods (incl. Dimensions or Volume)
				Commodity Item No.				
4	100.0	K	R	N50	100.0	18.76	1 876.00	BOOKS 70 cm×47 cm×35 cm×4
1	42.0		Q		45	28.13	1 265.85	HANDICRAFT 100 cm×60 cm×42 cm×1
2	80.0		Q		80	28.13	2 250.40	APPLE（FRESH） 90 cm×70 cm×32 cm×2
7	222.0						5 392.25	

第17章 国际航空运单

学习目标

【知识目标】

1. 熟悉航空运单的定义、类别；
2. 掌握航空运单记载的内容。

【技能目标】

1. 具有识读航空运单内容的能力；
2. 具有填制航空运单的能力。

17.1 航空货运单及一般规定

17.1.1 航空货运单

航空货运单是托运人和承运人之间订立的航空运输契约，同时也是航空货物运输的凭证。

1）航空主运单（Master Air Waybill，MAWB）

由航空运输公司签发的航空运单为主运单，运单上印有出票航空公司（Issue Carrier）名称及标志（航徽、代码等）。

2）航空分运单（House Air Waybill，HAWB）

航空分运单是航空货运代理公司在办理集中托运业务时签发给各个发货人的运单。

17.1.2 航空货运单的一般规定

航空货运单不得转让。

每一批货物（或集中托运的货物）填开一份货运单。对于集中托运货物的分运单（House Air Waybill）应由集运商自行备制，不得使用承运人（航空运营人）的货运单。

货运单的有效期。货运单填开后，托运人（或其代理人）和承运人（或其代理）签字后即开始生效。当货物运至目的地，收货人提取货物并在货运单的交付联上签字，此时货运单作为运输凭证其有效期结束。但作为运输合同，其法律依据的有效期应延至运输停止之日起两年之内。

17.2 航空货运单的构成

我国国际航空货运单由一式十二联组成，包括三联正本，六联副本和三联额外副本。各联的顺序与用途如表17.1所示。

表 17.1 国际航空运单各联的用途

序号	名称及用途		颜色
第一联	正本 3，托运人联	作为承运人收到货物的证明 作为托运人和承运人签订运输契约的证明文件	浅蓝色
第二联	副本 9，代理人联		白色
第三联	正本 1，填开货运单承运人联	交财务部门使用 作为托运人和承运人签订运输契约的证明文件	浅绿色
第四联	正本 2，收货人联	收货人留存 运输涉及的三方当事人各执一份正本	浅粉色
第五联	副本 4，交付收据联	在目的站，收货人在此联上签收，证明货物完好无损地被提取	浅黄色
第六联	副本 5，目的站机场联	供目的站有关部门使用	白色
第七联	副本 6，第三承运人联	供航空公司结算用	白色
第八联	副本 7，第二承运人联	供航空公司结算用	白色
第九联	副本 8，第一承运人联	供航空公司结算用	白色
第十联	额外副本		白色
第十一联	额外副本		白色
第十二联	额外副本		白色

17.3 航空货运单的填开责任

根据《华沙公约》《海牙议定书》和承运人运输条件的条款规定，航空货运单应当由托运人填写，承运人根据托运人的要求填写航空货运单的，在没有相反证据的情况下，应当视为是代替托运人填写的。托运人应对货运单所填各项内容的正确性、完备性负责。货运单所填内容不准确、不完全，致使承运人或其他人遭受损失的，托运人负有责任。

《中华人民共和国民用航空法》第一百一十四条规定：托运人应当填写航空货运单正本一式三份，连同货物交给承运人。航空货运单第一份注明“交承运人”，由托运人签字、盖章；第二份注明“交收货人”，由托运人和承运人签字、盖章；第三份由承运人在接收货物后签字、盖章，交给托运人。承运人根据托运人的请求填写航空货运单的，在没有相反证据的情况下，应当视为代托运人填写。

在航空货运业务的操作中，各航空公司承运的货物大量是通过其代理人收运的，某些特种货物由航空公司直接收运。因为填写航空货运单必须具有一定的专业知识，同时为了方便操作和对客户提供服务，托运人以托运书或委托书的形式授权航空公司或其代理人代替填写航空货运单。在这种情况下，托运人正确、完整地填写托运书或委托书十分重要。航空公司或其代理人应根据托运人的托运书或委托书代替托运人填写航空货运单。

托运人在航空货运单上的签字，证明其接受航空货运单正本背面的运输条件和契约。

17.4 航空货运单的填制

17.4.1 填制货运单的基本要求

（1）货运单要求用英文打字机或计算机，用英文大写字母打印，各栏内容必须准确、清楚、齐全，不得随意涂改。

（2）货运单已填内容在运输过程中需要修改时，必须在修改项目的近处盖章，注明修改货运单的空运企业名称、地址和日期。修改货运单时，应将所有剩余的各联一同修改。

（3）货运单的各栏目中，有些栏目印有阴影。其中，有标题的阴影栏目仅供承运人填写。使用有标题的阴影栏目一般不需填写，除非承运人有特殊需要。

货运单样本如图 17.1 和图 17.2 所示。

999 | | 　　999 -

Shipper's Name and Address | Shipper's Account Number | Not Negotiable Air Waybill Issued by 中国国际航空公司 AIR CHINA BEIJING CHINA

Copies 1, 2 and 3 of this Air Waybill are originals and have the same validity.

Consignee's Name and Address | Consignee's Account Number

It is agreed that the goods described herein are accepted for carriage in apparent good order And condition (except as noted) and SUBJECT TO THE CONDITIONS OF CONTRACT ON THE REVERSE HEREOF. ALL GOODS MAY BE CARRIED BY AND OTHER MEANS INCLUDING ROAD OR ANY OTHER CARRIER UNLESS SPECIFIC CONTRARY INSTRUCTIONS ARE GIVEN HEREON BY THE SHIPPER. THE SHIPPER'S ATTENTION IS DRAWN TO THE NOTICE CONCERNING CARRIER'S LIMITATION OF LIABILITY. Shipper may increase such limitation of liability by declaring a higher value for carriage and paying a supplemental charge if required.

Issuing Carrier's Agent Name and City | Accounting Information

Agent's IATA Code | Account No

Airport of Departure (Addr. of First Carrier) and Requested Routing

To | By First Carrier | Routing and Destination | to | by | to | by | Currency | CHGS Code | WT/VAL PPD COLL | Other PPD COLL | Declared Value for Carriage | Declared Value for Customs

Airport of Destination | Flight/Date | For carrier Use Only | Flight/Date | Amount of Insurance | INSURANCE - If Carrier offers insurance, and such insurance is requested in accordance with the conditions thereof, indicate amount to be insured in figures in box marked "Amount of Insurance."

Handing Information

SCI

No of Pieces RCP	Gross Weight	Kg lb	Rate Class	Commodity Item No.	Chargeable Weight	Rate / Charge	Total	Nature and Quantity of Goods (incl. Dimensions or Volume)

Prepaid | Weight Charge | Collect | Other Charges

Valuation Charge

Tax

Total other Charges Due Agent

Shipper certifies that the particulars on the face hereof are correct and that insofar as any part of the condition for carriage by air according to the applicable Dangerous Goods Regulations.

Total other Charges Due Carrier

Signature of Shipper or his Agent

Total Prepaid | Total Collect

Currency Conversion Rates | CC Charges in Dest. Currency

Executed on (date) | at(place) | Signature of Issuing Carrier or its Agent

For Carrier's Use only at Destination | Charges at Destination | Total Collect Charges | 999 -

图 17.1　中国国际航空公司货运单样本

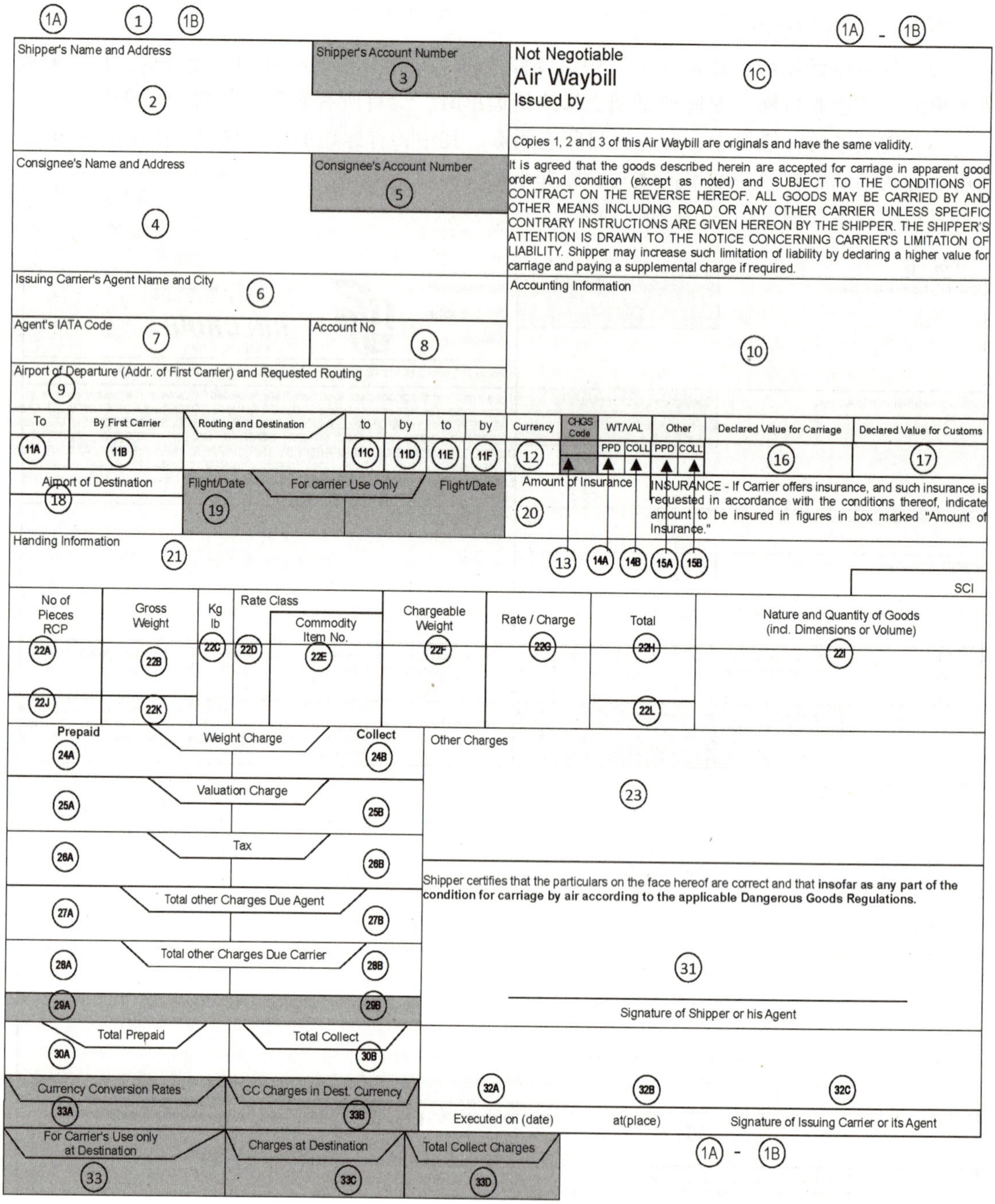
1A 1 1B
1A - 1B
Shipper's Name and Address 2
Shipper's Account Number 3
Not Negotiable
Air Waybill
Issued by 1C
Copies 1, 2 and 3 of this Air Waybill are originals and have the same validity.
Consignee's Name and Address 4
Consignee's Account Number 5
It is agreed that the goods described herein are accepted for carriage in apparent good order And condition (except as noted) and SUBJECT TO THE CONDITIONS OF CONTRACT ON THE REVERSE HEREOF. ALL GOODS MAY BE CARRIED BY AND OTHER MEANS INCLUDING ROAD OR ANY OTHER CARRIER UNLESS SPECIFIC CONTRARY INSTRUCTIONS ARE GIVEN HEREON BY THE SHIPPER. THE SHIPPER'S ATTENTION IS DRAWN TO THE NOTICE CONCERNING CARRIER'S LIMITATION OF LIABILITY. Shipper may increase such limitation of liability by declaring a higher value for carriage and paying a supplemental charge if required.
Issuing Carrier's Agent Name and City 6
Accounting Information 10
Agent's IATA Code 7
Account No 8
Airport of Departure (Addr. of First Carrier) and Requested Routing 9
To 11A
By First Carrier 11B
Routing and Destination
to 11C
by 11D
to 11E
by 11F
Currency 12
CHGS Code
WT/VAL PPD COLL
Other PPD COLL
Declared Value for Carriage 16
Declared Value for Customs 17
13 14A 14B 15A 15B
Airport of Destination 18
Flight/Date 19
For carrier Use Only
Flight/Date
Amount of Insurance 20
INSURANCE - If Carrier offers insurance, and such insurance is requested in accordance with the conditions thereof, indicate amount to be insured in figures in box marked "Amount of Insurance."
Handing Information 21
SCI
No of Pieces RCP 22A 22J
Gross Weight 22B 22K
Kg lb 22C
Rate Class 22D
Commodity Item No. 22E
Chargeable Weight 22F
Rate / Charge 22G
Total 22H 22L
Nature and Quantity of Goods (incl. Dimensions or Volume) 22I
Prepaid
Weight Charge
Collect
24A 24B
Valuation Charge 25A 25B
Tax 26A 26B
Total other Charges Due Agent 27A 27B
Total other Charges Due Carrier 28A 28B
29A 29B
Total Prepaid 30A
Total Collect 30B
Other Charges 23
Shipper certifies that the particulars on the face hereof are correct and that **insofar as any part of the condition for carriage by air according to the applicable Dangerous Goods Regulations.**
31
Signature of Shipper or his Agent
32A 32B 32C
Executed on (date) at(place) Signature of Issuing Carrier or its Agent
1A - 1B
Currency Conversion Rates 33A
CC Charges in Dest. Currency 33B
For Carrier's Use only at Destination 33
Charges at Destination 33C
Total Collect Charges 33D

图 17.2 国际航协标准货运单样本

17.4.2 货运单各项栏目的填写说明

1. 始发站机场（Airport of Departure）：

填写始发站机场的 IATA 三字代码（可填写机场所在城市的 IATA 三字代码），本栏所填内容应与栏目 9 中的一致。例如：PVG（上海浦东国际机场）

1A. 承运人票证代号：

填写填开货运单承运人的 IATA 票证代号，即数字代码，如 999（中国国际航空公司）、784（中国南方航空公司）、131（日本航空公司）。

1B. 货运单号码：

由 8 位数字组成，第八位为检查位，用以识别货运单的真伪。该位数为前七位数字除以 7 的余数。如：1234 5675。

1C. 填开货运单承运人的名称及地址（Issuing Carries Name and Address）：

此处一般印有航空公司的标志、名称和地址。

2. 托运人姓名和地址（Shippers Name and Address）：

填写托运人姓名（名称）、地址、国家（或国家两字代号）以及托运人的联系方式，如电话、传真等。

3. 托运人账号（Shippers Account Number）：

此栏不需填写，除非填开货运单的承运人需要。

4. 收货人姓名和地址（Consignees Name and Address）：

填写收货人姓名（名称）、地址、国家（或国家两字代号）以及收货人的联系方式，如电话、传真等。

5. 收货人账号（Consignees Account Number）：

此栏不需填写，除非最后承运人需要。

6. 填开货运单承运人代理人的名称及所在城市（Issuing Carriers Agent Name and City）：

填写向承运人收取佣金的国际航协代理人的名称和所在地（机场或城市）。

根据货物代理机构管理规则，该佣金必须支付给目的站国家的一个国际航协代理人，则该国际航协代理人的名称和所在机场或城市必须填入本栏，填入“收取佣金代理人”（Commissionable Agent）字样。

7. 代理人国际航协代号（Agent's IATA Code）：

在非货账结算区（Non-CASS Areas），填写国际航协 7 位数字代号，如 81-4 1234。

在货账结算区（CASS Areas），填写国际航协 7 位数字代号，后跟货账结算区三位数字代号，如 81-4 1234/026。

注：CASS-Cargo Accounts Settlement System 即货物财务结算系统。一些航空公司为便于内部系统管理，要求其代理人在此处填制相应的代码。

8. 账号（Account No）：

本栏一般不需填写，除非填开货运单承运人需要。

9. 始发站机场（第一承运人地址）及所要求的路径[Airport of Departure（Address of First Carrier）and Requested Routing]：

填写始发站机场（被认为是第一承运人地址）的全称（或所在城市的全称）。

填写所要求的任意路线。

10. 财务事项（Accounting Information）：

填写适用的付款方式，如现金（CASH）、支票（CHECK）等。

使用旅费证（MCO）付款时，只接受作为货物运输的行李。本栏填入 MCO 号，换取服务金额，以及旅客的客票号码、航班号、日期及航程。

例如：MCO No. 777-40107129860　MYR100.00

CASH MYR 79.55

TICKET 999-1234 5675

CA123 25SEP

注：旅费证（Miscellaneous Charges Order，MCO）是空运企业用以支付与旅客运输有关的费用，如用于承兑、抵付各种服务项目和用途而填开的一种有价凭证。

货物未能交付而退回时，填写原货运单单号。

“另请通知人”（Also Notify）可打在此 Accounting Information 栏（只适用于国内中转）。

11A. 至（To）：填写目的站机场或第一个中转点机场的 IATA 三字代码，当该城市有多个机场时，且不知道机场名称时，可用城市代码。

11B. 由第一承运人（By First Carrier）：

填写第一承运人的名称（全称与 IATA 两字代号皆可）。

11C. 至（To）：

填写目的站机场或第二个中转点机场的 IATA 三字代码。

11D. 由（By）：

填写第二承运人的 IATA 两字代码。

11E. 至（To）：

填写目的站机场或第三个中转点机场的 IATA 三字代码。

11F. 由（By）：

填写第三承运人的 IATA 两字代码。

注：11C ~ 11F 栏为可选项。只有当运输中要经过其他承运人承运时才填。如果是在同一承运人之间中转则不必填写。

如果在运输过程中要经过其他承运人中转货物时，该承运人必须能接受所填开的货运单。有关此信息，参看 TACT Rule 8.1，承运人协议部分。

12. 货币（Currency）：

填写始发国的 ISO（国际标准组织）的货币三字代码，货运单上所列明的金额均按此货币（除运单左下角阴影部分“目的站国家收费栏”内的款项外）。

13. 运费代号（CHGS Code）：

本栏一般不填写。仅供电子传送货运单信息时使用。

14A. 预付（PPD）：

航空运费和声明价值附加费（WT/VAL）全部预付时，此栏填“×”。

14B. 到付（COLL）：

航空运费和声明价值附加费（WT/VAL）全部到付时，此栏填“×”。

15A. 预付（PPD）：

其他费用（Other）全部预付时，此栏填“×”。

15B. 到付（COLL）：

其他费用（Other）全部到付时，此栏填“×”。

16. 供运输用声明价值（Declared Value for Carriage）：

填写托运人向承运人申报的货物运输声明价值金额；如果没有声明价值，应在本栏填入“NVD”（No Value Declared）。

17. 供海关用声明价值（Declared Vadue for Customs）：

填写托运人或其代理向海关申报的货物的商业价值金额。本栏也可以填写“NCV”（No Commocial Value）或不填，应检查与运输有关国家的海关要求，参看 TACT Rule 7.3.2。因为有些国家不接受无海关申报价值的货物。

18. 目的站机场（Airport of Destination）

（1）填写目的地机场全称（如果该城市有多个机场，不知道机场名称时，可用城市全称）。

（2）如果在不同的国家有相同名称的城市时，应指出该城市所属的国家。

例如：London，United Kingdom （伦敦，英国）

London，Ontario，Canada （伦敦，加拿大安大略省）

London，Kentucky，USA （伦敦，美国肯塔基州）

（3）有时，托运人所指的目的站并没有机场，此时应参看 TACT Rule 3.7.2 节中的国内机场部分（Customs Airports），找目的站所在国中与该目的站最近的一个机场，将其填入本栏。

（4）当一个城市有两个或两个以上机场时，可填写具体应运至的机场。例如：NEW YORK-JFK，TOKYO-NARITA。

19A 与 19B. 航班/日期（Requested Flight/date）：

这两栏可根据订舱的情况填写。

20. 保险金额（Amount of Insurance）：

（1）填开货运单的承运人向托运人提供代办货物保险业务时，此栏填写托运人货物投保的金额。

（2）填开货运单的承运人不提供代办货物保险业务，或托运人不要求保险时，此栏应填入“×××”符号。

参看 TACT Rule 8.3 节中的 4.3 部分，可知承运人是否提供该项服务。

21. 操作事项（Handling Information）：

本栏填写参与运输承运人所要求的处理事项。

（1）对于危险物品，有两种情况，一种是需要附托运人危险品申报单的，则本栏内应填入“Dangerous Goods As Per Attached Shipper's Declaration”字样，或“Dangerous Goods As Per Attached DGD”；对于要求仅限货机装运的危险货物，还应加上“Cargo Aircraft Only”字样。另一种是属于不要求附危险品申报单的危险货物，则应打印“Shipper's Declaration not Reuired”字样。

（2）当一批货物中既有危险货物也有非危险货物时，应注明危险品的件数。

（3）其他注意事项尽可能使用“货物交换电报程序”（CARGO-IMP）中的代号和简语，如：

货物上的标志、号码及包装方法；

货运单所附文件，如托运人的动物证明书“Shipper's Certification for Live Animal”，装箱单“Packing List”，发票“Invoice”等；

除收货人外，另请通知人的姓名、地址、国家及电话、电传或传真号码；

货物所需要的特殊处理规定；

海关规定等。

22A. 货物件数/运价组成点（No. of Pieces/RCP）：

（1）填入适用同一种运价计算航空运费的货物件数。

（2）当使用非公布直达运价时，在货物件数下面填写运价组成点的三字代码。

22B. 毛重（Gross Weight）：

填入适用于运价的货物实际毛重（以千克为单位时可保留至小数后一位）。

22C. 千克/磅（kg/lb）：

将适用的重量单位（K 或 L）填入该栏。

22D. 运价类别（Rate Class）：

根据具体情况填入下列运价类别代号：

M：最低运费 Minimum Charge；

N：45 千克以下（或 100 千克以下）普通货物运价 Normal GCR；

Q：45 千克以上普通货物运价 Quantity GCR；

C：指定商品运价 Specific Commodity Rate；

R：等级货物附减运价 Class Rate Reduction；

S：等级货物附加运价 Class Rate Surcharge。

22E. 货物品名代号（Commodity Item No.）：

使用指定商品运价时，此栏填入指定商品品名代号（打印位置应与运价代号 C，保持水平）；使用等级货物运价时，此栏填入附加或附减运价的比（百分比）。

22F. 计费重量（Chargeable Weight）：

填写按运价规则计算出的所适用的计费重量。

22G. 运价/运费（Rate/Charge）：

当使用最低运费时，此栏填写与运价代号“M”对应的最低运费；

当使用普通货物运价、指定商品运价时，填写与运价代号“N”“Q”“C”等相应的运价；

当货物为等级货物时，此栏填写与运价代号“S”或“R”对应的附加或附减后的运价。

22H. 总计（Total）：

将每项货物计费重量与适用运价相乘后的运费金额填入本栏。

22I. 货物品名及数量（Nature and Quantity of Goods）：

填写货物的品名（用英文大写字母）。

当一票货物中含有危险货物时，应分列打印，危险货物应列在第一项；

活动物运输，本栏内容应根据 IATA 活动物运输规定打印；

对于集中托运货物，本栏应填写“Consolidation as Per Attached List”；

当计费重量为体积重量时，将货物的尺寸填入本栏。虽然一般情况下可不填写货物的尺寸，但国际航协建议最好填写。

可将货物的原产国填入本栏。

22J. 总件数：

22A 栏中所填件数超过一组时，将各组货物的件数之和填入本栏。

22K. 总毛重：

22B 栏中所填毛重超过一组时，将各组货物毛重之和填入本栏。

22L. 总运费：

22H 栏中所填运费超过一组时，将总运费填入本栏。

23. 其他费用（Other Charges）：

填写始发站/中途站运输中发生的其他费用，按全部预付或全部到付；作为到付的其他费用应视为“代垫付款”（Disbursements），按代垫付款规定将代垫付款手续费填入本栏。未列于本栏中，在中途站及目的站发生的其他费用只能到付，并填入 33C 栏。

填写本栏时，应填除税收外的其他费用代号及金额，其他费用代号如下：

AC/Animal Container 动物容器租费；

AS Assembly Service Fee 集中货物服务费；

AT Attendant 押运员服务费；

AW Air Waybill 货运单费；

BR Bank Release 银行放行费；

DB Disbursement Fee 代垫付款手续费；

DF Distribution Service 分发服务费；

FC Charges Collect Fee 运费到付手续费；

GT Government Tax 政府捐税；

HR Human Remains 尸体、骨灰附加费；

IN Insurance Premium 代办保险服务费；

LA Live Animals 动物处理费；

MA Miscellaneous Due Agent 代理人收取的杂项费用；

MZ Miscellaneous Due Carrier 填开货运单的承运人收取的杂项费用；

PK Packaging 包装服务费；

RA Dangerous Goods Surcharge 危险品处理费；

SD Surface Charge Destination 目的站地面运输费；

SI Stop in Transit 中途停运费；

SO Storage Origin 始发站保管费；

SR Storage Destination 目的站保管费；

SU Surface Charge 地面运输费；

TR Transit 过境费；

TX Taxes 捐税；

UH ULD Handling 集装设备操作费。

在其他费用代号之后加“A”或“C”，分别表示该项费用应归属代理人（Agent）收取或承运人（Carrier）收取。例如：AWC 为承运人收取的货运单费；AWA 为代理人收取的货运单费。

如果货物由于无法交付而被退回，则在原货运单上所列明的费用，应向原收货人收取但未收取的各项费用，填入新开货运单的本栏。

24. 航空运费-预付/到付（Weight Charge-Prepaid/Collect）：

填写 22H 或 22L 中的数值，根据预付或到付分别填入 24A 或 24B 栏。

25. 声明价值附加费-预付/到付（Valuation Charge-Prepaid/Collect）：

填写根据 16 栏声明价值计得的声明价值附加费，根据预付或到付分别填入 25A 或 25B 栏。

26. 税-预付/到付（Tax-Prepaid/Collect）：

填入税款数额，根据预付或到付分别填入 26A 或 26B 栏。

27. 代理人收取的其他费用总额-预付/到付（Total Other Charges Due Agent-Prepaid/Collect）：

填入由 23 栏算出的代理人收取的其他费用总额，根据预付或到付分别填入 27A 或 27B 栏。

28. 承运人收取的其他费用总额-预付/到付（Total Other Charges Due Carrier-PrepaidCollect）：

填入由 23 栏算出的承运人收取的其他费用总额，根据预付或到付分别填入 28A 或 28B 栏。

29. 未命名栏：

29A 和 29B 栏不填。

30A. 预付总额（Total Prepaid）：

填入 24A、25A、26A、27A、28A 栏加总的数额。

30B. 到付总额（Total Collect）：

填入 24B、25B、26B、27B、28B 栏加总的数额。

31. 托运人证明栏（Shipper's Certification Box）：

托运人或其代理在本栏的“Signature of Shipper or his Agent”处签字（打印或盖章均可），如果托运人已经在托运书上签了字，则代理人可代表托运人签字。

32A. 填开日期（Executed on Date）：

按日、月、年的顺序打印货运单的填开日期，月份可用缩写，如：06SEP2000。

32B. 填开地点（At Place）：

填入填开货运单的地点（机场或城市）。

32C. 填开货运单的承运人或其代理人签字（Signature of Issuing Carrier or Its Agent）：

由填开货运单的承运人或其代理人在本栏内签字。

33. 仅供承运人在目的站使用（For Carrier's Use Only at Destination）：

本栏一般不填。

33A. 货币兑换率（Currency Conversion Rate）：

填写目的站国家货币代号，后面是货币兑换比率。

33B. 目的站货币表示的到付金额（CC Charges in Destination Currency）：

本栏数值为 30B 与 33A 栏数值的乘积。

33C. 目的站发生的费用（Charges at Destination）：

最后承运人将目的站发生的费用填入本栏。

33D. 到付总费用（Total Collect Charges）：

填写 33B 和 33C 费用的合计金额。

第18章 航空特种货物运输

学习目标

【知识目标】

1. 了解航空特种货物类别、操作代码；
2. 了解航空特种货物运输时操作注意事项及特殊单证要求；
3. 熟悉航空危险品分类、危险品标签及危险品包装基本要求。

【技能目标】

具有识别常见空运危险品的类别及其危险性的能力。

航空特种货物是指由于货物本身的性质、价值或重量等原因，在承运时受限制的货物的总称。因此，对于特种货物的接收、仓储、保管、运输等，都需要专门的知识。普通货物的收运要求也同样适用于特种货物。

空运中常见的特种货物有：

（1）危险品（Dangerous Goods）；

（2）鲜活易腐货物（Perishable Cargo）；

（3）活动物（Live Animal）；

（4）超大超重货物（Outsized and Heavy Cargo）；

（5）贵重物品（Valuable Cargo）；

（6）尸体骨灰（Human Remains）；

（7）个人物品/作为货物交运的行李（Personal Effects/ Unaccompanied Baggage）。

国际航协制定的，实际工作中指导特种货物运输的手册主要有：

（1）IATA Dangerous Goods Regulation（危险品规则，简称 DGR）；

（2）IATA Live Animals Regulation（活体动物规则，简称 LAR）；

（3）IATA Perishable Cargo Regulation（鲜活易腐货物规则，简称 PCR）；

（4）IATA Airport Handling Manul（机场操作手册，简称 AHM）；

（5）IATA Rules（航空货物运价规则分册）。

在航空特种货物运输中，经常可以看到一些特殊操作代码，这些代码主要供操作人员在运输特种货物的各个环节注意运输货物的性质，采取相应的操作策略。图 18.1 和 18.2 是常见的操作代码。

操作代码	英文全称	中文全称
AOG	AIRCRAFT ON GROUND	航材
AVI	LIVE ANIMAL	活动物
BIG	OUTSIZED	超大货物
CAO	GARGO AIRCRAFT ONLY	仅限货机
DIP	DIPLOMATIC MAIL	外交邮袋
EAT	FOODSTUFFS	食品
FIL	UNDEVELOPED/UNEXPOSED FILM	未冲洗/未曝光的胶卷
FRO	FROZEN GOODS	冷冻货物
HUM	HUMAN REMAINS IN COFFINS	尸体
ICE	DRY ICE	干冰
LHO	LIVING HUMAN ORGANS/BLOOD	人体器官/鲜血
NWP	NEWSPAPERS，MAGAZINES	报纸、杂志
OBX	OBNOXIOUS CARGO	有强烈异味的货物
OHG	OVERHANG ITEM	拴挂货物
PEF	FLOWERS	鲜花
PEM	MEAT	肉
PER	PERISHABLE CARGO	易腐货物
PES	FISE/SEAFOOD	鱼/海鲜
VAL	VALUABLE CARGO	贵重物品
WET	SHIPMNTS OF WET MATERIAL NOT PACKED IN WATERTIGHT CONTAINERS	湿潮货
HEA	HEAVY CARGO，150kgs AND OVER PER PIECE	单件 150 公斤以上的货物

图 18.1　特殊货物操作代码

危险品代码	英文全称	中文全称
RCL	Cryogenic Liquids	低温液体
RCM	Corrosive	易腐蚀的货物
RCX	Explosives 1.3C	爆炸物 1.3C 类
RFL	Flammable Liquid	易燃液体
ROP	Organic Peroxide	有机过氧化物
RPG	Toxic Gas	有毒气体
RRW	Radioactive material, Category I-white	放射性包装，1 类白色包装

图 18.2　危险品代码

18.1　活体动物

活体动物运输是指活的家禽、野生动物（包括鸟类）、实验用动物、两栖动物、鱼类、昆虫及其他活体动物的航空运输。由于航空运输的快捷性、安全性，活体动物的运输，在整个国际航空运输中占有非常重要的地位。活体动物种类繁多，各有特性，对环境的变化敏感性很强，因此工作人员一方面应多了解各种动物的个性，另一方面应严格按照运输规则来组织运输。

18.1.1　活体动物规则

《活体动物规则》（*Live Animals Regulation*）由国际航空运输协会动物委员会与国际动物流行病组织，以及濒危野生动植物国际贸易公约联合出版，每年出版一次。该规则对活体动物运输所涉及的各个方面都给出了详细的标准，包括有关活体动物运输的各项内容，如包装种类、操作和仓储标准等，目的是保证活体动物安全到达目的地。活体动物的接收，必须按此规定办理。

《活体动物规则》共十二章：

第一章，规则的应用。本章给出了活体动物规则的一般信息，包括：将 IATA 活体动物规则作为本国正式法律条款，以及通过保险授权承运人承运活体动物的国家；托运人的责任；承运人的责任。

第二章，政府规定。本章列出了涉及活体动物的进口许可、健康证明、检验检疫、运输等各方面的要求，以及包括动物食品在内的限制要求。

第三章，承运人规定。除本规则外，有些承运人对运输活体动物还有特殊的规定。这些规定列于本章。

第四章，订舱及预先安排。本章对承运人承运活体动物在订舱、航班及航线、预先安排、交付收货人以及押运员等方面给出指导性信息。

第五章，动物习性。运输活体动物时，必须保证其在整个运输期间的舒适与安宁。因此有必要了解动物的一般习性，遵守动物运输的基本原则。为此，本章列出了动物的一些习性，如：动物的排他性、性行为以及寻求庇护性等。

第六章，动物品名表、描述及大小（尺寸）。本章包括：动物分类（两栖类/鸟类/甲壳类/哺乳类/爬行类）、按英语字母排序的动物俗名及学名、使用的动物容器要求及受 CITES 保护的情况、各种成年动物大小尺寸列表等。

第七章，文件。本章涉及与活体动物运输有关的所有文件要求，包括：伴随货运单一起的活体动物托运证明、CITES 文件、特种货物机长通知单；其他文件，如进出口许可证等。

第八章，容器要求。活体动物必须装于专门制作的动物容器中运输。制作动物容器时，必须考虑到通风性、安全性，并且要考虑动物的饮水和进食等问题。有关动物的装载密度及容器的其他要求均可在本章查到。

第九章，标记和标签。本章涉及与活体动物运输包装有关的标记和标签要求。

第十章，操作程序。本章给出了 IATA《活体动物收运检查单》(*IATA Live Animals Acceptance Check List*)，用以帮助承运人确保收运的活体动物符合国际规则，并能达到畅通运输的目的。本章中还给出了一般及特殊的装载要求、操作及喂食喂水要求，以及国际流行病组织提出的健康卫生要求等。

第十一章，濒危野生动、植物国际贸易公约（CITES，Convention on International Trade in Endangered Species of Wild Fauna and Flora）。本章给出了该规定的基本内容。

第十二章，国际动物流行病组织。该组织的更多信息可在本章中查到，并且列出了各国的兽医站。

18.1.2 活体动物的收运条件

接收活体动物必须遵循“IATA 活体动物规则”及“TACT rules 8.3 承运人特殊规定”中涉及动物种类、飞机的机型、始发站/运输途中/目的站的气温以及是否需要押运等的特殊规定。因此，活体动物运输接收前必须先订舱，除上述要求外，接受活体动物还应满足下列各条规定。

（1）健康状况。活体动物的健康状况必须良好。托运人对妊娠期以及分娩 48 小时之内的哺乳动物必须申报。妊娠期的哺乳动物一般不得收运，除非兽医证明该动物在运输过程中无分娩的可能。

（2）包装。活体动物的容器必须干净，防止动物粪便遗漏，防止动物逃逸。不同活体动物的具体包装要求查看 LAR 的第八章规定。

（3）标记与标签。除非另有给定，否则活体动物容器上必须标有下列标记。

托运人收货人的名称和地址的全称。

动物学名和俗名以及每个容器中动物的数量。此数量应与活体动物证明中显示的相同。

装有可造成叮咬中毒的动物，必须在容器上注明“Poisonous”或“This Animal Bites”的字样。

对于注射了镇静剂的动物，应注明所用镇静剂的名称、注册时间、可持续时间等。

每一活体动物容器必须至少粘贴或拴挂一个活体动物标签或一个实验动物标签（见图 18.3 和 18.4），且任何标签均不可遮挡容器的通风口。

容器的四个侧面，还必须各粘贴或拴挂一个向上标签（见图 18.5）。

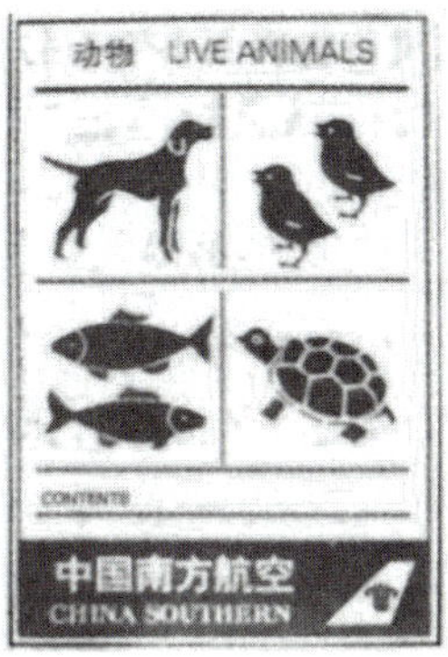

图 18.3　活体动物标签

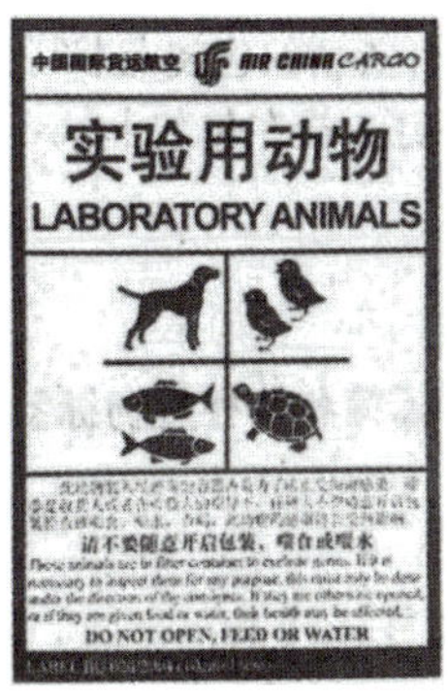

图 18.4　实验动物标签

图 18.5　向上标签

（4）动物食物。活体动物的食物应计算在计费重量中。

（5）订舱要求。活体动物收运之前必须全程订妥舱位。

（6）货物的混载运输。活体动物不可与其他货物进行混载运输，但不同的活体动物可以混运。

（7）文件要求。活体动物托运证明，货运单，其他文件（动物卫生检疫证明、有关国家进出口许可证明）。

18.1.3　活体动物的订舱与预先安排

1）相关国家规定

在准备空运动物之前，托运人必须事先了解有关国家关于进口、出口和中转活体动物运输的有关规定。如进出口许可证、动物检疫、健康证明、近期狂犬病注册证明、运输要求、限制或禁运等各个方面。可查阅“TACT rules 7.3 进口/中转/出口规定”部分。

2）航线

活体动物运输应尽可能利用直达航班，避免由中转而造成的动物多次搬运及温度的变化。应尽可能避免航空公司间的联运，因为后续承运人可以不接受第一承运人的责任。若联运不可避免时，应查阅后续承运人的有关规定，可以参看“TACT rules 8.3 承运人特殊规定”部分。

确定运输路线时，应重点考虑运输时间。应保证用最短的时间完成整个运输。例如，当运输刚孵出一天的小鸡时，就必须安排在孵出后 72 小时内就到达目的地。因此，精确计算运输时间是十分必要的。

3）订舱

由于活体动物运输涉及的规则及操作要求较多，有必要制订详细的计划。因此，在动物运输之前，需订好全程舱位并得到确认。若整个航程涉及一个以上承运人时，应确保各承运人均接收该活体动物。当预定舱位得到确认时，确定办理货物交运手续的最晚时间，其目的是使整个运输时间缩减到最低限度。

4）机场设施和储存

要保证始发站机场、中转站机场以及到达站机场具备适宜的存储设施和相应的装卸设备。对于装有动物的容器，当需要特殊的装卸设备时，查阅“TACT rules 7.3 进口/中转/出口规定”部分的有关规定，以保证机场能够提供有效的装卸设备。容器上应有便于搬运的把手，对大型动物容器要准备叉车装卸。

若海关、兽医不能在周末和公休日提供检验检疫，在这期间要保证动物不中转或运达目的地。

活体动物都要有足够的通风，特别是当空运较多活体动物时。需要喂养的动物应放在易接近并随时能照料的地方，保证通风空间不被堵塞。

大多数驯顺的家养宠物对陌生环境、噪声、运动能起剧烈反应。因此，在机场应有单独的储藏区，并应将储藏区设在干燥、安静、通风自由的地方。

动物不应放在干冰、放射性物质、尸体或食品附近。互为天敌的动物不能放在一起。

为了避免任何交叉感染或危险，实验室用动物不应靠近其他动物。

如果使用正规的饲养动物设施，则饲养动物的房屋或区域每隔 24 小时应消毒一次。在清理过程中，不可饲养动物。

5）到达信息

对已做预先安排并确认的，为了在目的站尽快办理海关手续及卫生检疫，必须通知收货人运输的有关详细情况。参看 TACT rules 7.3 可查阅到达国对于该动物的进口是否需要做动物检疫，并由收货人重新确认。

18.1.4 活体动物运输文件

1）活体动物托运证明（The Shipper’s Certification for Live Animals）

为了遵守国际航协活体动物运输规定，并同意由自然原因而导致动物的死亡、受伤，承运人无赔偿责任。托运人须填写“活体动物托运证明”（见图 18.6），并在证明上签字。证明必须由托运人或托运人的委托人签字，不允许代理人或航空公司代替托运人签字。

此证明的一个副本由接收此活体动物的承运人保存，另一副本随航空货运单与货物一起到达目的地。

当货物作为行李运输时，是否需要填写“活体动物托运证明”由承运人决定。

SHIPPER'S CERTIFICATION FOR LIVE ANIMALS

(to be completed in duplicate)

This is to certify that;

1. The shipper acknowledges the following possibilities associated with transporting animal(s).
   The environment of air transportation includes changes in temperature, humidity, air pressure fluctuation, and exposure to light and noise, which may cause stress or have negative effects on animal(s), especially, small dogs, snub nose dogs and aged dogs. Possible effects on the animal(s) include situations such as physical changes, weakness or even death of the animal(s) may occur.
2. In addition to having completed advance arrangements, this consignment is properly described and packed, and is in proper condition for carriage by air according to the current Edition of the IATA Live Animals Regulations and all applicable carrier and governmental regulations.
3. The animal(s) of this consignment is (are) in good health and condition. Animals taken from the wild have been appropriately acclimatized.
4. This consignment does not include animals prohibited by governments, such as described in the Convention on International Trade in Endangered Species of Wild Fauna and Flora. Animals contained in this consignment can be legally carried and imported into the country of ultimate destination and through the transit countries en route. Applicable permits/certificates are attached to the air waybill.
5. No mammals are tendered for transportation having given birth in the last 48hours before the start of the journey. When applicable, official veterinary certificate documents are attached to the air waybill for pregnant mammals.
6. The animal(s) is not of the Bulldog or the French bulldog breed. The shipper accepts that the carrier does not accept any Bulldog or French bulldog breeds for carriage.
7. The shipper accepts that carriers will not be liable for any loss, damage or expense arising from death due to natural causes, or death or injury of any animal caused by the conduct or acts of the live animal itself or of other animals, such as biting, kicking, goring or smothering, not for that caused or contributed to by the conditions, nature or propensities of animals. In no event will carrier be liable for death or injury to an animal attendant caused or contributed to by the condition, conduct or acts of animals.
8. The consignee has been advised of the flight details in order to arrange immediate collection on arrival. The shipper is liable for all charges and expenses resulting from the consignee's refusal or failure to take delivery of this consignment, including the charges for returning the consignment to the airport of origin.

Number of package(s)	Specific Container Requirement Number (See IATA Live Animals Regulations)	Species(description and names-scientific and common) and Quantity of Animals

Name and address of Shipper __________ __________ Signature of Shipper　　Date	Shipper's failure to comply in all aspects with the IATA Live Animal Regulations and any international and/or national government regulations may be in breach of applicable law and subject to legal penalties.

Air Waybill Number	Airport of Departure	Airport of Destination

图 18.6　活体动物托运证明

2）航空货运单（Air Waybill）

运输活体动物必须按照 IATA 规定的要求填开货运单，应注意以下内容：

（1）活体动物不能与其他货物使用同一张货运单运输。

（2）在货运单的“货物品名及数量”栏中，必须填写与 LAR 中一致的活体动物英文俗名，并注明动物的数量。

（3）注明已订妥的各航段航班号/日期。

（4）所有随附文件和其他操作要求都应写在“Handling Information”栏中。

3）特种货物机长通知单

《活体动物规则》要求，机长必须知道机上所有活体动物的种类、装载位置及数量。通过使用特种货物机长通知单，机长能知道这些信息。

4）濒危野生动植物种国际贸易公约（CITES）文件

列于 CITES 3 个附录之一的任何动物必须附 CITES 文件。CITES 文件可以是下列之一：出口许可，进口许可，转口许可，原产地证书，海洋物种证明，圈养繁殖，人工繁殖证书或出自某些团体的动植物检疫证书，预先公约证书，属于巡展的活体动物证书，科学家之间或科研机构间互换标签。

5）其他文件

托运人有责任提供进出口、中转国家的权力机构所要求的有效卫生健康证明、许可证和狂犬病接种证书等。

18.1.5 活体动物收运检查单

为了帮助托运人、代理人及航空公司做好活体动物的运输准备，国际航协制定了活体动物收运检查单（见图 18.7）。

18.2 鲜活易腐货物

鲜活易腐品是指在装卸、储存和运输过程中，气温变化和运输延误等因素可能导致其变质或失去原有价值的物品。此类货物归属于紧急货物，如虾、蟹等海产品，肉类，花卉，水果，蔬菜，植物，种蛋，乳制品，冷冻食品，疫苗等。

此种货物，一般要求在运输和保管中采取特别的措施，如冷藏、冷冻或保温等，以保持其鲜活或者不变质。

18.2.1 鲜活易腐货物的收运条件

鲜活易腐物的收运应遵循 TACT Rule 2.3.2 规定中的标准“货物待运程序”，还应特别注意 TACT Rule 2.3.3“接收限制”中对易腐烂货物的接收限制。

1）具有相关证明

鲜活易腐货物应具有必要的检验合格证明和卫生检疫证明，还应符合有关到达站国家关于此种货物进出口和过境规定。托运人交运鲜活易腐物时，应书面提出在运输中需要注意的事项及允许的最长运输时间。

Live warm-blooded animal acceptance checklist

Air Waybill No.: ____________________ Origin: ________ Destination: ________

Gross Weight: ____________ Dimensions: ______ X ______ X ______ Pax conf# ____________

- All questions must be answered, do not use "n/a" unless a box is provided.
- If any question is answered "no", the item must be corrected prior to shipment acceptance.
- Review all items with the customer before rejecting an animal.
- Any issues must be communicated to the Petsafe desk – 800-575-3335 or 832-235-1541
- **File the checklist and copies of all documentation (as required in the booking record) with the origin station air waybill**

General Acceptance	Yes	Na	No
1. Is the shipment booked? **If no, contact PetSafe Desk to book.**	☐		☐
2. Is the animal tendered 4 hours or less before the booked flight?	☐		☐
3. Verify booked flights are operating as scheduled. (Contact the Petsafe desk to reaccommodate if the animal will misconnect.)	☐	☐	☐
4. Can the aircraft in the routing accommodate the kennel tendered? (Will crate fit all downline aircraft? Especially check UAX connection carriers.) (No #700s on any B737. UAX max size kennel #400)	☐		☐
5. For dogs and cats is the animal at least 8 weeks old as stated on the health cert. (10 weeks old if weight less than 1 lb. or .45 kgs)?	☐	☐	☐
6. Customer confirms that the animal has not been tranquilized?	☐		☐
7. Customer confirms that the animals are not being shipped for use in fighting ventures?	☐		☐
8. Verified that there are no visible signs of a pre-existing condition, illness or evidence of recent surgery? **If present – do not accept.**	☐		☐
Documentation			
9. Does the shipper have a valid health certificate, dated no more than 10 days prior (or compliant with destination govt. if less than 10 days)? **Note:** This is required of all dogs, cats, or any other Warm-Blooded Animal where valuation coverage is requested.	☐	☐	☐
10. Verify all documentation listed in the booking alert / remarks was presented? **Examples:** Cites permits, country import license or permits	☐	☐	☐
Container			
11. Does the kennel meet IATA standards as required in the live animal regulations?	☐		☐
12. Does the kennel have easily accessible openings for the removal of the animal in an emergency?	☐		☐
13. Is the interior of the kennel clean, dry with adequate absorbent material and free of protruding objects that could injure the animal?	☐		☐
14. I certify that I have secured the kennel with releasable cable ties? **Note: Door requires a minimum of 4 ties, one on each corner. Clamp style kennels require ties around the clamp. Secure it to ensure the kennel will stay intact during transit.**	☐		☐

Container (continued)	Yes	Na	No
15. Does the kennel have 2 food/water dishes which can be filled from outside the enclosure without opening the door?	☐		☐
16. Are only permitted items (less than 16 oz of food for the animal, 1 leash, 1 collar) securely attached to the outside of the kennel? **Note:** Toys or medication of any kind (over the counter or prescription) are **not permitted**	☐	☐	☐
17. Does the kennel meet minimum ventilation requirements and have rims / spacers at least ¾ inch thick around the kennel? **Note:** - have ventilation on all three walls when traveling internationally - have ventilation on the two side walls when traveling domestically	☐		☐
18. Is there sufficient space to allow the animal to turn about freely, in a standing position, using normal body movements, and to stand, sit, and lie in a natural position? **Note:** For international or brachycephalic (short nosed) dogs, is the animal in a 1 size larger kennel (must have 3" height clearance)?	☐		☐
19. Is the number of animals per kennel within the limits prescribed by the regulations? **Note:** Limits are found in the IATA live animal regulations. For cats and dogs the limit is one adult (dog or cat) or two puppies or kittens under 6 months old, under 20 pounds, compatible and of similar size.	☐		☐
Marking and Labeling **Note: Must ensure that labels and documents do not cover or obstruct any ventilation holes**			
20. Are the names, addresses, and telephone numbers of the customer at origin and destination, as well as the name of the animal affixed to the top of the kennel?	☐		☐
21. Are properly sized orientation labels affixed to the kennel on at least 2 sides?	☐		☐
22. Do the words **"live animal"** appear on the top and at least 1 side of the kennel with the letters a minimum of 1 inch high?	☐		☐
23. Are food and water instructions posted on the top of the kennel with indication as to when the animal was last offered food and water? **Note:** Water will be provided as needed, but will only feed once every 12 hours provided the shipper sends food and it is accessible from the outside of the kennel.	☐		☐

____
Signature of shipper

____
Signature of accepting agent & employee number

______________ ______________
Time Date

图 18.7　活体动物收运检查单

2）包装

必须有适合货物特性的包装，大多数鲜活易腐物也被视为湿货，要注意其不致因在运输途中包装破损，有液体溢出而污损飞机或其他装载物。凡怕压货物，外包装应坚固抗压；需通风的货物，包装上应有通气孔；需冷藏冰冻的货物，容器应严密，保证冰水不致流出。带土的树种或植物苗等不得用麻袋、草包、草绳包装，应用塑料袋包装，以免土粒、草屑等杂物堵塞飞机空调系统。为便于搬运，鲜活易腐货物，每件重量以不超过 25 kg 为宜。

3）标记与标签

除识别标签外，货物的外包装上还应拴挂鲜活易腐标签和向上标签。对时间和温度敏感健康产品（如疫苗）应设置有符合 IATA 规定的时间温度敏感标签。濒危野生动植物及其产品应设置符合国家濒危野生动植物管理部门和濒危野生动植物物种国际贸易公约规定的 CITES 标识（见图 18.8）。

鲜活易腐标签　　向上标签　　CITES 标识　　时间温度敏感标签

图 18.8　标记与标签

4）飞机

根据不同的货物要求必须考虑飞机的温控系统、制冷系统、载货空间以及在地面时各个系统是否能够照常工作等，从而选择能够满足所运货物要求的机型。

存放在冷库中的鲜活易腐物的贮存，要求同样适用于飞机中的贮存，必须严格遵守托运人在航空货运单“Handling Information”栏所标注的操作说明。

5）文件要求。

货运单：货运单品名栏“Nature and Quantity”应注明“Perishable”或“PER”字样；注明已订妥的各航段航班号/日期。

其他文件：托运人负责提供所需卫生检疫证明、许可证等必要文件。当这些文件同货物一起发运时，应将文件随附在货运单后面。航空货运单“Handling Information”栏应注明其他文件的名称和注意事项。

18.2.2　鲜活易腐物的订舱与预先安排

1）相关国家规定

运输鲜活易腐物之前，应核对 TACT Rule7.3 进口/中转/出口规定，确保相应的设施设备，在始发站机场、中转地和目的地机场都可以使用，如果海关在周末和公休日不办理报关手续，则应保证鲜活易腐物在此期间不中转或不到达此目的地。还应查阅 TACT Rule 中第八部分有关承运人对鲜活易腐物的订舱规定。

2）航线

鲜活易腐物应优先发运，尽可能利用直达航班。

3）订舱

因为鲜活易腐货物的运输需要特殊的操作，所以必须预先全程订舱，并得到全部确认。对于联程运输，除非已做了预先安排，并已得到各个参与承运人的确认，否则不能接收。

4）机场设施和储存

根据货物的尺寸和包装情况，有必要检查运输所涉及的机场的搬运能力。在航空货运单上附上托运人的说明。将要求保持冷贮藏的货物，在航空货运单上的“Handling Information”栏注明托运人要求的温度。禁止将粮食靠近有毒和传染的物品，禁止与动物和尸体一起贮存。

5）到达信息

做完预先安排并得到确认后，为了飞机到达后迅速办理海关手续，必须通知收货人详细的运输情况。这样才能在飞机到达后，加快海关手续的办理，尽早提取货物。

18.2.3 几类常见鲜活易腐物的处理要求

1）鲜花

鲜花对温度的变化很敏感，所收运的数量应取决于机型的要求，通常可采用集装箱运输，托运人应在飞机起飞前的最后限定时间内到机场交货，装机时应注意天气的变化。

2）蔬菜

一些蔬菜含较高的水分，若不保持充分通风的话，会氧化变质。因此每件包装必须保证通风，摆放时应远离活动物及有毒物品，以防止污染。如果用集装箱装运，不可与其他货物混装。大多数蔬菜会散发乙醇气体，会对鲜花和植物造成影响，因此蔬菜不可与鲜花、植物放在同一舱内。

3）新鲜/冷冻的鱼、肉

必须密封包装，不致渗漏液体，必须小心存放以免造成污染。机舱和集装器内必须洁净，若之前运输过活动物的话，必须经过消毒处理，操作人员也要经过卫生检查。

4）干冰

干冰常被作为货物的冷却剂。因此，应在货物包装、货运单以及舱单上注明。由于干冰是固体 CO_2，因此用干冰冷却的货物包装上应有使 CO_2 气体散出的漏孔，并根据 IATA 有关对限制物品的规定，在货物外包装上做好标记。

18.2.4 运输不正常的处理

如遇班机延误、衔接脱班，因延长运输时间而对货物的质量发生影响时，应立即通知货主征求处理意见。在此期间，对货物按要求妥善保管。同时，应尽可能安排最早的航班运出。

在运输过程中货物腐烂变质时的处理：在运输途中货物发生腐烂变质或在目的站由于收货人未能及时提取而使货物腐烂变质时，航空公司应视具体情况将货物毁弃或移交当地海关和检疫部门处理，由此发生的额外费用将通过货运单填制人向托运人收取。发现此类货物腐烂变质时，航空公司填写运输事故记录，并通知托运人或收货人。

18.3 危险品

根据 IATA《危险品规则》的定义，危险品是指在航空运输中，可能危害人身健康、安全或对财产造成损害，并在技术细则的危险品清单中列明和根据技术细则进行分类的物品或物质。

18.3.1　空运危险品运输相关规则与管理规定

1）IATA《危险品规则》

国际航空运输协会 IATA 出版发行的《危险品规则》（*Dangerous Goods Regulations*, *DGR*），在国际民航组织文件《危险品安全航空运输技术细则》的基础上，以国际航空运输协会的附加要求和有关文件的细节作为补充。IATA-DGR 每年更新发行一次，新版本于每年的 1 月 1 日生效。IATA《危险品规则》基于运营和行业标准实践方面的考虑，在规则中增加了比 ICAO《技术细则》更具约束力的规定要求。由于《危险品规则》使用方便，可操作性强，在世界航空运输领域中作为操作性文件被广泛使用，同时发行英语、法语、德语、西班牙语、中文等多种语言的版本。

2）《中国民用航空危险品运输管理规定》

中国民用航空总局于 2004 年 9 月 1 日颁布实施的《中国民用航空危险品运输管理规定》（简称 CCAR-276 部）是中国空运危险品的主要法规。中国民用航空局对危险品航空运输活动实施监督管理；民航地区管理局依照授权，监督管理本辖区内的危险品航空运输活动，从事航空运输活动的单位和个人应当接受局方关于危险品航空运输方面的监督检查，以确定其是否符合本 CCAR-276 部的要求。

3）各航空公司的《危险品手册》

CCAR-276 部要求运营人制订危险品手册，并获得局方的认可。危险品手册可以编入运营人运行手册或运营人操作和运输业务的其他手册，但应建立和使用适当的修订系统，以保持危险品手册的最新有效，并确保危险品的操作和运输按照其危险品手册中规定的程序、指南实施。

18.3.2　危险品分类

第 1 类：爆炸品；

第 2 类：气体；

第 3 类：易燃液体；

第 4 类：易燃固体、自燃物质和遇水放出易燃气体的物质；

第 5 类：氧化剂和有机过氧化物；

第 6 类：毒性物质和感染性物质；

第 7 类：放射性物质；

第 8 类：腐蚀性物质；

第 9 类：杂项危险品。

18.3.3　空运危险品的包装

1）包装形式

（1）单一包装，由单一材料制成的包装，如塑料桶/钢桶等组合包装。

（2）组合包装，由内包装和外包装组成。组合包装的内包装一般由罐、瓶等组成，材质可以是玻璃、塑料、陶土铝、铁等。外包装一般由桶、箱等组成，材质可以是钢、铝、胶合板、纤维板、木材等。

2）包装类型

（1）联合国规格包装（见图 18.9 和图 18.10）。这种包装是按照国家主管当局认可的质量保障程序进行的，经过了跌落测试、堆码测试、防渗漏测试、内压测试。联合国规格包装可以是组合包装，也可以是单一包装。

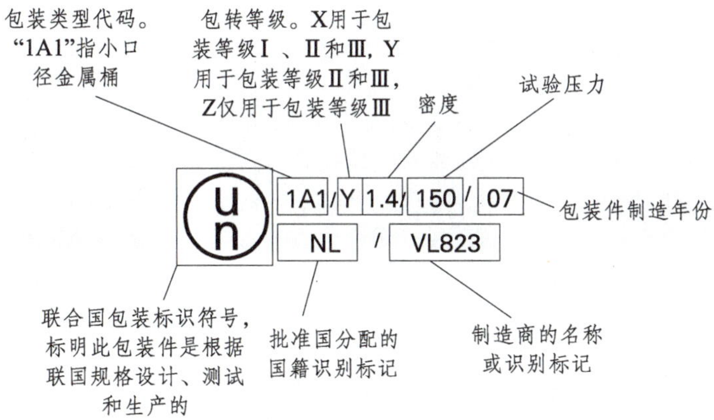

图 18.9　联合国规格包装标记

图 18.10　联合国规格包装

（2）限量包装（见图 18.11）。这种包装没有联合国标识，但必须标注 LIMITED QUANTITY 或 LTD QTY，经过跌落试验和堆码试验。限量包装必须是组合包装，且包装件最大允许毛重为 30 kg，而且有些危险品不允许使用限量包装。

图 18.11　限量包装

（3）其他包装，如气体钢瓶、干冰包装、磁性物质的包装（见图 18.12）。其他包装可以是组合包装，也可以是单一包装。

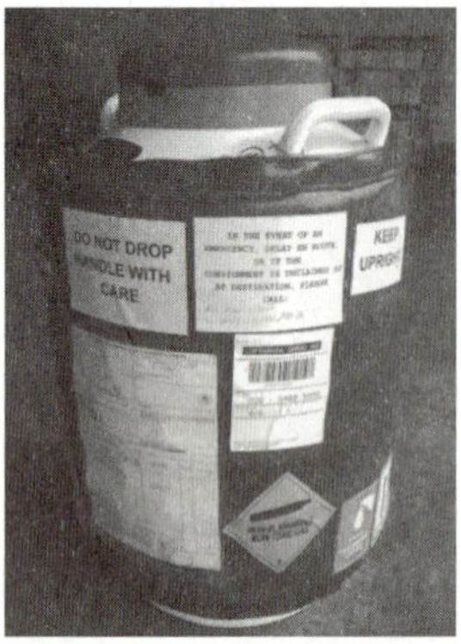

气体钢瓶

干冰包装

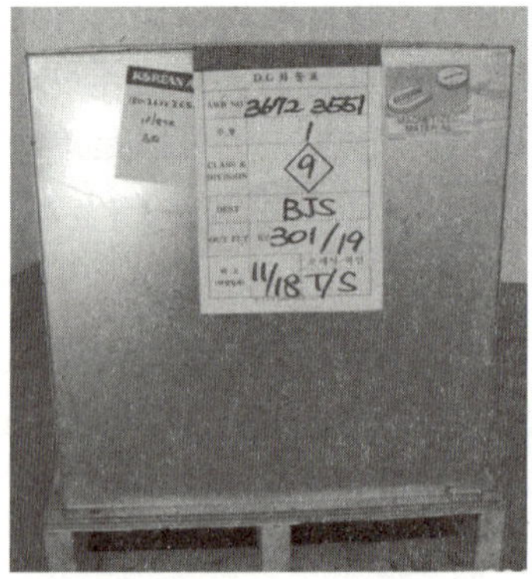

磁性物质的包装

图 18.12　其他包装

18.3.4　空运危险品标记与标签

1）标记

每个含有危险品的包装件或合成包装都需要清晰地标示出：运输专用名称（需要时补充以适当的技术名称）；UN 或 ID 编号（包括前缀字母 UN 或 ID）；托运人及收货人名称及地址。

2）标签

（1）危险性标签（正方形倾斜 45°，见图 18.13）所有类别的大多数危险品都需要贴此类标签。危险性标签分为上下两部分，标签的上半部用于标示图形符号，下半部用于标示适用的类、项及配装组，如第 1 类爆炸品要注明配装组字母，还可以有文字说明危险性质，文字应使用英文，除非始发国要求使用其他文字，在这种情况下应该标有英语译文。但除了第 7 类放射性物质，这些文字的显示不是必需的，除非因国家或运营人差异而要求必须使用文字。

图 18.13　危险性标签

（2）操作标签（矩形）。某些危险品需贴此种标签，有些可以单独使用（如磁性物质 MAG、放射例外 RRE、例外数量的危险品 REQ、电池驱动的轮椅和移动辅助工具标签），有些又要同危险性标签同时使用（如仅限货机 CAO、深冷液化气体 RCL、远离热源标签）（见图 18.14）。

图 18.14　操作标签

18.3.5　空运危险品的运输文件

1）货物托运书

货物托运书是托运人办理货物托运时填写的书面文件，是填开航空货运单的凭据。托运人托运货物，应当遵守出发地、经停地和目的地国家的法律、规定。《中华人民共和国民用航空法》第一百零一条规定，禁止以非危险品品名托运危险品。因此，托运人在货物托运书上，应声明所托运的货物是否是危险品。

2）托运人危险品申报单（DGD）

托运人托运危险品时应正确、如实地填写托运人危险品申报单，确保所签署申报单的人员已按局方的规定接受相关危险品知识训练。托运人危险品申报单适用于所有的危险品运输。该表格可用黑色和红色印制在白纸上，或只用红色印制在白纸上。表格左、右两边的斜纹影线必须使用红色。申报单的尺寸应与 A4 纸型一致。承运人不接受经变动或修改的申报单，除非签署人对某项变动或修改再次签名。DGD 签署人签字栏必须由签署人手写姓名，不可以打印。放射性物质使用的 DGD 与非放射性物质的 DGD 相同。

3）航空货运单

航空货运单是航空货物运输合同订立和运输条件以及承运人接收货物的初步证据。托运人应当对航空货运单上所填关于货物的说明和声明的正确性负责。当危险品进行航空运输时，货运单必须按照危险品规则的具体要求进行填写。货物的品名应如实申报，禁止以非危险品品名托运危险品。如果货运单上所列的货物为需要申报单的危险品，则必须在货运单的操作说明栏（Handling Information）栏内注明如下内容："DANGEROUS GOODS AS PER ATTACHED SHIPPER'S DECLARATION" 或 "DANGEROUS GOODS AS PER ATTACHED DGD"。国内运输货运单可填写托运人危险品申报单（见图 18.15）。

SHIPPER'S DECLARATION FOR DANGEROUS GOODS IATA

Shipper	Air Waybill No. Page of Pages Shipper's Reference No. (optional)
Consignee	
Two completed and signed copies of this Declaration must be handed to the operator.	**WARNING**
TRANSPORT DETAILS This shipment is within the limitations prescribed for: (delete non-applicable) PASSENGER AND CARGO AIRCRAFT / CARGO AIRCRAFT ONLY Airport of Departure (optional): Airport of Destination (optional):	**Failure to comply in all respects with the applicable Dangerous Goods Regulations may be in breach of the applicable law, subject to legal penalties.** Shipment type: *(delete non-applicable)* NON-RADIOACTIVE / RADIOACTIVE

NATURE AND QUANTITY OF DANGEROUS GOODS

Dangerous Goods Identification						
UN or ID No.	Proper Shipping Name	Class or Division (subsidiary hazard)	Packing Group	Quantity and Type of Packing	Packing Inst.	Authorization

Additional Handling Information

I hereby declare that the contents of this consignment are fully and accurately described above by the proper shipping name, and are classified, packaged marked and labelled/placarded, and are in all respects in proper condition for transport according to applicable international and national governmental regulations. I declare that all of the applicable air transport requirements have been met.	Name of Signatory Date Signature *(See warning above)*

图 18.15　托运人危险品申报单

4）收运检查单

在收运危险品时，为了检查申报单、货运单及危险品包装件是否完全符合要求，运营人应使用危险品收运检查单。检查单有 3 种形式，分别为非放射性物质检查单、放射性物质检查单和干冰检查单。检查单由危险品收运人员填写，一式两份，经收运人员签字后生效。

5）特种货物机长通知单 NOTOC

当空中出现紧急情况时，机长可以根据机长通知单中危险品的类别、数量及装载位置及时采取措施，并将机上载有危险品的信息通报有关空中交通管制部门，以便通知机场相关部门。

6）其他有关文件

运输危险品时，托运人需要提供危险品的分类、识别的资料如产品性质说明、理化检测报告、安全技术数据（MSDS）、货物性质识别、鉴定报告等资料。对于危险品使用的 UN 规格包装，还应提供包装检测机构出具的包装性能测试报告。

18.3.6 隐含危险品

空运货物中可能会隐含一些危险品。隐含危险品是指那些货运单所填写的货物看上去并不属于危险品，但可能含有属于危险品的物质或物品。如果发现收运的货物中有任何可疑的迹象，必须要向货物收运人员或危险品专家寻求帮助。常见的隐含危险品如下：

（1）停场飞机部件，Aircraft On Ground（Aog）Spares：可能含有爆炸物品、化学氧气发生器、不能使用的轮胎装置、钢瓶或压缩气体（氧气瓶、二氧化碳气瓶、氮气瓶或灭火瓶）油漆、黏接剂、气溶胶、救生器材、急救箱、设备中的燃油、湿电池或锂电池、火柴等。飞机配件/飞机设备，Aircraft Spare Parts/Aircraft Equipment，同“停场飞机部件”。

（2）汽车、汽车零部件（轿车、机动车、摩托车），Automobiles、Automobiles Parts（Car，Motor，Motorcycle）：可能含有磁性物质，此类物质虽不符合对磁性物质的定义，但可能因影响飞机仪表而需要特殊装载；也可能含有发动机、汽化器、含有燃油或曾经装有燃油的油箱、轮胎充气设备中的压缩气体、湿电池、灭火瓶、含氮的减震器/支架、气囊冲压器/气囊组件等。

（3）呼吸器，Breathing Apparatus：可能含有压缩空气瓶或氧气瓶，化学氧气发生器或深冷液化氧气。

（4）野营用具，Camping Equipment：可能含有易燃气体（丁烷、丙烷等）、易燃液体（煤油、汽油等）、易燃固体（四氮六甲圜、火柴等）或其他危险品。

（5）轿车、轿车零部件，Cars、Car Parts：见汽车、汽车零部件等。

（6）化学品，Chemicals：可能含有任何类别符合危险品定义的物质，尤其是易燃液体、易燃固体、氧化剂、有机过氧化物、毒性或腐蚀性物质。

（7）公务货，Comat（Company Materials）：这些如飞机零件一样可能含有危险品，如旅客服务设备中的化学氧气发生器、多种压缩气体（氧气、二氧化碳、氮气）、气体打火机、气溶胶、灭火瓶、易燃液体（油漆、黏接剂、燃油）、腐蚀性物质（电池）、急救箱、救生器材、信号弹、火柴、磁性材料等。

（8）集运货物，Consolidated Consignments（Groupages）：可能含有任何种类的危险品。

（9）低温物质（液体），Cryogenic（Liquid）：指冷冻液化气体，如氩、氦、氖、氮等液化气体。

（10）气瓶，Cylinders：可能有压缩或液化气体。

（11）牙科器械，Dental Apparatus：可能含有易燃树脂或溶剂、压缩或液化气体、汞或放射性物质。

（12）诊断标本，Diagnostic Specimens：可能含有感染性物质。

（13）潜水设备，Diving Equipment：可能含有装有压缩气体的钢瓶（潜水呼吸器及救生衣上的气瓶，内含氧气或空气）、在空气中运转时可能产生极高热量的高照明度的潜水灯具。为载运安全，灯泡或电池必须断开连接。

（14）钻探及采矿设备，Drilling And Mining Equipment：可能含有炸药和（或）其他危险品。

（15）干式冷冻容器（可挥发蒸汽的容器），Dry Shipper：可能含有液体氮。当冷冻容器未按正确方向放置则会释放出液体氮时，属于危险品。

（16）电气设备，Electrical Equipment：开关盒或电子管内可能含有带磁性的物品或汞，也可能含有湿电池。

（17）电动器械（轮椅，割草机，高尔夫球车等），Electrically Powered Apparatus（Wheelchairs，Lawn Mowers，Golf Carts，ETC）：可能装有湿电池。

（18）探险设备，Expeditionary Equipment：可能含有爆炸物质（照明弹）、易燃液体（汽油）、易燃气体（丙烷、野营用气体）或具有其他危险的危险品。

（19）影片摄制组或媒体器具，Film Crew or Media Equipment：可能含有爆炸物质的烟火装置、内燃机发生器、湿电池、燃料、热能发生器等。

（20）冷冻胚胎，Forzen Embryos：可能含有冷冻液化气体或固体二氧化碳（干冰）。

（21）冷冻水果、蔬菜等，Frozen Fruit、Vegetables，ETC：包装内可能含有固体二氧化碳（干冰）。

（22）燃料，Fuels：可能含有易燃液体，易燃固体或易燃气体。

（23）燃料控制器，Fuel Control Unit：可能含有易燃液体。

（24）热气球，Hot Air Balloon：可能含有装有易燃气体的钢瓶、灭火器、内燃机、电池等。

（25）家庭用品，Household Goods：可能含有符合危险品标准的物品，包括易燃液体如溶剂型油漆、黏合剂、上光剂、气溶胶、漂白剂等，炉灶或排水管清洁剂，弹药，火柴等。

（26）仪器，Instruments：可能包括含有汞的压力计、气压计、水银转换器、整流管、温度计等物品。

（27）实验/试验设备，Laboratory/Testing Equipment：可能含有符合危险品标准的物品，特别是易燃液体、易燃固体、氧化剂、有机过氧化物、毒性或腐蚀性物质。

（28）机械部件，Machinery Parts：可能含有胶黏剂、油漆、封漆、胶溶剂、湿电池或锂电池、汞、含压缩或液化气体的钢瓶等。

（29）磁铁或类似物，Magnets and Other Items of Similar Material：可能单独或累积地符合磁性物质的标准。

（30）医疗用品，Medical Supplies：可能含有符合危险品标准的物品，特别是易燃液体、易燃固体、氧化剂、有机过氧化物、毒性或腐蚀性物质。

（31）金属建筑材料，金属栅栏，金属管材 Metal Construction Material，Metal Fencing，Metal Piping：可能含有因影响飞机仪表而需要符合特殊装载要求的铁磁性物质。

（32）汽车部件（轿车、机动车、摩托车），Parts of Automobile（Car，Motor，Motorcycle）：可能含有湿电池等。

（33）旅客行李，Passengers Baggage：可能含有符合危险品标准的物品，包括烟花爆竹、易燃家用液体，腐蚀炉或排水管清洁剂，易燃气体或液体的打火机添加剂，或野营炉灶钢瓶火柴、弹药、漂白粉，根据《危险品规则》第 2.3 节规定不允许运输的气溶胶等。

（34）医药品，Pharmaceuticals：可能含有符合危险品标准的物品，特别是放射性物质、易燃液体、易燃固体、氧化剂、有机过氧化物、毒性或腐蚀性物质。

（35）摄影用品，Photographic Supplies：可能含有符合危险品标准的物品，特别是热发生装置、易燃液体、易燃固体、氧化剂、有机过氧化物、毒性或腐蚀性物质。

（36）促销材料，Promotional Material：见“旅客行李”。

（37）赛车或摩托车队设备，Racing Car or Motorcycle Team Equipment：可能含有发动机、汽化器、含燃油或残余燃油的油箱、易燃气溶胶、压缩气体钢瓶、硝基甲烷、其他燃料添加剂或湿电池等。

（38）冰箱、冷柜、空调，Refrigerators：可能含有液化气体或氨溶液。

（39）维修工具箱，Repair Kits：可能含有有机过氧化物、易燃胶黏剂、溶剂型油漆、树脂等。

（40）测试样品，Samples for Testing：可能含有符合危险品标准的物品，特别是感染性物质、易燃液体、易燃固体、氧化剂、有机过氧化物、毒性或腐蚀性物质。

（41）精液，Semen：包装内可能使用固体二氧化碳（干冰）或冷冻液化气体。另见“Dry Shipper”。

（42）演出、舞台和特殊效果的设备， Show、Motion Pic Ture、Stage and Special Effects Equipment：可能含有易燃物质，爆炸品或其他危险品。

（43）游泳池化学剂，Swimming Pool Chemicals：可能含有氧化或腐蚀性物质。

（44）电子设备或仪器的开关，Switches in Electrical Equip Ment or Instruments：可能含有汞。

（45）工具箱，Tool Boxes：可能有爆炸品（射钉枪），压缩气体或气溶胶，易燃气体（丁烷筒），易燃胶黏剂或油漆、腐蚀性液体等。

（46）火炬、发光棒，Touches：微型火炬及发光棒可能含有易燃气体且装备有电启动器。大型火炬可能由火炬头（通常带有自燃开关）和含有易燃气体的容器或气瓶组成。

（47）旅客作为货物运输的行李/私人物品，Unaccompanied Passengers Baggage/Personal Effects：可能含有符合危险品标准的物品，包括焰火、易燃家用液体，腐蚀炉或排水管清洁剂，易燃气体或液体打火机添加剂，野营炉灶钢瓶、火柴、弹药、漂白粉、气溶胶等。

（48）疫苗，Vaccines：包装内可能有固体二氧化碳（干冰）。

（49）船舶备件，Ships’ Spares：可能含有爆炸品、压缩气体钢瓶、油漆、锂电池等。

代理人在收揽货物时，应根据隐含危险品的知识，核对托运人提供的品名、文件和货物，确保普货中没有隐含的危险品，方可将货物交给航空公司货物收运人员。

18.4 贵重物品

18.4.1 收运条件

1）包装

贵重物品应根据其性质采用硬质坚固的木箱或铁桶包装。包装要兼顾完好，不得使用纸质包装，必要时应在外包装上用“+”或“#”字形铁条加固，并使用铅封或火漆封志。

2）标记与标签

（1）贵重货物只能使用挂签；

（2）除识别标签和操作标签外，贵重货物不需要任何其他标签和额外粘贴物；

（3）货物的外包装上不可有任何对内装物做出提示的标记。

3）价值

托运人自愿办理声明价值。每票运单货物的声明价值不得超过 10 万美元。每票运单货物的声明价值超过 10 万美元时，按以下办法：请托运人分批托运，说明由此产生的运费差额或其他费用由托运人负担；告知上级机关，按照给予的答复办理。每次班机上所装载的贵重货物，价值不得超过 100 万美元。

4）混运货物限制

贵重物品不可与其他货物混运。

18.4.2 预先安排

1）航线

运输贵重货物优先使用直达航班以避免出现中转搬运。避免不同承运人之间的中转，因为后续的承运人可以不承担第一承运人的责任。如果中转不可避免，要保证核实后续承运人的要求（参看 TACT Rule 8.3 承运人信息）。选择距托运人位置最近的始发站机场和距离收货人最近的具有相应助理贵重货物设施的海关机场作为目的站机场。

2）机场设施与保管

为了在库区安全地储存贵重物品，应将贵重物品放于贵重物品库中。货物交接时必须有书面凭证并双方签字。因此需了解始发、中转、目的站机场的贵重物品存储设施的情况，如保险箱或保险库（贵重物品库）。有关机场的贵重物品存储设施可参看 TACT Rule 7.3 机场信息部分。

3）预定舱位

收运贵重货物前，须订妥全程舱位，并符合有关承运人的运输条件。

4）到达信息

当已做好预先安排并得到确认时，必须通知收货人有关运输的详情。

18.4.3 贵重货物的运输

运输贵重货物，尽量缩短货物在始发站、中转站和目的站机场的时间，避开周末或节假日交运。

贵重货物不得使用地面运输。

装在集装箱内的贵重货物，装机站负责监护装机至飞机舱门关闭，航班离港后，装机站应立即用电话或电报通知卸机站，并做详细记录。卸机站接到通知，应安排专人监督卸机直至货物入库；贵重货物在装机或装集装箱过程中，至少应有 3 人在场，其中一人必须是承运人的代表。

中转站接收中转的贵重货物，应进行复核。发现包装破损或封志有异，应停止运输，征求始发站的处理意见；如果发现贵重货物有破损、丢失或短少等迹象，应立即停止运输，填写“货物不正常运输记录”并通知有关部门。

收货人提取货物前，应仔细检查货物包装，如有异议，应当场向承运人提出，必要时重新称重，并详细填写运输事故记录。

18.4.4 文件要求

1）航空货运单

（1）详细的托运人、另请通知人和收货人的名称、地址和联系电话。

（2）在货运单的“Nature and Quantity of Goods”栏内，除与其他货物同样要求外，还应注明“Valuable Cargo”或“VAL”字样。

（3）注明已订妥的各航段的航班号及日期。

2）其他文件

（1）其他文件的名称和操作要求在“Handling Information”栏内注明。

（2）有关国家的规定可查阅 TACT Rule 7.3。

18.5 超大超重货物

一般来说，超大超重货物是相对于机型而言的。查阅 TACT Rule 8.3 承运人信息以及 8.2 装载表，可知一件货物是否超限。

作为一般规则，超大货物是指必须装在两个或更多的集装板上的物品，或者由于其尺寸或重量的原因需要特殊的搬运设备来装卸的货物。

超重货物是指单件超过 150 kg 的物品。对每件超重货物的最大允许重量取决于飞机的机型、机场设施等。

18.5.1 预先安排

对于每件超大、超重货物，必须预先知道其重量和尺寸，承运人可提前制订装载计划并准备必要的固定设施。在接收超大和超重货物的运输时，要与有关的承运人做预先安排，并得到确认。

1）航线

航线必须根据可适用的飞机类型来选择。

2）机场设施与保管

保证在始发站、中转站和到达站机场具有搬运超大或超重货物设施，可参阅 TACT Rule 7.3。

18.5.2 收运条件

1）包装

托运人所提供的包装应便于承运人操作，如托盘、吊环等，必要时应注明中心位置。

2）订舱

如果一票货物包括一件或几件超大超重货物，订舱时应说明货物的重量和尺寸，并在货运单内单独列明。

18.6 尸体和骨灰

18.6.1 收运条件

1）包装

灵柩必须放入密封的铅制或锌制并经过焊接的内棺，外包装用木制的容器，最外层还应用帆布或防水油布包裹以防止容器受损，外包装上应装有牢固的把手以方便搬运。

骨灰应放入封妥的容器（丧葬专用的骨灰盒或骨灰罐）内，外面用木箱套装，并放置衬垫物以保护容器不致损坏。

2）标签

灵柩外包装上应加贴“急货”及“不可倒置”标签。

3）飞机

灵柩仅可以由货机或具有外货舱的客机来运输，是否能接收受其尺寸大小限制，可核对使用飞机类型的装载表。在货舱中，尸体不能与食品和动物靠近放置。骨灰则能按正常货物搬运和放置。

18.6.2 预先安排

1）航线

尽可能选择直达航班以避免中途额外增加操作环节。

2）机场设施与保管

棺材是很重的物品，在始发站、中转站和目的站要保证提供如铲车等必要的搬运设施。尸体必须与其他货物分别贮藏，不能靠近动物贮藏。

3）订舱

在货物交给承运人之前，需要申请并证实承运灵柩的各个航程的全部航班的舱位。骨灰则不用预先安排。

4）到达信息

做完预先安排并得到确认后，必须将运输详细情况通知收货人。核对预订的到达时间对收货人是否合适及在目的地是否已做好所有实际的安排准备工作。

18.6.3 文件要求

1）证明文件

运输尸体，托运人必须提供卫生或其他有关部门出示的死亡证明书、入殓证明书。

运输骨灰必须附有的相关文件包括死亡证明书和火化证明。

当这些文件与货物一同发运时，应将文件安全地附在航空货运单后。

2）航空货运单

一定要填写托运人、收货人准确的全称姓名和地址以及死者的姓名全称。

航空单随附文件与其他处理信息应标注在“Handling Information”栏内。

尸体不可与其他货物混运。

18.7 个人物品/作为货物交运的行李

旅客办理登记手续时，如果行李的重量在免费托运的重量之内，持机票的旅客可免费交运经检查的行李之后登机。如果旅客交运的行李的总重量超过航空公司规定的免费托运行李额（一般头等舱允许携带 40 kg，公务舱 30 kg，经济舱 20 kg），则对于超过部分的行李，旅客应支付逾重行李费，或把它作为航空货物交给货运部门。超过免费行李额并收取了逾重行李费的行李将同其他被交运的行李一起与旅客同机。而以航空货物发运的行李，除非事先已做好了安排，否则不必与旅客（托运人）同机。

18.7.1 收运条件

1）包装

作为货物运输的行李箱，必须安全地锁上。如果钥匙与货物一同发运，必须装入特殊信封，在信封上写明收货人和托运人的姓名、地址，然后由航空公司收运部门封妥，订在货运单后。

2）标记与标签

除识别标签外，没有其他特别要求。托运人和收货人的姓名、地址必须清楚地标示在无人陪伴行李上。

18.7.2 文件要求

1）航空货运单

收运此种货物，需将旅客的客票号码、所乘班级的航班号、乘机日期等填在货运单的“Accounting Information”栏内。

例如：TICKET NO. 784-1234 5675
CZ305　20JUN
CDJ-HKG

在运单的“货物品名及数量”栏内应填明“无人押运行李”（Unaccompanied Baggage）。

如果行李的钥匙附在航空货运单上，必须在货运单的“Handling Information”栏内注明“Key of Unaccompanied Baggage”。

2）客票

在旅客的客票“签注”（Endoresement）栏内应注明“UNBAG”字样、货运单号、件数和重量。

例如：UNBAG
784-23333660
2PC-50K

第19章 空运异常情况处理

学习目标

【知识目标】

1. 了解航空货物的不正常运输及运输变更；
2. 熟悉航空货物运输的责任划分；
3. 掌握索赔的过程。

【技能目标】

1. 具有分析航空货运事故责任划分的能力；
2. 具有模拟货运事故发生后进行相应处理的能力。

19.1 货物的不正常运输

货物的不正常运输，又称不规则运输（Irregularity，IRR），是指货物在收运及运输过程中因工作的差错而造成的不正常情况。

19.1.1 不正常运输的种类和代号

Offloaded，OFLD：卸下、拉货；

Shortshipped，SSPD：短（少）装；

Overcarried，OVCD：漏卸（运过境）；

Mislabeled Cargo：贴错标签货物；

Missing Label：标签脱落；

Missing Cargo，MSCA：少收货物；

Found Cargo，FDCA：多收货物；

Missing AWB，MSAW：少收货运单；

Found AWB，FDAW：多收货运单；

Damage：破损。

1）MSCA（Missing Cargo）：少收货物

MSCA是指货物经航空运输后，中转站、目的站发现有货物短少。此时，该中转站、目的站会通知航空公司在当地的分支机构以及航空公司总部（用电报或者/以及邮件的方式），要求协助查始发站和其他中转站记录。航司总部收到该通知后，将通知转发给始发站，始发站开始检查，逐步排查原因。如果经查后，确认货物短少的情况不是发生在始发站，始发站会将实际情况向其他中转站以及总部反馈，明确告知遗漏的货物不在始发站，需要总部协助发起 WWT（Word Wide Tracing）。如果在所有中转站、目的站都无法查到少收的货物，货主此时可发起索赔。

2）FDCA（Found Cargo）：多收货物

FDCA，对应上面的少收货物，即某机场货运站收到了一票或一件不属于该站的货物。此时，该站会发电报和邮件给航空公司总部，由总部给所有其他外站发信息。如果某个站发现了这票货是属于自己的，就会认领，然后航空公司就会咨询始发站，是需要原路退回还是直接送到目的地。一般情况下都是直接送到目的地。如原路退回，不用额外收空运费用的，但回到始发站后的清关等费用将由托运人负责。

需注意的是，有些目的地是不能分批清关的。如果货物到了之后，发现少货，但是又提货了，那么就算丢失的货物后面再送到目的地，也是不能清关的。因为提货就相当于承认是整票货提取，该票货物运输协议已完成。还有一些目的地，是不能分批到达的，如果在中转站发现货物短少，则要在中转站等待整票货到齐之后才能运往目的地。

3）货物破损

破损：货物的外部或内部变形，因而使货物的价值可能或已经遭受损失，如破裂、损坏或短缺。

内损：货物包装完好而内装货物受损，只有收货人提取后或交海关时才能发现。

航空公司发现货物破损时的处理方法如表 19.1 所示。

表 19.1　航空公司发现货物破损时的处理方法

发现时间	货物破损处理方法
收运时	拒绝收运
出港操作时	破损（内物未损坏）：加固包装，继续运输
	严重破损（内物损坏）：停止运输，通知发货人或始发站，征求处理意见
进港操作时	填开不正常运输记录（商务记录）
	拍发电报通知装机站和始发站
交接中转货物时	轻微破损：在 TRM 的备注栏内说明破损情况
	严重破损：拒绝转运

注：TRM 为 Transfer Manifest，转运舱单。

19.1.2　目的地无人提取的货物

货物到达目的地 14 天后，由于下列原因造成无人提取时，称为无人提取的货物。造成货物无人提取的原因主要有：

（1）货运单所列地址无此收货人或收货人地址不详；

（2）收货人对提取货物通知不予答复；

（3）收货人拒绝提货；

（4）收货人拒绝应付有关款项；

（5）出现了其他一些影响正常提货的问题。

到付运费的收取：

（1）目的站填开 CCA，向始发站结算所有费用。

（2）始发站负责向托运人收取到付运费和目的站产生的其他费用。

对于无人提取的货物通常发出无法交付货物通知单（IRP Notice of Non-Delivery）。IRP 应交给始发站的出票航空公司或其当地代理人，填开 IRP 的单位，出票承运人的财务部门应有副本。

19.2 变更运输

托运人在货物发运后，可以对货运单上除声明价值和保险金额以外的其他各项做变动，托运人要求变更时，应出示货运单正本并保证支付产生的费用。托运人的要求，在收货人还未提货或还未要求索取货运单和货物，或者拒绝提货的前提下应予以满足。托运人的要求不应损害承运人及其他托运人的利益，当托运人的要求难以达到时应及时告知。

19.2.1 变更运输的范围

（1）费用方面，将运费预付改为运费到付，或将运费到付改为运费预付；更改垫付款的数额。

（2）运输方面，在运输的始发站将货物撤回；在任何经停站停止货物运输；更改收货人；要求将货物运回始发站机场；变更目的站；从中途或目的站退运。

19.2.2 变更运输的处理方式

1）货物发运前

货物发运前，托运人要求更改付款方式或代垫付款数额时，应收回原货运单，根据情况不收或返回运费，并按照有关航空公司的收费标准向托运人收取变更运输手续费、货运单费。

托运人在始发站要求退货时，应向托运人收回货运单正本，扣除已发生的费用（如地面运输费、运输手续费）后将余款退回托运人。

2）货物发运后和提取前

货物发运后和提取前，托运人要求更改付款方式或代垫付款数额时，应填写“货物运费更改通知单”，即“CCA-Cargo Charges Correction Advice”，根据不同情况补收或退回运费，并按照有关航空公司的收费标准向托运人收取变更运输手续费。

如托运人要求变更运输（如中途停运、改变收货人），除应根据上述有关规定办理外，还应及时与有关承运人联系，请其办理。改变运输意味着运费发生变化，应向托运人多退少补运费，并向其收取变更运输手续费。

19.2.3 更改货运单

1）修改现有货运单

货运单填开后，对货运单各种修改应在剩余各联同时进行，修改后的内容尽可能靠近原内容，并注明修改企业 IATA 代号和修改地的机场或城市代号。

2）填开新货运单

当一票货物由于无人提取而退运时，应填开新货运单，原货运单号注于新货运单的“Accounting Information”栏中。

所有本该向收货人收取而未收取的费用，填在新货运单的“Other Charges”一栏，按运费到付处理。

19.2.4 货物运费更改通知书（CCA-Cargo Charges Correction Advice）

货物运费更改通知书如图 19.1 所示。

CARGO CHARGES CORRECTION ADVICE (CCA)

AWB No.	Origin	Destination	Date of AWB issue	Place of AWB Issue

*Name and City	CASS/CASS COLLECT AREA ONLY	*Code

To 1.PVG	Flight No.	Date
Transfer stations to complete lines 2 or 3 as appropriate and forward to next carrier		
To 2.	Flight No.	Date
To 3.	Flight No.	Date

Air Waybill weight and/or charges have been corrected/added as follows:

CHARGEABLE WEIGHT	Revised/Correct Chargeable Weight		Original/Incorrect Chargeable Weight		Remarks and reason for issuing CCA
Weight unit: KGS					PLEASE CHECK APPROPRIATE REASON
Revised/Correct GROSS WEIGHT: Gross Weight is ( )K as per MAWB, Chargeable Weight is( )K due to DIMS					WEIGHT DISCREP ☐ VOLUME DISCREP ☐
CHARGES	Revised/Correct Charges		Original/Incorrect Charges		CNEE CHANGE ☐
Currency: USD	Prepaid	Collect	Prepaid	Collect	DEST CHANGE ☐
Weight Charges					PP TO CC ☐CC TO PP ☐
Valuation Charges					RATE ERROR ☐
Tax					CCA CHARGE ☐
Total Other Charges Due Agent					
Total Other Charges Due Carrier					AMOUNT $
Total					In case of non-delivery enter and specify all charges due at destination for collection from shipper

Shipper:

Consignee:

Distribution

Original - (for Shipper/Agent)

Copy 1 - (for Accounting Department of Carrier Issuing CCA)

Copy 2 - (for Cargo Department of Carrier Issuing CCA)

Airline

UNITED AIRLINES

Copy 3 - (for First Carrier)

Copy 4 - (for second Carrier)

*CASS/CASS Collect Area Only: Box Applicable to Agent, Associate, or Recipient

Signature/Name

图 19.1 货物运费更改通知书

在运输过程中，由于托运人的原因或承运人（或其代理人）工作差错，货物已运离始发站，需要更改运费的具体数额或运费的付款方式时，经有关承运人和货物目的站有关部门同意并复电证实后，填开“货物运费更改通知单”（CCA），予以更正。

（1）货物已远离始发站，但需要更改运费的具体数额或运费的付款方式时都应填开 CCA。任何与货物运输有关的承运人都可填开 CCA。

（2）须确认货物尚未交付给收货人，方可填开 CCA。

（3）更改运费的数额超过 5 美元时，才有必要填开 CCA。

（4）CCA 应至少一式四份。除填开承运人留存外，应将副本及时传送给财务部门、结算部门及始发站、目的站。

（5）CCA 由填制 CCA 的企业交第一承运人，再由第一承运人转交第二承运人，以此类推。

（6）航空公司发送 CCA 电报是一种有偿服务，不同的航空公司收取的 CCA 费用不同。

根据不同目的港海关要求，不是所有的货物都可以发送 CCA 更改，某些机场不接受 CCA 更改，只能另寄新单。所以如果有发往此类目的港的货物，一定要仔细核对运单内容，避免不必要的损失。

19.3　货物的索赔

19.3.1　承运人的责任

根据《华沙公约》和《海牙议定书》，承运人对其承运的货物有如下责任：

（1）对于交运的货物应毁灭、遗失、损坏或延误而造成损失，如果造成这种损失的事件发生在航空运输期间，承运人应承担责任。

航空运输期间，包括货物在承运人的保管期间，不论是在机场内、在航空器上或在机场为降落的任何地点。航空运输期间，不包括在机场外的任何陆运、海运和河运。但是，如果这种运输是为了装货、交货或转运以履行航空运输合同，除非有相反的证据，任何损失应该被推定是在航空运输期间发生的事件的结果。

（2）承运人如果证明他及其代理人为了避免损失的发生，已经采取一切必要措施或不可能采取措施时，则不承担责任。

如果造成损失的原因为下列之一时，承运人不承担责任：

① 不可抗力；

② 货物本身的性质；

③ 货物的合理损耗；

④ 包装或容器不良，但从外部无法发现；

⑤ 外包装完整，封志完好无损，而内装物品短少、损坏；

⑥ 托运人、收货人或押运人的过错；

⑦ 承运人及其代理人以外的人包装不善；

⑧ 战争或武装冲突；

⑨ 公共当局采取的与货物出入境和过境有关的行为；

⑩ 由于为了遵守法律、政府规定、法令和要求超出承运人管辖以外的原因，从而造成任何直接或间接的损失。

（3）如果损失的发生是因承运人的有意不良行为，或者因承运人的过失，根据受理案件的法院的法律，这种过失被认为相当于有意的不良行为，则承运人无权引用华沙公约关于免除或者限制承运人责任的规定。

同样如果损失是在相同的情况下，由承运人的代理人在执行其职务范围内所造成的，承运人也无权引用此种规定。

（4）如果承运人证明损失是由受害人的过失所造成或促成的，法院可按照法律规定，全部免除或减轻承运人的责任。

19.3.2 托运人及收货人的责任

有下列情形之一，托运人及收货人应承担违约赔偿责任：

（1）托运的货物内夹带、匿报危险物品。

（2）错报货物品名、数量或违反运输包装标准的规定。

（3）因托运人、收货人的故意和过失行为。

（4）违反运输过程中有关国家的法律、政府规定、命令和与运输有关的其他规定。

（5）因托运人的过错，造成承运人或第三者的损失。

19.3.3 货物损失的赔偿

承运人按照索赔人提出的合理索赔金额进行赔偿。但是根据《蒙特利尔公约》的规定，承运人对普通货物赔偿的最高责任限额为每千克 22 SDRs 或等值货币，不得超过此限额。

如果托运人已办理货物声明价值，并交付了声明价值附加费时，则承运人对货物所负责以不超过所声明价值金额为限。

运费的处理，对于使用航段的运费不予退还，对未使用航段的运费应退还索赔人。

注：2019 年，国际民航组织根据 1999 年 5 月 28 日于蒙特利尔签订的《统一国际航空运输某些规则的公约》（Doc9740 号文件）（《1999 年蒙特利尔公约》）第二十四条规定对责任限额进行了审查，依据该公约第二十一条和第二十二条确定的经修改的责任限额为每千克 22 SDRs（特别提款权），自 2019 年 12 月 28 日起生效。

特别提款权（SDR）的货币价值是根据市场汇率将一揽子主要货币（美元、欧元、日元、英镑和人民币）的美元价值相加确定的。SDR 货币价值每天计算一次（IMF 假期或 IMF 停业时除外），并且每五年对估值篮子进行审查和调整。（SDR 当前的货币价值可在国际货币基金组织（IMF）官网查询，网址：https://www.imf.org/external/np/fin/data/rms_sdrv.aspx）

19.3.4 索赔

货物索赔是指托运人、收货人或其代理人对承运人在货物运输组织的全过程中，所造成的货物毁灭、破损、遗失、变质、污染、延误、内容短缺等，向承运人提出赔偿的要求。

19.3.4.1 索赔人

（1）货运单上列明的托运人或收货人。

（2）持有货运单上托运人或收货人签署的权益转让书的人员：

承保货物的保险公司；

受索赔人之托的律师；

有关的其他单位；

集运货物的主托运人和主收货人。

（3）托运人、收货人是指主运单上填写的托运人或收货人。向航空公司提出索赔的应是主运单上填写的托运人或收货人，客户分运单上的托运人、收货人或其他代理应向主运单上填写的托运人或收货人提出索赔。

（4）如果收货人拒绝接受货运单或货物，或无法同收货人联系，托运人就恢复他对货物的处置权。即只有在此种情况下托运人才能有权向承运提出投诉与索赔。但是如果收货人在到达站接受航空运单并提取货物后，托运人对货物的处置权即告终止，此时只能由收货人行使向承运人提出索赔的权利，如托运人要求索赔的话，应有收货人出具的权益转让书。

19.3.4.2　索赔的地点和时限

1）地点

托运人、收货人或其代理人在货物的始发站、目的站或损失事故发生的中间站，均可以书面形式或注写在运输凭证上向承运人（第一承运人或最后承运人或当事承运人）或其代理人提出索赔要求（索赔函）。

2）时限

（1）货物发生损坏时，收货人应在发现损坏后立即提出，最迟应在收到货物后 14 天内提出。

（2）货物有延误时，最迟应于货物交付后 21 天内提出。

（3）货物遗失时，应在自货运单填开之日起 120 天内提出。

如果在规定的期限内没有提出异议，将丧失对承运人提起诉讼的权利。

对于提出索赔的货物，货运单的法律有效期为两年。

19.3.4.3　索赔所需文件

在上述规定的期限内，托运人、收货人或其代理人可书面向承运人或其代理的货运部门提出货物损失的赔偿要求。

索赔人应填写“国际货物索赔单”，并详细说明损坏（短缺）、遗失、延续的情况，并随附货运单、货物商业发票、装箱单的影印件。

受理赔偿的部门应具备下列文件：

（1）货运单。

（2）货、邮航单。

（3）货物运输事故记录。

（4）来往查询电报。

（5）国际货物损失调查报告单。

（6）其他有关或损失的详细资料。

19.3.4.4 索赔程序

（1）货物运输事故签证。

当航空地面代理在卸货时，发现货物破损，即由航空公司或航空公司地面代理填写“货物运输事故签证”。这份签证主要是在目的站货物出现问题时的一个证明。在填写这份签证之前，收货人需要进一步确认内装物的受损程度，可以同航空公司的货运人员共同开箱检查，确认货物的具体受损程度。在开箱检查时，会出现两种情况：一是外包装破损，内装物完好；二是外包装破损，内装物破损。在第二种情况中，又会出现由于货物没有按照航空货物包装的要求来进行包装，而导致货物受损。这种情况就需要货主和承运人共同承担责任。这份证明要客观地描述货物出现问题的状况，尽量不要出现“短少”等模糊性词语。这份签证由航空公司的货运部门签完后，再由收货人签字，其中一份航空公司留存，另一份收货人留存。

（2）索赔申请书（索赔函）。

自发现货物发生问题后，一定要按照公约所规定的赔偿时限提出赔偿要求，需要向航空公司提出书面的索赔申请（见图 19.2）。

> 中国国际货运航空公司：
>
> 本公司在提取来自东京的一票货物，运单号为 999-12345675，1 件共 100 kg，由 CA1076/09APR 承运。该货物在目的地交付时发生严重的外包装破损（详见贵公司开具的事故鉴定书）。
>
> 现本着实事求是，维护双方共同利益的原则，我公司提出以下处理意见和索赔申请。
>
> 该货物价值 USD2000，请给予原价赔偿，参见托运人出具的受损货物价值证明。
>
> 请贵公司予以尽快办理为盼，谢谢合作。
>
> 随附：运单、装箱单、发票、事故记录。
>
> ××代理公司
>
> 2020-04-16

图 19.2 索赔函示例

（3）航空公司审核所有的资料和文件。

（4）航空公司进一步调查。

① 如货物办理保险，保险公司全额赔偿后，保险公司再向承运人提出，承运人视限额赔偿。

② 货物遗失，查看来往电传，货破损、潮湿，查看记录是全部损坏还是部分损坏。

③ 了解始发站是否收到索赔函，避免双重索赔。

④ 填写国际货物索赔报告。

（5）填写航空货物索赔单。

航空公司填写“航空货物索赔单”，索赔人签字盖章，表明航空公司正式认可索赔的有关事项。

（6）货物索赔审批单。

航空货物的索赔根据所评估的金额需要各级领导审批。

（7）责任解除协议书。

索赔人在收到索赔款时签署责任解除协议书，即放弃诉讼权及进一步索赔权。

参考文献

[1] 中国国际货运代理协会．国际海上货运代理理论与实务[M]．北京：中国商务出版社，2020.
[2] 王学锋，郑丙贵．国际货运代理概论[M]．上海：同济大学出版社，2006.
[3] 孙明．国际货运代理实务[M]．3 版．上海：同济大学出版社，2020.
[4] 贾庆，闫莹娜．国际货运代理——海外实务篇[M]．北京：清华大学出版社，2015.
[5] 陈彩凤．国际货运代理[M]．北京：北京交通大学出版社，2010.
[6] 肖瑞萍．国际航空货物运输[M]．北京：科学出版社，2011.
[7] 肖瑞萍．民用航空危险品运输[M]．北京：科学出版社，2011.
[8] 苏兆河．世界技能大赛实训指导：货运代理[M]．北京：中国劳动社会保障出版社，2019.
[9] 罗勋杰，樊铁成．集装箱码头操作管理[M]．大连：大连海事大学出版社，2010.
[10] 王传见．国际货代物流实务英语手册[M]．3 版．上海：华东理工大学出版社，2018.
[11] 司玉琢．海商法[M]．北京：法律出版社，2003.

扫一扫，加入国际货运代理实务慕课的学习